네 안에서 나를 보다

아픔의 자리 한가운데서도
끊임없이 주님을 묵상하며
놀라운 치유의 손길을 사모하는
_____에게
이 책을 드립니다.

아파하는 영혼을 위한 인터넷 치유상담사례

네 안에서 나를 보다

변상규 · 신현복 지음

치유와 돌봄이 있는 희망의 선교동산
아침영성지도연구원

이 책을 펴내면서

아파하는 영혼의 탄식

지난날, 저희들도 나름대로의 내적인 문제를 갖고 고민하고 방황한 적이 있습니다. 그리고 그 치유의 과정을 밟으며 저희 자신에 대하여, 사람에 대하여, 마음에 대하여 탐구하기 시작하였습니다. 그리고 치유상담, 상담심리, 정신분석, 대상관계, 분석심리, 가족치료, 목회돌봄, 목회상담, 심리치료, 영성수련, 영성지도 등을 통하여 인간 내면의 복잡성에 대하여 서서히 깨닫게 되었습니다. 그러면서 확신하게 된 것은 사람은 누구든지 사랑받고 인정받아야만 사랑하고 인정해 줄 수 있는 사람이 될 수 있다는 사실이었습니다.

사랑의 근원은 하나님이십니다. 저희 자신 하나님의 깊은 은혜와 사랑을 통하여 다시 한번 심리학과 신학이 조화롭게 만날 수 있는 자리를 보게 되었습니다. 여기에 모은 글들은 그런 저희들의 체험을 구체화시킨 작은 결과입니다. 지난 10년 동안 아침영성지도연구원을 방문한 회원들은 100,000명이 넘었습니다. 그 가운데서도 아침치유상담실 게시판이나 이메일로 상담을 주고받은 2,000여 명의 네티즌 내담자들, 그 생생한 절규를 경청하고 그 영혼의 탄식에 조금이라도 도움이 되고자 몸부림친 저희 영혼의 흔적들입니다. 부족하지만 이번에 이렇게라도 세상에 내어놓는 이유는 이 글을 통하여 여러분과, 비슷한 아픔과 상처들을 안고 살아가는 이웃들과, 작은 공감이라도 나누고 싶어서입니다.

　이 책의 제1부는 아침영성지도연구원을 비롯하여 여러 상담소나 연구소, 신문이나 잡지 등에 기고한 치유칼럼을 수정하고 편집한 것입니다. 제2부는 아침영성지도연구원의 아침치유상담실에서 치유상담을 한 내용 가운데 관련된 글들을 선별하여 실었습니다. 게시판에 가명으로 올라온 글들이어서 일일이 연락하여 허락을 받을 수 없는 경우도 있었습니다. 상처입은 치유자로서 다른 이들에게 진실하게 아픔을 공개하고 치유의 자원이 되도록 널리 양해하여 주셨으면 합니다. 제3부에서는 아침영성지도연구원 아침돌봄기도실에 소개한 치유기도들을 선별하여 실은 것입니다. 제4부에서는 치유의 능력을 발할 수 있는 성경구절들을 신중하게 뽑았습니다. 그리고 마지막으로 제5부에서는 치유의 길로 나아가는 방법을 묻는 네티즌들을 위하여 정신분석학, 분석심리학, 심리치료, 자기성장, 가정사역, 부부심리, 자녀양육, 영성수련, 영성지도 등 치유도서를 자세히 소개해 놓았습니다.

　부디 이 작은 책을 통하여 여러분이 서로의 눈빛 속에서 서로를 사랑으로 확인해 주는 "거울"이 될 수 있기를 바랍니다. 책 제목을 〈네 안에서 나를 보다〉라고 한 것도 그런 이유에서입니다. 끝으로, 이 책이 나오기까지 아침영성지도연구원의 치유교역을 위하여 전폭적인 신뢰와 뜨거운 관심과 깊은 사랑을 보내 주신 국내외 아침 회원들에게 깊이 감사드리며…….

지은이

차 례

이 책을 펴내면서 · 5

제1부 인터넷 치유칼럼 · 15

하나 / 커지는 만큼만 보입니다 · 16
둘 / 퇴행을 받아주세요 · 17
셋 / 학대받는 아이에서 학대하는 성인으로 · 19
넷 / 품어 주는 공간에서 '사랑'을 만드는 세상 · 21
다섯 / 종교의 이름으로 아동을 학대하지 말라 · 24
여섯 / 어린이날에 · 26
일곱 / 홀로 있음 · 27
여덟 / 의미와 감동을 잊은 현대인 · 29
아홉 / 자기 이해에서 자기 완성으로 · 31
열 / 융과 나 · 34
열하나 / 중독 · 36
열둘 / 사랑은 언제나 응답을 요구한다 · 38
열셋 / 거울을 찾는 인간 · 40
열넷 / 눈빛의 능력 · 44
열다섯 / 그리운 이름들 · 46
열여섯 / 언제나 목마른 인간 · 47
열일곱 / 차이에서 이해로 · 51
열여덟 / 남자의 성공(成功) 아내의 행복 · 56
열아홉 / 남 같은 부부에서 님 같은 부부로 · 58
스물 / 네크로필리아 · 60
스물하나 / 우울증 편지 · 62
스물둘 / 자기 심리학 · 66
스물셋 / 에로스의 본질 · 71

스물넷 / 죽음본능에서 생명의 충만함으로 · 73
스물다섯 / 사랑의 황금률 · 76
스물여섯 / 아름다운 중간공간 · 80
스물일곱 / 말해내지 못함의 고독 · 83
스물여덟 / 아름다운 '자기' · 85
스물아홉 / 애착 · 89
서른 / 모든 것을 배우게 하라 · 92
서른하나 / 정신분석적 자서전에 대한 짧은 견해 · 97
서른둘 / MBTI와 대극의 통합 · 102
서른셋 / 내면의 지옥 · 104
서른넷 / 권위에서 대상성으로 · 110
서른다섯 / 신경증을 넘어서 · 114
서른여섯 / 사랑 · 117

제2부 인터넷 치유상담 · 119

하나 / 분노가 일어납니다 · 121
둘 / 정말 싫어여 · 122
셋 / 절망에서 희망을 찾고 싶어요 · 124
넷 / 제 아내가 걱정됩니다 · 125
다섯 / 오빠가 이상해요 · 127
여섯 / 저에게 조카가 있는데요 · 131
일곱 / 어떻게 살아야 할지…… · 136
여덟 / 아빠를 사랑하고 파요! · 137
아홉 / 이해는 되지요…… · 139
열 / 부모님을 닮기 싫은데요 · 142

열하나 / 어떻게 도움이 될련지 · 143
열둘 / 궁금합니다 · 144
열셋 / 도와 주세요 · 146
열넷 / 저 자신의 모습이 진정…… · 147
열다섯 / 안타깝군요 · 150
열여섯 / 진정한 평안을 갈구하며 · 152
열일곱 / 조언을 부탁드립니다 · 155
열여덟 / 불쌍한 우리 아빠 · 157
열아홉 / 그러면요…… · 159
스물 / 우리 언니 · 160
스물하나 / 의미 없는 삶 · 162
스물둘 / 행복이란 · 166
스물셋 / 안녕하세요, 교수님! · 168
스물넷 / 성인아이? · 178
스물다섯 / 가정…… · 183
스물여섯 / 저희 교인 중에…… · 184
스물일곱 / 살고 싶습니다 · 187
스물여덟 / 어떻게 하지요? · 191
스물아홉 / 안녕하세요? · 193
서른 / 언니가…… · 198
서른하나 / 가족 · 200
서른둘 / 죄책감으로 힘이 빠지네요 · 201
서른셋 / 힘들어서요 · 203
서른넷 / 허풍이 심한 사람 · 205
서른다섯 / 도와주세요 · 208
서른여섯 / 이럴 땐 어떻게 해야 되져? · 215
서른일곱 / 자꾸 후회가 되요 · 218
서른여덟 / 외아들이라서…… · 219
서른아홉 / 부부싸움 할 때마다 이혼하잡니다 · 221
마흔 / 분노가 솟구쳐 올라요 · 223
마흔하나 / 역기능 가정 · 225
마흔둘 / 예비 상담을…… · 227
마흔셋 / 급해요, 집에 들어오지 말래요 · 230

마흔넷 / 도움이 필요합니다 · *233*
마흔다섯 / 안녕하세요 · *238*
마흔여섯 / 동생과 돈문제인데…… · *246*
마흔일곱 / 엄마노릇 · *248*
마흔여덟 / 사촌동생의 문제로…… · *252*
마흔아홉 / 내 상처 때문에 아이들에게…… · *255*
쉰 / 사촌동생 문제로 · *257*
쉰하나 / 도움말씀 부탁드려요 · *260*
쉰둘 / 좋은 엄마가 된다고 하는 게…… · *267*
쉰셋 / 불안한 딸을 가진 상한 엄마 · *271*
쉰넷 / 도와주세요 · *275*
쉰다섯 / 어떻게 도와야 할까요? · *277*
쉰여섯 / 도와주세요! · *281*

제3부 인터넷 치유기도 · *313*

하나 / 누군가가 그리울 때 · *315*
둘 / 두려워질 때 · *315*
셋 / 화가 날 때 · *315*
넷 / 기분이 몹시 언짢을 때 · *316*
다섯 / 스트레스를 받을 때 · *316*
여섯 / 마음에 깊은 상처를 입었을 때 · *317*
일곱 / 고통과 질병이 엄습해 올 때 · *317*
여덟 / 누군가가 아프다는 소식을 들었을 때 · *318*
아홉 / 누군가가 위독할 때 · *318*
열 / 걱정이 될 때 · *319*
열하나 / 마음이 혼란스러울 때 · *319*
열둘 / 기도하고 싶은데 잘 안 될 때 · *320*
열셋 / 피곤을 느낄 때 · *320*
열넷 / 소외를 느낄 때 · *320*
열다섯 / 외로움을 느낄 때 · *321*
열여섯 / 우울해질 때 · *321*
열일곱 / 자살 충동을 느낄 때 · *322*
열여덟 / 슬플 때 · *322*

열아홉 / 죄책감에 시달릴 때 · *323*
스물 / 내 모습이 초라해 보일 때 · *324*
스물하나 / 열등감을 느낄 때 · *324*
스물둘 / 좌절감을 느낄 때 · *325*
스물셋 / 참 자기를 찾고 싶을 때 · *325*
스물넷 / 완전주의에 사로잡혀 있을 때 · *326*
스물다섯 / 성격의 장애를 느낄 때 · *326*
스물여섯 / 가슴에 한이 맺힐 때 · *327*
스물일곱 / 삶의 무의미함을 느낄 때 · *328*
스물여덟 / 영적인 갈증을 느낄 때 · *328*
스물아홉 / 어떻게 살 것인지가 불확실할 때 · *329*
서른 / 인생의 본질을 묻고 싶을 때 · *330*

제4부 인터넷 치유성경 · *331*

하나 / 외로울 때 · *333*
둘 / 두려울 때 · *333*
셋 / 화가 날 때 · *333*
넷 / 좌절을 겪을 때 · *333*
다섯 / 죄책감을 느낄 때 · *333*
여섯 / 하나님의 뜻을 어겼을 때 · *334*
일곱 / 고난을 당할 때 · *334*
여덟 / 낙담이 될 때 · *334*
아홉 / 우울할 때 · *334*
열 / 어려운 순간이 닥쳐올 때 · *334*
열하나 / 필요를 느낄 때 · *335*
열둘 / 유혹을 받을 때 · *335*
열셋 / 참을 수 없을 때 · *335*
열넷 / 병이 들었을 때 · *335*
열다섯 / 슬플 때 · *335*
열여섯 / 누군가가 세상을 떠났을 때 · *336*

열일곱 / 믿음과 신뢰 · 336
열여덟 / 하나님 사랑 · 336
열아홉 / 이웃 사랑 · 336
스물 / 평화 · 336
스물하나 / 용서 · 337
스물둘 / 교제 · 337
스물셋 / 거룩 · 337
스물넷 / 죄에 대한 승리 · 337
스물다섯 / 그분의 뜻을 발견하기 · 338
스물여섯 / 안전 · 338
스물일곱 / 응답받는 기도 · 338
스물여덟 / 찬양 · 338
스물아홉 / 헌신 · 338
서른 / 청지기직 · 339
서른하나 / 자비 · 339
서른둘 / 순종 · 339
서른셋 / 기도 · 340
서른넷 / 증언 · 340
서른다섯 / 타락 · 340
서른여섯 / 영광의 부활 · 340
서른일곱 / 영생 · 341
서른여덟 / 구원의 계획 · 341

제5부 인터넷 치유도서 · 343

하나 / 정신분석학에 관한 책 · 345
둘 / 분석심리학에 관한 책 · 350
셋 / 내면의 상처를 치유하는 책 · 352
넷 / 자기 성숙을 위한 책 · 353
다섯 / 자녀교육/부부심리이해에 관한 책 · 353
여섯 / 영성수련에 관한 책 · 355
일곱 / 영성지도에 관한 책 · 356

제1부

인터넷 치유칼럼

여기서는 그 동안 아침영성지도연구원을 비롯하여 여러 상담소나 연구소, 교계 신문이나 잡지 등에 기고한 글들을 다시 다듬어 실었습니다. 이 분야에 관심을 갖고 있으나 어떻게 접근해야 되는지 궁금해 하는 독자 여러분에게 소중한 통찰과 도움을 드릴 수 있었으면 합니다.

하나 ◆ 커지는 만큼만 보입니다

우리 집에는 저와 아내 그리고 딸 예린이가 있습니다. 그런데 아이를 키우면서 예린이의 행동을 통해 깨닫게 된 진리가 하나 있어 적어봅니다.

예린이는 아기였을 때 손과 배로 기어다니며 온 집안을 청소해 주었습니다. 그때 저는 예린이가 평소 자세히 보지 않으면 보이지 않는 바닥에 떨어진 작은 것들을 발견하고 그것을 무조건 입에 넣는 것을 보았습니다. 저는 그래도 바닥을 깨끗이 청소한다고 했지만 직접 바닥을 기면서 관찰하는 예린이의 눈썰미에는 아빠가 보지 못한 많은 것들이 보였나 봅니다. 그리고 이제 예린이의 키는 80센티미터. 요즘 들어 뒤뚱뒤뚱 걷는 모습이 귀엽기도 하지만 모든 물건을 다 뒤집어 놓아 하루라도 집이 정리될 때가 없습니다. 그렇게 기어다니던 예린이가 이제 걷다보니 아이의 손을 잡고 조금씩 집안을 돌아다니다보면 자꾸 예린이가 무얼 봤는지 그 쪽으로 가야 한다고 칭얼거립니다. 내 눈에는 아무것도 안 보이는데 말입니다. 그런데! 아이가 가자고 하는 곳을 잘 들여다보면(물론 고개를 한참 숙이고 말입니다), 거기엔 내가 전에 볼 수 없었던 무언가가 있다는 사실입니다! 허어.

그것을 보고 제가 느낀 게 있습니다. 사람이란 성장하는 만큼 세상이 보여진다는 것입니다. 아기가 바닥을 기어다닐 적에는 바닥에 있는 것만 보입니다. 80센티미터의 키로 걸어다닐 때는 그 키의 눈높이에 맞는 것이 보이지만 더 높은 것은 볼 수가 없다는 것입니다. 물론 키가 큰 어른이 볼 수 없는 것을 볼 수도 있습니다. 중요한 건 사람이란 내적으로 커지는 만큼, 성장하는 만큼만 볼 수 있다는 것입니다. 나이는 20대요 30대인데 내적으로 보여지는 건 어린아이 같은 수준이상을 넘어서지 못하는 사람이 있습니다. 그들을 "성인아이"라고 부릅니다. 나이는 먹었는데. 나이만 먹었지 내적으로 전혀 성장하지 않고 오히려 퇴행한 것 같은 사람들을 많이 봅니다. 그들은 언제나 문제를 일으키고 책임을 지지도 못합니다. 남에게 주는 것은 상처뿐, 남들에게 희망이나 기쁨, 의미를 주지 못합니다.

내 눈에 안 보이는 작은 쓰레기를 발견하고 입에 넣는 아기처럼 고개를 들어 더 나은 것을 보지 못하고 살아가는 성숙이 멎어버린 사람들. 때로 그것이 우리의 모습이 아니었나 생각해 봅니다. 아이는 어른의 거울이라고 시인 워어즈워드는 말했습니다. 예린이를 키우면서 성장의 중요성을 많이 느낍니다. 저도 아이가 무럭무럭 크는 만큼 내적으로 성장하는 아빠가 되었으면 좋겠습니다.

 둘 ◆ 퇴행을 받아주세요

시인 워어즈워드는 "어린이는 어른의 거울"이라는 말을 하였다. 우리 집의 유일한 어린이 "예린"이를 키우면서 나는 아이를 통해 많은 생각을 하게 된다. 갓 네 살이 된 아이는 이제 자신의 자아가 성장하면서 뭔가 주도적으로 놀이를 하거나 행동을 시도한다. 그러나, 번번히 그런 행동들은 엄마의 제재를 받을 수밖에 없다. 아이의 자율성이 깨어지지 않을 정도의 제재를 가하지만 자신의 행동이 거부당한 것에 대한 서러움은 어쩔 수 없는 것 같다. 그렇게 다 큰 아이같이 보이는 아이가 어느 날은 황당한 일을 하여 당황하게 만들 때가 종종 있다.

늘 "쉬이"(소변)를 잘 가리는 아이가 어느 날 "엄마 나 쉬이~" 하면서 그 자리에서 오줌을 가리지 못하는가 하면 잘 자던 아이가 갑자기 땡깡을 부리며 잠투정을 하여 밤새 힘들게 한다. 대개 아이가 그럴 때 부모들은 매를 들거나 엄포를 놓거나 훈계를 한다. 특히 동생이라도 있는 경우에는 "너 이게 지금 뭣하는 짓이야! 네가 아기야? 넌 지금 형(누나)

이야!" 그러면 대개의 아이들은 더 울어댄다. 이 모든 일이 "퇴행"으로 알려진 현상이었다.

마가렛 말러는 아기들이 기던 자세에서 걸음마를 하면서 한 발짝 두 발짝 걸음을 뗄 때 놀라울 정도로 희열을 느끼며 주도성을 갖게 된다고 하였다. 그러나, 어느 아기도 한없이 앞으로만 전진하지는 않는다. 반드시 뒤를 돌아다본다. 대개 그러다 넘어지면서 울지만 아기들은 자기 뒤에 엄마가 자신을 보고 있는가를 주시한다. 그 시선을 확인하면 다시 앞발을 내밀지만 그 시선이 다른 곳을 향하면 넘어져 울게 된다. 인간의 발달이란 끊임없는 전진이 아니라 뒤를 돌아다보는 "퇴행"을 수반한다는 것이다.

하루는 아이가 "엄마, 쉬이"를 하며 바지에 오줌을 지렸다. 나는 그때 화가 났다. "야 너 지금 뭐해 엉? 너 변기 어디 있는지 몰라?" 짜증과 신경질 섞인 내 목소리에 달려온 아내는 울고 있는 아이를 돌보며 "그럴 수도 있지! 왜 화를 내? 당신은 오줌 다 가리고 자랐어?"

순간 내가 대상관계이론을 배운 사람 맞나 하는 회의가 잠시 밀려온다. 왜 나는 아이의 퇴행을 잠시라도 받아주는 것이 힘들었을까? 외할머님의 말에 의하면 나는 큰아들이기에 사랑도 많이 받았지만 또한 엄하게 자라왔다는 것이다. 그게 문제였다! 퇴행을 하는 것이 자연스러운 것이 아니요 큰아들로서 있을 수 없는 일이요 수치스러운 일이며 유치한 짓이라는 도덕 훈련을 철저히 받으며 자라난 것이다. 왜 아이의 퇴행을 보고 나는 그토록 분노했는가? 아이의 모습 속에서 내 어린 시절을 보았던 것이다. 바지에 오줌을 지리는 나의 모습을. 순간 나는 내면화한 부모의 비난의 음성을 아이에게 퍼부은 것이다.

상담을 하다보면 내담자와 상담자 사이에는 보이지 않는 전이와 역전이라는 싸이클이 돌아간다. 그것이 의식적이든 무의식적이든. 상담이 깊어지면 내담자는 어떤 모습이든 상담자 앞에서 퇴행을 한다. 그

덩치 큰 어른이 어린 시절을 회상하며 눈물을 보일 때는 어린 아이같이 느껴져 안아주고 싶은 역전이가 생긴다. 성숙한 상담자는 그런 퇴행 앞에서 객관적인 해석이나 도덕적인 판단을 앞세우지 않는다. 위니캇의 말처럼 잠시나마 심리적으로 그의 상태를 담아주고 안아준다. 그의 퇴행이 때로 공격적이어도 견디어준다. 그러면 내담자는 다시 정상으로 돌아와 성숙한 모습으로 상담자 앞에 나타난다. 관계가 깊어지는 것이다. 깊어진 관계는 그 자체로 이미 치유적인 결과를 수반하게 된다. 때로 이런 퇴행을 신앙과 연결시켜 보았다. 우리는 하나님 앞에서 얼마나 많은 퇴행을 하는가?

우리는 기도를 통해 우리의 무의식적이고 분화되지 않은 욕구들을 얼마나 많이 하나님께 아뢰던가! 그러나, 은혜의 하나님은 그런 우리의 퇴행을 받아주시고 견뎌주시고 응답하시고 안아주신다. 그런 과정을 겪은 후 우리는 하나님의 성숙함에 참여하게 된다. 서로의 퇴행을 잠시나마 받아줄 수 있는 관계, 그런 관계를 유지할 수 있는 이가 나의 주위에 몇이나 될까. 그런 친구가 없다면 나는 너무 "어른스러운" 사람이 되어 있는 게 아닐까? 내 안의 아이는 지금도 응석을 부리고 싶은데.

셋 ◆ 학대받는 아이에서 학대하는 성인으로

최근 들어 이혼율이 늘면서 가정에서 버림받은 아이들이 늘고 있습니다. 이 아이들은 일방적으로 부모로부터 떨어질 수밖에 없는 환경에 노출되어 있는 아이들로 부모 있는 고아가 된 셈입니다. 이 아이들이 겪는 정신적 고통은 말로 할 수 없이 크지만 부모와 함께 살면서 정신적 고통을 당하는 학대받는 아이들이 늘어간다는 것도 이혼 못지 않게 큰 문제가 되고 있습니다.

얼마 전 TV에서 본 학대받은 한 여자아이의 행동이 문득 떠오릅니다.

TV에서 본 세 살 된 여자아이는 부모로부터 구타와 학대를 받아 몸이 성한 데가 없었습니다. 아직 솜털도 나지 않은 여린 아이의 몸을 다리미로 지지고 쇠꼬챙이로 찌르고 몽둥이로 때리고 굶기고 머리카락을 뽑는 그런 행동을 볼 때마다 어떻게 사람이 저럴 수 있을까 하는 마음을 갖습니다. 이웃 주민의 신고로 부모로부터 격리되어 보호시설에 있던 그 아이는 노는 모습이 예사롭지 않았습니다. 인형을 가지고 노는데 막대기를 들고 인형에게 뭐라고 소리를 지르며 마구 때리는 것이었습니다.

그것이 무엇을 의미하는지는 익히 알 수 있을 것입니다. 그 아이의 내면 세계 안에는 벌써 무섭고 파괴적이며 분열된 부모의 인격이 내면화되어 있었던 것입니다. 아이는 그것을 인형에게 그대로 재현하고 있었던 것입니다.

저는 그 장면을 보면서 아이가 나중에 인형을 때리듯이 커 가면서 자신을 학대하는 자학적 인생을 살게 되지 않을까 하는 답답한 마음이 밀려왔습니다. 자기를 자학하는 사람은 언젠가 그 자학을 가까운 누군가에게 쏟아낼 수밖에 없습니다. 자학(自虐)이 타학(他虐)으로 변질되는 것입니다.

초기 유아의 심리 세계를 연구한 페어베언이란 학자는 학대받는 아동들을 연구하면서 아이들이 부모를 미워하기는커녕 그들에게 더 집요한 집착을 보이는 것을 밝혀냈습니다.

몇 년 전, 보험금을 노린 한 아버지가 어린 아들의 손가락을 자르고 보험료를 타 내려한 사건이 있었지요. 자작극으로 드러나 그 아버지는 처벌을 받았지만 그 아이는 병원에서도 여전히 그 아버지를 애타게 찾고 있었답니다. 자기 손가락을 자른 아버지지만 그래도 그 아버지가 내 아버지인 것입니다. 아무리 술을 마시고 엄마를 때리는 아버지지만 그 아버지를 대신할 아버지는 없는 것입니다. 이것이 역기능 가정의 비극이며 미숙한 부모로 인해 자식이 당해야 하는 아픔인 것입니다.

이러한 마음의 상처는 치유되기 전에는 언제든 마음 깊이 남아 있다가 가장 사랑을 주어야 할 사람에게 다시 상처 주는 무의식적인 반복을 하게 마련입니다. 특별히 가장 가까운 아내와 자녀에게 이러한 상처는 은연중에 드러납니다. 상처 입은 아이에서 상처 주는 어른이 되는 것입니다.

최근 부쩍 늘고 있는 아내 구타와 같은 가정 폭력의 원인도 이런 맥락에서 살펴 볼 수 있을 것입니다. 학대나 가정 폭력은 분명히 정신의 질병으로 분류되어야 합니다. 자기 스스로 행복한 사람이 남을 괴롭힐 수 있을까요? 만약 그런 사례가 있다면 "기적"일 것입니다. 자기 마음에 지옥이 있는 사람은 반드시 그 지옥을 현실로 재현합니다. 인간은 밥만 먹는다고 사람이 되지 않습니다.

인간은 누구나 소중한 사람으로부터 사랑과 인정을 받아야만 사람다운 사람이 되는 것입니다. 그 소중한 사람은 당연히 "부모"이며 자녀는 그 부모를 거울로 삼아 만들어지는 것입니다. 세상을 바꾸자는 소리를 자주 듣습니다. 세상을 바꿀 수 있을까요? 그렇습니다. 부모가 바뀌면 세상이 바뀔 수 있습니다. 저 자신 아이를 키우면서 그러한 사실을 더욱 느끼고 있습니다. 아이는 부모의 거울입니다. 저는 그 거울을 보면서 언제나 "인간"을 배우고 있습니다.

넷 ◆ 품어 주는 공간에서 '사람'을 만드는 세상

시드니 올림픽이 한창이다. 시합에는 언제나 순위가 있기 마련이고 승자와 패자가 있기 마련이다. 나는 최근에 금메달을 놓고 경기를 하는 아시아권의 선수들과 유럽 선수들의 모습을 보면서 정말 많은 것을 느끼고 있다. 얼마 전 북한의 계순희 선수가 유도에서 원하는 목표를 달성하지 못하고 고개를 떨구는 모습을 봤다. 누가봐도 열심히 싸웠지만 아깝게 계순희 선수는 경기에서 패하고 말았다. 그 때 감독의 얼굴을 자세히 보았다. 실망으로 가득한 얼굴이었다. 경기장을 나가는 계순희 선수는 죄인처럼 감독의 뒤를 따라갔다. 계순희 선수뿐만이 아니라 우리나라 선수들 중에도 아쉽게 메달을 놓친 모든 선수들이 경기장을 떠나는 모습은 한결같이 쓸쓸했다.

그런데, 유럽과 미국 선수들의 모습은 참으로 역설적인 모습이었다 (저를 백인을 우대하는 우월주의자로 생각하지는 마세요). 한 여자 역도 선수가 역기를 들지도 못하고 실패하였다. 그런데 그 때의 표정은 실망하거나 좌절한 얼굴이 아니었다. 두 손을 벌리면서 으쓱 어깨를 올리는 모습이 마치 평소에 하던 연습에 한번 실패한 것 같은 인상을 주었다. 감독의 모습은 더 놀라왔다. 역기를 들지도 못한 그녀를 두 손으로 끌어안고 양 볼에 키스하고 어깨를 토닥이며 다정하게 경기장을 나갔다. 너무나 대조적인 장면을 보면서 "도대체 서양사람들이 저토록 여유 있는 이유가 어디에 있을까?"를 생각해 보았다. 경기에 져도 우승한 사람들에게 진심어린 축하와 악수를 청하는 그 모습, 그런 분위기가 몹시 부러웠다. 아마 "물건"이나 "사물"보다 "사람"을 더 귀하게 여길 줄 아는 사회 분위기가 보편화되어 있기에 그런 것이 아닐까 하는 생각이 들었다. 물론 그들이 그런 인권의식의 혜택을 얻기 위해 많은 피를 흘린 것도 무시할 수 없을 것이다.

그러나, 무엇보다도 금메달이나 순위에 드는 것보다 그저 최선을 다한 선수들을 있는 그대로 수용해 주고 격려해 주는—위니캇이 말한 "품어주는 공간"으로서의 질적인 관계를 즐기고 있는—유럽 선수들을 보면서 한없는 부러움이 밀려 왔다. 아직도 사람이 귀한 줄 모르고 사회 모든 분야 구석구석에서 인간의 가치와 존엄성을 함부로 짓밟고 폭력의 악순환을 반복하는 우리 나라의 현실을 보면서 이제는 분노보다 체념만 남아 있는 무기력한 나 자신을 바라보았다.

종교의 이름, 아니 구체적으로 말해 하나님의 이름으로 순종만을 강요하는 교회의 현실을 보면서 아직도 우리의 교회 수준은 프로이트가 말한 가짜 신, 토템적 신의 범주를 넘어서지 못하고 있음을 절실히 느낀다. 나는 언제나 버스를 타고 사람들을 만날 때 뭔가 화가 나 있는 뭔가 알 수 없는 피해의식으로 가득 찬 사람들의 얼굴을 보면서 이 나라에는 돈 있는 자만 삶이 있고 나머지는 다 생존을 위해 살고 있음을 느낀다. 개성과 창의성은 하나님이 주신 놀라운 은혜의 영역인데도 교회에선 작은 창의성도 교리에 맞아야 허용된다. 그러면서 중고등부가 침체된다고, 아이들이 세속화되고 있다고 난리다.

난 개신교 목사다. 개신교 목사로 천주교에 대해 부러운 것이 있다. 융이 지적했듯이, 개신교는 종교개혁으로 모든 상징과 성상들을 파괴하였다. 종교적 상징이라고는 십자가와 방주형 교회당, 그리고 성경이 전부이다. 참으로 건조하다. 개신교는 언제나 따뜻한 이미지보다 전투적 이미지를 보였다. 단군상의 목을 자르고 지옥과 심판을 소리 높여 이야기하고 언제나 죄에 대해서 신경증적인 반응을 보여 왔다. 그런 위협적인 설교를 듣다가 가끔 천주교회 앞을 지나가면 환히 웃는 마리아 상이 보인다. 개신교는 교리 상 마리아 숭배(천주교는 공경이란 표현을 쓴다)를 거부한다. 그러나, 개신교회의 모습과 이미지가 최소한 어머니로 상징되는 품어주는 공간 같은 교회로 열려 있어야 하지 않을까?

창세기 1장에 보면, 하나님의 신은 수면에 운행하였다는 표현이 있다. 그 말을 원어로 표현하면 하나님의 신이 암탉이 알을 품 듯 수면을 품었다는 여성적 이미지로 표현되어 있다. 바로 그것이다! 품어 주었더니 거기서 창조물이 나오더라는 것이다. 품어 주는 공간 속에서 자아의 아주 작은 여린 동작, 여린 모습이 환하게 꽃필 수 있다. 비록 시합에 이기지 못하고 동메달도 못 땄지만 인간이라는 이유 하나만으로 존중받고 그간 애쓰고 고생했다는 따뜻한 박수라도 한번 쳐 줄 수 있는 그런 여유와 "품"이 있다면 정말 살맛 나는 세상이 되지 않을까?

얼마 전 50년 만에 만난 어머니를 30분간 만나고 다시 북으로 돌아가는 나이 든 아들의 모습을 보았다. 슬픔에 찌든 그 아들의 얼굴을 보면서 더 이상 이 나라에서 사람보다 귀한 것은 아무것도 없다는 이 평범한 진리가 교회에서 학교에서 가르쳐져야 한다는 신념을 갖게 되었다. 잘 품어 준 아기들만이 커서 인간다운 인간이 되듯 잘 품어 주는 세상 속에서만 삶을 풍요롭게 하는 문화와 종교가 꽃 피울 수 있다고 믿는다. 적어도 위니캇에 대해 조금은 안다고 자부하는 사람이라면 모든 사람을 넉넉히 품을 수 있는 어머니의 공간으로 성숙해야 한다고 생각한다.

다섯 ◆ 종교의 이름으로 아동을 학대하지 말라

오늘 아침 MBC에서 가출 청소년을 보호한다는 한 복지 기관에서 일어난 사건을 취재하고 있었습니다. 원생들이 복지관에 방화를 했다는 내용이었습니다. 그러나, 방화를 한 이유를 들어보니 그것도 원생 학대에서 비롯된 인권유린에 대한 반항의 표현이었습니다. 작년에 만든 우유를 주기도 하고 밥에서는 바퀴벌레가 나오고 깨끗해야 할 생리대는 곰팡이 생긴 것을 주고 창문에는 쇠꼬챙이가 박혀 있고, 간식이나 외박 절대 금지에다 모든 것이 철저한 감시와 통제 속에서 이루어진 그곳은 기독교와 관련된 복지 기관인 듯하였습니다

저는 그것을 보면서 아동학대가 종교의 이름으로 행하여지는 모습을 지켜보았습니다. 한 철학자는 자신의 책에서 자신은 자녀들을 교회에 보내지 않겠다는 말을 하였습니다. 이유인즉 그들이 자신의 의지와는 무관하게 종교를 강요받게 해선 안 된다는 신념에서 결정한 것이었다고 말했습니다. 저는 그 말을 반만 동의합니다. 왜냐하면 아이들은

누구나 신자이기 때문입니다. 그들 마음속에는 하나님이 심어 주신 사랑과 신앙이 순수한 형태로 존재합니다. 그러나, 그의 말의 반쪽을 수용할 수밖에 없는 이유도 있습니다. 너무 많은 교회들이 아동 교육을 대수롭지 않게 생각한다는 이유에서입니다.

주일마다 수고하며 사랑으로 아이들을 지도하는 교사들도 많지만 일부 교사들 중에는 복음의 감격과 의미를 제대로 알지 못하는 사람들을 무조건 교사라고 세워놓고 매일 성인의 얘기나 하고 매사에 참으라는 얘기와 선생과 부모에게 순종하라는 당위성만 가르칩니다. 그리고 매주마다 천국과 지옥을 얘기하면서 천국은 매일 빵과 초코렛을 주는 놀이동산이고 지옥은 예수님을 안 믿거나 주일 예배를 빠뜨리거나 예배 시간에 떠들면 가는 곳이라고 거룩한 협박을 하고 있습니다. 다 그렇다는 말이 아닙니다. 그러나, 의외로 상당수의 교회에서 가르치는 기독교 교육의 질은 수준 이하입니다.

그러나! 적어도 상담학도로서 말씀드립니다. 더 이상 종교의 이름으로 아이들을 학대하지 말라는 것입니다. 저는 상담을 하면서 아동기와 유년기의 중요성을 알고 있습니다. 그 시기는 마치 굳지 않은 시멘트와 같아서 그 위에 무슨 흔적을 남기든지 평생을 간다는 것입니다.

미국의 정신분석의요 평생을 아동 학대방지를 위해 힘을 쓴 '엘리스 밀러'라는 위대한 휴머니스트가 있습니다(최근 그녀의 책 한 권이 〈천재가 될 수밖에 없었던 아이들의 드라마〉라는 제목으로 출판되었습니다). 엘리스 밀러의 사상은 7-80년대 스포크(Spoke) 박사의 육아법 같이 한번 이 나라에서 대 히트를 쳐야 할 사상이라고 생각합니다. 물론 스포크 박사의 육아법은 많은 문제가 있었지만 그 당시 자녀 교육을 하는 사람 치고 스포크 박사를 모르는 사람은 없었습니다. 그러나, 엘리스 밀러는 정말 아이들의 입장에서 느낄 수 있는 온갖 종류의 학대에 대하여 너무나 정확하고 너무도 실랄하게 지적하고 있습니다.

그녀의 사상이 기독교계에도 소개된다면 아마 아동 교육의 혁신이 일어날 것이라 생각합니다. 예수님은 아이들을 사랑하셨습니다. 그리고 부활하신 후에 베드로를 만나시고 맨 처음 그에게 이르신 부탁은 "네가 나를 사랑한다면 내 어린양을 먹이라"는 말씀이었습니다. 어린양은 풀을 먹지 못합니다. 어린양은 젖을 먹습니다. 젖이란 부모와 교사의 정성어린 땀과 눈물입니다.

그것이 없이 부모의 욕심을 위해 아이큐 교육만 훈련받은 아이들이 지금 세상을 악하게 만들 사탄의 대리자로 커 가고 있습니다. 할 말이 많습니다. 그러나! 분명한 것은 더 이상 종교의 이름으로 아동을 학대하지 말라는 것입니다. 선진국일수록 아동 학대문제를 가장 엄하게 다루는 이유가 있습니다. 그들이 커서 우리에게 두려운 이웃이 될 수도 있고 우리에게 희망을 주는 대상이 될 수도 있기 때문입니다. 아동학대는 하나님께서 직접 심판하실 용서받지 못할 죄가 될 것이라고 저는 믿습니다.

여섯 ◆ 어린이날에

20세기 기독교를 갱신한 신학자 칼 바르트의 멘토였던 블룸하르트의 짧은 글입니다.

> 모든 아이들은
> 구세주께 다가가고 싶어한다.
> 하지만 당신의 종교적 열심으로
> 자녀들을 하나님의 나라로
> 억지로 끌고 가려고 한다면
> 아이들은 당신의 종교적인 분위기에서

전력을 다해 도망갈 것이다.
아이들이 잘못을 했을 때 나무라지 말라.
당신 자신을 나무라라.
당신 자신을 징계하라.
우리 자녀들이 올바로 행동하지 않는 것은
우리 부모의 책임이다.

내일모레는 어린이날. 그런데 그날 부모들은 아이들이 원한다고 장난감이나 사주려 하고 놀이 동산이나 데려가려고 하고 맛있는 거나 사주려고 한다. 그들이 세상의 주인공임을 확인해 주는 날에 온통 자본주의적 소유로 행복을 사주려고 한다.

안 될 일이다! 그런 오염된 것을 배우게 해선 안 될 일이다. 그저 선물이 없어도 아이의 눈을 바라보며 아이의 몸을 깊이 끌어안으며 너는 세상에서 제일 소중하다고 말해 주어야 한다. 너를 세상에 보내신 분이 하나님이라고, 그분이 너를 통해 세상 버려진 사람들을 돌볼 수 있게 하실 것이라고 말해 주는 것이 어린이날 선물이어야 한다. 아이들에게 선물은 "being"이다. 더 이상 "having"이 되어선 아니 된다. 어른들의 탐욕을 선물로 포장하여 주지 말라!

일곱 ◆ 홀로 있음

20세기는 조용하지 못했다. 21세기라고 하는 지금도 곳곳이 소음으로 가득하다. 버스를 타도 원치 않는 유행가 소리가 나온다. TV를 켜면 온통 자극적인 소음만이 가득하다. 영혼의 깊이는 찾아볼 수 없는 시대가 되었다. 이런 상황 속에서 아니 도시 속에서 "홀로 있음의 영성"이 가능할까? 그나마 서울에 비해 내가 사는 곳은 비교적 조용한 곳이다.

그러나, 환경이 조용하면 나의 내면이 시끄러움을 느낀다. 욕망과 연약함의 소리가 들린다. 그것들이 나를 홀로 있게 하지 못한다. 하루 종일 전화가 없으면 사람들이 나를 잊은 것이 아닐까 소외감을 느끼고 누군가 전화할 사람을 찾기 위해 전화번호를 뒤적거린다. 그러다 보면 내 자신이 얼마나 의존적인 존재인지를 절감한다. 나를 비롯하여 보통의 현대인들은 혼자 있지를 못한다. 그러나, 진정한 공동체가 되기 위해서는 홀로 있을 수 있는 능력이 요구된다. 많은 영적 공동체에서 따뜻한 형제애를 말하면서도 하루에 한번씩 홀로 있기를 수행 시간에 넣는 것은 우연이 아니다.

실존 철학자인 키에르케고르는 하나님 앞에 선 단독자라는 개념을 말하였지만 내가 진정 홀로 있는 시간은 혼자 있는 시간이 아니요 하나님 앞에 서 있는 시간이다. 기도의 시간이다. 그 시간은 내 자신을 돌아보고 내 삶의 목표를 확인하며 모든 집착에서 벗어나 소명자로 서 있는 나를 반성한다. 무엇보다 홀로 있는 시간에 나는 오래 전부터 하나님 앞에서 이런 저런 이야기로 혼잣말을 하는 습관을 길러 왔다. 〈하나님의 임재 연습〉이란 작은 책을 쓴 로렌스 형제도 그런 훈련을 스스로 선택한 사람이었다. 그의 내면에는 깨끗하고 정결한 내면의 지성소가 형성되어 있었다. 10년 전에 그 책을 읽고 너무 좋았다. 그러나, 너무 좋았을 뿐이지 구체적으로 하나님의 임재 연습을 훈련할 기회가 없었다. 거기다 아이가 생겨나면서 정말 바쁘고 분주한 삶을 보내었다. 그러면서도 내 마음에는 언제나 홀로 있음을 추구하였다. 홀로 있는 것이 좋아서만이 아니라 나라는 존재의 영원한 거울 대상인 "하나님"이 계시기 때문이다. 그분의 임재와 사랑, 그 영원한 인간을 향한 열정을 생각할 때 숨막힐 듯한 감격이 밀려온다.

홀로 있음은 외로운 시간이 아니요 내 영혼이 주의 임재로 가득한 축제의 시간인 것이다. 나는 밤에 별을 보기를 좋아한다. 머리가 아프고 소화가 안 될 때 서울에서는 볼 수 없었던 별을 이곳에서 올려다보며 나를 사랑하셨던 외할머니를 생각하며 그 할머님을 내게 보내주셨던 하나님의 자비를 묵상한다. 특히, 상담을 하는 자로서 홀로 있기를 하는 중에 말에 대해 생각하게 되었다. 생각하고 말을 하는 것의 중요성, 기분대로 말하지 않는 신중함을 지키는 것은 상담자로 부름받은 자의 태도임을 깨닫게 되었다.

또한, 목사로 새벽기도를 준비하러 이른 아침에 나갈 때의 그 적막함과 고요함은 24시간 중 가장 고요한 시간으로 독특한 느낌을 준다. 새벽은 피곤한 시간임에 분명하지만 사람을 경건하게 하고 반성하게 한다. 내가 있는 방 앞에는 산이 보인다. 나는 새벽과 밤에 산을 보면서 가능한 마음의 소리마저 다 끊고 고요함과 홀로 있음을 즐긴다. 거기서 발견할 수 있는 것은 언제나 시끄러운 것은 환경이 아니라 내 마음이었다는 것이다. 그리고 이 시장바닥 같은 마음에 찾아와 주신 주님의 마음을 생각한다. 세상에 오셔서 수많은 사람을 만나셨지만 늘 고요한 시간에는 기도하셨던 주님처럼 나도 늘 마음에 하나님으로 가득한 내면의 지성소를 견고히 세우고 싶다. 그래서 고요함 가운데의 홀로 있음은 단지 훈련이 아니라 혼란한 세상에 능력이 되는 시간으로 내 삶의 소중한 부분이 되는 것이다.

 여덟 ◆ 의미와 감동을 잊은 현대인

며칠 전 한 예비 고등학생과 상담할 기회가 있었습니다. 그 학생은 공부도 잘하고 어렸을 적부터 신앙생활도 열심히 한 소위 모범생이었습니다. 그런 그가 갑자기 삶의 의미를 잃었다고 저를 찾아온 것입니다. 이야기를 들어보니 그가 남들이 원하는 고등학교에 입학하기까지 여러 가지 정신적인 스트레스가 있었고 자신의 목적이 사라진 후 일종의 정서적 탈진을 경험하고 있다는 생각이 들었습니다. 그러나, 그것만은 아니었습니다. 그는 의식의 일방성 속에서 뭔가 탈출하고 싶은 강력한 욕구를 갖고 있음을 느낄 수 있었습니다.

늘 반복되는 24시간, 늘 공부와 신앙이라는 틀 안에서만 살아야 했던 그 학생의 고뇌는 결코 쉽게 해결될 수 있는 문제가 아니었습니다. 그는 이 우주에 지구가 아닌 다른 행성이 있을 것이란 생각을 하고 있었습니다. 요즘은 그런 곳이 있다면 그곳으로 도피하고 싶다는 고민도 털어 놓았습니다. 저는 직감적으로 그곳이 그 학생의 억압된 무의식의 세계라는 것을 알 수 있었습니다. 우리의 교육은 마치 학생들에게는 무의식이 없는 것처럼 그들의 꿈과 환상을 모두 거세하고 오직 공부와 말 잘 듣는 착한 학생을 만들어 놓고 있습니다.

그들이 꾸는 꿈은 대학을 가야만 이뤄질 수 있다고 강조하고 있습니다. 그러는 사이에 그들의 얼굴에는 웃음이 사라지고 환상과 꿈도 사라지고 오직 공부 잘 하는 학생에 대한 시기심과 자기 내면의 엄청난 분노를 투사하여 왕따를 만들 학생을 만들어 분풀이를 하든지 이도 저도 아니면 오직 주먹으로 모든 것을 해결하려 하는 폭력이 난무하고 있습니다. 이것은 그 학생만의 고뇌가 아닐 것입니다.

현대인들은 삶의 의미를 잊었습니다. 돈만 주어지면 모든 것이 해결된다는 신앙만이 강하게 존재하는 이 현실 속에서 의미는 "돈"일 뿐 인생에 어떤 의미가 있다고 생각하지 않고 있습니다. 의미가 없다는 것은 모든 것이 뻔하며 바랄 것이 없다는 것을 말합니다. 다시 말해 감격할 일이 없다는 것입니다. 감동 받을 일이 없다는 것입니다. 신명나게 사는 방식을 잊었습니다. 상징은 사라지고 광고와 기호만 남았습니다. 꿈은 사라지고 돈으로 인한 안락함에 대한 욕망만이 남게 된 것입니다. 자기 안에 있는 무의식 세계와 단절되어 오직 오감으로 보이고 느끼는 세계만 인정하며 모든 관계는 계산된 것만 있고 무조건적인 사랑은 찾아보기 힘든 세상이 되었습니다.

저 자신 목사이지만 설교를 들어보아도 그저 의식의 일방성, 도덕의 일방성만을 강요하고 있습니다. 하나님의 나라 대신 오직 개교회주의만 판치는 정도 없고 멋도 없는 교회들이 되어 가고 있습니다. 숨이 막힙니다. 정말이지 이런 세상에서 나는 어떻게 살아야 할 것인가 머리를 굴리며 전략을 짜는 제 모습을 보면서 서글픈 마음이 듭니다. 과연 이렇게 사는 게 사는 것인가 싶습니다.

그러나, 그렇기 때문에 오늘 교회는 하나님의 은혜와 복음의 복음성을 회복하는 일이 시급히 요청되며 우리의 삶은 의식의 일방성이라는 획일주의를 반성하고 무의식의 음성을 들을 수 있어야 합니다. 무의식은 세미한 음성으로 말하기에 그리고 상징으로 말하기에 분주한 마음으로는 그 음성을 들을 수 없습니다. 고요한 마음, 욕심을 버린 마음, 사회심리학자인 에리히 프롬이 경고한 소유지향적인 마음을 접고 한 고독한 실존이 되어 무의식과 직면할 용기를 갖게 될 때 그 소리를 들을 수 있습니다. 그 마음은 어린이와 같은 마음입니다. 사소한 것에서 기쁨을 발견하고 놀랄 수 있고 극적으로 감정을 확대할 수 있는 그런 모습 말입니다. 그러나, 어린이가 되기엔 세상이 순진하지 않습니다. 다시 한번 비둘기 같이 순결하고 뱀과 같이 지혜로우라는 예수님의 말씀을 깊이 되새겨 봅니다.

아홉 ◆ 자기 이해에서 자기 완성으로

정신분석학의 출현은 그것을 배운 자에게 "자기 이해"를 할 수 있도록 가르침을 주었다. 정신분석학은 날카로운 칼과 같아서 우리의 무의식을 해부한다. 그런 까닭에 정신분석학을 통한 자기 이해는 몹시 아프고 고통스러울 수밖에 없다. 그것을 거부하는 자는 아픔을 피할 수 있지만 자기라는 알에서 깨어날 수 없다. 분석은 쪼개며 가르는 일을 한다. 덩어리진 무의식을 자르고 쪼개는 일은 의식적 차원에서 볼 때 고통일 수밖에 없다. 아마도 그것은 연약한 자아(ego)가 감당하기에는 너무나 벅찬 작업일지 모른다.

그러나, 칼 융의 분석심리학은 정신분석과 그 목표가 다르다. 정신분석학이 "자기 이해"를 추구하였다면 분석심리학은 "자기 완성"을 추구한다. 분석심리학은 인간에 대해 단순한 설명의 차원을 넘어선다. 오히려 가르침을 준다. 그래서 그 성격상 다분히 "종교적"이다.

프로이트나 융은 서구 문명이 서서히 기우는 시대에 살았던 인물들이다. 그 엄청난 이성주의와 합리주의라는 아성이 인류 역사상 가장 많은 인간을 살상한 전쟁을 통해 여지없이 무너지는 시대에 살았던 인물들이었다. 그들에게 더 이상 인간은 단순한 "이성"이나 "생각"에 의해 움직여지는 존재가 아니었다. 인간은 무의식에 의하여 움직여지는 존재였다. 프로이트가 바라본 인간은 현실에 적응하기 위해 끊임없이 자신의 성적 본능을 억압하며 삶과 죽음의 본능 사이에서 갈등해야만 했던 "갈등하는 인간"이었다. 그러나, 융이 바라본 인간은 그런 갈등만을 갖고 사는 인간상이 아니었다. 오히려 그런 상반된 갈등의 요인들을 끊임없이 통합하며 더 성숙하고 완성된 자아 상태로 가는 인간상을 추구하였다.

프로이트와 융은 서구 기독교가 몰락해 가는 시대를 살았다. 그래서 그들은 현대인들이 납득할 수 있는 새로운 종교의 탄생을 기대하였다. 그들은 그 새로운 종교를 "정신분석학"과 "분석심리학"이라 이름 붙였다. 프로이트는 자신의 정신분석학이 낡은 종교를 대체하는 대안 종교가 되길 바랬고, 융은 자신의 가르침을 통해 기독교가 온전성을 회복하기를 기대하였다. 융에게 있어 기독교나 불교나 모든 종교는 "자기"

(Self)를 완성해 나아가는 "정신의 완성"으로 인식되었다. 이러한 "자기의 완성"은 어떤 과정을 거치는데 그러한 과정 속에는 대극(對極)의 완성이 전제되어 있다. 내 안의 모순되고 양면적인 인격의 요소들을 하나로 통합하여 어떤 완성된 상태로 나아간다는 것이다. 그것이 저 유명한 "개성화 과정"이다.

개성화란 더 이상 나뉠 수 없는, 쪼개지지 않는 상태를 말한다. 더 이상 우리의 인격이 분열되거나 우리의 정신이 이원화되지 않는 상태를 말한다. 융의 말을 빌면 내 안의 무의식이 자기 스스로를 실현한 상태를 말한다. 누구누구의 삶을 흉내내는 삶이 아니다. "나"의 삶을 사는 것이다. 그대로 사는 것이다. 더 이상 일방적이고 편견에 사로잡혀 선악을 구분하지 않는다(선악이 없다는 것이 아니다. 구분하지 않을 만큼 성숙해진다는 의미다).

성숙한 사람에게 있어서는 밤과 낮, 음과 양, 선과 악은 하나의 두 가지 측면일 뿐이다. 융의 이러한 사고 방식은 동양의 사상과 대단히 유사한 의미를 지녔다. 융 자신이 동양의 주역을 오랫동안 공부하였고 노자와 장자 사상을 읽으면서 영향을 받았기 때문이다. 그러므로 그의 사상 안에선 동서양이 어우러진다. 그래서 혼란하다. 혼란은 당연하다. 우리의 몸은 동양인데 서구의 이원론적 구도 속에서만 사물과 세상을 인식하는 법을 배웠기 때문이다.

융의 이론은 기독교인에게 지혜와 위험을 준다. 그러나, 그것을 생선을 발라먹듯 먹을 수 있다면 우리에게 득이 될 것이다. 발라먹을 수 없다면 독이 될 것이다. 융이 말하는 "자기 완성"은 무엇일까? 흥미는 갖되 욕망하지 말라. 이루되 조급하지 말라. 지금의 "나"라는 조건을 남김없이 끌어안고 살다보면 어느 날 "되어져 있을 그것"이 개성화이다. 이룬다고 이루는 것이 아니다. 물처럼 흘러야 한다.

열 ♦ 융과 나

융 심리학을 깊이 이해하다보면 분명 그가 기존의 기독교 교리에서 벗어난 많은 흔적을 볼 수 있다. 그러나, 신기하게도 융 심리학은 우리가 믿는 말씀에 대한 깊은 통합으로 우리를 자극한다는 점이다. 그러한 통합은 우리의 내면에서 온전함으로 체험된다. 융이 말하는 무의식은 분명 하나님의 창조 영역이다. 무의식은 하나님과 상관없는 자율적이고 독립적인 실체가 아니다. 이것이 기독교 심리학이 융 심리학을 대하는 전제이다.

그러므로 사람이 개성화 되어 자신의 참 자아를 발견했다해도 그러한 자기(Self)가 하나님과 만나지 않으면 온전하고 참된 자아가 될 수 없다. 하나님과 연합한 자아, 하나님과 관계 맺는 자아만이 진정한 자아로 거듭나게 되는 것이다. 이렇게 진정한 자아로 거듭나라는 소명은 "영원"으로 부름 받는다. 우리의 자아는 언제나 자아의 완성을 목표로 두는 것이 아니다. 그런 목표는 인본주의나 타종교에서 목표하는 것이지만 기독교 신앙 안에서의 융 심리학의 의미는 언제나 자아의 완성만을 뜻하지 않고 하나님과의 연합을 목표로 한다.

우리는 누구나 진정한 자아, 즉 진정한 내가 되도록 부름 받았다. 하나님 앞에 설 때까지 미래를 열어 놓고 진정한 내가 되어 가는 과정이 인생인 것이다. 한 순간도 "다 되었다"라고 말할 수 없는 것이다. 그것은 자아(ego)가 갖는 착각일 뿐이다. 하나님의 부르심(소명)은 나를 나 되게 하는 부르심이다. 하나님은 우리를 목사나 교수나 학생으로 부르신 것이 아니라 새로운 창조물로 부르신다. 이러한 부르심은 종말의 순간에 하나님이 "너는 너가 되었다!"라고 말씀하시는 순간 완성된다. 이런 부르심은 껍데기를 벗겨내고 진정한 내가 되어 가는 진실에로의 부르심이다. 우리는 얼마나 많은 가면과 껍데기를 뒤집어 쓰고 사는가?

그런 껍데기가 너무 두꺼워져 우리는 자신의 진정한 감정이 무엇인지 자신의 진정한 모습이 어떤지조차 감지하지 못하고 일평생을 산다. 그리고 오직 돈과 생존을 위해서만 살아간다. 자신의 깊은 무의식과 어떤 대화도 나누지 못하고 자기 스스로에게 어떤 말조차 건네지 않는다.

이런 자기와의 고립은 결국 타자와의 고립과 하나님과의 고립을 초래하게 된다. 현대 심리학이 밝혀 낸 사실은 인간의 마음에 나와 절대자, 나와 자연, 나와 이웃과의 관계만이 있는 것이 아니라 "나와 나 자신"과의 관계가 있음을 보여주었다. 그래서 생긴 개념이 자아 존중감, 자기 정체성, 자기 수용과 용납이란 말이다. 모두 다 자기와 자기와의 관계를 전제한 개념이다.

그럼 왜 그렇게 우리는 두꺼운 껍데기를 쓰고 사는가? 두렵기 때문이다. 우리의 가면과 껍데기는 남의 인정을 받기 위해 만든 가면이며 연약하고 수치스러운 자기를 방어하고자 만든 대용물일 뿐이다. 그런데 우리 그리스도인들은 이런 가면을 경건으로 착각한다.

수십 일을 금식하며 신앙의 깊이를 자랑하는 한 기독교인은 집에 돌아가 자기 시어머니와 다툰 후에 수십 일간 금식하며 쌓은 은혜를 시어머니 때문에 쏟았다고 말한다. 과연 그런가? 그 "누구" 때문에 하나님의 은혜가 쉽게 쏟아지는가? 이 여인은 하나님이 금식하며 부르짖는 자신의 신앙적인 모습만을 인정하시고 사랑하신다고 착각했다. 하나님은 그 시어머니를 미워하는 그 모습까지 사랑하신다는 것을 몰랐다. 그리고 경건의 모양만 자기의 진짜 모습이라고 착각해 왔다. 우리나라의 체면 문화나 지나친 예의범절같이 자신의 참 모습을 숨기려는 이런 모든 문화는 자기의 실제를 보지 못하게 하는 병든 문화인 것이다.

이런 문화 속에선 집단 속에서의 나만 있을 뿐 진정한 한 인간의 개별성은 찾아볼 수 없다. 융 심리학은 그런 우리에게 덩어리(집단)가 무엇이며 너는 어떤 인간으로 부름 받았으며 너 자신만의 개성화를 어떻게 이룰 것인지 질문한다. 그리고 그렇게 개성화 된 자아를 갖고 세상에 나가 어떤 존재가 되며 어떻게 살아야 하는지를 진지하게 묻고 있는 것이다.

열하나 ◆ 중독

중독은 영적인 병이다. 중독의 심리 안에는 언제나 현실에 대한 초월성을 기대하며 더 큰 힘에 대한 동경이 담겨 있다. 중독은 외적인 그 어떤 대상(중독의 대체물들)을 통해 무기력한 현실을 뒤집어 "극적인 절정 경험"을 하려는 인간의 내적이고 외적인 강력한 경향성을 포함한다. 중독에 빠지는 그 순간, 잠시라도 무아의 경지 속에서 잃어버린 전능감을 재현하고자 하는 가장 원초적인 유아 성욕을 담고 있는 행위가 중독이다. 모든 중독의 밑바닥에는 자신에 대한 배신과 타자에 대한 배신이 담겨 있다. 중독의 근본문제는 갈등이 아니라 "분열"이다. 고갈되고 분열된 인간 군상의 현상학적 모습이다.

그러므로, 중독을 파고 들어가다 보면 궁극적으로 나와 나 자신과의 관계에서 비롯되는 문제로 귀결된다. 중독은 언제나 자기 전능감(나는 마음만 먹으면 언제나 이것을 끊을 수 있다)과 부인 혹은 부정(나는 절대 중독자가 아니다)을 통해서 자신을 지탱한다. 이 양대 존재의 거짓을 통하여 중독은 중독자 자신을 합리화하며 자신의 행위를 정당화한다. 그렇게 하다 보면 우리의 몸은 항상성에 의해 지배받게 된다. 이제 그것 없이는 못 사는 것이다. 사람이 술을 마시는 것이 아니라 술이 사람을 마시고 중독된 행위와 물질과 대상이 중독자를 의식적, 무의식적으로 지배하는 전인적 노예 상태가 되는 것이다.

중독은 인간 실존의 가장 핵심적 문제인 고통의 문제를 비켜갈 수 없다. 인간은 근원적으로 고통을 피하고 편안함을 추구하며 살기에 고통을 피하려고 한다. 고통은 나쁜 것이며 무서운 것이고 생명에 해가 되는 것이라고 배워왔기 때문이다. 그러나, 이런 통설과 상식이 고통의 본질을 왜곡시켜 왔다. 고통의 본질은 직면해서 인식하여야 하는 것이다. 그러면 고통스럽지 않게 된다.

칼 융은 중독이란 정당한 고통을 회피한 결과라고 말하였다. 다시 말하지만 중독은 영적인 차원에서 다뤄져야 할 병이다. 수많은 중독자들은 중독이란 과정을 통해 파멸하든지, 아니면 때때로 소수지만 성숙해져 가기도 한다. 중독은 우리의 실존이 어떤 존재인가를 묻게 한다. 중독은 자기를 확인하고 싶어하는 원초적인 인간 욕구의 결과이다. 모든 중독은 그것을 통해 자신이 어떤 존재인가를 적나라하게 확인시켜 준다. 이것은 프로이트가 지적한 죽음의 본능인 "반복 강박"에 해당한다. 인간의 마음 안에는 생명의 욕구와 함께 반복 강박으로 지칭되는 죽음의 본능이 있다. 중독은 살기 위해 하지만 죽음의 욕구에 의해 지배된다는 모순을 담고 있다. 이것은 존재의 모순이다. 존재의 모순이 지배하는 곳은 무의식의 세계이다. 동시에 그 모순을 의식의 세계에서 하나되게 만들 수 있는 강력한 힘이 중독의 힘이다. 그래서 사람들은 중독에 심취한다. 중독은 스릴이 있고 편안함이 있으며 짜릿한 쾌감이 있다. 독과 악과 쾌락이 있기에 거기에서 탈출하기가 쉽지 않다.

중독의 특징은 그것과 함께 있으면 편안하다는 것이다. 내 존재를 확인해주고 내 존재를 편안하게 한다. 중독되게 하는 그것은 중독자에겐 하나님 같다. 그래서 중독은 신학적으로는 우상 숭배이다. 그 우상 앞에선 적나라한 모습이 된다. 그리고 자신이 어떤 존재인지를 확인 받는다. 어떤 반대도 이 힘 앞에선 무력하며 항거하지 못한다. 중독은 쾌감으로, 막연한 좋음으로 나를 볼모 삼는다. 그래서 중독은 영적인 질병이며 전인적인 해독이다.

중독을 벗어난 사람이 있는가? 중독에서 벗어난 사람은 있겠지만 중독의 가능성에서 벗어난 사람은 없다. 인류는 중독과 함께 살아 왔다. 중독 연구는 인간 본성에 대한 연구이며 영혼의 해부학으로 비유할 수 있다. 성서는 이런 인간의 총체적 현상을 "죄"라고 선언했다. 죄에서 벗어나는 길은 자신이 죄인임을 인정하는 것이다. 그러므로 중독의 치유에는 절대 "은혜"가 필요하다. 그 은혜가 치유의 기초가 되어야 한다. 은혜라는 타자성을 체험하므로 중독자는 중독의 대상에게 이렇게 말할 수 있게 된다. "너는 너고 나는 나다. 나는 너 없이도 살 수 있다. 나를 지배하는 것은 너가 아니라 너보다 더 큰 능력이다!"

 **열둘 ◆ 사랑은 언제나 응답을 요구한다**

사람들을 만나고 그들과 상담하면서 저는 그들의 말에 작은 공감을 해줄 때 그들 눈에서 빛이 나는 것을 보았습니다. 그 작은 공감이 그들 안에 죽어있는 것처럼 보여지는 영혼인 참 자기가 새롭게 소생하는 순간을 많이 보았습니다.

사랑은 언제나 응답을 요구합니다. 우리가 아무것도 모르는 아기였을 때 엄마의 애정어린 눈빛은 아이의 영혼에 거울이 되어 자기가 커다란 대상에 의해 수용받고 있다는 존재론적 안정감을 심어줍니다.

나이를 먹고 두 살, 세 살, 네 살이 될 때 아무것도 모르면서 부모의 행동이나 다른 사람의 행동을 모방하면서 자기만의 서투른 자아가 출현할 그 시기에 실수하고 말썽부리고 고집을 부릴 때 때로 혼을 내고 야단도 치지만 눈물을 뚝뚝 흘리는 아이에게 다시 다가가 안아주면서 안타까운 그러나 사랑스런 눈빛으로 그 아이를 바라봐 줄 때 아이는 그 눈빛을 읽으면서 선악을 분별하게 되고 자신의 행동을 절제할 힘을 키우게 됩니다.

그러나 상담 현장에서 만난 많은 사람들은 그런 눈빛이 너무나 적었거나 부재했습니다. 그들의 공허한 눈빛은 사랑에 굶주리고 인정과 돌봄에 굶주리다 못해 모든 것을 포기해 버린, 그러나 그 안에는 분노가 이글거리는 눈빛이었습니다. 자기를 바라봐 준 눈빛 대신 허망한 눈빛으로 세상을 바라보고 낙심했던 그 긴 세월. 체념으로 그리고 절망으로 똘똘 뭉쳐진 그들의 눈을 보면 마음이 무너져 내리는 것 같습니다. 그러다 그들 영혼의 가장 깊은 곳을 공감해 주면 그들은 뭔가 강렬한 리비도를 담은 눈빛으로 나를 바라봅니다. 저는 그 때 직감합니다. "저 눈빛은 아기 때 드러났어야 할 눈빛인데……."

사랑은 반드시 응답을 요구합니다. 어릴 적에 사랑을 받지 못했다면 그 사랑 받고픈 욕구가 사라진 것이 아니라 우리 마음 아주 깊은 곳에 억압되어 있다가 자기를 사랑해 줄 것 같고 인정해 줄 것 같은 대상을 만나면 완전히 어린아이처럼 흥분하고 기대하며 의존을 하게 됩니다.

때로 그런 대상은 상담자가 될 수 있고 사랑하는 친구나 연인이 될 수 있습니다. 그러나 머지 않아 실망을 느끼게 됩니다. 사랑을 주는 사람이 너무나 부담을 느끼기 때문입니다. 수십 년 간 받아야 할 사랑을 짧은 기간에 요구하니 그게 가능하겠습니까? 그래서 다시 냉소적인 사람이 됩니다.

저는 그런 사람들에게 정말로 들려주고 싶은 이야기가 있습니다. 수많은 죄인들의 눈을 바라보시고 연민과 사랑으로 충만하다 못해 그들을 구원하시기 위해 자기 목숨을 버리신 예수 그리스도의 눈빛을 보라고 말입니다. 그 눈빛을 단 한번만이라도 볼 수 있다면 그 순간은 영원이 되고 그 영원은 영원히 고정되어 당신 영혼을 사로잡을 것입니다.

그러나 당신이 사랑할 만한 능력이 있다면 당신의 눈빛으로 사랑 받지 못한 사람들을 사랑스럽게 보아 주십시오. 그리고 여러분 주위에 있는 아기와 아이들을 진정으로 사랑해 주십시오. 그리고 따뜻하게 안아 주십시오. 언젠가 그 아이들이 어른이 된 후에 그들은 여러분들의 눈빛과 사랑을 통해 하나님의 눈빛을 볼 수 있게 될 것입니다. 저는 평생 그렇게 믿을 것입니다.

열셋 ◆ 거울을 찾는 인간

일찍이 신앙적 철학자 파스칼은 인간을 생각하는 갈대라고 비유했지만 참으로 인간이란 존재는 얼마나 연약한가! 어린 시절 전인(全人)이 연약한 유아에게 사랑을 주어도 유아가 그 부모의 사랑을 사랑으로 받아들이기까지는 참으로 많은 세월과 시간을 요한다. 인간은 어린 시절에 자기는 사랑 받아야만 한다는 전제를 무의식적으로 갖고 태어난다. 아마도 엄마의 복중(腹中)에서 모든 것이 완벽에 가까울 정도의 환경에 있었기 때문에 출생 이후에도 완벽에 가까운 사랑을 원하는 것은 당연한 결과인지도 모른다. 그러기에 유아는 사랑을 주지 않는 대상 앞에선 분노하고 절망하며 투사한다. 마치 대상관계이론의 창시자로 알려진 멜라니 클라인이 말한 것처럼 자기 대상(self object—유아가 원하는 대로 모든 것을 이뤄주는 대상)으로 인식된 엄마에게는 좋은 젖이 있는데, 때로는 그 젖이 안 나온다고, 그 좋은 것(풍부한 젖)이 있음에도 자기에게 주지 않는다고 젖가슴을 공격하고 시기하는 유아의 환상처럼 말이다. 그러기에 인간이 환경의 어떠함을 떠나 감사할 수 있고, 만족할 수 있으며, 인생은 사랑받는 것만은 아니며 사랑도 베풀어야 한다는 진리를 깨닫는 것은 참으로 오랜 성숙 과정을 통해 얻을 수 있는 진리요 얻어진 열매라고 생각한다.

어릴 적에 누군가(대개는 부모님) 내게 상처를 주면서 컸다고 말을 하지만 사실 인간은 이미 상처투성이가 될 수밖에 없는 연약함을 갖고 태어나기에 그 연약한 몸과 정신의 상처가 모두 부모의 탓이라고만 할 수 없을 것 같다. 사람이 그렇게 연약한 상태로 "태어난 것"이다. 그러므로, 인간은 그렇게 연약한 "자기"를 있는 그대로 비춰주고 반영할 "거울"을 본능적으로 찾게 되는 것이다. 유아 시절엔 그 거울이 완벽할 필요도 없고 완벽할 수도 없다.

영국의 소아과 의사이며 대상관계이론가로 알려진 도날드 위니캇의 말대로 "보통의 엄마"(Good enough mother—모성애를 지닌 보통의 엄마)면 충분한 것이다. 유아를 잘 돌봐 주면 유아는 초기에 자기를 돌보는 대상과 자신이 "하나"라는 공생의식을 갖게 되며 이러한 공생의식을 통해 유아는 정서적인 안정과 애착을 형성할 수 있게 해준다. 그래서 위니캇은 이 세상엔 "아기만 존재할 수 없다. 다만 엄마와 아기란 한 쌍의 대상관계만 존재할 뿐"이라고 역설하였다.

그러나, 이 관계는 언젠가 깨어지게 되고 아이는 또 버림받은 것만 같은 느낌을 갖는다. 그래서 예전의 포근했던 상태를 그리워하며 정신적 퇴행을 하게 된다. 그러한 퇴행은 모든 것이 편안했고 저절로 이루어졌던 태내 환경에로의 회귀를 지향한다. 즉 전능 환상(모든 것이 저절로 공급되고 편안했던 시절에 갖는 환상)에로 향한다. 모든 것이 포근했던 시절, 모든 것이 충족되었던 시절로 회귀하고 싶은 갈망을 갖는다는 것이다. 그러한 욕구는 출생 이후 사랑받고 싶고 인정받고 싶은 욕구로 지향된다. 다시 자신을 있는 그대로 수용해 주고 안아줄 수 있는 대상을 찾는 것이다. 그런 의미에서 인간이 살아나가는 곳에선 언제나 엄마가 아기를 대하는 세 가지 양육 방법이 그대로 적용된다. 그 세 가지 양육 방법이란 다음과 같다.

첫째가 안아줌(holding)이다. 아기를 안아주지 않는 부모는 없을 것이다. 그러나, 아기를 안아줄 때 어떤 마음가짐으로 아기를 안아주느냐가 중요하다. 아기는 자기를 안아주는 자가 자신을 대충 안는지 소중하게 안아주는 지를 민감하게 반응한다. 아기를 보물을 안 듯 잘 안아주면 그러한 안정감은 아기의 인격에 반영되어 아기는 자기 존재의 편안함을 느끼게 된다. 그러한 존재의 편안함은 자신의 살아있음, 존재함의 향유를 누릴 수 있게 한다. 즉 그것은 존재의 긍정으로 이어지는 것이다. 반면 아기를 안아주는 마음가짐이 불안이나 불편함이 있다면 그 아기는 인생을 시작하는 초기 단계에서 자신이 거부당하는 느낌을 받는다는 것이다.

이는 교회 사역에서도 적용할 수 있는 원리가 된다. 교회에 새신자가 왔을 때 자연스럽게 낯선 사람을 환대하는 분위기의 교회가 있고 무언가 우리만의 공간을 누군가가 침범했다는 어색한 느낌과 어색한 웃음을 지으면서 낯설게 대하는 교회가 있다. 새신자가 교회를 가는 것은 그 자체가 대단한 모험인데 그런 새신자가 경험하는 첫 환경이 안아주는 느낌이냐 낯설은 느낌이냐를 느끼는 것은 기존 신자들과 분명 차이가 있는 것이다. 교회를 가고 싶어도 자신이 이상한 존재로 비춰지 않을까 하는 염려 때문에 사람들이 많이 모이는 교회로 가고 싶어하는 새신자의 심리를 이해한다면 교회에선 가장 자연스럽고 환대하는 마음으로 새신자를 안아주는(holding) 마음의 준비를 하고 있어야 할 것이다.

두 번째 아기를 건강하게 키우는 방법으로 "바라보고 미소지어주는" 것이 있다. 정신장애진단편람(DSM-Ⅳ)에 의하면 "자기애적 인격장애"라는 항목이 있다. 자기애적 인격장애는 자기애적 상처를 통해 형성되는데 자기애적 상처란 유아기에 아기를 의미 있는 눈으로 바라봐주지 않을 때 생기는 일종의 "시선 결핍증"이라 할 수 있는 인격 장애의 한 유형이다.

자기애적 상처를 가진 사람은 어느 곳엘 가든지 자신만이 시선을 받고 박수를 받아야 한다고 생각한다. 그에게는 늘 자기만 보이지 타인은 보이지 않는다는 것이다. 자기 주변의 사람들은 모두 내 사리사욕을 위해 이용할 대상으로만 생각하지 그들도 나와 같은 인간(being)으로 보지 않는다는 것이다. 이는 유아 시절 옹아리를 시작할 때 자연스럽게 아기를 얼러주고 바라봐 주고 아기의 눈망울을 확인해 주어야 할 때 어떤 이유든지 아기의 시선을 외면하고 아기의 생생하고 여린 감정을 눈빛으로 반영해주지 못한데서 형성된 유아기적 상처인 것이다.

요즘 말로 하면 왕자병, 공주병이 여기에 해당된다고 볼 수 있다. 이런 상처를 갖고 신앙생활을 하게 되면 하나님의 영광이나 소명을 말하면서 실상은 자신의 영광과 사람들로부터 주목받고 싶은 욕구를 은밀히 표출하게 된다는 것이다. 이런 사람들은 대개 "성령으로 시작했다가 육체로 마치는"(갈라디아서 3:3) 결과를 초래할 수 있다.

셋째 만져줌이다. 아기를 다정하고 사랑스럽게 만져줄 때 아기는 자신의 피부의 느낌을 통해 현실 감각을 발달시키고 외부 세계를 인식하기 시작하고 탐색할 자신감이 형성된다. 그러나, 만져줌이 결핍되면 "마라스머스"라는 병에 걸려 죽고 만다. 마라스머스 병은 전쟁 고아들을 수용했던 수용소에서 유아들이 집단으로 죽어간 사건을 연구하던 중 밝혀낸 병으로 우유와 위생적 환경은 있었지만 유아를 만져줄 대상이 없어 이로 인해 생겨난 질병을 말한다. 만져줌, 사랑스럽게 토닥거려줌이 부재할 때 생겨나는 병이 마라스머스 병인 것이다. 어떤 공동체건 엄마가 아기를 돌보듯 서로가 서로를 심리적으로 안아주고(수용해 주고), 서로의 존재를 긍정해 주고 미소지어 주며, 서로의 힘든 손을 잡아줄 수 있다면 그 공동체에서는 생명의 싹을 틔울 수 있는 기운이 가득한 생명의 공동체가 될 수 있을 것이다.

상담사역이란 바로 위와 같은 돌봄을 통해 서로가 서로에게 충분히 좋은 거울(good enough mirror)이 되어주는 것이다. 완벽한 거울이 될 필요는 없다. 그럴 수도 없고 그럴 필요도 없다. 그저 서로에 대해 열린 마음으로 서로의 존재를 인정하며 수용하며 웃어주면 되는 것이다. 이것이 가능해지려면 내 자신 스스로 나 자신을 긍정하며 수용하며 안아줄 필요가 있다. 예수님이 말씀하셨지 않은가? "네 이웃을 네 몸과 같이 사랑하라." 내 몸을 사랑하지 못하면서 누구를 사랑할 수 있다는 말인가? 나에 대한 자아상이 어두운데 어떻게 세상을 아름답게 볼 수 있겠는가? 모든 것은 나의 마음 나의 영혼에서 시작된다. 그리고 그 마음과 영혼은 언제나 나를 있는 그대로 비춰줄 수 있는 "거울"을 기대하며 그리워하며 사는 것이다. 내게는 그런 거울이 몇이나 있는가? 아니, 나는 그런 "거울"이 되어준 적이 있었던가!

열넷 ◆ 눈빛의 능력

얼마전 문득 예수님의 출생에 대한 나름대로의 통찰이 느껴졌습니다. 예수님은 인류의 구원자로 오신 하나님이시지만 그분은 세상에 오실 때 구름을 타고 오신 것이 아니라 한 나이 어린 여자의 좁은 자궁을 통해 세상에 오셨습니다. 예수의 출생 비밀을 알고 있는 마리아와 요셉은 아기 예수를 신기하고 놀라운 눈으로 바라보았을 것입니다. 그리고 예사롭지 않은 이 아이를 아주 소중하게 대했을 것입니다. 우리는 아기 예수께 경배하러 온 동방의 박사들이 마구간에 온 줄로 알고 있지만 첫 복음서인 마태복음을 보면 박사들은 아기 예수가 마구간이 아닌 "집"에 있을 때 경배하였음을 알 수 있습니다.

어쨌든 아기 예수는 이 세상에 연약한 "인간"으로 오셨지만 그가 만난 첫 대상관계는 자신을 신비함과 놀라움으로 대했던 육신의 부모의 눈빛이었습니다. 그리고 화려한 옷과 예물로 치장했을 동방의 박사들이 아기 예수를 보고 절하며 경배하며 세 가지 귀한 예물을 드렸습니다. 아기 예수를 향한 그들의 눈빛은 존경과 놀라움이었을 것입니다. 아기 예수는 나중에 나사렛이란 시골 동네에서 성장하였지만 이미 그의 마음엔 초기에 자신을 바라보았던 그 눈빛들로 인해 높고 건강하며 위대한 자아상을 형성할 수 있었고 이것은 후에 공생애를 시작할 수 있는 "심리적 자리"로 작용하였을 것입니다. 하나님도 인간의 그런 심리를 아시고 독생자를 세상에 보내셨다고 생각합니다.

자녀를 어떻게 바라보느냐 어떤 시각으로 보아주느냐는 아이의 자아상의 기초를 좌우하는 중요한 요인입니다. 이미 위니캇은 아이가 세상에 태어나 "나"라는 느낌을 표출하는 방식인 옹아리를 할 때 엄마가 그것을 자신의 눈빛으로 크게 받아주고 환대해주면 그것이 아이의 참자아를 형성할 수 있는 에너지가 된다고 하였습니다. 상담이나 치료 과정에서도 풀이 죽고 낙심한 내담자를 희망과 격려의 눈빛으로 대하면서 공감해 줄 때, 그들의 죽은 시선이 되살아 나는 것을 봅니다. "내가 이해되고 공감받고 있구나"를 느낄 때 그들의 눈에서 확인할 수 있는 영혼의 불빛, 생명의 힘을 체험할 수 있습니다.

사도 바울은 인간은 죄인이지만 예수 그리스도를 믿으면 하나님은 그를 의인으로 여겨주신다는 선언을 하였습니다. "여겨주시는 것" 그것은 의인으로 믿어주시고 사랑해 주시는 것, 바로 그렇게 보아주는 것이라고 생각합니다. 하나님이 죄인들을 사랑과 긍휼의 눈빛으로 보아주시고 믿어주실 때 죄인들이 성화의 단계에 들어올 수 있는 것입니다. 마치 미리엘 신부가 자신의 은식기를 훔쳐 간 장발장을 사랑의 눈으로 보아주고 용서할 때 그의 영혼에 놀라운 변화가 일어났듯 그런 눈빛을 우리가 만나는 모든 이에게 전해주었으면 좋겠습니다.

초대 교회를 연구한 한 학자가 초대 교회 교인들을 식별하는 방법은 그 당시 두 가지였다는 이야기를 들은 적이 있습니다. 하나는 물고기 표시요 하나는 그들의 눈빛이었습니다. 과연 오늘을 사는 그리스도인들이 그런 눈빛을 띠고 있는지 묻고 싶습니다. 모든 피해의식과 방어기제로 똘똘 뭉친 사람들을 있는 그대로 수용하는 눈빛, 그들의 여린 동작 하나에도 의미를 실어줄 수 있는 여유 있는 눈빛. 서로가 그런 눈빛으로 보아 준다면 세상이 어둡지만은 않을 것입니다.

열다섯 ◆ 그리운 이름들

어느 날 짐을 정리하다 전화번호부로 썼던 낡은 수첩을 발견했습니다. 그 속에는 지금은 기억도 희미한 여러 사람들의 이름이 있었습니다. 지금은 아이 엄마가 되었다던 옛날 애인(?)의 전화번호도 적혀 있었습니다. 수많은 대상들이 기억 속에서 아련한 사람들로 남아있음을 희미해져 버린 이름들을 보면서 느낄 수 있었습니다.

과연 삶이란 무얼까? 수많은 관계 속에서 어울리면서 또 얽히면서 그 안에서 웃다 울다 좋았다 싫었다 하는 그 모든 "관계의 반복" 속에서 오늘의 내가 존재해왔음을 봅니다. 대상관계이론가인 로날드 페어베언은 우리의 자아는 세상에서 만난 사람들을 내면화한 상들로 구성되어졌다는 말을 했습니다. 놀라운 통찰이 담긴 말이라고 생각합니다. 우리가 만난 그들은 수많은 거울이 되어 내 마음을 비추고 있습니다. 그 거울이 신앙이 될 때 하나님은 친근한 아버지 혹은 무서운 아버지의 이미지로 내게 계시됩니다. 그런 의미에서 하나님을 "어머니"라고 부르자는 페미니스트들의 역설은 단순한 신학적 논쟁만은 아님을 깨닫습니다. 어머니를 통해 따뜻한 인격을 느껴보지 못한 사람은 하나님이 왜 어머니가 되시는지 그 이유를 알 수 없습니다.

히브리 사람들의 신체험 중에는 "엘 샤다이"란 개념이 있습니다. "젖가슴의 하나님"이란 뜻입니다. 젖가슴은 어린 아이에게 세상에서 가장 안전한 장소요, 가장 풍요한 장소요, 가장 소중한 장소가 됩니다. 히브리인들은 때로 그런 모성적 하나님을 체험한 것입니다.

한 아이가 엄마에게 하나님의 형상이 무엇이냐고 물었습니다. 엄마는 목사님께 들은 이야기 중에서 몇 마디를 어렵게 해 주었습니다. 다 듣고 난 아이는 너무나 놀라운 대답을 했습니다. "아! 그러니까 하나님은 엄마를 닮았다는 말이구나!" 하나님의 형상을 설명하지 마십시오.

하나님의 형상은 이미 부모를 통해 배웁니다. 아이가 느끼는 천국에 대한 감정도 지옥이란 무서운 감정도 모두모두 관계란 환경 속에서 배우게 된 주제들입니다.

희미해져 버린 전화 번호부의 이름들. 그러나, 그 대상들은 잊혀지는 것이 아닙니다. 우리의 기억 속에 어느 순간 그리운 사람들로 내 삶에 돌아와 내게 말을 겁니다. 그들은 과거와 현재와 미래 속에서 내 작은 자아가 되어 언제나 내게 말을 겁니다. 그래서 추억은 날마다 새롭고 관계는 날마다 소중합니다. 희미해진 이름이 흐릿하나 잊혀진 것이 아닌 것처럼.

열여섯 ◆ 언제나 목마른 인간

몸은 더 이상 신체의 의미로 종속되지 않는다. 자본주의 사회에서 "몸"은 상품 가치이다. 오늘날 여고생을 비롯하여 주부들에 이르기까지 몸에 대한 관심은 거의 종교에 가깝다. 지구의 한 쪽에서는 먹지 못하여 마른데, 또 한 편에서는 너무 먹어 찐 살을 고민한다. 사람의 인생이란 눈뜨면 숨쉬고 말하고 먹는 게 일이다. 그런데 문명이 가속화될수록, "손끝으로 모든 게 해결되는 세상"이 될수록, 먹는 양만큼 소화되지 않은 영양분이 지방과 살로 가 이로 인해 고민하는 사람들이 점차 늘고 있다. 특별히 먹는 것에서 삶의 의미(?)를 느끼는 비만증 환자들이 급속히 늘고 있다. 이들의 음식에 대한 탐식은 생리적인 문제를 넘어 심리적이고 영적인 문제로 그 심각성을 더하고 있다.

일찍이 성경은 "인간"에 대하여 "네페쉬"란 단어를 사용하여 인간이란 피조물의 속성을 묘사하였다. 히브리어 네페쉬란 단어는 "목구멍"이란 의미를 담고 있다. "인간은 목구멍"이라는 것이다. 목구멍은 특징이 있다. 채워도 채워도 끝이 없다는 것이다. 즉 성자 어거스틴이

"내가 당신 품안에 안기기 전까지 내 영혼은 평온이 없습니다"라고 고백하였듯이 인간은 영원하신 하나님을 만날 때만이 그 존재의 갈급함과 그 영혼의 배고픔이 채워질 수 있다는 것이다.

인간은 하나님의 형상이다. 그런데 하나님은 "사랑"이시다. 인간은 누구든지 사랑받고 인정받으며 살기를 원하는 생득적인 본능을 갖고 태어난다. 이것이 채워지지 않을 때 인간은 반드시 문제를 일으키게 되어 있으며 그 허전함을 다른 그 무엇으로 채우려 한다. 여기에 "중독"의 문제가 발생한다. 사람은 부모의 사랑을 받을 때 그 사랑받음으로 자신을 확인한다. 거기서 건강한 자존감(self-esteem)이 싹튼다. 그러나, 이러한 사랑을 사랑으로 지각하는 것은 엄마가 자신의 일부가 아니요 자신과 다른 사람임을 깨닫는 생후 6개월 이후에나 가능하다. 그 전에는 본능의 덩어리처럼 자신의 생리적인 욕구와 정서적인 욕구를 채워주는 엄마의 돌봄을 통해 자신을 유지해 나간다.

인간의 초기 심리상태를 묘사해주는 대상관계심리학의 대모로 알려져 있는 멜라니 클라인은 인격이 형성되는 초기에 엄마의 수유가 아기의 정신에 얼마나 큰 영향을 끼치는지를 발견하였다. 아기가 이 세상에 태어날 때 그것은 커다란 위기를 맞이하는 것과 같다. 그간 자신을 감싸고 있던 따스한 공간과 늘 탯줄을 통해 공급되던 영양분도 사라지고 오직 단절된 환경에 노출되어 있다.

이 시기에 배고픔이라는 긴장이 밀려오면 아기는 심한 긴장과 불안을 느끼게 된다. 이 때 엄마가 배고파 우는 아기의 울음소리를 듣고 따스한 젖이나 우유를 물려주면 아이는 자신이 그 젖을 창조한 것처럼 생각하는 "전능 환상"에 빠져 아주 만족한 미소를 짓게 된다. 배고플 때 우는 아이에게 물리는 젖이나 우유는 단순한 음식물이 아니라 아기의 존재를 지탱해 주고 여전히 어떤 안전하고 따스한 환경에 있다는 정서적 탯줄을 유지할 수 있게 하는 대용물이 되는 것이다.

문제는 이 시기에 아기가 아무리 울어도 원하는 만큼 젖이 입안에 담기지 않을 때, 아기는 "젖가슴에 대한 시기"와 "탐욕"에 빠지게 된다. 마치 좋은 젖을 갖고 있으면서도 주지 않는다는 불쾌한 느낌은 조건 반사적으로 젖가슴을 공격하게 되고 시기하게 된다는 것이다. 그래서 어린 시절 충분한 수유를 받지 못하고 성장한 사람들은 젖으로 상징되는 세상의 좋은 것을 모두 소유하려는 탐심에 빠지게 되고 인색한 사람이 되기도 한다. 이것은 프로이트의 리비도 발달단계 이론을 통해 자세히 소개되었다.

　오늘날 비만환자가 늘고 있는 이유는 단순히 달고 맛있는 것을 쉴 새 없이 먹어대는 생리적인 요인뿐만 아니라 그 마음 깊은 곳에서는 이러한 심리적인 요인이 자리잡고 있다는 것이다. 비만환자들은 입안의 허기를 견디지 못한다. 끊임없이 입 안 가득 무언가를 채워야 하고 먹고 씹어서 음식물이 목안으로 넘어갈 때 일반인들이 알지 못하는 그 어떤 짜릿함과 충만함을 느낀다는 것이다.

　인본주의 심리학자인 에이브라함 매슬로우의 말처럼 "먹을 때 절정경험(살아있음을 확인하는)"을 하게 된다는 것이다. 이들은 유아기에 먹었던 젖(혹은 우유)과 그 젖으로 인하여 만족한 경험에 고착되어 인생의 행복은 자기 안에 있는 것이 아니라 자기 밖(먹는 것-물질)에 있다고 생각한다. 이들은 먹는 것에 대한 "무차별적인 신뢰"를 보낸다. 먹을 것이 행복을 가져다준다는 이러한 사상은 먹을 것이 궁했던 시절 공산주의 사회가 사람들을 선동하고 가르친 가장 원색적인 선전이었다.

　그렇다면 이런 식탐에 빠져 있는 사람들에 대해 성경은 무엇이라 말씀하는가? 전통적으로 교회에서는 인간이 죽음에 이르는 죄악으로 여덟 가지의 죄악을 규정하는데 그 첫째 죄악이 탐식(Gluttony)이다. 구약 성경의 지혜서인 잠언에서는 "술을 즐겨하는 자와 고기를 탐하는 자로 더불어 사귀지 말라"고 경고하고 있다"(잠언 23:20). 사무엘상 25

장에 등장하는 어리석은 나발은 배고파 양식을 요청하는 다윗의 요청을 무시하고 술과 잔치를 벌이다 다음날 급사하고 만다. 엘리 제사장의 두 아들들은 성전에 바쳐진 고기를 갈고리에 꿰어내어 그것을 먹고 즐기다 하나님의 심판을 받았다. 예수님의 비유에 등장하는 어리석은 부자 역시 거지 나사로를 외면하며 날마다 호화로운 음식을 즐기며 잔치하다 비참한 내세의 삶을 맞이한다.

이처럼 탐식은 단순히 음식을 지나치게 즐기는 차원이 아니라 한 인간의 삶이 망할 수도 있고 흥할 수도 있는 영적인 차원을 갖고 있음을 성경은 말씀하고 있다. 그러므로, 탐식은 "우상 숭배"다. 우상이란 유한한 것에 무한한 신뢰를 보내는 태도이다. 예수님은 광야에서 40일간 금식하시며 기도하신 후에 사단의 시험을 받으셨다. 사단의 세 가지 시험의 첫째 시험은 "먹는 것"에 대한 시험이었다. 첫 사람 아담이 선악과를 먹는 시험에 실패하였기에 사단은 인류의 두 번째 아담이신 예수님이 40일간 굶주리신 이후에 다시 먹는 것으로 유혹하였다. 이에 대해 주님은 단호하셨다. "기록되었으되 사람이 떡으로만 살 것이 아니요 하나님의 입으로 나오는 모든 말씀으로 살 것이라 하였느니라"(마태복음 4:4).

주님은 우리에게 떡이 필요함을 아셨다. 그래서 배고픈 군중들을 위해 보리 떡 다섯 개와 작은 생선 두 마리로 수 천명을 배불리 먹이셨다. 그러나, 주님은 사람들의 필요를 채워주셨지 욕심을 채워주지 아니하셨다. 인간에게 궁극적으로 필요한 것은 떡과 생선이 아니요 생명의 생수 되시고 생명의 떡이 되시는 자신이라고 선포하셨다. 다시 말해 앞서 이야기한 영원히 갈급한 목구멍 같은 인간은 이 세상의 그 어떤 것으로 만족할 수 없으며 그 어떤 음식으로도 그 비고 구멍 뚫린 존재의 밑바닥을 채울 수 없다는 선포이다. 인간은 하나님의 형상이기에 하나님을 만나야 만족할 수 있다는 말씀이다.

하루 종일 음식과 음료를 마셔대며 늘어나는 살을 주체하지 못하며 무기력함에 빠진 한 환자가 예수 그리스도를 통해 자신의 참된 가치와 진정한 사랑의 의미와 가슴 설레는 삶의 희망을 회복하였을 때 이상하게 배가 고프지 않았다. 사랑을 하게 되면 배가 고프지 않다고 하지 않던가! 음식으로 상징되는 포만감, 단 것으로 경험되는 따스함. 그것은 더 이상 음식일 수 없다.

인간은 아우슈비츠 같은 극한 환경에서 먹지 못하고 자지 못하여도 그곳을 나갈 수 있다는 희망이 있고 여전히 삶은 살아볼 만한 것이라는 "긍정"을 하게 될 때 음식이 주지 못하는 새로운 차원의 삶을 경험할 수 있게 된다. 신뢰와 행복은 밖에, 물질에, 음식에 있다는 그릇된 소망이 포기되고 성경의 말씀과 기도 속에서 자기의 살과 피를 우리에게 주신 예수 그리스도를 만나게 될 때 더 이상 비만은 문제가 될 수 없을 것이다. 아니 그 예수 그리스도와 만나는 중에 어느 날 몰라보게 달라져 있는 건강과 외모로 인해 다시 한번 기쁨의 탄성을 지르게 될 것이다. 언제나 문제는 우리의 마음과 영혼에 있었던 것이다!

열일곱 ◆ 차이에서 이해로

"두 사람이 왜 헤어지려고 하죠?"
"헤어짐의 이유는 단 하나입니다. 성격 차이예요."
"무슨 말씀이죠?"
"저 사람하고 도무지 맞는 부분이 없어요."
"더 하실 말씀은?"
"없습니다!"

아플 때나 슬플 때나 평생 함께 하겠다고 결심하던 부부가 가정 법원에서 서로 법적으로 남남이 되기 전에 서로에 대해 묘사하는 마지막 한 마디는 너무 간단하다. 대부분의 부부들이 말하는 이혼 사유는 언제나 "성격 차이"였다.

OECD에 가입한 국가 중 한국의 이혼율은 해마다 증가하여 얼마 전에는 2위를 달성(?)하게 되었다. 이혼! 이제 이혼은 흔히 말하는 불신자들만의 이슈가 아니다. 이혼은 그리스도인들에게도 점차 심각한 문제가 되어가고 있다. 그런데 과연 이혼의 사유로 지목되는 조건이 정말로 "성격 차이"일까? 그렇지 않다. 성격은 당연히 차이가 나게 마련이다. 그 어떤 부부도 성격이 같은 부부는 없다. 이혼의 주된 이유로 거론하는 성격 차이는 사실은 궁색한 변명일 뿐이다.

베드로전서 3장 7절에 이런 말씀이 있다. "남편 된 자들아 이와 같이 지식을 따라 너희 아내와 동거하고 저는 더 연약한 그릇이요 또 생명의 은혜를 유업으로 함께 받을 자로 알아 귀히 여기라." 베드로는 기혼자였다. 그런 베드로를 통해 하나님은 남자와 여자가 같이 사는 삶 속에서의 중요한 원리를 말씀하신다. 그것은 "지식을 따라 동거하고"이다. 이것은 무슨 지식인가? 이 지식은 '아내에 대한' 지식인 것이다. 이 지식은 '남편에 대한' 지식인 것이다. 새번역에서는 이 "지식"이란 단어를 "이해"로 번역하였다. 성경은 우리에게 분명히 이르신다. 남편과 아내, 남자와 여자가 서로 "너무나 다르다"는 것을 인식하라는 것이다. 그리고 남자와 여자의 또 다른 특징은 "둘 다 연약하다"는 것이다.

세상에 강한 사람은 아무도 없다. 강한 반응을 하고 강한 척을 할 뿐이지 세상에 강한 사람은 아무도 없다는 것이 성경의 가르침이다. 남자는 연약하고 여자는 "더" 연약하다는 것이다. 신체적인 약함을 의미하는 것이 아니라 정서적인 연약함을 말함이다. 남자의 마음도 상처받기 쉽지만 여자의 마음은 더 상처받기 쉽기에(유리그릇처럼 금이 가기 쉽기에) 함부로 말하고 함부로 상처를 주어선 안 된다는 것이다. 즉 성경적으로 이혼의 이유를 살펴본다면, 성격 차이로 인해 이혼하는 것이 아니라 서로에 대한 지식의 부재와 서로에 대하여 민감하게 반응할 수 있는 능력이 부재하다는 것이며 이것의 근원은 결과적으로 인간의 치우친 자기 중심성이라는 "죄"의 문제와 밀접히 관련되어 있다고 볼 수 있다.

최근 서점가의 베스트셀러 목록에는 언제나 존 그레이의 저서 〈화성에서 온 남자, 금성에서 온 여자〉라는 책이 있다. 달나라를 오가는 세상이지만 아직도 남자에게 여자의 마음은 알 수 없는 신비와 같고 여자가 보기에 남자의 마음은 이해할 수 없는 미지수처럼 보인다. 한번 이혼의 경력이 있던 존 그레이는 자신의 아픈 체험을 통해 남자와 여자가 생리적으로 구조적으로 심리적으로 너무나 다르다는 것을 여러 차원에서 다루고 있다. 그 책을 여러 번 읽어보았지만 단 한가지의 주제가 떠올랐다. 남자와 여자는 참으로 다르다는 것이다.

그러나 수많은 이혼 부부들에겐 이것이 문제가 된다. 일반적으로 남녀가 사랑을 할 때는 동상이몽(同床異夢)이 있다. 그 동상이몽이란 바로 "저 사람과 함께 살면 너무나 행복할꺼야. 저 사람은 분명히 내 마음 같을꺼야"라는 생각이다. 이런 마음은 "퇴행"이라고 부르는 것과 관련이 있다. 즉 우리가 아기 때 부모님(초기에는 어머니)은 우리가 어떤 욕구로 인해 울기만 하면 그 울음의 의미를 파악하시고 아기의 욕구를 만족시켜 주었다. "엄마는 내 마음 같은 것"이다! 그러나 나이가 들수록 더 이상 울음만으로 엄마 아빠가 모든 것을 허용하지 않는다. 말로 하라고 다그친다. 과거만큼 자신의 욕구는 채워지지 않는다. 그래서 땡깡이 많은 아이들의 심리에는 언제나 이런 원망이 담겨 있다. "엄마 아빠는 왜 갈수록 내 마음 같지 않은거야!" 그리고 세월이 지나 성인이 된 우리들의 마음에는 멋진 이성을 만나 사랑을 하고 결혼을 하게 되면 상대방이 너무나 내 마음 같을 것이란 무의식적 퇴행을 하게 된다는 것이다. "저 사람만은 내 마음 같겠지."

그런데 막상 결혼하여 살고 보니 첫날부터 치약 짜는 부분이 달라서 사소한 싸움을 하게 되고 TV 채널을 갖고 다투게 되며 스트레스를 해소하는 방법이 틀려서 짜증을 낸다. 그러면서 쌓이고 쌓인 분노와 짜증이 어떤 명분을 줄 만한 껀수(?)가 생기게 되면 그것으로 서로를 감정적으로 몰아세우게 된다. 그리고 서로에게 험한 말이 오가고 여자는 남자의 과거를, 남자는 여자의 현실을 파헤치면서 서로가 얼마나 못나고 비참한 존재인지를 일그러진 거울처럼 확인시켜 준다. 그리고 다시 말한다. "저 인간은 안 돼. 성격 차이라구!" 결혼 생활이란 것은 신데렐라 동화의 내용처럼 "그래서 왕자님과 공주님이 서로 행복하게 잘 살았답니다"가 아닌 것이다. 서로 자라온 환경이 달랐던 왕자님과 공주가 된 신데렐라가 행복해지려면 서로의 가정 환경의 차이, 그로 인한 성격의 차이, 남녀의 차이를 반드시 이해해야 하는 것이다. 그런 이해가 없이는 두 사람은 불행한 삶으로(마치 다이아나와 찰스 황태자의 이야기처럼) 비극적 삶을 살 수밖에 없는 것이다.

과연 사랑은 "저 사람이 내 마음 같을꺼야"로 시작하여 "성격 차이"로 끝나는 것인가? 그렇지 않다. 사랑할 때부터 사랑에 대한 훈련을 받아야 하고 시켜야 한다. "저 사람은 절대 내 마음 같을 수 없음"을 전제하고 사랑해야 한다. 그래서 커플 티를 맞춰 입고 우리는 하나라고 말하기 전에 서로의 차이를 존중하고 그런 차이를 이해하므로 받아들이는 훈련을 미리 준비할 필요가 있다.

그런 의미에서 최근 교회들이 "결혼예비학교"와 같은 강좌를 여는 것은 너무나 중요한 가정사역이 되는 것이다. 뿐만 아니라 결혼 3년 된 부부들을 위한 "둥지학교", 결혼 30년 된 부부를 위한 "부부행복학교", 노년을 위한 "은빛학교"와 같은 모임들이 활발히 진행될 수 있어야 한다고 본다. 이런 모임이 교회적으로 소그룹으로 진행되고 이를 뒷

받침하는 최소한의 지식을 제공할 수 있다면 앞으로 이혼율을 감소시키는 데 교회가 큰 역할을 할 수 있을 것이다. 또한 각 교단적으로 목사님들이 주례를 인도하실 때 반드시 한 달 전에는 최소한 몇 주만이라도 초교파적으로 한 교회를 정하여 주기적으로 결혼예비학교를 통해 결혼에 필요한 여러 지식들, 이를테면, 결혼과 부부의 자아상, 결혼과 성, 예비 아빠 엄마 준비하기, 서로 이기는 부부싸움, 대화방식, MBTI 검사와 같은 과정을 거친 부부에 한하여 주례를 서시는 방법을 강구할 수 있을 것이다. 또한 교인 중에 이혼의 갈등이 있는 부부는 반드시 목사님을 찾아뵙고 목사님은 이들에게 가장 적절한 부부상담을 받을 수 있는 상담소를 지정하여 충분한 상담을 통해 이혼의 유무가 결정되도록 하면 좋을 것이다.

현재 우리나라의 상황으로선 이혼의 문제에 대해선 국가의 그 어떤 기관도 이혼을 책임지려 하지도 않고 그것을 최소화할 방법도 찾기 힘들 것이다. 이혼은 국가가 막을 수 없다. 국가적인 차원에서 이런 문제를 치유하고 해결할 기관은 오직 교회뿐이라는 책임감과 자부심을 가져야 한다고 생각한다. 그동안 가정은 교회 성장을 위한 하나의 도구적인 역할로만 인식해 온 경향이 있다.

그러나, 이제는 그런 이원론적인 패러다임(paradigm)을 수정할 때가 왔다. 가정의 미래가 불안하다면 교회의 미래도 그러하다는 것이다. 요즘의 젊은 세대들은 누구나 가정을 소중히 여긴다. 그런데도 결혼 3년 이전에 가장 많은 가정이 깨어진다. 서로의 차이를 아는 지식이 필요하다. 사랑은 막연한 낭만이 아니라 배우고 훈련해야 하는 "과학"임을 교회가 증거해야 할 때가 온 것이다.

열여덟 ◆ 남자의 성공, 아내의 행복

고속도로를 타고 목적지를 가다 보면 버스가 한두 번쯤 휴게소에 잠시 정착하게 됩니다. 그리고 생리적인 용건이 급한 사람들은 급히 화장실로 가게 마련입니다. 그런데 화장실에 가면 두 종류의 남자들이 있습니다. "어허 시원하다!"하며 시원한 물줄기(?)를 쏟아낸 후 털고 나오는 남자와 뭔가 초조한 듯 밑(?)을 바라보며 오랫동안 소변을 보는 남자가 그들입니다.

한국의 남성들은 하나같이 자신의 남자됨을 자기 성기를 통해 확인받고 싶어하는 본능이 꽤 강한 것 같습니다. 아마도 이것은 우리가 어렸을 때 찍은 백일 사진을 보아서도 알 수 있습니다. 지금 30이 넘은 사람들은 거의 흑백으로 찍힌 누드화(?)를 한 장씩 소장하고 있을 것입니다. 여자들에게는 찾아보기 힘들지만 남자들에겐 그 자랑스런 물건을 드러내 놓고 찍은 사진들이 있다는 것은 우리나라 사람들이 여자에 비해 남자아이를 얼마나 선호하는가를 말해 줍니다.

또한 그 아이의 남성 심볼을 모두 드러내 놓고 사진을 찍을 만큼 이 나라에서의 남자됨은 곧 여자와 구별되는 성기와 밀접한 연관성이 있다는 것을 말합니다. 그러다 보니 남자 나이 중년이 되면 누구나 한두 번씩 절박한 고민을 하게 되는데 그것은 자신의 성기가 예전(?)같지 않다는 것을 느낀다는 것입니다.

특히 아내와의 관계에서 아내가 원하는 만큼 성생활이 이루어지지 않을 때 한국의 남성들은 자신의 남성됨이라는 정체성을 잃어버리기라도 한 것처럼 초조해한다는 것은 이미 알려진 사실입니다. 그래서 그 때부터 희귀한 약재와 희귀한 보신 재료를 찾습니다. 아마 바퀴벌레가 정력에 좋다고 뉴스에서 발표라도 한다면 지구상에서 가장 생명력이 끈질기다는 바퀴벌레들은 머지 않아 이 나라에서 종적을 감추고 말 것입니다. "힘을 줄 수 있는 것은 다 먹는다"는 것이 한국 남자들의 보신에 대한 대전제입니다. 그러나, 남자의 입장에서 부부생활을 하기 위해 가장 중요한 "발기"(이를 性功이라고 부른다면)에 대해선 다음과 같은 예비 지식을 갖는 것이 중요합니다.

첫째, 발기라는 현상은 본시 무너지기 쉬운 현상이다. 둘째, 너무 피곤하면 발기되지 않는다. 셋째, 압박감이 있으면 역시 性功하지 않는다. 넷째, 죄책감을 느껴도 안 된다. 다섯째, 너무 열심히 하려고 해도 안 된다. 여섯째, 정서적으로 안정이 안 되어도 안 된다. 일곱째, 과식을 하거나 술을 많이 마시게 되면 역시 안 된다. 여덟째, 병 중에는 잘 안 된다. 아홉째, 화가 나면 잘 안 된다. 열째, 함부로 사용한 약 때문에 안 된다. 끝으로, 담배를 물고 사는 사람은 나이 들수록 성생활을 포기하거나 원하지 않는 사람이다.

우리가 익히 알고 있는 것 같은 내용이지만 하나씩 이해를 하다보면 남자들이 발기 때문에 고민하는 일은 상당히 줄어들 수 있을 것입니다. 우리의 성기는 거짓말을 못합니다. 성기는 정직하게 몸과 마음의 상태를 반영합니다. 남자의 성기는 혈관의 확장과 거기에 병행되는 혈액의 충전에 의해 이루어지는 것이므로 혈관의 확장을 막는 스트레스와 술 담배는 건강하게 발기되려는 남성 성기의 기를 꺾는 최대의 주범이 되는 것입니다. 그렇다면 이런 뿌리깊은 성공(性功) 콤플렉스에서 벗어나려면 어떻게 해야 합니까? 물론 적절한 운동을 하고 심리적인 조절을 하고 때로 부부가 농도 짙은 비디오를 보면서 흥분을 자극할 수도 있을 것입니다.

그러나, 역시 가장 중요한 것은 머리입니다. "섹스는 성기로 하는 것이 아니라 머리로 하는 것이다"라는 말이 있습니다. 대개 결혼을 하는 부부들에게 우리는 서로를 왕과 왕비처럼 대해주라는 말을 자주 합니다만 살다보면 그게 쉽지 않은 일임을 자각하게 됩니다. 그러므로 부부가 서로 날짜를 정해 놓고 오직 그 날만큼은 가장 좋은 음식, 가장 좋은 컨디션, 가장 좋은 분위기, 가장 섹시한 속옷을 준비해 놓는 것이 필요합니다. 그래서 한 달에 단 하루(?)를 하더라도! 그 날 밤만큼은 서로에게 최고의 찬사와 공인된 거짓말을 통하여 서로가 서로에게 왕비와 황제가 되어주는 것입니다. 그 날만큼은 절대 화내지 않고 절대 짜증내지 않고 절대 비난하지 않으면 아마 성공(性功)하여 자신의 남성다움을 확인시켜 주려는 남편의 의도는 예상치 않은 희열을 맛보게 될 것입니다.

발기 부전의 남자가 의사를 찾아와 이렇게 물었습니다. "이 병을 고칠 약 좀 주세요!" 의사의 대답이 명언입니다. "선생님, 그 병을 고칠 약은 '사랑' 밖에 없습니다." 에리히 프롬이 말했던가요? 사랑이 뭐냐고. 사랑은 기술이라고. 그리고 사랑은 예술(Art)이라고.

 열아홉 ◆ 남 같은 부부에서 님 같은 부부로

"님이라는 글자에 점 하나 찍으면 남이 되는 것." 한 유행가 가사의 일부분입니다. 남이 님이 되는 관계, 그리고 그 님이 다시 남이 될 수 있는 관계가 바로 부부관계입니다. 그러므로 부부관계는 언제나 인격적이어야만 합니다. 인격적이라는 말은 서로의 차이를 인정하고 서로의 개성을 존중한다는 말입니다.

결혼을 하기 전에는 서로 커플 티를 맞춰 입고 우리는 하나라고 고백합니다. 주례 선생님도 이제는 부부가 되었으니 일심동체로 살아가라고 말씀하십니다. 그러나, 엄격히 말하면 일심동체라는 말은 처음부터 가능하지 않은 말입니다. 결혼은 일심일체와 일심일체가 한 방향을 바라보며 사는 것이지 일심동체가 될 수는 없는 법입니다.

대부분은 부부가 서로 일심동체라고 생각하였을 때 자신의 깊은 속

이야기를 나누는데 대부분 그런 이야기는 결혼 전에 가졌던 자신만의 비밀스런 이야기들입니다. 여자나 남자나 있을 수 있는 자신의 과거를 고백하며 상대로부터 용서받기를 바라고 상대가 자신의 아픔이나 과거를 이해해주길 바라는 마음으로 고백을 합니다. 여자의 경우 무덤까지 지고 가야 하는 비밀이 있다는 말을 알면서도 조심스레 남편의 마음을 떠봅니다.

"저 자기야, 사실 나 고백할 것이 있어." "뭔데 이야기해 봐. 내가 다 들어줄게" "저 사실은. 아이 이야기해도 되나." 한번 호기심이 발동한 남자는 더욱 요구하게 됩니다. "뭔데 말을 해봐." "사실은 나 과거에 자기 말구 다른 남자가 있었어. 그런데." 다급해진 남자는 더욱 급해집니다. "말해 보라니까 들어준데도." "미안해. 자기야, 나 말 못하겠어." 이쯤 되면 남자는 눈치를 챕니다. 그리고 "그럴 수도 있어. 다 이해할게. 별것 아닌 걸 가지고."

이런 말을 들은 여자는 바다 같이 넓은 남자의 마음에 감격하게 됩니다. 그러나, 남자의 마음은 무언가 편치 않은 것이 밀려옵니다. 이런 결혼 전에 있었던 은밀한 이야기가 아니어도 부부는 신혼 초에 서로에 대해 알게 되는 비밀스런 이야기를 갖고 있을 것입니다.

그런데 세월이 흐르면서 서로에 대한 소중함이 점차 희석되면서 서로 평생을 잊고 살겠노라 용서했노라 결심한 비밀들이 부부싸움을 통해 폭로(?)됩니다. 서로 치명타를 입히는 것입니다. 영화 "장미의 전쟁"이 재현되는 것입니다. "당신 말야, 그런 식으로 하면 재미없어, 엉! 당신 신혼 초에 있었던 일, 그거 내가 그냥 넘어가 주려고 했는데." "뭐가 어째요. 뭐 묻은 개가 뭐 묻은 개 나무란다고 하더니만."

이런 식으로 주고받는 중에 1급 비밀로 지켜주기로 한 서로의 허물과 상처와 약점은 상대를 공격하는 미사일이 되고 대포가 됩니다. 순간 님이라는 생각은 허물어지고 저 사람은 남이구나라는 낯설은 감정이 밀려옵니다. 서로 믿고 사랑하여 고백한 1급 비밀이 서로를 힘겹게 하고 수치를 느끼게 하는 데 쓰입니다. 부부 관계도 분명 인간관계의 한 형태라고 본다면 어쨌든 서로 들은 비밀스런 이야기에 대해선 끝까지 지켜줄 줄 아는 것이 "인간에 대한 예의"일 것입니다.

그러나, 서로에 대한 신뢰가 사라지면서 이러한 예의는 간 데 없고 오직 서운함과 비난만 남는 관계가 되는 것입니다. 그러면 글자 하나로 님은 남이 될 수 있습니다. 한 철학자는 "네가 네 자신을 목적으로 삼듯 타인도 목적으로 삼아라. 타인은 너의 목적이지 수단이 아니다"라는 말을 남겼습니다. 부부의 정이 사라지는 순간에도 이 말은 유효합니다. 상대방이 힘겹게 한 이야기를 비밀로 지켜주십시오. 평생을 두고 그리하십시오. 서로의 아프고 은밀한 이야기를 가슴에 품어주는 것만으로도 부부는 결코 남이 될 수 없습니다. 나만의 이야기를 가슴에 담은 사람은 그가 누구든 님이 될 수밖에 없습니다.

스물 ◆ 네크로필리아

지난 20세기 들어 인간 내면에 대한 무의식의 개척자라 할 수 있는 지그문트 프로이트 이후 인간의 마음을 심층적으로 연구하는 흐름이 계속되고 있다. 특히, 정신분석이라 일컫는 학문은 인간의 원초적인 억압과 방어기제를 연구하면서 놀랄만한 발견을 하게 된다. 그 중에서 특별히 투사(projection)라고 하는 정신의 방어기제는 그 내용이 흥미롭다. 투사란 우리가 흔히 말하는 '탓'에 해당한다. 그런데 부부 싸움이나 갈등이 있는 집단을 연구해보면 하나같이 같은 결과가 나온다. 그것은 성숙한 인간관계일수록 모든 문제를 자신의 책임으로 받아들이지만 미숙한 인간관계일수록 책임 대신 '남 탓'으로 돌린다는 것이다. 늘 아내 탓만 하는 한 남편에게 상담자가 직면을 하였다. "선생님은 매사에 아내가 잘못이라고 하셨습니다. 그런데 거꾸로 생각해보면 아내만 잘못이라고 생각하는 요소가 선생님 마음 안에 있기 때문에 그런 혹평을 하는 것은 아닌가요?" 상담자의 질문에 남편은 버럭 화를 냈다. "이봐요, 상담자 양반, 그렇다면 당신이 저 여자와 살아봐요. 그럼 내가 화내는 이유를 알꺼요. 저 여자가 나를 '화나게' 하기 때문에 내가 화가 나는 거란 말입니다." 불쾌하듯 상담자를 쏘아보며 말하는 남편에게 상담자가 이렇게 반문했다. "그럼 선생님은 아무 책임이 없는 거네요?" "맞지요. 내가 무슨 책임이 있다는 말이요? 그런 건 없습니다!"

이 남자는 전형적으로 "투사"에 해당하는 방어기제를 사용하고 있는 것이다. 미숙한 사람은 이렇듯 남의 탓만 하지만 성숙한 사람은 이렇게 이야기한다. "여보, 당신이 나를 화내게 했지만 그러나, 내 안에 화낼 만한 연약함을 갖고 있었기에 당신에게 더 화를 낸 것 같아. 여보, 미안해요. 내가 미숙해서 그러니 이해해 줘요." 미숙한 사람은 언제나 '수동형'으로 말한다. "당신 '때문에' 내가 이 모양이야!" 그러나, 성숙한 사람은 언제나 능동형으로 말한다. "내가 미숙해서 그래요. 내가 좀 더 참았더라면 됐을텐데. 모두 다 내 책임이예요."

사람은 누구나 책임지는 것보다 편하고 미숙한 상태를 좋아한다. 그래서 정치나 경제나 세상 돌아가는 모든 것에 원망을 하는 사람은 결국 이 세상이 요 모양 요 꼴이기에 내 꼴이 이 모양 요 꼴이라고 자기의 운명을 저주한다. 그러나, 성숙한 사람은 수신제가(修身齊家)를 먼저 따진다. 내가 내 마음과 몸을 돌볼 줄 모르는데 어찌 세상 탓만 하랴. 그렇게 반문하면서 스스로의 삶을 반성한다. 그런 면에서 성숙한 사람은 자기 삶의 주인이다.

그러나, 미숙한 자는 자기 삶의 노예다. 운명의 덫에 걸려 이리 뛰고 저리 뛰는 망둥이 같은 삶을 살게 되는 것이다. 누군가를 탓하면 당장은 속은 편할 지 모르지만 내면의 성장은 멈춰 버린다. 그리고 언제나 불평과 짜증이 그림자처럼 따라온다. 그러나, 내 탓을 생각하고 반성하면 삶은 성숙을 위한 과정이요 내가 내 삶의 주체가 되는 기회가 되는 것이다. 지금 우리 사회는 너무 "남 탓"이 많다. 그래서 달라진 것은 아무것도 없는데도 말이다. 결국 "탓"은 너도 죽고 나도 죽자는 근원적인 시기심에 뿌리를 박고 있다.

클라인은 그러한 시기심의 욕구를 죽음의 본능에서 찾고 있다. 이는 에리히 프롬이 말하듯 necrophilia(시체지향적 인간, 죽음지향적 인간)이다. 독일의 패망과 좌절이 유대인에게 있다고 탓하고 투사한 히틀러는 그러한 대표적 인물이다. 모든 것을 내 탓으로 돌리고 세상에 대해 유한 책임이 아닌 무한 책임을 느끼고 캘커타의 절망의 자리에 평생 몸을 던진 마더 테레사가 다시금 우러러 보이고 그리운 것은 나만의 마음은 아닐 것이다.

스물하나 ◆ 우울증 편지

10년 전, 나는 깊은 우울증으로 고생한 적이 있었다. 그 때의 심정은 내 몸과 삶이 지옥 같았다는 것이다. 희망을 발견할 수 없었기 때문이다. 그 때에 장 바니에가 쓴 〈우울증 편지〉 같은 책을 소개받을 수 있었다면 더 빨리 회복되지 않았을까 하는 아쉬움을 갖게 되었다.

우울증은 '현대인의 감기'라고 말할 정도로 이젠 보편적 정신질환으로 인식되고 있다. 우울증의 원인이 무엇이냐에 대해선 이미 너무 많은 논의가 있어 왔지만 무기력감과 응고된 분노라는 설이 설득을 얻고 있다. 밖으로 표출되어야 할 분노가 안에서 터져 버린 증상이 우울증이라는 것이다.

우울증은 단순히 뇌의 질병으로만 분류될 수는 없다. 우울증은 영혼의 병인 것이다. 영혼의 건강에 문제가 생겼다는 비상벨이 울리는 것이다. 텅 비고 허무하며 극심한 무기력감이 동반되는 우울증은 하나님의 형상을 서서히 파괴하는 존재의 질환이다. 우울증이 심각해지면 이 세상에 나 외에는 아무도 나를 이해할 수 없다는 극심한 고립감이 밀려온다. 그런 고립감은 충동적인 자해행위나 자살로 끝맺기도 한다. 이런 고립감을 견디지 못하면 중독적 성격이 되어 유한한 것(대체물)으로 무한히 뚫려있는 내면의 허전함을 채우려 한다. 그것의 반복은 중독자를 양산할 뿐이다. 그러므로 우울증의 특효약은 정신과 의사들이 제시하는 약물일 수만은 없다. 우울증의 특효약은 관계이다. 즉 사랑을 통한 자기 회복인 것이다.

그런 면에서, 장 바니에의 책 〈우울증 편지〉는 우울증에 시달린 사람이 아주 오랜만에 반가운 친구를 만나 자신의 무기력이나 우울함도 잊어버리고 일상의 소탈한 이야기들을 나누면서 자신의 삶을 돌아보게 하는 것 같은 신선함을 준다. 저자는 우리에게 상실과 비애가 찾아올 때 전문치료사를 찾기 전에 산책을 같이 할 친구가 더 필요하다고 역설한다. 바로 그런 친구처럼 저자는 우리에게 우울증 너머의 삶을 바라보라고 격려하며 위로하고 있다.

장 바니에는 우리가 잘 아는 영성가 헨리 나우웬과 같이 일상 속에서 영성을 추구하도록 현대인들에게 삶의 방향을 제시하고 있는 그리스도인이다. 그는 본래 철학을 가르치는 교수였다. 마르크스의 말대로 이제까지의 철학은 현실을 해석만 해왔지 현실을 변혁시키지 못함을 보고 그는 철학 교수라는 자리를 박차고 세상을 변화시키기 위해 새로운 혁명을 시도하였다. 그것이 바로 "사랑의 혁명"이다.

장 바니에는 프랑스의 한 정신요양원을 방문하여 정신지체 장애인들을 만난 후 철학 교수직을 사임하고, 1964년 장애인 두 사람과 함께 "방주"라는 이름의 장애인 공동체를 세운다. 그것이 바로 세계적인 정신지체 장애인 공동체로 성장한 "라르쉬 공동체"이다. 그는 세상에서 소외되고 버림받은 지극히 작은 자의 삶 속에 들어가서 그들과 함께 살며 고뇌하고 즐거워하였다. 장 바니에의 책 〈우울증 편지〉는 그런 삶의 고뇌가 무엇인지를 깊이 있게 체험한 흔적을 갖고 있다. 아니, 장 바니에 스스로 그런 우울증의 깊은 골짜기를 헤메지 아니하였다면 이런 책을 쓸 수 없었을 것이다.

그는 우울증을 기억하고 싶지 않은 어린 시절 마음의 상처에서 비롯된 병이라고 진단하였다. 성장하면서 어쩔 수 없이 겪을 수밖에 없는 아픔과 "사랑"을 제대로 배우지 못한 채 아이를 낳고 키우며 상처를 주고받는 보통의 평범한 부모들로 인해 우리 모두는 누구나 예외 없이 우울함의 골짜기를 통과할 수밖에 없다고 말한다. 인간이란 "현상" 자체가 모순을 안고 태어난다는 것이다. 모든 인간은 자기 내면에 빛과 어두움, 신뢰와 두려움, 사랑과 미움이라는 양가 감정을 갖고 태어난다. 중요한 것은 이런 마음에 빛이 비춰어야 한다는 것이다. 사랑과 신뢰와 은혜의 빛 말이다. 결국 삶은 "훈련"이요 "선택"으로 이루어진다고 그는 진단하였다. 산다는 것은 선택한다는 것을 배운다는 것이다.

그러기 위해서 시도해야 할 중요한 선택은 "자기 비난"이라는 음성과 싸워야 한다. "넌 본래 그래. 넌 참 한심해. 그것도 못하니? 살아갈 가치도 없어. 넌 무능력해." 이런 악마적인 음성과 맞서 싸울 것을 저자는 강하게 강조한다. 오히려 "나는 너에게 유일한 존재이며 나는 너를 사랑한단다"라고 속삭이시는 하나님의 음성에 귀 기울일 것을 권하고 있다.

그러면서 우리의 일상 속에서 잠시라도 바쁨을 멈추는 법, 존재하는 법, 타인과 세상을 부드럽게 바라보고 내적인 평화를 받아들이는 법을 배울 것을 강조한다. 이것은 곧 자신을 있는 그대로 받아들이라는 존재론적 수용(ontological acceptance)을 강조하는 말이다. 그것이 삶의 유일한 아름다움이라는 것이다. 우울증에 빠지면 모든 것이 회색 빛으로 보이지만 우울증이라는 위험을 기회로 바꿀 수 있다면 그것을 통하여 나와 세상을 아름답게 볼 수 있는 눈을 갖게 된다는 것이다.

그러기 위해선 우울증이라는 감옥에서 벗어나길 간절히 원해야 하며 선택해야 한다는 것이다. 그것을 위해선 지금의 나약함과 무기력함을 비난만 할 것이 아니라 그런 자신을 있는 그대로 수용하고 인정해야 한다고 그는 말한다. 그럴 때 바닥을 치는 절망은 희망으로, 내적인 무기력은 강함으로 변화할 수 있다. 이런 우울증 환자에게 가장 큰 도움을 줄 수 있는 사람은 바로 우울증을 겪어 본 사람이다. 그들이 "상처입은 치유자"가 되어 지금 아프고 힘들어하는 이들 곁에 고요히 있어 줄 때 그 "현존(現存)"만으로도 치유적 효과를 가져올 수 있다고 바니에는 말한다. 결국 진실한 공동체, 사랑의 공동체가 형성될 수 있다면 그 안에서 그 어떤 상처도 녹일 수 있는 치유의 용광로가 될 수 있다는 것이다.

장 바니에는 평생을 "그리스도의 진정한 공동체"에 대해 말하고 실천한 사람이다. 진정한 공동체가 실패하는 이유는 "두려움" 때문이다. 서로에게 갖는 두려움을 솔직히 고백하고 모든 편견을 점차 줄여갈 때 그리스도께서 피로 값 주고 사신 교회가 우울증으로 고생하는 이들을 치유할 것이며 이 시대를 치유할 것이다. 이 책은 그런 치유를 전하는 작은 매개체가 될 수 있으리라 생각한다.

한 손에 쥘 수 있는 아담함과 파스텔 톤의 색과 여백, 그리고 자연의 한가로움이 클로즈업 된 이 책은 읽는 이로 하여금 서로 교감이 오갈 수 있는 책으로 독자에게 다가온다. 이제는 잊혀진 타자 글씨는 우울증을 앓고 있는 친구에게 띄우는 정감 어린 글자체처럼 느껴진다. 지금 삶이 우울한 모든 분들에게 장 바니에의 〈우울증 편지〉를 소개하고 싶다.

스물둘 ◆ 자기 심리학

과거에 인간이 고민하던 화두는 운명과 자연과 신이었다(Tillich). 그러나 저 유명한 데카르트의 "cogito ergo sum" 선언을 통해 인간의 의식은 스스로의 주체성을 인식하게 되었다. 수많은 의심을 통해 내려진 결론은 의심하고 있는 "나"라는 자의식이었다. 인간 정신의 진화는 오늘에 이르러 "나"라고 하는 실체와 본질로 접근하고 있다.

크리스토퍼 래쉬(Christopher Lasch)는 1970년대 말에 그런 "나"에 도취된 미국의 문화를 "나르시시즘의 문화"라고 평가하였다. 그런데 그 "나"는 단순한 나가 아닌 "욕망"하는 "나"이다. 그렇게 자기 욕망 안에 갇혀 사는 나의 모순과 대립을 승화시키려 애쓴 인물이 프로이트였다. 그는 욕망의 자폐아 같은 인간의 정신 구조를 메타(meta) 언어로 묘사하였다. 사회구조와 분위기가 지나치게 엄격한 시대에는 인간은 관계를 갈망하면서도 자신 안에서 갈등하며 고립된다. 그럴수록 리비도는 인격 안으로 흡수되지 않고 자율성을 지니며 인간의 의식을 몰아간다.

그러나, 인간은 과연 스스로의 욕망으로부터 자유를 원하면서도 욕망을 추구하는 양가감정을 지닌 모순적 존재일 뿐인가? 위니캇이나 페어베언 같은 사람들은 그렇지 않다고 반박한다. 리비도는 성적 욕망만을 추구하지 않고 관계를 추구한다는 것이다. 인간의 본성을 관계성으로 설정한 도식 안에서 신학은 비로소 대화의 창구를 열게 되었다. 그리고 코헛에 이르러서는 관계를 관계되도록 만드는 근본적인 요인을 "자기"라고 보았다.

그런데 그 "자기"는 관계 속에서 형성되며 무엇보다 "자기대상"을 통해 이루어진다고 보았다. 이제까지 대상관계이론가들, 클라인이나 위니캇 같은 사람들조차 스스로 프로이트의 그늘에서 분명하게 벗어났다고 말하지 못하고 점진적 혹은 계보적인 전통을 중시하였는데 그에 비하면 코헛은 정신분석학의 역사를 다시 썼다고 말할 정도로 분명한 자기 목소리를 낸 인물이라는 점에서 그의 공헌에 대한 평가는 이제부터 시작이라고 볼 수 있으며 이것은 코헛의 패러다임이 당분간 혹은 영속적으로 인정될 것이라는 낙관적 관점과 궤를 같이 한다.

〈하인즈 코헛과 자기심리학〉의 저자 앨런 시걸은 코헛에 대한 개인적인 애착을 갖고 있는 사람인 것 같다. 그래서 그의 글에는 존경하는 코헛에 대한 묘사와 찬사들이 애정깊게 담겨있는 것을 느꼈다. 이상화 전이의 승화된 형태라고나 할까? 대상관계이론의 교과서 중 하나인 〈정신 분석학적 대상관계이론〉의 저자인 그린버그와 밋첼은 그들의 저서를 통하여 프로이트의 패러다임이 어떻게 변천되어 가는지를 관계론적인 입장에서 저술하고 있는데 이 책에서는 대상관계이론가들이 프로이트의 명성과 업적에 크게 벗어나지 않으며 자신들의 이론이 프로이트의 이론을 보완하고 있음을 넌즈시 말하고 있음을 느꼈다.

그런 면에서 정신분석학회 회장까지 지낸 코헛의 패러다임 전환은 그야말로 정신분석학계를 충격과 당혹스러움으로 몰아갈 수 있는 내용으로 구성되어 있다고 본다.

이번에 읽은 〈하인즈 코헛과 자기심리학〉의 유용한 점은 바로 그와 같은 코헛의 관점들을 고전적 정신분석 이론과 잘 대비시키면서 코헛이 임상적인 면에서 그 효용성을 잃어버린 옛 청진기와 같은 정신분석과 자기심리학을 코헛의 저작들에 근거하여 쉽게 정리하여 주고 있다는 점일 것이다. 이 책을 읽다가 특이한 점 하나를 본 것은 하인즈 코헛의 연보였다.

1937년 11월에 코헛의 아버지가 별세한다. 그리고 다음해 코헛은 비엔나에서 명사였던 프로이트가 영국으로 향하는 그 시점에서 그를 배웅하면서 주관적으로 프로이트를 자신의 후견자로 받아들인다. 아버지의 죽음으로 공백을 느낀 그의 마음에 프로이트는 죽지 않는 아버지, 여전히 자신에게 학문적 거울 역할을 해줄 수 있는 아버지로서의 프로이트를 무의식적으로 찾지 않았을까 하는 추정을 해본다.

그의 초기 저작인 〈자기의 분석〉에선 그저 자기 심리학의 기본 구조인 자기애적 전이와 이상화 전이, 그리고 거울 전이에 대한 묘사를 하고 있지만 〈자기의 회복〉에서는 〈정신분석학과 자기심리학〉과의 관계를 재정립하는 자신의 입장을 분명히 표명하는 장들로 구성하고 있는 것으로 보면 코헛 역시 프로이트로 상징되는 고전적 정신분석학과의 관계 속에서 자신의 이론을 어떻게 구체화할 것인가에 대한 인간적인 고뇌를 하지 않았을까 하는 생각을 하게 된다.

아무튼 이 책의 장점은 코헛의 무의식이 실현되는 장이었던 그의 주요 저서들 속에 나타난 코헛의 임상적이고 사상적인 전환에 대하여 누구나 이해하기 쉽게 접근한 책이라고 평가하고 싶다. 즉 시걸이 바라본 인간 코헛의 "살아있는 인간 문서"라고나 할까. 〈하인즈 코헛과 자기심리학〉을 읽고 나름대로 적용할 부분을 생각해 보았다.

첫째는, 우선 코헛의 용기와 환자에 대한 따뜻한 사랑의 자세를 들 수 있다. 대가의 그늘에서 벗어난다는 것, 전문가 집단에서 좋은 게 좋다 라는 자세를 버리고 개척자의 심정으로 살아간다는 것은 어느 시대, 어느 문화, 어느 집단에서나 쉽게 용인되지도 않고 또 결단하기 쉬운 마음가짐이 아니라는 점에서 코헛의 진실함과 용기를 존경하고 싶다. 무엇보다 그는 임상을 중시한 사람이었고 어쩌면 프로이트보다(당연한 귀결이겠지만) 인간을 있는 그대로 "현상학적으로" 본 사람이었다고 본다. 그런 면에서 리쾨르가 말한 의심의 해석학자 명단에 코헛 이름이 들어가야 하지 않을까 하는 생각을 해보았다. 중립성을 강조하고 마치 그것이 치료자의 산상수훈처럼 여겨지던 시대에 "내성적 공감"이라는 방법을 시도하였다는 것은 심리학을 전문화에서 인간적인 면으로 변화시킨 사건이라고 말하고 싶다. 즉 "정신분석이 공감이 되어 내담자 가운데 오시니 평안과 사랑으로 충만하더라."

둘째는, 그의 창의성과 탁월성이다. 그의 이론에는 단순하지만 명확한, 즉 그의 사상에서 반복되는 주제를 일관하는 통찰력 있는 언어들이 자주 사용되었다. "self-object"란 단어를 만들어 낼 수 있다는 그의 탁월성에 경탄하고 싶다. 그런 언어들은 기존의 언어들을 숙고하며 확장한 의미를 담고 있다. 그의 이론은 정밀한 스위스 시계의 내부를 보는 것 같다. 마치 칼빈이 시편을 영혼의 해부학으로 묘사하였듯 그의 저서에 담긴 용어와 개념들은 우리의 영혼을 잘게 해부하는 날카로운 칼과 같이 느껴진다. 무엇보다 인간은 누구나 "자기애"를 갖고 태어난다고 보는 그의 관점은 심리학이 세상에 존재하는 한 영속적인 가치를 지닌 깊은 통찰의 결과라고 생각된다.

셋째는, 인간의 보편적인 근본 바탕을 성에서 자기로 옮겼다는 점에서 프로이트보다 더 근원적인 인간의 무의식의 역동을 보여주었다고 할 수 있다.

넷째는, 현대인들이 갖고 있는 뿌리깊은 병리를 자기애적 상처로 진단함으로써 파편화된 인간의 비극을 치유할 수 있는 방법이 무엇인지 넌즈시 보여주고 있다고 본다. 곧 서로 거울이 되어줄 수 있는 작은 공동체, 중요한 타자들이 함께 하며 "너"의 얼굴 속에서 신비를 발견하는 공동체의 치유적 능력을 간접적으로 보여준다.

적용할 점이 있다면, 나는 언제나 거울을 바라고 이상화할 사람을 찾아나서며 쌍둥이 전이를 느낄 대상을 필요로 하지만, 나 스스로를 거울로 삼길 바라고 나를 이상화하며 나에게서 동지애를 느끼고 싶은 사람들이 늘 곁에 있다는 자각이다. 그것이 예수님의 "이웃사랑"을 실천하는 것 아닐까? "네 몸 같이 사랑"하라. 내 몸, 내 자의식의 구조를 코헛 문법으로 읽을 수 있다면 사랑이 무엇인지 사랑을 어떻게 실천해야 하는지 깨닫게 된다. 거울이 되어주고 이상화될 만큼 누군가를 사랑하며 피곤한 자들이 쉴 수 있는 어깨가 되어주는 것이리라.

　코헛 안에서 한계성을 보았는가? 그것은 취향의 문제인 것 같다. 책 한 권 읽었다 하여 어찌 다 코헛을 이렇다 저렇다 평가하겠는가? 데리다의 말처럼 어차피 모든 독서는 오독(誤讀)인데. 다만 코헛의 책에선 이제까지 심층심리학의 전유물처럼 인식되었던 "꿈의 분석"이나 "해석"에 대한 관심이 보다 풍부하지 않은 것 같다는 느낌을 지울 수 없었다. 물론 모든 꿈은 근원적인 자기애와 맥을 같이 한다. 그러나, 코헛은 꿈에 대하여 지나치게 효용적 선택을 하지 않았나 생각한다.

　즉 내담자가 말하는 꿈 이야기의 분석 외에는 꿈 자체에 대한 다른 관심은 다른 분야에 비해 부족하지 않았나 하는 생각이 든다. 물론 이것은 내 자신 대상관계이론이나 융의 심리학을 선호하는 까닭에 그런 생각이 든 것이다. 무의식에서 올라오는 자료들은 과연 "전이"와 연관된 것이 전부일까? 만약 적극적으로 코헛이 꿈에 대해서 말하려면 근본적으로 프로이트의 역동적 관점을 수용하였어야 하는데 아마도 생물학적인 관점의 틀이 되었던 프로이트의 역동 구조론을 수용하기에는 심리학적인 패러다임으로 정신분석을 전환한 코헛의 입장에서는 많은 부분에서 자신의 패러다임과 마찰을 빚는 부분이 많았을 것이라 추정한다. 그렇다고 하여도 코헛이 꿈에 대해 좀 더 많은 장을 할애하였으면 하는 아쉬움이 있다. 그러나, 그가 너무나 이른 죽음을 맞이하였다는 점을 생각할 때는 그의 작업이 미완의 완성이었다고 미화하고 싶을 뿐이다.

　코헛은 인간은 누구나 자기애적인 틀에서 벗어날 수 없다고 하였다. 그러나, 이러한 관점은 인간의 지향성을 환원론적으로 끌어당기는 묘한 힘이 느껴진다. "과연 그럴까?" 코헛의 입장을 부정하자는 말은 아니다. 다만 일반인들이 너무나 그런 인식에 매여 산다면 세상은 뭔가 눈치를 살피며 진실과 사랑을 순수하게 받아들이지 못할지도 모른다는 생각이 들었다. 그러기 때문에 코헛의 치료법은 전문가들, 사람을 깊이 치유하는 심리치료사들의 전유물로 사용될 수밖에 없을 것이라는 생각이 들었다.

그러나, 사람을 대하는 직업을 가진 사람이라면 누구나 코헛의 이론은 필수적으로 접해야 되는 이론이라고 생각한다. 지금은 영적인 시대이다. 즉 인간의 본질이 여과없이 여지없이 드러나는 시대이다. 복잡한 것 같고 산만하게 보이는 시대이지만 코헛의 눈으로 보면 모두가 거울을 바라는 시대이며 친구와 존경할 대상을 찾는 시대가 된 것이다. 어느 시대가 안 그렇겠는가마는 지금의 시대는 모든 것이 "나"에 관심이 집중되는 시대이다. 이런 시대이기에 개인의 책임성과 공동체의 존재 이유가 어떻게 지속되어야 하는지를 간접적으로 묘사하고 있는 심리학이 바로 하인츠 코헛의 "자기심리학"이다.

스물셋 ◆ 에로스의 본질

에로스의 본질을 性的 결합(Sex)이라 생각하는 사람이 많다. 그러나, 에로스의 본질은 '온전성'이지 Sex가 아니다. Sex는 온전성의 도입일 뿐이다. 에로스는 하나님이 인간에게 주신 사랑의 감정이다. 에로스가 없이는 결혼도 연애도 가능할 수 없다. 그러나, 더럽혀진 에로스가 있다. 성을 기능화, 도구화시킨 에로스이다. 그건 에로스라고 불리워서도 안 된다. 생물학적 충동, 포유류적인 성적 충동과 계시적인 에로스를 구분 없이 사용하는 건 무식한 짓이다. 에로스는 아가페로 가기 위한 도입이다.

아가페는 '온전성'이다. 치우침이 없다는 말이다. 조건이 없다는 말이다. 에로스는 사랑이되 온전치 못한 사랑이다. 그러므로 에로스의 단계에선 평가와 계산을 한다. 기준은 자신이다. 자기가 보기에 좋을 대로 상대를 평가한다. 그러므로 에로스는 나르시시즘적 사랑이다. 상대방을 있는 모습 그대로 수용하지 못한다. 인간의 조건인 음, 양을 보지 못한다. 에로스에 빠진 사람을 눈이 멀었다고 하는데 거기서 눈이 멀었다는 것은 상대의 "양" 즉 밝은 면만을 본다는 것이다. 그러므로, 에로스엔 환상이 많다. 현실의 '너' 보다는 환상 속의 그대만을 취하기를 원한다. 에로스는 신선하다. 짜릿하다.

그러나, 인내가 부족하다. 배고픔이나 성욕 같은 1차적 본능은 즉시 만족되어야 하는 성향이 있는데 에로스가 그렇다. "즉시, 금방, 전부"가 에로스의 성격이다. 에로스는 비판받기보다는 격려와 부단한 충고 속에 성숙되어야 할 본질이다. 에로스는 환상이다. 환상이 없는 에로스는 없다.

그러므로 에로스는 환상 너머의 영원한 원형을 지향해야 한다. 귀엽고 예쁘게 보인 자기 아내가 아이를 낳고 갱년기를 거쳐 노년이 되어 피부의 탄력도, 윤기있는 머리결도 기대할 수 없을 때, 자기 아내에 대한 모든 환상이 제거되고 사라졌을 때 바로 그때 느끼는 삶의 또 다른 지평, 돌이킬 수 없는 시간 속에 한 여자와 한 남자가 만나 사랑을 하고 희노애락을 같이하며 지금 그가 아직까지 내 곁에 있으며 영원히 그가 내 아내 내 남편이라는 사실이 변하지 않을 때 느끼는 둘만의 하나됨. 그것이 에로스의 결론이며 '온전성'의 체험이다.

에로스는 이성관계이기 이전에 "인간관계"이다. 서로의 인격이 전제된 관계이다. 에로스가 가슴 설레이는 이유는 그것이 영원한 관계의 신비를 드러내기 때문이다. 그러한 관계의 신비는 제3의 존재 곧 자녀로 나타난다. 그러므로, 자녀-아가는 신비한 존재이다. 의학적이고 생물학적인 설명으로는 완전히 설명할 수 없는 존재의 신비다.

모든 인간은 에로스를 통해 탄생된다. 진정한 에로스는 아가페의 일부분이 될 수 있다. 그것은 아가페를 향해서 열려 있다. 에로스는 사랑의 시작이다. 그러나, 많은 고민과 갈등 속에서 깎여지고 다듬어져야 할 시작이다. 그간 에로스는 필레아나 아가페에 비해 격하되어 왔다. 이유는 에로스가 성적인 사랑만으로 인식되어 왔기 때문이다.

그러나, 포유류적인 성적 충동과 에로스는 그 차원이 다르다. 어쩌면 평생 에로스다운 에로스를 못 느껴보고 '사랑이란 걸 하는 사람이 있을지도 모른다. 진정한 에로스는 미숙함에서 출발하나 나르시시즘의 껍질을 벗고 아가페를 지향하게 되어 있다.

에로스가 이성에 대한 설레임이라 한다면 아가페는 인간에 대한 설레임이다. 아가페의 온전성은 설레임이다. 신앙의 결국이 재림의 설레임 아닌가! 에로스가 없이는 예수 그리스도가 신랑이라는 의미도 깨달을 수 없다. 왜냐하면 에로스는 한 인간에 대한 신비성을 여는 삶의 새 지평이기에!

스물넷 ◆ 죽음본능에서 생명의 충만함으로

프로이트가 살던 시대는 서로가 서로에 대해 잡아먹고 먹히는 전쟁의 기운이 가득하던 시대였다. Homo Homini Lupus―인간은 인간에 대해서 늑대다―라는 전제가 낯설지 않은 시대였다. 유태인 대학살, 생체실험으로 악명 높았던 일본의 마루타, 끊임없는 살육. 동물은 배가 고파야만 다른 동물을 해치지만 사람은 배가 불러도 사람을 죽였다. 초기에는 인간에게 에로스적 에너지만 가득하다고 보았던 프로이트는 나이 들어 '문명 속의 불만'이란 글을 발표하면서 인간에겐 모든 것을 無로 돌려보내는 파괴 에너지, 즉 싸나토스가 있다고 보았다. 싸나토스는 죽음의 에너지이다. 삶은 삶의 본능과 죽음의 본능이 서로 역동하는 체계로 보았다. 사람과 사람과의 관계보다는 고립된 한 인간 내면에서 벌어지는 욕망과 억압이라는 폐쇄적 구조로 인간을 바라본 프로이트답게 그는 모든 것을 본능의 관점에서 통찰하였다.

사람은 왜 그렇게 파괴적인가? 힌두교에선 사람의 파괴성을 창조를 위한 순환과정이라고 이해한다지만 그렇게 설명하기엔 섬뜩한 악마성을 부인할 수 없지 않은가? 그러나, 악마성조차 악마를 통해 나온 것이 아니라 사람을 통해 나온 것임을 전제한다면 역시 문제는 사람이다. 그럼 그 사람은 어디서 그런 공격성을 분출하는가? 과연 공격성은 본능인가? 본능의 위협에서 인간의 자아 즉 이성은 무력하기만 한가? 프로이트의 다소 비관적인 인간 본성의 견해에 대해 너무나 다른 관점을 가진 이가 있었다. 도널드 위니캇은 그의 삶만큼이나 낙관적인 성품답게 사람의 공격성을 죽음본능에서 찾지 않았다. 모든 것은 삶에서, 생명에서 나온다. 인간의 공격성은 생명본능에 속한 것이라고 보았다. 위니캇은 엄마라는 환경의 중요성을 강조하였다. 유아는 정상적 모성애를 지닌 엄마라는 울타리 속에서 자신의 공격성을 인격 안으로 통합시킬 수 있다고 보았다.

즉 인격 안으로 통합되지 못한 공격성은 좌절에서 온 결과라고 보았다. 그렇다. 인격 안으로 공격성을 통합한 사람이 사람에 대해 잔인한 늑대가 될 수 있을까? 클라인이 말한 대로 세상의 모든 비극은 편집증적 자리에 고착된 사람들이 구부러지고 왜곡된 환상 속에서 내 앞의 존재를 전체대상으로 보지 못하고 내 욕구를 투사시킬 부분대상으로, 비인격화된 사물로 바라보는 데서 형성된다. 사람이 사람을 사람으로 바라보지 못한다. 자기 스스로 사람이 되어가는 과정 속에 머물 수 없었기 때문이다. 즉 비온의 말대로 자신이 한 인간으로 한 인격으로 누군가에게 담긴 적이 없기 때문이다. 체험의 부재. 체험은 언제나 무의식을 전제한다. 무의식적 거부는 늘 격노로 자리잡는다.

그런 혐오, 그런 망가진 무의식은 사람을 고문하면서도 태연하게 그 앞에서 사진을 찍고 아무렇지도 않게 기념 사진을 찍을 수 있는 인간성 상실로 드러난다. 이라크 포로 학대 사건이 전율을 일으키는 이유는 학대를 저지르고 사진을 찍은 군인들이 본래는 아주 평범하고 아주 좋은 사람들이었다는 데 있다. 그들은 악당이나 범죄자들이 아니라 성격 좋은 소시민들이었다. 그런 그들이 포로들을 고문하고 학대하며 태연하게 사진을 찍었다! 그들의 태연함, 그들의 일상적 평범함 속에는 이미 그런 요소가 있었다. 자신의 정신 중 일부는 자신이 아니라는, 그래서 억압하고 분열시켜 영구히 의식의 세계로 떠오르지 못하게 만든 것이다. 그런 억압과 분열이 인간이 아닌 포로들을 대하며 터져 버렸다. 자신의 내면에서 열등하고 인정할 수 없는 굴욕들이 터져 나온 것이다. 만약 위니캇의 말대로 그들의 공격성이 환경(모성) 안에서 통합되었다면 그렇게 할 수 있었을까? 분열은 언제나 비극을 일으킨다. 그들의 어머니는 자신의 자녀들이 그런 고문을 하며 사진을 찍은 모습을 보고 단지 도덕적 자책만을 느꼈겠는가? 그 이상의 감정이었을 것이다.

독일의 정신과 의사 한스 요아힘 마츠는 최근에 나온 책〈릴리스 콤플렉스〉를 통해 모성애의 실패가 서독과 동독 사회에 무의식적으로 강력한 영향력을 주었다고 역설하였다. 죽음의 본능조차 삶의 본능에서 나온 표현이라면 그것은 결국 의식 안으로 통합해야 할 과제가 있지 않을까? 칼 융의 말대로 내 안의 늑대를 죽이려고만, 도덕적으로 사냥하려고만 하지 말고 '오, 나의 형제여!' 라고 고백해야 하지 않을까!

외적으로 부유하며 외적으로 자원을 사냥하러 다니는 강대국들의 오만함은 결국 내면의 통합이 이뤄지지 않은 분열증 환자같은 증상을 보이고 있지 않은가? 극단적 나르시시즘처럼 보이는 강대국들의 대외정책은 결국 모성애의 실패 아닌가?

소크라테스의 역설, 그것이 신전의 한 모퉁이에 있는 글이라도 참으로 의미깊은 말 아닌가? '너 자신을 알라!' 너 자신에 대해서만 알지 말고 너 자신을 알라. 결국 나 자신을 알지 못하는 자들이 투사와 비난 공격 전쟁과 파괴라는 반인간적 폭력 속에서 자신의 분열된 자아를 확인하고 있지 않은가?

이제 세상을 살리는 일은 똑똑한 자들의 몫이 아니다. 생명의 충만함을 가진 자들, 사랑을 믿는 자들, 자신의 고통스런 그림자를 끌어안고 타자의 소중함을 인정하는 자들, 세상의 주인이 아닌 청지기로서 살아가길 원하는 생명이 충만한 자들, 그런 자들이 세상을 살릴 것이다. 그것이 진정한 성령의 충만함이라고 믿는다.

 스물다섯 ◆ 사랑의 황금률

나의 20대는 비교적 화려(?)하였다. 여러 자매들을 만나 교제하면서 이 사람이 하나님이 보내주신 사람인가 아닌가 고민하며 만나고 헤어지는 아픔을 여러 번 경험하면서 결혼에 대한 회의와 환상을 여러 번 수정해야만 했던 시절이었다. 그러던 어느 날 나는 꽤 진지하게 하나님께 배우자에 대한 기도를 드렸다. "오 주님, 저에게 믿음은 이런 여자, 건강은 이런 여자, 집안은 이런 여자, 성격은 이런 여자를 주시옵소서." 그리고 기도를 마치고 일어서는 순간 내 마음에 하나님의 음성 같은 어떤 소리가 들렸다. "그런 여자를 기다리지 말고 네가 먼저 그런 사람이 되렴." 순간 할 말을 잃어버렸다. 나는 좋은 배우자가 될 준비를 하지 않은 채 앞으로 만날 배우자만 기대했던 내 모습이 부끄러웠다. 그래서 나는 자신의 배우자에 대해 불평을 하는 사람들을 만나면 "그게 당신 수준이고 모습입니다"라고 이야기한다.

그리고 31살에 지금 아내와 중매로 만나 결혼을 하였다. 그렇게 연애주의자(?)였던 내가 중매로 아내를 만나게 된 것이다. 결혼을 한다는 것은 사랑과 함께 책임을 수반하는 일이다. 사실 나는 내가 결혼이란 것을 할 수 있을까 하는 고민을 참 많이 하고 살았던 것 같다. 그만큼 결혼은 단순한 것이 아니라 결혼에 대한 자신감, 책임성, 경제적 독립, 자녀 준비 등 많은 것을 생각해야 되는 과제이다.

심리적으로는 창세기의 가르침대로 "네 부모를 떠나"는 과정이 결혼이다. "떠나"라는 의미는 단지 몸만 떠나라는 의미가 아니라 심리적인 독립을 의미한다. 흔히 말하는 마마보이나 마마 걸 등은 몸은 떠나지만 여전히 심리적으로는 부모에게 종속되어 있다. 그래서 결혼 생활의 위기가 닥치면 서로 각자가 문제를 해결하려 할 생각은 하지 않고 여전히 어린 아이처럼 부모에게 의존하게 된다. 문제는 결혼 이전에도 미혼자로서 겪는 외로움이나 고독이 싫어 사랑을 할 대상을 찾지만 엄밀한 의미에서 본다면 그것은 사랑할 대상을 찾는 것이 아니라 의존할 대상을 찾는다는 것을 뜻한다. "사랑"과 "의존"은 엄연히 다른 차원이다. 그런데 많은 커플들이 자신들의 실존적 외로움을 피하기 위해 의존할 대상을 찾다가 상대 역시 나와 같은 생각으로 결혼을 했음을 뒤늦게 발견하고 상대에 대해 실망한다. 나 역시 그런 면에서 아내를 순수하게 "사랑"했다고만 말할 수 없다. 나의 외로움을 채워줄 대상으로 아내를 만난 면이 많았음을 느낀다.

그러나, 그런 마음이야말로 어린 아이 같은 마음이 아닐 수 없다. 의존하는 만큼 내가 하려고 하지 않고 기대고 싶은 마음이 많이 생긴다. 그래서 정신분석학에선 아내나 남편은 사실 어릴 적 어머니와 아버지의 대리자라고 말한다. 서로가 자신의 부족한 면을 채워주기를 기대하는 마음이 모두 병리적이라 말할 수는 없지만 의존성이 책임성을 앞선다면 그것은 문제가 있는 결혼이 될 것이다.

결혼하기 이전에 나는 이미 여러 상담이론을 배우면서 사랑은 언제나 "배우고 연습하고 훈련해야 하는 과학"이라는 지론을 갖고 살았다. 여성의 심리를 공부하며 나같은 남자를 만나는 여자는 대단히 행복할 것이라 생각했다. 나는 모든 것을 이해하는 대단한 남자라는 착각을 하기도 했다. 그런데 결혼을 하고 그런 착각은 여지없이 깨어지기 시작했다. 사람의 약점이 있다면 자기 얼굴을 볼 수 없다는 것이다. 남은 내 약점이 보이는데 나는 도무지 스스로 그 약점을 볼 수 없다는 것이다.

그러다가 어느 순간 내 비밀과 내 사생활을 아는 아내가 나의 약점을 정면으로 지적했을 때, 그때 느끼는 당혹감과 배신감(?)은 흔히 부부 싸움으로 이어지게 되었다. 부부 싸움을 할 때마다 나는 언제나 깊은 괴리감으로 괴로워했다. 분명 이렇게 싸우는 원인이 무엇인지 머리로는 알겠는데 실제 아내 앞에선 그 어떤 이론으로도 나의 고집스러움을 쉽게 인정할 수 없었던 것이다. 세상에서 제일 먼 거리는 이론과 실제의 거리라는 말이 있잖은가?

거기다가 나는 공부를 통해서 여자의 심리를 공부해서 그나마 아내를 이해할 수 있었지만 그건 "객관적인 여자"를 이해하는 것이었고 지금 내 앞에 있는 아내를 이해할 수 있는 지식이 아니었다. 객관적으로 여자에 대한 지식을 갖고 있는 것과 주관적으로 아내를 이해하는 일은 또 다른 차원의 문제였다. 정말 "알다가도 모를" 여자의 마음. 아내의 심리에 대해 이해를 중도 포기한 일이 한두 번이 아니었다. 물론 아내 역시 나에 대해 "알다가도 모를" 사람이라는 진단을 내렸다.

그렇게 실수 투성이의 결혼 생활이 지속되면서 "같이 살아가는" 것에 대해 적응할 필요가 느껴졌다. 아마도 부부 싸움은 그런 적응 과정에서 어쩔 수 없이 겪게 되는 성숙의 과정인 듯싶다. 아내와의 관계에서 가장 어려움이 있었다면 서로의 의견 차이로 인한 "갈등과 분노"의 문제였다. 특별히 분노는 단순히 나와 의견이 달라서 느껴지는 분노가 아니었다. 분노한 아내의 얼굴에서 어릴 적 화나 있는 어머니의 모습이 느껴졌다는 것이다. 합리적 분노가 아니라 불합리한 분노가 느껴졌다. 작게 화를 낼 일을 크게 화를 낸 적이 많았다. 나중에 안 일이지만 아내는 정당한 분노를 내고 있는데 나는 분노한 아내의 얼굴 속에서 어머니의 얼굴을 클로즈업 시켰던 것이다.

어느 날 그 사실을 깨닫고 밤늦도록 아내에게 용서를 구한 적도 있었다. 짧은 교제 후에 한 결혼이었고 나는 대학원을 다니고 아내는 직장 생활을 하는 과정에 있었기에 만나는 기간 중에도 충분한 대화가 부재하였다. 그러다보니 사랑도 일방적으로 했고 미움도 일방적으로 표출하였다. 사랑이란 내가 최선을 다해 상대에게 무언가를 해주는 것이 아니라 상대가 원하는 것을 해주는 것이라는 평범한 사실을 뒤늦게 깨닫게 되었다.

햇수로 8년이 흐른 지금 우리에게는 예린이라는 딸아이가 생겨 여느 가정처럼 소박한 가정을 일구고 있다. 그리고 아내에 대해 희노애락의 감정이 생길 적마다 나는 결혼식 주례 목사님 앞에서 했던 말을 기억한다. "건강할 때나 병들 때나" 언제나 함께 하겠다는 언약 말이다. 엄밀한 의미에서 모든 결혼은 언약식이다. 언약이란 상황이 변해도 달라질 수 없다는 신성한 선언이다. 그런 언약에 대해 부부가 서로 존중하고 인정한다면 이혼이라는 극한까지 가지는 않을 것이다.

인간의 타락성으로 인해 이혼은 필요악인지 모른다. 그러나, 최근 불고 있는 이혼 바람은 아무리 생각해도 비정상이 아닐 수 없다. 너무 쉽게 만나 너무 쉽게 결혼하고 너무 쉽게 언약을 깬다. 그리고 남남이 된다. 만일 자녀가 있는 가정이라면 이혼은 이혼 당사자보다 더 자녀에게 치명적인 마음의 상처로 남게 된다. 거기다 이혼 자녀들이 다시 자라 이혼을 하는 비율이 높다는 사실은 이혼이 단순히 당사자들만의 문제가 아니라는 것을 말한다.

나는 길지 않은 결혼 생활이지만 평범한 진리 하나를 깨달았다. 산상수훈에 나타난 황금률이다. "대접받고 싶다면 너도 대접하라"는 것이다. 즉 사랑받고 싶다면 나부터 사랑하라는 것이다. 인정받고 싶다면 나부터 인정하라는 것이다. 그저 일방적으로 결혼을 했으니까 배우자가 이런 저런 면을 채워주겠지 하는 막연한 의존성을 극복해야 한다는 것이다. "섬김"이란 하나님이 세우신 가정과 교회라는 공동체 속에서 영원히 유효한 절대 가치라고 믿는다.

하나님은 홀로 독처하는 아담에게 "돕는 배필"을 보내주셨다. 여기서 '돕는'다'는 말은 어떤 일이나 사역을 돕는다는 말이 아니라 아담의 "인격과 존재"를 돕는다는 말씀이다. 아담의 일은 원숭이도 도울 수 있지만 아담의 인격과 존재는 하와를 통해서만 도울 수 있다는 것이다. 배우자란 돕는 배필이다. 부족한 면이 반드시 있기에 내가 그만큼 돕고 채워주어야 할 필요가 있는 대상이라는 말이다.

그런 부부의 모습은 벗었으나 부끄러움이 없다. 단지 옷을 벗어도 부끄럽지 않은 것이 아니라 자신의 어떠함, 즉 인간적 연약함, 약점, 상처를 드러내도 전혀 부끄러움이 없는 지구상의 유일한 대상이 배우자라는 것이다. 그래서 나는 매일 매일 그 부부의 신비를 배워가고 있다. 에덴 동산은 서로를 이해하고 돕는 "가정" 속에서 언제나 재현된 "현재"로 드러나는 지구상에서 유일무이한 낙원인 것이다.

스물여섯 ◆ 아름다운 중간공간

대상관계이론은 인간 내면의 원초적인 환상 세계에 대해 묘사하고 있다. 프로이트는 그 환상이 성적인 요소들로 가득 차 있다고 보았지만, 후기 정신분석학파인 대상관계이론가들은 그 환상이 성적인 요소뿐만 아니라 그 성적인 환상의 깊은 곳엔 대상에 대한 애착과 관계성으로 구성되었다고 하였다. 인간은 누구나 아기로 태어난다. 그리고 세상의 모든 아기는 자신을 중심으로 우주가 돌아간다는 천동설을 믿는 "전능 환상"을 갖고 성장하도록 되어 있다. 물론 최적의 좌절을 통해 자신의 현실 세계를 서서히 인식할 수 있지만 세상은 그 어떤 아기도 자신만의 환상의 세계에서 곧바로 현실의 세계로 입문하지 못한다. 0개월에서 6월 31일 24시까지는 환상 세계이고 7월 1일 0시 1분부터는 현실의 세계로 입문하는 그런 아이는 존재하지 않는다는 것이다. 아기는 자신만의 환상과 현실세계 사이에서 중간 공간을 발견하며 중간 대상을 창조한다고 위니캇은 역설하였다.

너무나 평범해 보이는 아기의 삶에서 그러한 발견을 할 수 있다는 것 그 자체가 천재적인 통찰력이 아닐 수 없다. 위니캇은 아기의 중간 대상은 세월이 지남에 따라 변하지만 중간 대상 자체는 없어지는 것이 아니라고 했다. 그것은 곰 인형이나 담요에서 예술과 문학, 종교에 이르기까지 다양한 모습으로 전환된다고 하였다. 그렇기에 위니캇에 의하면 건강한 삶은 "놀이"일 수밖에 없다.

그가 그렇게 살았고 치료했듯이, 그가 하는 심리치료는 내담자가 상담자를 만나 신명나게 놀이하듯 상담을 하는 창조적인 중간 공간이었다. 치료의 순간들이 내담자에게 중간공간으로 주어지고 상담자는 잠시 중간대상이 되어준다. 그러면서 내담자는 자신만의 망상 세계 그 깊은 환상세계를 마음껏 표출할 수 있다.

상담자가 그 의미를 다 몰라도 된다. 비온이 말했듯 어머니가 아기를 바라보면서 내적인 동일시를 이루듯 그렇게 수용해주고 담아주면 된다. 그 심리적인 담아주기를 통해서 내담자는 알 수 없는 자유로움을 느끼며 상담자에게 부정적 혹은 긍정적 전이를 통해 자신의 감정을 터뜨린다. 상담자가 때로는 원망스런 아버지도 되었다가 슬픔으로 가득한 어머니가 되기도 한다. 사랑하는 대상이 되었다가 서운하고 미운 대상이 되기도 한다. 이런 모든 감정에는 내담자 자신만의 상한 마음과 깨어진 환상 세계가 드러나게 마련이다. 그럴 때 상담자는 깨어진 그 상황에서 내담자에게 편안한 중간 공간으로서의 상담자로 자신을 제공한다. 그러한 제공은 내담자에게 내담자 자신의 내적 대상의 측면으로 드러나게 된다. 그래서 자기 마음이 하고 싶었던 격려를 상담자가 대신해 주고 자기 마음이 채 느끼지 못한 말들을 대신 서술해 준다. 그렇게 되면 상담의 현장은 내담자에게 이미 놀이적 공간으로 전환된다.

나는 대상관계이론에서의 치유를 그렇게 이해하였다. 어떤 기법이나 특별한 법칙을 갖고 사람을 돕는 기술적인 면은 부족하게 느껴지지만 대상관계이론은 가장 원칙적인 면을 강조한다. 치료의 자원은 내담자에게 있다는 것이다. 거기서 필요한 것은 테크닉이 아니라 인격이다. 말장난 같은 기법이 아니라 있는 그대로 상대의 현존을 수용하고 받아들일 수 있는 마음가짐, 존재와 인격의 열려있음의 상태인 것이다. 이제까지 상담은 수많은 기법들로 이뤄져 왔다. 정신분석이 너무 과거의 부정적인 면을 건드린다고 현실에서 해결 가능한 면을 더듬어 깨우쳐주자는 이론도 나왔다. 모두 다 내담자를 돕기 위해 나온 이론임에 분명하다. 그러나, 그러한 기법들은 자칫 내담자의 환상 세계를 있는 그대로 수용하지 못한 채 내담자를 어떤 기준과 틀에 맞춰 끌고 갈 수 있다. "이건 다 당신 자신을 위한 방법이야!"라고 말하면서 말이다. 그러나, 과연 내담자의 환상을 깨고 그/그녀를 현실의 인식 안으로 자각을 시키려고 하는 그러한 태도가 과연 옳은가 묻고 싶다. 사람은 누구나 자신만의 환상 세계가 있으며 때로는 자신만의 과장된 망상세계 역시 누구든 다소간 갖고 있기 마련이기 때문이다. 즉 환상을 깨면 다시 환상을 만들어내는 것이 인간이기 때문이다.

상담이 자꾸만 어떠한 기법 중심으로 어떤 이론 중심으로 전개되는 것은 위험하다고 본다. 의사는 몸을 보지만 상담을 하는 이들은 언제나 마음의 마음 즉 인간 내면의 가장 깊은 차원인 "영혼"을 보고 영혼을 바라보는 자이기 때문이다. 프로이트나 융 대상관계이론가들이나 코헛 같은 이들의 글을 보면 그 글들이 아주 엄밀하고 깊은 관찰과 사색의 차원에서 나온 글임을 느낀다. 아니 그러한 글들은 심리학이 아닌 철학에 가깝고 관계성을 다루는 신학에 가깝다. 언제나 본질을 묻고 있기 때문이다. 본질을 말하는 학문은 테크닉적일 수 없다. 어떤 틀을 만들고 그 안으로 최면술을 걸듯 사람을 이끌 수도 없는 것이다. 그저 그 사람의 영혼성! 그대로 바라봐 주고 그대로 자신의 입장과 한계 안에서 말해주면 되는 것이다. 그 이상도 없고 그 이하도 없다.

곧 성탄절이 다가온다. 어찌보면 예수는 슐라이에르마허의 말처럼 평생 하나님의 아들이라는 의식을 갖고 산 인물이다. 그러나, 그러한 예수 그리스도의 전능 환상이 없었다면 세상은 구원받지 못했을 것이다. 무엇보다 그러한 예수 그리스도의 전능 환상은 언제나 "하나님의 은혜"라는 승화된 차원의 중간 공간 안에서 비롯된 것이었다. 우리는 그 중간 공간 안에서 비로소 마음껏 숨쉬며 마음껏 진정한 참 자기―진정한 나―가 될 수 있는 것이다. 하나님의 은혜가 그토록 귀하다는 사실은 대상관계이론을 공부하면서 더욱 절실히 느낄 수 있었다.

 스물일곱 ◆ 말해내지 못함의 고독

사람은 누구나 혼자다. 그래서 누구나 관계를 그리워한다. 샌프란시스코에 금문교라는 유명한 다리가 있다. 그 다리는 모습이 아름다워 유명하지만 자살자들이 많은 다리로도 유명하다.

그런데 산과 빌딩의 야경이 보이는 다리에서 자살하는 사람들의 시체를 확인해 보면 한결같이 그들은 사람이 없는 산을 보고 죽지 않았다. 다들 사람이 있는 빌딩의 야경을 보며 죽었다. 시신은 언제나 산 반대쪽에서 발견되었다는 것이다. 다리에서 뛰어 내리는 그 마지막 순간에도 자살자들은 누군가를 그리워하며 누군가에게 마지막 도움을 구하고 싶어한다는 것이다. 세상이 싫어 자살하는 이들이 사람들이 사는 빌딩 숲을 등지고 자살하는 것이 아니라 빌딩 숲을 바라보면서 떨어졌다는 것이다.

사람은 그렇다. 누구나 그렇다. 사람이 싫어 사람을 피하지만 다시 찾는 건 사람이고 다시 그리워하는 것도 사람이다. 대상에 대한 그리움은 우리의 근원적 원형이며 우리 유전자에 각인된 근원적 암호다.

우리는 한 때 모두 다 아기였다. 아기는 말을 못한다. 그래서 운다. 아기가 울면 아기를 낳은 어머니는 신비롭게도 그 울음의 의미를 즉시 파악하고 아기의 욕구를 해소해 준다. 울기만 하면 아기는 자신이 원하는 젖이 창조되고 울기만 하면 자신의 몸이 공중에 떠서(안겨서) 언젠가 들었던 편안한 음악소리(심장소리)를 듣게 된다. 울기만 하면 자신의 몸에 스며든 이물질(배설물)이 사라지고 다시 부드러운 상태로 변화된다. 그래서 아기는 신이 난다. 자신이 신이라 생각된다. 원하면 울기만 하면 다 이루어지는 것이다. 전능한 대상이 된다. 전능 환상이 생긴다. 하늘을 날기도 하고 뭔가를 만들어 내기도 하며 모든 것이 경이로움이 되며 놀이 대상이 된다. 이러한 아기의 전능 환상은 채 1년을 가지 못하지만 아기는 그 1년 사이에 이러한 전능 환상을 통해 건강한 자기애를 형성하게 된다.

사실 이 모든 과정은 바로 내가 말하지 않아도 그저 우는 신호만 보내도 달래주고 먹여주고 안아주고 보듬어주는 대상(good enough mother)이 있었기 때문이다. 이 대상의 특징은 말하지 않아도 알아서 다 해준다는 것이다. 알아서 공급해 주고 알아서 견뎌주며 알아서 얼러주고 알아서 배고픔을 충족시켜 준다. 아기에게 이 대상은 거울 같은 대상이 된다. 그 거울을 보면서 아기도 그 거울을 닮아간다. 그 거울이 늘 근심어린 눈으로 자신을 비취면 아기도 근심어린 자아로 변하고 그 거울이 밝고 해맑으면 아기도 그 거울을 닮아 밝고 맑은 심성을 지닌 아이로 커간다.

백설공주 동화에 등장하는 악녀 왕비는 거울로부터 거부당한 자아의 악성을 상징한다. 내가 보는 거울은 언제나 내가 최고라고, 내가 제일 예쁘다고 해주어야 한다. 그게 안 되면 거울은 깨진다. 그리고 마음도 깨진다. 이 세상은 다들 자신을 비춰줄 거울, 자신의 여리고 여린 자기애를 알아줄 대상을 찾아 헤매는 사람들로 가득하다.

그러나, 이 글의 제목처럼 다들 그 "누군가"를 그리워하고 있으면서도 능동적으로 다가가지 못한다. 다시 상처받을지 모른다는 깊은 피해의식 때문이다. 그래서 우리의 마음 안에는 언제나 "말해내지 못함의 고독"이 있다.

그 고독을 "사연"이라 한다. 아무도 이해할 수 없다고 생각하는 이야기, 술이 들어가야 겨우 나올 수 있는 이야기, 심지어는 하나님도 모를 것이라 생각하는 기가 막힌 이야기, 그런 이야기가 사연이다. 삶은 사연을 쌓는 일이다. 사연은 한이다. 한이라는 아픔은 때로 시가 되고 영화가 되고 소설이 된다. 한은 말해내지 못함의 고립이며 고통이다. 얼어붙은 절규다.

우리 가슴에 그런 것들이 있다. 우리를 찾는 내담자들의 한숨 속에, 절망어린 눈 빛 속에 그런 사연이 있고 그런 고독이 있다. 그 고독을 들을 수 있는 귀를 갖자. 그 사연을 볼 수 있는 눈을 갖자. 그 깨어진 전능환상을 담을 수 있는 가슴이 되자. 그래서 우리와 상담을 하는 내담자들에게 잠시나마 그들의 깨어진 자기애가 활성화되어 천국이라도 온 것 같은 기쁨과 자신감을 주자. 그리고 이렇게 말하자. 말해내지 못함의 고독은 내 가슴에도 있었다고.

스물여덟 ◆ 아름다운 '자기'

사람은 누구나 객관이라는 세계와 주관이라는 세계를 살아간다. 이

두 가지 세계를 오가며 사는 게 삶이다. 특별히, 어린 시절에 우리는 우리가 바라보는 수준과 눈높이에서 사람과 경험과 세상을 해석해 왔다. 그렇게 주관적으로 세상을 바라보았던 우리는 세월이 흘러 성장했지만 아직도 우리의 내면에는 그렇게 세상을 바라보았던 아이가 지금도 내 안에서 살아 움직이며 지금의 나에게 직간접적으로 영향을 미치고 있다.

프로이트는 그것을 "지금도 당신 안에 역동하고 있는 유년기"라고 불렀고 대상관계이론에서는 그것을 "지금도 당신 안에 역동하고 있는 유아기"로 불렀다. 성인아이 치유자인 찰스 휫필드는 그것을 "내재아(Child Within)"라고 불렀고 〈몸에 밴 어린시절〉을 저술한 휴 미실다인은 그것을 "과거내재아"라 이름 붙였으며 분석심리학의 창시자인 칼 융은 그것을 "신성한 아이(Divine Child)"라고 하였다.

이러한 내면의 아이는 우리가 살아있을 동안에 계속 우리의 무의식 안에서 직간접적으로 지속적인 영향을 미친다. 이러한 내면의 아이를 구성하고 있는 핵(核)을 "자아" 혹은 "자기"라고 한다. 자기심리학자인 하인츠 코헛(Heinz Kohut)은 바로 이런 인간 내면의 핵심에 있는 근원적 "자기"를 연구한 학자였다. 우리 내면의 "자기"가 가장 원하는 것은 "사랑"이다. 그것도 순수하고 공감적인 사랑이다. 아이의 수준에서 충족시켜주는 사랑이다. 인간은 누구나 평생 이러한 사랑을 추구하는데 코헛은 이를 "자기애"를 추구하는 인간이라고 불렀다. 사람은 누구나 다 자기애적이다. 무엇을 먹는 것도, 무엇을 입는 것도, 무엇을 선택하는 것도 결국은 "자기애에 부합한" 선택을 하도록 되어 있다. 이러한 자기애적인 인간에게는 두 종류가 있는데 병리적인 자기애를 가진 사람이 있고 건강한 자기애를 가진 사람이 있다. 병리적인 자기애를 가진 사람을 심리학에서는 "자기애성 인격장애자"라고 이름 붙인다. 코헛은 인간이 갖는 모든 심리적 병리 근저(根底)에는 이러한 자기애의 병리가 숨어 있다고 진단하였다. 그렇다면 사람의 심리를 구성하고 움직이는 인간 내면의 핵인 이 자기애는 어떻게 형성이 되며 어떻게 진행되어 나가는가? 자기애는 어떨 때 병이 드는가? 자기애에 금이 가는 계기는 무엇이고 그것이 병들면 어떤 증상을 유발하는가? 이것이 코헛의 관심이었다.

지난 20세기는 병든 자기애가 뒤덮은 시기였다. 이데올로기와 종교적 근본주의라는 옷을 입은 병든 자기애가 세상을 뒤덮었다. 히틀러와 스탈린, 폴 포트 같은 인간 백정들이 자국의 국민들에게 이상화된 대상 혹은 영웅적 원형으로 등장하여 국민들을 도구화시킨 후 인간이 저지를 수 있는 가장 끔찍한 악을 세상에 보여주었다. 그들의 무의식 안에 있던 병리적 공격성이 세상을 불행하게 만들었다. 병든 자기애에서 나온 병든 망상이 비전으로 둔갑되어 사람들을 벼랑 끝으로 몰아붙였다.

지금은 어떤가? 강대국들은 권력지향적 자기애에 빠져 이 세상을 자기 멋대로 주무르려 하고 있다. 경제력과 군사력이면 모든 것이 통한다는 논리를 앞세우고 말이다. 9.11 사건은 강대국들의 자기애를 병적으로 자극시키는 계기가 되었다. 강대국들의 자기애가 성숙하지 않고는 세상은 앞으로도 불행하게 돌아가고 말 것이다. 그들의 자기애적 천동설이 바뀌지 않는 한 제2, 제3의 오사마 빈 라덴은 계속 출현할 것이다.

그럼 왜 그토록 인간은 자기애에 매달리는가? 자기애는 코헛에 의하면 정신적 산소와 같기 때문이다. 오염되지 않은 산소는 뇌에 반드시 필요한 요소이다. 우리의 정신은 오염되지 않은 사랑을 요구한다. 사랑받고 싶고 사랑하고 싶은 욕구는 인간의 생득적 욕구이다. 그런데 그런 오염되지 않은 사랑은 사람이 주는 것이다. 그 사람은 아기가 최초로 만난 대상인 돌보는 자(주로 엄마)이다. 엄마와 아기는 출산 시 탯줄이 끊어져 분리되어 있는 두 개체(존재)이지만, 여전히 심리적 혹은 정서적 탯줄은 이어져 있다. 이러한 정서적 탯줄은 안아주고 바라보아 주고 어루만져 주는 양육을 통해 지속될 수 있다. 그러한 존재의 지속감을 주는 대상을 코헛은 자기 대상(Self-object)이라 이름 붙였다.

유아의 입장에서는 출생 후 초기 6개월은 위니캇이 말한 절대 의존 시기로 아기가 신체적으로는 분리되어 있지만 심리적으로는 여전히 엄마의 자궁 안에 있는 것 같은 안정감과 전능 환상을 유지시킬 수 있는 인생의 유일무이한 시기이다. 이 시기에 유아는 전능 환상을 가진 작은 신이 되며 세상이 자신을 중심으로 돌아가는 천동설을 믿게 된다. 天上天下乳兒獨尊인 셈이다. 울기만 하면 자신의 욕구가 응답이 되는 충족감은 클라인이 말한 죽음에의 불안을 감소시키고 리비도가 활성화되면서 삶을 생생하게 살아갈 수 있는 근원적 시작이 되는 것이다. 이러한 시작을 가능하도록 돕는 대상이 자기대상이다.

코헛은 모든 자기애의 병리 근저에는 이러한 자기대상이 절실히 필요했을 때 부재했거나 결핍된 흔적이 있음을 지적한다. 그런 결핍이나 사랑의 부재(욕구충족과 정서적 충족의 부재)는 아기의 연약한 자기를 응집시키지 못하고 해체시킨다. 이러한 해체는 아기에게 죽음 이상의 공포를 불러일으킨다. 그래서 자신이 느끼는 생리적 욕구와 감정을 스스로 끌어안지 못하도록 분열시킨다. 그렇게 되면 자신과 돌보는 대상에 대해 엄청난 애증(양가감정)을 갖게 되며 이것은 삶의 에너지 혹은 성장의 에너지를 한없이 고갈시켜 정서적인 갈증을 만들어 낸다. 그런 사람은 나이를 먹어도 유아기적 자신을 받아주지 못했던 자기대상을 찾기 위해 자신의 리비도가 끌리는 대상이나 사물에 집착한다. 모든 집착은 애착의 실패이다! 그것이 중독이다. 모든 중독의 대체물(술, 도박, 사람, 마약, 포르노, 종교)들은 중독자에게 가짜 엄마노릇을 하고 있는 것이다.

그럼, 치료는 어떻게 이뤄지는가? 코헛은 이 부분에서 프로이트와 아주 다른 목소리를 낸다. 곧 전이의 활성화와 내성적(Introspection) 공감을 사용하는 것이다. 그래서 내담자에게 양육하는 엄마와 같은 좋은 대상, 혹은 자기대상이 되어주는 것이다. 그것이 가능한가? 사람이 어릴 적 엄마를 대신해 줄 수 있을까? 그것은 또 다른 중독적 대체물이 되지 않을까?

코헛은 이런 의문에 비교적 낙관적인 자세를 견지한다. 당신이 내담자에게 새로운 엄마처럼 느껴지도록 매력있는 긍정적 전이의 대상이 되어준다면 내담자는 자신 안의 치유적 기제를 사용하여 내면에 새롭고 건강한 자아를 탄생시킬 수 있다는 것이다. 물론 시간이 필요하다.

그리고 내담자 내면의 지옥, 즉 상처의 밑바닥, 그 분열되어 스스로도 감당할 수 없는 내면의 분열 속으로 들어가 그 부분까지 공감해 줄 능력이 있어야 한다. 그런 의미에서 코헛의 심리학은 단테의 신곡이나 칼 융이 말한 내면의 인도자라는 개념과 유사하다. 상담자는 때로 로마의 대시인 베르길리우스나 베아트리체가 되어 내담자와 함께 내면의 지옥으로 동행할 필요가 있다. 그렇게 융이 말한 영혼의 인도자가 되어 줄 때 내담자는 무의식의 밑바닥에서 자신의 부숴지고 깨어진 Self를 만나게 된다. 거기서 충분히 애통해하고 슬퍼하며 아파할 때 비로소 새로운 Self가 형성될 수 있는 것이다. 그러한 자기대상은 리주토에 의하면 하나님에게로 이어진다. 사람을 통해 사람을 너머 영원한 관계성이 지속되는 것이다. 그러한 영원한 관계성을 이어준 예수 그리스도라는 자기대상이 세상에 오신 성탄절이 가까왔다!

 스물아홉 ◆ 애착

사람은 이 세상에 던져진 존재로 태어난다고 실존주의자들은 말한다. 어머니 뱃속에서 한없이 편안하게 살 줄 알던 태아는 10개월이 지

나면 세상 밖으로 나오라는 신호를 받는다. 그리고 더 이상 커진 몸으로는 어머니의 자궁 속에서 살 수 없기에 세상으로 나오게 된다. 세상으로 나올 적에는 아주 값비싼 대가를 치러야 된다. 자신과 어머니를 한 데 이어준 생명의 탯줄이 끊기는 것이다. 탯줄은 아이에게 생명줄이었는데 이 생명줄이 끊어지는 것이다.

이 세상에 태어난 아이의 첫 행동은 큰 울음인데 아마도 그 울음은 생명줄이 끊어진 사실에 대한 커다란 아픔의 반응인지도 모른다. 그렇게 아프게 세상을 시작한다. 그게 인생이다. 그러나, 너무 큰 충격이어서인지 신생아는 본능적인 행동을 취한다. 무언가를 꽉 붙잡으려는 행동을 한다는 것이다. 무언가를 꽉 붙잡으려는 이러한 신생아의 행동은 우연이 아니다. 진화론자들에 의하면 인간은 이 세상에 500만 년 전에 존재해 왔다. 그 길고 긴 세월동안 인간은 섹스와 임신 그리고 출생이라는 반복을 수도 없이 해왔다. 그 긴 세월동안 인간의 뇌에 각인된 본능적 원형이 바로 무언가를 꽉 붙잡는 행동이다.

다시 말해 탯줄이 끊어진 순간 신생아는 본능적으로 가만 있지 않고 무언가를 꽉 붙잡으려 한다는 것이다. 그래야 살 수 있다는 생존의 욕구가 본능적으로 유아의 행동에 담겨 있는 것이다. 꽉 붙잡아야 산다. 놓치면 죽는다! 그렇다면 유아가 꽉 잡으려는 것은 무엇인가? 어머니다! 어머니를 꽉 붙잡고 놓고 싶지 않은 것이다. 사람은 그렇다. 그렇게 무언가를 꽉 붙잡고 살아야만 비로소 안심이 되는 동물이 사람이다. 동물들은 사람만큼 꽉 붙잡지 않는다. 붙잡을 손도 없거니와 붙잡으려 하지 않는다. 그런 면에서 인간은 모든 생물 중에서 가장 생존 본능이 강한 동물이다.

문제는 그렇게 꽉 붙잡으려는 대상을 꽉 붙잡아야 한다는 것이다. 생존하기 위해 붙잡으려는 그 연약한 손목을 잡아주어야 한다. 그래서 하나님은 여자를 선택하셨다. 남자에게 아이를 낳게 했다면 아마 지금 인류는 전멸했을 것이다. 아이는 여자가 낳는 것이다. 하나님은 그 아이를 임신하고 낳고 기르는 그 힘겨운 작업을 감내하도록 여자들에게 남자들에게 없는 감정을 주셨다. 그것이 모성애이다. 모성애는 유아에게 미쳐있는 감정이다. 그러나, 유아에게 미쳐있지 않으면 인간의 정신세계는 황폐화되고 만다. 정신이 시작하는 초기 단계에서는 그런 완벽에 가까운 모성애를 통해 인간은 비로소 안전감을 느끼고 자신의 역량을 발휘하기 시작한다. 문제는 모든 여자들에게 모성애를 주셨지만 모성애도 전수된다는 것이다. 즉 모성애도 학습된다. 어머니 사랑을 많이 받고 자란 사람은 그 사랑을 받고 누군가에게 되돌려 준다. 그러나, 사랑받고 자라지 못한 사람은 사랑을 줄 줄도 모르고 받을 줄도 모른다. 그러면서 어머니 아닌 다른 것을 꽉 붙잡으려 한다. 그게 중독이다.

　사실 중독과 종교는 그렇게 종이 한 장 차이다. 중독은 미숙한 의존이요 종교는 성숙한 의존이다. 그런 차이가 있을 뿐이다. 영국의 존 볼비라는 사람은 정신분석을 공부하다 사람이 추구하는 근원적 본능이 성적 본능이 아니라 애착의 본능이라는 사실을 깨달았다. 엄청난 전쟁으로 고아가 되어 시설에 맡겨진 유아들이 꽉 붙잡을 대상이 없어 공허하게 허공을 응시하며 힘없이 죽어가는 모습을 보면서 더욱 그런 확신을 갖게 되었다.

　애착이론은 발달심리학의 한 분야이지만 영성심리학의 기초가 되는 학문이다. 인간의 모든 발달은 애착에서 비롯된다. 그리고 그렇게 시작한 발달의 끝은 죽음이 아니라 죽음을 넘어선 영적 성숙이다. 나는 어떤 아이로 자랐는가? 그 직면하고 싶지 않은 아픔들을 다시 직면하며 자기 스스로에게 좋은 부모가 되는 이 작업은 평생을 통해 이뤄져야 할 삶의 숙제인 듯 싶다.

서른 ◆ 모든 것을 배우게 하라

내가 아는 한 후배 전도사가 있다. 둘째로 자란 그는 늘 가난한 집안에서 환경미화원인 아버지와 일수 노동을 하는 어머니 사이에서 태어났고 부모가 늘 돈을 벌어야 하는 상황에서 그의 어린 시절은 거의 방치되다시피 했다. 그는 소심하고 자기주장을 전혀 하지 못하는 아이로 자랐다. 늘 망상이 많았고 남들이 하지 않는 엉뚱한 생각과 행동으로 중고등학교 시절 왕따를 당하기도 했다. 그런 그가 하나님의 소명이라 생각하고 신학대학에 입학하였다.

그러나, 그가 공부한 신학 속에는 자기 존재의 문제를 해결할 어떤 관점도 보이지 않았다. 졸업을 할 때까지 여전히 구원의 확신으로 고민하던 그가 졸업 후 서울 근교의 작은 교회 학생부를 맡는 교육전도사로 가게 되었다. 그러나, 내향적이고 소심한 그에게 교회 사역은 늘 사람들과의 만남의 연속이었기에 여전히 힘들고 괴로운 나날이었다.

어느 날 모처럼 그와 대화를 할 기회가 있었는데 나는 소명이 없는 그에게 하나님의 사랑과 은혜로 그를 격려하며 복음을 전하였다. 그러나 놀라운 것은 그에겐 하나님의 그 어떤 사랑이나 은혜도 피부에 와 닿지 않는다는 것이었다. 그는 교회 일로 스트레스를 받을 적마다 밤에 몰래 가까운 동산에 올라가 담배를 피는 일이 자신에게 가장 소중한 기쁨이요 위안이라고 했다. 그게 적어도 자신에겐 "복음"이라는 것이다! 담배 한 대 몰래 피는 일이!

그를 뭐라고 나무랄 수 없었다. 오죽했으면 그렇겠나 하는 측은지심이 들었지만 무엇보다 내가 순간 느낀 것은 "기쁨"도 그냥 "느껴지는" 그 무엇이 아니라 아주 어린 시절에 엄마와의 관계 속에서 "배워야" 하는 표현이요 과정이라는 것이다. 어릴 적 엄마와의 관계 속에서 아기가 "인격적 쾌감"을 많이 누리고 느낄 때에만 나이가 들어서도 인격적인 관계 속에서 자기만의 기쁨을 누릴 줄 안다는 것이다. 인격을 통해 기뻐해 보지 않은 아이들은 나중에 인격이 아닌 것들에게서 기쁨이 아닌 쾌락만을 누리려 한다. 클라인이 말한 그대로 사람을 "전체 대상"으로 보지 못하고 "부분 대상"으로 여긴다는 것이다. 포르노도 마약도 종교 중독도 결국 자신을 인격이 아닌 사물이나 물체나 도구로 여기는 데서 비롯된 문제라는 것이다. 그 결과는 세상의 그 무엇도(하나님조차) 믿을 수 없다는 편집분열적 자리로 후퇴하고 그 자리에 고착되어 슬퍼할 기회를 놓치고 억압한 채 감정을 단절시켜서 삶을 온통 지루하고 재미없으며 늘 그렇고 그런 별 볼 일 없고 흥미를 상실한 삶으로 전락시키는 것이다.

인도에서 3개월도 되지 않은 어린 아이를 늑대가 물어간 사례가 있었다. 사람들은 그 아이가 죽은 줄로만 알았는데 7년 후에 우연히 깊은 정글 속에서 그 아이를 발견하였다. 놀랍게도 그 아이는 외형은 사람이었지만 하는 모든 행동은 늑대가 되어 있었다. 사람의 모습으로 태어난다 하여 사람이 되지 않는다. 사람의 심성을 지닌, 즉 따뜻한 모성애를 지닌 엄마와 아빠가 아기 수준에서 돌봄과 사랑과 인정을 주고 때로 아이의 정상적 공격성을 버텨주고 받아줄 적에 아이는 동물 인간에서 인격적 인간으로 화육(化肉)할 수 있게 되는 것이다.

소나 개와 같은 동물들도 사람처럼 대하고 사람처럼 키우면 사람 같은 분위기가 나는 동물로 자란다. 행동주의 심리학자였던 B. F 스키너는 동물에게 "강화 반응"을 반복한다면 고양이가 피아노를 치고 개도 춤을 추게 할 수 있다는 신념으로 살았고 연구하였다. 그러나, 스키너는 세상에서 가장 강한 강화 반응인 모성애에 대해서 유아와 엄마의 관계에 대해서는 왜 그런 인식을 하지 못하였는지 묻고 싶다. 그게 행동주의의 한계인지도 모른다. 처음부터 사람을 환경에 제한된 존재로, 자극과 반응, 처벌과 보상을 통해서만 반응하는 동물로 보았기 때문이다.

21세기가 시작되었다는 지금, 한국의 정신보건 수준은 얼마나 될까? 코헛의 말대로 표현한다면 아직도 병리적 자기애적 태도에 고착되어 있는 듯하다. 성숙하고 건강한 나르시시즘은 아직도 보이지 않는다. 내가 여기에서 말하는 병리적 자기애적 태도라고 말하는 것은 말할 줄만 알았지 들을 줄 모른다는 것이다. 배운 지식을 가장 나쁘게 적용하는 것은 그 지식을 갖고 자신을 바라보지 않고 자기 아닌 다른 사람에 대해 이렇다 저렇다 잣대를 재는 일일 것이다. 거기다가 최신판 DSM(정신장애진단편람)까지 공부한다면 그런 증상은 더욱 심해질지도 모른다. 그러나, 나 자신을 알고 깨닫고 반성하고 그리고 새로운 자아를 형성하여 참자기를 만들어 가는 과정을 우선으로 한다면 그것은 어느 공부보다 값진 공부라고 할 수 있을 것이다.

문제는 우리나라 정신보건의 수준을 내가 한마디로 무엇이라 정의 내릴 수 없지만 아직도 사람을 "말하는 쥐"로 여기는 행동주의적 관점에서 크게 벗어난 것 같지 않다는 것이다. 행동주의를 무작정 비판하자는 이야기는 아니다. 인지심리학이나 해결중심상담이나 많은 치료이론들은 결국 행동주의를 등에 업고 출발하여 세련되게 다듬어진 이론이 아닐 수 없다.

그러나, 아직도 사람의 문제를 있는 그대로 수용하는 현상학적 태도나 로저스적인 수용성이 상담 현장에 건강하게 자리를 잡았는가라고 물으면 아직도 고개를 갸우뚱하게 한다.

얼마 전, 오랜 기간 정신분석을 공부하신 한 신부님의 이야기가 귓가에 오래 맴돈다. 참된 선진국이란 외적으로 큰 빌딩을 짓고 좋은 자동차와 집을 구해 살아가는 것이 아니라는 것이다. 자기만의 속 이야기 그것을 "사연"이라고 하자. 그 사연을 있는 그대로 드러내어 보일 수 있는 정신분석가들이 아주 많은 나라가 선진국이라고 하였다. 정말 깊이 공감되는 이야기였다. 교인들 몰래 뒷동산에 쪼그리고 앉아 담배 한

대를 피는 자유를 복음이라고 생각하는 전도사를 믿음 없는 삯군이라고 정죄하지 않고 고요히 그의 곁에서 함께 담배 냄새를 맡아주며 그를 기다려주시고 받아주시는 하나님을 상상할 수 있는 목회자, 교인들, 사람들이 늘어난다면 정말 우리네 삶이 각박해도 이다지도 외롭지만은 않을 것이다.

몇 년 전, 모든 사람을 충격으로 몰아넣었던 9.11 테러 사건, 그 건물에서 살아남은 모든 사람들에 대해 미국 정부는 그들이 치유될 때까지 24시간 비상대기 전문가를 그들 곁에 두었고 PTSD(외상 후 스트레스 장애)를 알기 쉽게 설명한 안내서를 각 공공기관, 병원, 학교에 비치하여 미국 전체가 PTSD 환자들을 돕는 병원으로 인식할 수 있도록 애를 썼다. 그로 인해 피해를 당한 모든 사람들은 자신이 외롭지 않으며 결코 혼자가 아니라는 믿음을 갖게 하였다.

그런 면에서 우리나라도 모든 것을 그저 약물로만 해결하려 하는 맹목성에서 벗어나야 할 때가 되지 않았는가? 말로는 사람이 하나님의 형상이라고 말하면서 정작 사람에 대한 이해는 근본주의적인 인간이해만을 추종하는 작금의 한국 교회 현실은 서글프기만 하다. 인간은 악하지만 인간은 약하다! 인간에겐 분명 구원이 필요하지만 인간에게는 평생토록 이야기를 통한 돌봄과 치유가 필요하다. 한국교회는 예수님이 명령하신 천국 복음의 3대 과제 중 가르치고 전파하는 일에만 힘을 썼지 정말 치유하는 교회가 되기 위해 얼마나 많은 수고를 했는지 묻고 싶다.

아직도 근본주의적인 성향에서 벗어나지 못하고 성서가 쓰여진 상황이나 배경이해가 전혀 없이 그저 문자적인 순종만을 요구하고 있지는 않은가? 그런 상황에서 의식 있고 지성 있는 사람들은 교회를 떠나거나 감히 교회에 가고 싶은 마음이 생겨나지 않는 것이다. 그것을 그들의 지적 교만이라고만 해야 하는가? 수많은 교인들이 성적인 문제로 고민하지만 늘 음란 마귀가 어떻고 참고 인내하라는 식의 억압적 설교만을 하는 목사님에게서 어떤 상담적 기대를 할 수 있단 말인가? 수많은 가정이 깨어져 고통 받고 있는데, 재혼을 앞둔 사람들이 천지인데, 교회는 여전히 행복한 우리 가정만을 설교하고 있다. 이제 죄인들이 교회에 가기가 점점 힘들어지는 것 같다.

한번쯤 교회의 목회자들과 신학자들이 왜 그렇게 다빈치 코드 같은 책에 사람들이 열광하는가에 직접적 관심을 표할 때가 왔다고 생각한다. 획일적이고 권위주의적인 성서 해석에 사람들이 절망하는 것이다. 성서를 믿든 비판하든 일반인들조차 성서는 하나님의 말씀으로 믿어진다. 그런데 그 성서해석이 너무나도 편협하고 완고하다면 그런 성서해석을 통해서는 예수 그리스도가 생명을 바쳐 우리에게 주려고 했던 "자유"는 요원해지고 "복음적 바리새인" 혹은 "착한 병"에 찌든 억압과 신경증으로 고생하는 교인들만 양산할 뿐이라는 것이다. 정말 무엇인가 새로운 성서해석이 나와서 이 복잡하고 힘든 세상살이에 가슴을 후련하게 하는 성서해석을 사람들이 바란다고 한다면 나의 지나친 생각일까?

몇 년 전, 프랑스의 여 정신분석학자인 돌토의 성서해석을 담은 책 〈인간의 욕망과 기독교 복음〉이란 책이 나왔다. 성서학자는 아니지만 돌토는 성서의 이야기에 나온 줄거리 그리고 등장인물, 예수 그리스도의 말씀 등을 정신분석적 입장에서 새롭게 재해석하였다. 이제는 이런 종류의 성서 해석이 등장할 때가 되지 않았는가? 이미 대상관계이론이나 자기심리학, 보울비의 애착이론 등이 한국에 활발히 소개되고 있다. 이런 이론들은 인간을 바라보는 관점을 그야말로 심층적으로 바라보도록 하였다. 인간이 왜 "신묘막측"한지, 사람이 하나님의 형상이라는 의미가 무엇인지, 굳이 칼 융의 Self 이론을 말하지 아니해도 이미 이런 이론들을 통해 인간이 어떤 존재인지 그 무게가 달라지는 학문들이 꽃을 피우고 있는 것은 인문사회 과학뿐만 아니라 종교학이나 신학에 큰 도전을 주고 있다고 본다.

어린 시절만큼 동서양을 초월한 "원형적 삶"이 어디 있겠는가? 우리네 인생은 모두 각자의 길을 간다. 그래서 삶은 늘 외롭고 힘이 든다. 문제만 있지 늘 답은 먼 것만 같다. 그러나, 정신분석학이 우리에게 주는 희망과 매력이 있다면 그렇게 외로운 삶과 인생의 사연을 함께 머리를 맞대고 진지하게 들어줄 수 있다는 데 있다. 그런 함께 함 혹은 함께 머물러 주는 사역을 통해 사람들은 "사람이 내 속을 이렇게 잘 이해하고 받아준다면 하나님은 얼마나 사람의 깊은 것을 잘 받아주시고 알아주시겠는가!"하는 신앙적 도약을 할 수 있는 기반이 될 수 있을 것이라고 생각한다. 기독교인이 아니라면 휴머니즘의 위대함 속에서 삶의 가치를 긍정하고 통합하는 존재의 절정경험, 삶의 절정경험을 이 관계를 다루는 이론 속에서 그 가치와 희망을 발견할 수 있을 것이라 믿는다.

그렇다면 이제 남은 것은 하나다. 모든 것을 안다는 거짓된 신화를 버리고 모든 것을 배우게 하라는 것이다. 저절로 되는 것은 아무 것도 없으며 삶은 수많은 정신과정을 통해 수많은 반응을 일으키면서 그것을 학습하면서 모든 것을 배워나가는 존재라는 사실을 배워야 한다는 것이다. 다시 한번 소크라테스가 말한 평범한 진리를 생각하면서 말이다. "너 자신을 알라! 모르는가? 모르는 것을 아는 것을 아는 것이 무지의 지(智)이다" 거기서 철학이 출발했다. 그게 어디 철학뿐이겠는가?

 서른하나 ◆ 정신분석적 자서전에 대한 짧은 견해

우리는 어려서부터 위인전기를 읽어왔다. 모든 위인전기의 특징은 위인의 인간적 단점은 전혀 없다는 점이다. 오직 훌륭하고 위대한 면만 부각된 것이 어린이들이 읽는 위인전기이다. 어린 시절에는 위인전기가 필요하다. 코헛의 말대로 아이들에게는 근원적으로 존경하고 닮고 싶은 이상화 욕구가 있기 때문이다. 코헛의 사상에 대해 국내에 소개된 개론적 수준의 책으로는 앨런 시걸의 책이 소개되어 있다(Allen M. Siegel, 〈하인즈 코헛과 자기 심리학〉, 권명수 옮김, 서울:한국심리치료연구소, 2002).

그러나, 세월이 흐르고 나이를 먹은 후에 "세상에 의인은 없나니 하나도 없음"을 깨닫는다. 그러면 "위인"은 없는가라고 자문할 수 있을 것이다. 위인은 사라지지만 한 인간으로서의 위인을 생각하게 된다. 한 인간으로서의 위인을 알기 위해 가장 좋은 방법은 한 인간의 내면을 살피는 정신분석학을 사용하는 것이다. 즉 정신분석적 인물 읽기가 필요하다는 것이다. 일찍이 지그문트 프로이트는 레오나르도 다빈치나 도스토예프스키를 분석하였다(Sigmund Freud, 〈예술과 정신분석〉, 장정진 옮김, 서울: 열린책들, 1998).

그리고 프로이트의 영향을 받은 자아심리학자이며 발달심리학자였던 에릭 에릭슨은 간디와 루터를 분석하는 책을 내서 베스트셀러가 되기도 했다. 에릭 에릭슨의 간디와 루터에 대한 심리전기적 분석은 국내에 오래 전에 소개되었다(Erik H. Erikson, 〈비폭력의 기원〉, 신승철 옮김, 서울: 청하, 1987. 이 책의 원제는 '간디의 진실'이다. Erik H. Erikson, 〈청년 루터〉, 최연석 옮김, 서울: 도서출판 인간, 1982).

이러한 심리전기적 정신분석은 학문적인 차원에서만 사용된 것이 아니라 정치적으로도 사용되기도 하였다. 그 대표적인 책이 〈히틀러의 정신분석〉이라는 저서이다(Walter C. Langer, 〈히틀러의 정신분석〉, 최종배 옮김, 서울: 솔, 1999). 이 책은 프로이트가 사랑했던 막내 딸 안나 프로이트 밑에서 정신분석 훈련을 받았던 미국의 정신분석자 월터 랑거(Walter C. Langer)가 극비리에 수집된 히틀러에 대한 자료를 통해 히틀러라는 인간을 분석한, 그 당시에는 일급비밀 문서였다. 즉 미국의 CIA의 전신인 OSS에서는 2차 대전 때 히틀러에 대한 자료를 직간접으로 광범위하게 수집하여 그러한 자료를 일급비밀로 붙여 랑거에게 맡겨 히틀러라는 인간의 내면세계를 분석하여 앞으로의 전쟁을 준비하도록 하였다. 랑거는 히틀러가가 과대 망상증 그리고 투사라는 기제를 사용하여 유대인들을 박해할 것을 예시하였으며 그가 전쟁에 참패한 후에는 자살할 것이라는 사실까지 예언처럼 분석하였고 과연 히틀러는 랑거의 분석 그대로 자살하였다. 미국은 지금도 전 세계 지도자들에 대한 정보를 구하여 그들 지도자들의 정신을 분석하여 외교에 활용하고 있다고 하니 정신분석이 심리뿐만 아니라 정치적 도구가 될 수 있음을 보여주고 있다.

글쓴이는 개인적으로 씨앗 사상으로 유명했던 사상가이며 민주화의 스승인 함석헌 선생을 존경한다. 그러나, 그 어디에서도 이상화된 함석헌에 대한 책만 수두룩할 뿐 인간 함석헌의 내면세계를 통찰하는 심리전기적 저서를 본 적이 없다. 그만큼 정신분석학이 국내에서는 이미 지나간 학문으로 취급되거나, 현대 정신분석학으로 새롭게 소개되고 있는 대상관계이론이나 자기심리학에 대한 이해가 부족하다고 생각된다. 사실 오이디푸스 콤플렉스를 중심으로 진행되는 정신분석학은 그 자체로 성적 환원주의가 담겨 있기에 한 인간의 삶을 재구성하고 근원적인 문제를 살피는 데에는 많은 문제가 있어왔다.

그러나, 멜라니 클라인 이후의 대상관계이론은 유년기 밑에 있는 유아기의 문제를 다루고 있기에 인간의 근원적인 성격 구조와 병리성을 밝히는 데 명료한 이론적 근거를 제시하고 있다(인간의 병리적 성격과 대상관계이론에 대해서는 다음의 책을 참조하라. Frank L. Summers, 〈대상관계이론과 정신병리학〉, 이재훈 옮김, 서울: 한국심리치료연구소, 2004).

국내에 소개된 학자 중 대상관계이론을 통해 심리전기적 분석을 시도한 사람으로는 마이클 세인트 클레어와 윌리엄 마이쓰너를 들 수 있다(Michael St. Clair, 〈인간의 관계경험과 하나님 경험〉, 이재훈 옮김, 서울: 한국심리치료연구소, 1998). 저자 클레어는 이 책에서 성자 어거스틴에 대한 대상관계적 분석을 시도하고 있다. W. W. Meissner는 예수회의 창시자인 이그나티우스 로욜라를 분석한 저서를 내었다. 그는 편집증과 종교체험에 대한 책을 펴내었다.(Psychoanalysis and Religious Experience, Ignatius of Loyola).

대상관계이론은 후기 정신분석이론이지만 프로이트의 고전적 정신분석학과는 매우 다른 현대적 정신분석학으로 폭넓은 임상 경험을 바탕으로 씌어진 이론이다. 대상관계이론가 1세대였던 도널드 위니캇은 소아정신과 전문의로도 활동했는데 그가 살아있을 적에 수만 건의 임상 사례를 갖고 있었다. 임상이 뒷받침된 정신분석 이론은 가장 강한 설득력을 지닌 이론으로 사용되고 있다.

대상관계이론만이 인간 내면의 모든 무의식적 비밀을 밝히는 등불이 될 수는 없겠지만 칼 융의 분석심리학을 갖고도 심리분석적 자서전이 씌어질 수 있다. 융 자신의 자서전이 그것을 말해 준다(C.G. Jung, 〈회상, 꿈 그리고 사상〉, 이부영 옮김, 서울: 집문당, 1993). 인격의 기초공사를 놓는 유아기의 돌보는 자(주로 어머니)와 아기 사이의 애착반응 혹은 인격적 교류, 놀이, 훈육 등 인간의 삶에서 근원적인 뿌리가 되는 역동들을 다루고 있기에 앞으로도 심리전기적 혹은 심리분석적 글을 쓰는 데 유용할 것이라 생각된다.

최근에 미국의 종교심리학자이며 목회상담학자인 도날드 캡스(Donald Capps)는 종교적 금기처럼 되어 있는 예수 그리스도에 대한 심리적 전기를 쓰기도 하였다(Donald Capps, Jesus: A Psychological Biography). 사실 인간 예수에 대한 글은 여러 사상가들이나 문학가들에 의해 씌어졌지만 종교심리학자에 의해 씌어진 것은 처음 있는 일이다. 예수, 석가, 마호메트, 공자 등 그 어떤 성현들도 그가 인간으로 이 땅에 살았다면 분명히 어떤 원인을 갖고 있을 것이라는 것이다. 그런 시도는 성스러운 모독이 아니라 오히려 인간적인 성자로, 인간적인 하나님의 아들로 우리에게 다가오실 수 있다.

이러한 심리전기적 분석은 사회문화적인 해석으로 확대될 수 있다. 우리 사회가 갖는 고질적인 여러 병폐들을 심리전기적인 관점으로 해석하고 이해할 수 있다면 우리 사회의 근원적 문제가 바로 진단됨을 통해 우리 사회의 치유가 근원적으로 이루어질 수 있음을 보여주는 것이다. 그런 면에서 독일이 통일되기 이전에 동독의 정신과 의사인 미드가 쓴 책은 남북 분단을 앞에 둔 우리의 입장에서 한번 주목할 필요가 있다고 본다. 한 시대의 이데올로기가 사회 전반을 왜곡시킨 증거들을 사회심리학적인 눈으로 기록하고 있다(Hans-Joachim Maaz, 〈사이코의 섬〉, 송동준 옮김, 서울: 민음사, 1994. 또한 정신분석가는 아니지만 심리학을 이용해 범인의 심리를 분석한 레슬러의 책도 주목할만하다. Robert K. Ressler & Tom Shachtman, 〈FBI 심리분석관〉, 황보석 옮김, 서울: 미래사, 1994).

이런 분석이 가능하려면 우선 정신분석학이나 대상관계이론, 코헛의 자기심리학이나 융의 분석심리학 같은 심층심리학에 대한 기본적 이해가 있어야 할 것이다. 사람을 알아가는 것은 결코 쉬운 일이 아니다. 그러나, 살아있는 인간문서로 사람을 대했던 안톤 보이센처럼 우리도 상담자로서 혹은 심리치료사로서 조금 더 신중하고 조금 더 세밀한 눈으로 내담자의 아픔에 공감하고 직면할 수 있다면 그것은 우리 자신을 치유하는 또 다른 차원의 치유와 성장이 될 것이다. 최근에 한국을 방문했던 국제 대상관계협회의 회장이었던 데이빗 샤르프의 말로 이 글을 맺고자 한다: "인간은 참으로 복잡하다. 그런데 복잡한 것은 '아름다운 것'이다".

서른둘 ◆ MBTI와 대극의 통합

융 심리학의 별명이 있다면 그것은 "전일성(全一性)의 심리학"이 될 것이다. 전일성이란 정신의 본래적인 모습, 혹은 정신을 완성한 모습이라고 볼 수 있을 것이다. 정신병리현상은 근본적으로 정신의 전일성에서 벗어난 상태이고, 정신치료는 전일성의 회복이다.

전일성이란 대극(對極)의 합일을 가리킨다. 대극이란 정반대의 측면을 말한다. 빛과 어두움, 높음과 낮음, 긴 것과 짧은 것, 어려움과 쉬움 등이다. 정신의 경우는 의식과 무의식이다. 가령 높음이 없이는 낮음이 없고, 그 높음은 또한 그보다 더 높은 것에 비하면 낮고, 그 낮음도 더 낮은 것에 비하면 높은 것이다. 이와 같은 상대적인 것들이 서로 불가분적인 '하나'를 이룬다. 동양 사상에서 말하는 상반상생의 원리다.

고로 만물의 실상을 알려면 대극을 보아야 한다. 내면의 대극은 무엇인가? 의식과 무의식의 조화이다. 이것을 어렵게 볼 필요는 없다. 개성화란 어떤 신선이 된 상태나 성자가 된 상태를 의미하는 것이 아니다. 그저 자신이 살아온 삶에서 늘 힘겨웠던 주제와 맞닿아 그것과 대화를 나누며 그것을 극복하는 것이다. 예로, 어릴 적 성장과정 속에 무척이나 외로웠던 아이는 어른으로 성장했다고 해도 그 사람은 늘 외로움이라는 주제를 벗어날 수 없을 것이다. 그리고 그 외로움을 극복하기 위해 수많은 관계를 형성했을 것이다. 그래도 외로울 것이다. 왜냐하면 인생은 어차피 외롭기 때문이다. 인생은 그 누가 대신 살아줄 수 없는 것이다. 그러기에 외롭지 않으려고 외로움을 피하는 것은 더 큰 외로움을 가져다 줄 뿐이다. 이런 사람이 개성화 과정으로 들어가려면 외로움과 직면해야 한다. 그리고 외로운 자신에게 말을 건네야 한다. 그럴 때 외로움은 피해야 할 그 무엇이 아니라 나를 편안하게 만들어주는 고요한 힘이 있음을 느끼게 될 것이다. 외로움이 없이 어떻게 깊은 영성의 세계에 들어갈 수 있겠는가?

이처럼 우리는 정반대의 속성을 갖고 있다. 우리는 어느 정도 지킬 박사와 하이드이다. 그 정반대의 측면을 끌어안아 가는 과정을 융은 개성화 과정이라 하였고 마이어 브릭스라는 두 지혜로운 모녀가 융의 외향성 내향성이라는 주제를 연구한 후 수많은 사람들을 만나서 연구된 것이 MBTI이다. MBTI는 단순한 심리검사 도구가 아니다. MBTI는 우리 내면의 대극이 무엇인지 알 수 있는 도구이다. 내가 무슨 유형인가를 아는 것보다 더 중요한 것은 내가 갖고 있는 대극의 유형은 무엇인가를 살펴보는 일이 더 중요한 일이다. 그 대극을 찾아 개발하는 일이 무의식의 의식화 과정이겠기 때문이다. 융 심리학은 그간 외향적인 서양학문적 전통에 대해 비판을 가한다. 즉 서양인들은 '좋은 것은 밖에 있다'는 생각을 갖고 살았다. 그래서 서구의 역사는 정복의 역사였다. 닥치는 대로 좋은 것은 자기네 나라로 가져왔다. 대영박물관에 있는 수많은 유물들이 모두 영국인의 것만은 아니라는 사실이 그 단적인 예이다.

에리히 프롬의 말대로 예쁜 꽃이 있다면 꺾어 집에 들여오는 것이 서양의 심성이다. 그러나, 동양은 다르다. '좋은 것은 안에 있다.' 단지 그것을 모르고 있을 뿐이다. 그래서 융은 인도를 여행했을 적에 만난 수많은 현자들의 지혜에 대해 호감을 가졌지만 그것을 배우려고 하지는 않았다. 그것은 도둑질과 같다고 하였다. 그들의 지혜는 그들에게 속하고 나의 지혜는 나에 속한다. 그러므로 고유한 진리는 내 안에 있다고 하였다.

당신의 내면에는 무엇이 있는가? 어떤 대극적 요소가 숨어 있는가? 그 낯선 것을 이제 피하지만 말고 직면하길 바란다. 낯선 것은 두려운 것이지만 때로 내가 예상하지 못했고 계획하지 않았던 낯선 상황이 오히려 나의 삶을 새롭게 이끌어 가는 경우도 많다. 많은 젊은이들이 나라의 부름을 받고 군대에 간다고 할 때 "나 군대 간다"고 하지 않고 "나

군대에 끌려간다"고 한다. 그러나, 그렇게 끌려간 군대에서 원하지 않는 훈련과 여러 인간관계를 겪으면서 성숙해진다. 제대 후 군대의 체험이 너무나 후회스럽다고 말하는 젊은이는 많지 않다. 자기도 모르게 낯선 환경, 낯선 체험이 자신을 성숙하게 만든 것이다. 마치 아프리카의 한 의례에서 성인예식이라는 의례를 치른 후 성인으로 거듭나듯, 우리네 삶의 낯선 상황, 낯선 대극들은 우리를 성숙시킨다. 삶도 죽음이 있어야 소중함을 깨닫듯 말이다. 그래서 인생은 언제나 배움의 학교이며 이 학교에는 졸업이 없다. 인생은 낯선 것을 끌어안고 가야 할 여정이기 때문이다.

 ## 서른셋 ◆ 내면의 지옥

지옥은 장소가 아니라 상태라는 말이 있다. 지옥을 장소적으로 본 것이 아니라 존재론적으로 본 정의이다. 지옥은 우리의 내면에 깊이 자리잡고 있다. 그래서 마음에 지옥이 있는 사람들은 가까운 가족 관계를 지옥으로 만들고 부부관계, 자녀관계, 친구관계를 지옥으로 만든다. 우울증은 얼어붙은 지옥이고 시기심은 서로 죽이고 죽는 아수라의 근원이 된다.

몇 년 전, 자기 부모를 죽인 후 토막내어 유기한 한 대학생의 정신을 분석한 책 〈미안하다고 말하기가 그렇게 어려웠나요〉가 시중에 출간되었다. 저자는 나름대로 가해자가 왜 그리도 자신의 부모를 잔혹하게 살해하고 시신을 유기했는지 그의 살인 전 일기를 근거로 가해자의 심리상태를 분석하고 있다. 이보다 앞서 1992년 미국의 로버트 K. 레슬러는 그간 미국 사회에서 엽기적으로 사람들, 특히 여자를 증오하여 연쇄 살해한 살인범들을 관찰하고 상담하면서 〈FBI 심리분석관〉이란 책을 내었다. 그는 "범인상 분석"이라는 새로운 주제를 제시하여 범죄심리학의 신기원을 이룩하였다. 그의 책은 영화 "양들의 침묵"으로 영상화되기도 하였다.

우리는 얼마 전 해방 이후 가장 엽기적이라 할 수 있는 연쇄살인범 유영철 사건을 접했다. 이번 유영철 사건을 접하면서 나는 다시 한번 그 책을 펼치게 되었다. 그리고 이런 사건에 대해 행동주의적 관점에서 분석한 수많은 범죄심리학 책은 보았지만 아직도 깊이 있는 정신분석이나 대상관계이론적 접근을 갖고 그들의 심리상태를 분석한 책을 발견할 수 없음을 보았다. 심히 안타까왔다. 레슬러의 책에는 내 눈을 끄는 한 장(章)의 제목이 있었다. "폭력에 찌든 어린 시절"이란 장이었다.

가정을 해보자. 유영철이 자신을 사랑하고 인정하는 어머니와 아버지 사이에서 성장했다면 과연 가난이나 성장과정 중의 좌절이 그를 연쇄살인범으로 만들 수 있었겠는가? 아니 아버지까지 가지 않아도 좋다. 그가 유아시절에 엄마와의 관계에서 대상관계이론의 초석을 놓았다는 멜라니 클라인이 말한 것처럼 자아가 구성되는 초기 유아 시절에 편집적 자리와 우울적 자리를 잘 통과할 수 있었다면 그토록 사람을 죽이고 토막을 내어 야산에 유기할 수 있었을까? 그가 죽이려 했던 것은 과연 무엇이었을까? 사람이었을까? 자기 내면에서 투사할 수밖에 없는 어떤 정신적 요소였을까? 유영철이야말로 자기 내면의 그림자를 억압하고 억압하다 그 그림자에 먹혀버려 하이드가 되어 버린 전형적인 유형인 것이다.

그럼, 그는 왜 그토록 여자를 증오하고 자기 내면의 부정성을 끌어안지 못했을까? 신경생리학자들은 그의 뇌에 문제가 있다고 할 것이지만 인간이 인격이라면 그는 관계 맺는 능력에 실패한 것이다. 대상관계의 철저한 실패이다. 그가 청소년 시기에 소년원에 들어가서 그곳에서 악한 인성을 강화시켰다고 하지만 소년원에 가기 이전부터 그는 분열되고 끔찍한 환상 세계에 사로잡혀 살았다. 그의 무의식 말이다.

레슬러는 어떤 살인범도 정상적인 삶을 살다가 35세 이후 갑자기 인성이 바뀌어 살인범이 되는 유형은 단 한 건도 없다고 하였다. 살인의 전조가 되는 행동은 아주 어린 시절부터 존재하고 진전되어 왔다고 하였다. 유영철의 어머니도 "내 아들이 설마 그럴 줄 몰랐다"고 한탄했다. 모든 문제아들의 부모들이 하나같이 하는 말이다. 전쟁이 터지고 사는 게 지독하게 어려우면 모든 사람들은 생존하는 데 자신의 리비도(삶의 에너지)를 집중한다. 다른 게 보일 리 없다. 살기만 하면 되니까. 그러나, 생존의 문제가 해결되면 사람은 자기 실현을 위해 살도록 되어 있다. 그럼, 생존이 아니라 자기애가 문제로 부각된다. 그래서 가급적 자기애가 상처받지 않도록 민감한 자기애적 성격이 되는데, 스스로 자기애를 형성하기에 미약한 아이는 당연히 부모에게 그런 자기애적 에너지를 기대한다. 그러나, 부모 자신이 에너지가 부족한 사람들, 에너지가 있어도 그 에너지를(그 에너지를 사랑이라고 하자)주고 받는 가정에서 자라지 못한 사람은 부모가 되어도 사랑을 어떻게 주어야 할 지도 모르고 어떻게 사랑을 받아야 할 지도 모른다. 그러면 자녀교육은 교육이 아니라 사육이 되는 것이다.

실제로 레슬러는 연쇄살인범들의 어린 시절을 탐구하다 하나같이 공통된 점을 발견했다. 그들은 하나같이 어린 시절에(단 한 사람의 예외도 없이) 심각한 정서적 학대를 경험했다는 사실이다. 특별히 어린 시절에 그들은 어머니와의 관계 속에서 예외 없이 냉담하고 결핍된 대상관계를 경험했다. 처음에는 가난한 가정의 아이들이 범죄자가 되는 유형이 많다고 생각했지만 결과는 달랐다. 가난과는 상관이 없었으며 결손가정 출신보다는 양쪽 부모가 모두 있는 가정에서 성장한 자들이 많았다. 그리고 보통의 아이들보다 아이큐가 높다는 것이다.

대상관계이론가인 로날드 페어베언은 학대받은 아이들이 학대를 받을수록 부모를 미워하거나 원망하는 것이 아니라 더 그 부모의 인정을 받아내려고 그 부모의 모든 모습을 자신의 모습으로 내면화한다고 하였다. 누가 뭐래도 내 부모였기에, 그 부모를 도덕적으로 방어(moral defense)한다고 했다. 페어베언은 그런 도덕 방어를 하는 사람이 가장 치유하기 힘든 대상이라고 보았다.

유영철도 가족을 그리워하는 한 편의 시를 썼다. 그 시에는 가족에 대한 이상적인 그리움들이 담겨 있다. 그러나, 과연 그의 마음에 가족에 대한 이상적인 그리움만 있었을까? 그 시(詩) 자체가 자신의 학대와 사랑의 결핍을 가리는 또 다른 "도덕 방어"는 아니었느냐 말이다. 그를 면담하고 분석해야 더 많은 정보가 나오겠지만 레슬러의 책을 근거로 그를 분석해 본다면 그는 철저히 대상관계의 실패자인 것이다.

클라인은 유아가 맨 처음 접하는 대상은 다름 아닌 어머니의 젖가슴이라고 하였다. 그런데 이 젖가슴은 유아에게 일관적인 전체대상으로 인식되지 않는다고 하였다. 어느 때는 잘 나오는 젖가슴이 되지만 어느 때는 아무리 빨아도 나오지 않는 젖가슴이 되기도 한다. 유아의 입장에서 본다면 엄마의 젖가슴은 한 몸의 젖가슴이 아니라 좋은 젖가슴과 나쁜 젖가슴으로 나뉘는 것이다. 그 좋음과 나쁨에서 유아는 선악을 구별한다. 구별 자체가 지극히 주관적이다. 유아는 젖이 필요한데 나오지 않는 젖가슴, 편안하지 못한 불만스런 젖가슴을 이해할 능력이 부재하다. 그래서 유아는 젖이 나오지 않는 젖가슴을 나쁜 젖가슴으로 여겨 환상 가운데 공격하고 파괴하고 죽인다. 공격적으로 나쁜 것(환상)들을 모두 젖가슴 안으로 밀어 넣는다. 그리고 그렇게 공격한 젖가슴(이를 '투사'라고 한다)이 이제는 유아 자신을 공격할 것이라는 박해망상을 갖는다. 이것이 클라인이 말하는 편집적 자리의 상태이다.

만약 편집적 자리에 유아가 고착되어 있다면 그 아이는 사람을 전체적으로 인격적으로 바라보지 못한다. 오직 나의 유익을 위해 달면 삼키고 쓰면 뱉어 버리고 이용가치가 없으면 바로 뒤돌아 버리는 영리하지만 분열된 인격으로 전락한다. 시간이 흐르고 젖가슴의 존재가 두 개가 아니요 어머니라는 한 인격 안에 다 담겨 있다고 인식하는 순간이 온다. 그 때 유아는 더 이상 젖이 나오지 않는 젖가슴을 물고 뜯고 죽이려 들지 않는다. 오히려 자기가 공격한 젖가슴이 시들고 말라죽지 않을까 하는 염려를 하게 된다. 그 단계를 클라인은 "우울적 자리"라 이름 붙였다. 즉 제대로 사람이 되어 가는 단계다. 나를 알고 너도 아는 단계다. 희미하지만 유아는 대상에 대한 죄책감을 느낄 줄 알게 되는 것이다. 프로이트가 4-5세 경에 남자아이가 오이디프스 콤플렉스를 겪으면서 형성되는 것이 죄책감이라 했는데 그것을 클라인은 1세 이전으로 옮겼으니 정신분석의 이단자로 여겨질 만도 하다.

문제의 본질은 이것이다. 유영철은 자기 부인과의 관계에서 이혼을 당했기에 그 분풀이로 부인과 같은 업종에 근무했던 여인들을 죽인 것이 아니다. 그의 내면 세계는 자신에게 피해를 준 대상들에 대한 극도의 격노와 잔인함으로 가득 차 있다. 즉 내면 깊숙한 곳에 지옥이 있었던 것이다. 그리고 외부 현실에서 유영철은 그 지옥을 하나씩 실현해 나갔다. 사람을 죽이고 기계로 밤새도록 토막을 낸 것이다. 그리고 아무렇지도 않게 택시를 타고 기사와 농담도 주고받으면서 등산로 근처에 불법 쓰레기 투척하듯 그렇게 시신이 담긴 검은 쓰레기 봉지를 집어 던졌다. 그리고 다시 집에 돌아가 다음 사냥감을 고른다. 이번엔 어떻게 유혹해 죽일까?

레슬러가 말한 모든 것을 말할 수 없지만 그의 책에 이런 이야기가 나온다. 한 방송 작가가 요약한 내용이다. 한 연쇄 살인범의 어머니는 대학의 교직원으로 근무하며 능력을 인정받는 직장인이지만 하나밖에 없는 아들이 너무 떠들고 누나들과 자주 싸운다는 이유로 아들 방을 자기 마음대로 지하실로 옮겨버리는 독선적인 어머니였다. 명랑하고 쾌활하다못해 개구쟁이였던 아들은 창문 하나 없는 어둡고 답답한 지하실 방에 틀어박혀 어머니와 누나로 대변되는 여자들에 대한 분노를 무의식 속에 키워왔다. 그는 결국 성인 여자들을 대상으로 한 연쇄살인범으로 전락하였다. 그러나, 그 어머니 입장에서는 걸핏하면 떠들고 싸우는 녀석이니 혼자 있으면 좀 더 얌전해지고 남매 간의 우애도 돈독해질까 싶어 아무 생각 없이 방을 옮겼을 것이다. 실제로 녀석은 방을 옮기고 나서 좀 더 얌전해지기 시작했다. 아이는 외로움과 분노로 안으로 안으로 침잠해 들어가는 것이었는데 어머니 눈높이에서는 어김없이 철이 드는 것으로 보였을 테니 이 얼마나 큰 괴리감인가?

어린 시절은 굳지 않은 시멘트로 비유할 수 있다. 아직 굳지 않아 말랑말랑한 시멘트 위에 "바보, 병신"이라고 쓰면 그 글자 그대로 굳어진다. 거의 영구히 굳어진다. 그러나, 그 위에 "소중한 아이, 사랑한다"라고 쓰면 또 그대로 굳어 영구히 굳어진다. 우리는 이제까지 머리 좋은 아이, 재능 많은 아이만 키우려고 몸부림을 쳐 왔다. 그래서 교육이라는 명분으로 사실은 고급스런 사육을 시켜왔다. 사육에 무슨 인격과 사랑과 배려가 있는가?

유영철 사건은 우리에게 역설적으로 자녀 교육과 학교 교육의 총체적 실패를 보여준다. 언제까지 내면의 지옥이 만들어지도록 그대로 방치할 것인가? 이렇게 끔찍하고 충격적인 사건이 보도되어도 또 며칠이 안 되어 까맣게 잊어버리는 우리의 마음은 더 무서운 지옥이 아닌가? 우리의 상태는 어떤가? 아동학대가 수도 없이 늘고, 보도되는 것은 소수라고 한다. 이제 바쁘다는 핑계를 그만하고 우리가 어떻게 살아가야 할지 머리를 맞대고 고민해야 할 때가 왔다. 우리 사회가 더 인간적, 인격적인 자정능력을 잃어버리기 전에 그리해야 한다. 가면 갈수록 범죄는 지능화되고 끔찍해지고 있다. 가면 갈수록 교육에 투자하는 돈도 많아진다고 하는데 역설적으로 더 무서운 일이 벌어지는 것이다. 그 원인을 복잡하게 만들지 말자. 가정에서 찾자. 자녀 교육에서 찾자. 길을 잃으면 길을 잃은 곳에서부터 나침반을 봐야 한다. 우리의 근원에서 문제를 찾자. 그리 어렵지 않을 것이다. 거기에서부터 희망을 찾자.

서른넷 ◆ 권위에서 대상성으로

21세기가 지나면서 사람들의 삶과 생각에도 많은 변화가 일어나고 있다. 고정적인 사고나 제도들이 유연성을 요구받게 되었고 집단이나 획일화를 강조하던 모더니즘의 영향력은 정보의 교류가 폭발적으로 증가하면서 그 힘을 잃게 되었고 이제는 포스트모던이란 용어도 진부한 느낌을 줄만큼 개성과 독특성, 소수성이 강조되는 시대가 되었다.

그런데 유달리 달라지지 않는, 아니 달라지기 힘들어 보이는 분야가 있다. 그것이 종교 분야이다. 특히, 유일신교를 믿는 이슬람, 유대교, 기독교에서 말하는 신의 권위와 그 권위에 대한 일방적 복종은 예나 지금이나 그리 큰 변화를 겪지 않는 것처럼 보인다. 오히려 사회가 어지러울수록 쇠퇴하리라 생각되던 근본주의적인 보수적 종교성을 지닌 분파들이 더 난립하고 있다. 기독교의 경우는 이미 지나가 버린 청교도주의를 회복하자는 분위기가 유행처럼 퍼지고 있다. 과연 신은 무엇인가? 정신분석학에서 말하듯, 신은 전이되고 투사된 "환영(幻影)"인가? 사실 그 말도 맞다. 현상학적으로 볼 때 신은 환영(幻影)일 수 있다.

그러나, 우리가 성장하고 성숙하면 갖고 놀던 때문은 장난감을 버리듯 그렇게 버리고 끝나는 환영일 수만은 없다. 위니캇의 말처럼, 종교는 승화된 형태의 중간대상이기 때문이다. 즉 종교에 대해 프로이트가 혹평한 사라질 환상이 아니라 인간의 정신 세계를 더 풍부하게 해주는 환상이다. 그러한 환상의 중심에는 신(神)의 개념이 들어 있다. 신을 믿고 있든, 신이 없다고 부정하든, 신은 언제나 "전제될 수밖에 없는" 대상이다. 리주토에 의하면, 신에는 두 가지 신이 있다. 어린 시절 엄마와의 대상관계 체험을 통해 형성한 정서적인 신과 교회나 성당에서 배우는 논리적이고 교리적인 신이 있다. 즉 리주토에 의하면, 신은 "체험의 산물"이다. 체험이 없다면 신도 없다. 어떤 이미지가 남을 수 있는 경험이 없었기 때문이다. 그런데 리주토가 말한 것—그녀의 명저, 〈살아 있는 신의 탄생〉—을 가만히 보면 인간이 맨 먼저 체험하는 대상을 통해 신을 안다. 그 신의 기원을 거슬러 올라가면 어머니가 있다. 어머니와의 대상관계 체험을 통해 정서적인 대상 이미지가 형성이 된다. 그 말이 옳다. 사실 인간이 갖는 본능적 종교성의 기원은 어머니에 있다.

모든 종교에는 모성에 대한 은유가 담겨 있다. 불교의 관음보살, 우리 민족이 섬겨 왔던 삼신할미, 대지의 여신 가이아, 그리고 칼 융이 지적했듯 전통적으로 온통 남성의 이미지로만 구성되어 온 기독교의 삼위일체 하나님이란 계시적인 개념에 사람들의 본성은 기어이 그 안에 예수의 육신적 어머니 마리아라는 여성을 새로운 위격으로 놓았다. 인간의 종교성에서 핵심으로 자리를 잡고 있는 것은 힘이나 기적이나 심판이 아니다. 모성이다. 위니캇의 이론을 공부한 사람들은 이해하겠지만 그런 의미에서 대상관계에서의 어머니의 소중함을 깊이 이해한다면 기독교에서 말하는 신앙고백인 "하나님 아버지"라는 개념은 반드시 "하나님 어머니"라는 개념을 먼저 경험한 후에만이 고백될 수 있는 것이라는 사실을 이해할 수 있을 것이다. 어머니라는 모성을 경험하지 않고서는 아버지를 한 인격으로 인식하기 어렵다는 것이다.

나는 유아가 어린 시절에 엄마와 함께 지내다가 아빠를 인식하고 만나면서 아빠와의 관계를 새롭게 정립해 나가는 것인 줄로만 알았다. 그런데 최근 대상관계이론을 연구하면서 오히려 유아는 엄마와 맺은 관계의 패턴을 갖고 아빠라는 새로운 대상과 관계를 맺는다는 것을 보고 크게 놀란 적이 있다. 그만큼 유아가 처음 만나는 대상—클라인은 그것을 부분대상으로서의 젖가슴이라고 이해했지만—의 중요성은 아무리 강조해도 지나치지 않는 것이다. 내가 말하고 싶은 것은 그것이다. 지금 전 세계는 유일신을 믿는 민족들끼리 국가들끼리 전쟁을 벌이고 있다. 하나님의 이름으로 알라의 이름으로 야웨의 이름으로 서로를 죽이려 하고 죽어가고 있다. 어처구니없는 일 아닌가? 이런 게 종교라면 차라리 유일신 종교가 사라지는 것이 낫다고 보는 견해들도 점점 늘어가고 있다. 모두 다 살자고 믿는 것이지 죽자고 믿을 수는 없지 않느냐는 것이다. 그 말도 옳다고 본다. 중요한 것은 우리가 믿는 신의 이해가 리주토가 말한 대로 지나치게 논리적이고 교리적인 하나님으로만 인식되고 있다는 점이다. 그들이 믿는 하나님은 권위로 가득 차 있는 하나님이며 반드시 지켜야 할 율법과 계명과 의무와 당위성만을 강조하는 하나님이다. 그런 권위적인 하나님이 세상이 믿고 있는 유일신 하나님이며 유일신 알라이며 유일신 야웨다.

그러나, 이런 신만을 믿고 인식하는 한 세상에 평화는 절대로 올 수 없다. 오히려 나는 정서적인 신, 권위가 아닌 대상으로서의 신을 강조하고 싶다. 인간의 본성이 요구하는 모성성을 지닌 신을 말하고 싶다. 만군의 하나님보다는 엘 샤다이 하나님—엘이라는 말은 하나님, 샤다이라는 말은 젖가슴이라는 말이다—을 강조하고 싶다. 예수께서 평생 믿어오시고 외로울 때 기대셨고 고백하셨던 아바 하나님은 교리적인 하나님이 아니라 정서적인 하나님이셨다. 권위로서의 하나님이 아니라 예수의 고통에 천사를 보내어 그의 기도를 도우시는 대상으로서의 하나님이셨다.

몇 년 전, 나는 논리의 하나님과 정서의 하나님이 얼마나 다른가를 보여주는 한 장의 사진을 본 기억이 있다. 이슬람 사원에 수많은 신도들이 모여 메카를 향해 두 손을 모으고 무릎을 꿇고 기도를 드리는 사진이었는데, 그 때 한 철없는(?) 남자아이가 씩 웃으며 사람들이 절하는 반대쪽에 서서 웃고 있는 사진 한 장이었다. 그 아이는 기도하는 어른들처럼 너무 진지하지도 않았고 너무 의식적이지도 않았다. 만약 누군가 혼을 내고 윽박질렀다면 그 아이도 어른들처럼 무릎을 꿇고 기도하는 흉내를 내었겠지만, 그 순간 그 아이는 지극한 자연스러움으로 매카 반대쪽을 돌아보며 천진스런 얼굴로 웃고 있었다.

신을 권위로 보면 당연히 유일신 개념이 형성되고 그렇게 되면 순종과 절대 복종이 요구된다. 그렇게 되면 자기네들의 경전 문자에 얽매여 해석의 차이와 풍부한 은유는 모두 제거되고 오직 문자 그대로의 행위만을 강조하는 경직성을 요구받게 된다. 그것은 종교인에게 당연한 의무로 여겨질지 모르지만 그런 의무를 다른 유일신을 믿는 자들에게 적용시킨다면 모두 다 없애야 할 이교도요 적에 불과하다는 투사적 논리가 판을 치게 되는 것이다. 그런 심성으로는 전쟁밖에 치를 게 없다. 그래서 죽임을 당해도 순교요 못 먹고 못 입어도 마음과 뜻과 정성을 다해 적을 죽이는 일에 앞장서야만 하는 것이다. 신의 뜻이라는 명분을 갖고 말이다. 이게 우리의 종교 현실이다.

그러나, 만약 신을 권위로만 인식하지 말고 대상성으로 인식하게 된다면 우리 인식에 많은 변화가 생길 것이라 확신한다. 우리에게 지옥을 선포하는 신이 아니라 루돌프 오토가 말하듯 거룩의 누미노제를 갖고 신비함으로 우리를 유혹하시는 신, 일방적 선포가 아니라 죽음으로 인간을 설득하시는 하나님, 나의 고통을 외면하는 신이 아니라 나와 함께 고통을 받고 계시는 하나님, 규칙이나 율법보다 의미를 말씀하시는 하나님, 그런 하나님이 대상성의 하나님이라고 생각한다. 그런 하나님은 유일하기 때문에 믿어야 하는 존재가 아니라, 유일하게 사랑해야 할 분이기에 믿을 수밖에 없는 분이 된다. 당위성과 의무가 아니라 진정한 자유로 우리를 이끄시는 하나님이다. 언제까지 신의 이름으로 전쟁을 일삼을 것인가? 언제까지 신의 이름으로 세상을 성과 속이라는 이원론으로 토막내어 살아가는 정신분열적 신앙을 강조할 것인가? 정서적인

신, 대상으로서의 하나님 개념을 통해 신자들이 세상의 모순과 차이를 끌어안고 통합하여 삶의 균형을 잡아주는 영성의 지팡이가 되어주었으면 좋겠다.

서른다섯 ◆ 신경증을 넘어서

칼 융에게 있어서 신경증이란 무엇일까? 신경증이란 현실에서의 생활은 가능하지만 자신이 원하지 않는 어떤 정신적 억압 상태로 인해 바람 빠진 풍선같이 생기 없고 의미를 잃은 정신적 상태를 의미한다. 프로이트나 융의 시대에 있어서 가장 문제가 되는 정신적 질병이 신경증이었다. 프로이트의 정신분석학 역시 이러한 신경증을 치유하고자 시도했던 정신과학이었다. 프로이트와 융의 시대에는 신경증 환자들로 넘쳐났다.

지금도 예외는 아니다. 지금도 신경증으로 고통 받는 사람들이 삶을 감사하고 활기차게 살지 못하고 죽지 못해 산다는 말을 한다. 그렇다면 융에게 있어 신경증이란 무엇인가? 신경증이란 자기의 삶을 다 살아내지 못한 증상이다. 삶의 참된 의미를 자각하지 못해 생겨난 마음의 고통이다. 자신의 삶이 어느 한 쪽에 치우쳐 균형을 잃어버린 증상이다 (정신의 네 가지 기능 중 대극의 균형을 상실함). 그것은 자기 자신과의 분단, 혹은 자기 자신과의 불일치에서 형성되는 병이라고 하였다. 그러므로 정신의 균형과 통합이 이뤄져야 한다.

신경증에 관한 융의 접근방법의 특징은 신경증을 정신병리학의 테두리 속에서 다루지 않고 "정상"심리의 연장선상에서 파악한다는 점이다. 프로이트에게 있어서 신경증은 원인을 파헤쳐서 원인에 해당하는 요소들을 해석하고 분석하여 제거하는 일이 주된 과제였다. 프로이트에게 있어서 인간은 잘 만들어진 정교한 기계처럼 보였다. 원인만 제거하면 병이 낫는다는 그런 생각은 아마도 당시에 유행했던 학풍인 유물론을 프로이트가 비판 없이 수용했기 때문일 것이다(당시에 분트와 같은 사람조차 심리학의 영역은 의식만으로 제한되어야 한다고 주장하였고 후에 융은 이를 비판하였다. 융이 보기에 그런 심리학은 영혼—심혼이 없는 심리학이었다).

개인적으로 신경증에 빠지는 또 다른 이유 중의 하나는 페르조나 즉 탈, 가면, 체면이라는 외적 인격과 지나치게 자신을 동일시한 결과이다. 나는 누구인가? 나에게 달려있는 수십 가지 수식어는 모두 다 가면일 뿐이다. 그러나, 가면 뒤에 나는? 나는—인간 누구일 뿐이다. 나는 인간이다! 가면 뒤에 숨어서 자신의 그림자를 은폐하지 말라. 당신은 본래 벗고 있었다. 누가 당신더러 벗었다 했는가? 이처럼 신경증 안에는 자아에게 부족한 가치나 측면을 인격 전체에 통합하는 데 실패한 것이 드러난다는 것이다. 또한 융은 신경증을 프로이트처럼 보편적인 오이디푸스 콤플렉스로 인해 생기는 것이라는 견해에 회의적이었다. 오히려 개인 개인의 상황을 중시하였다.

프로이트에게 있어서는 언제나 원인 "왜?"가 중요하다. 그러나, 융에게 있어서 "왜?"보다 더 중요한 것이 있다. 그것은 "무엇을 위해?"이다. 즉 모든 질병은 나름대로 어떤 한 목적적 의미를 담고 있다는 것이다(융의 심리학에서는 악을 그림자로 이해한다. 즉 모든 대극 속에서 또다른 통합해야 할 그림자를 발견한다. 부정 속에서 긍정을 보고 긍정 속에도 부정이 있음을 본다).

즉 융에게 있어 신경증은 어서 치유해야 할 병이라는 단순한 의미만 있는 것이 아니라 무의식이 의식에게 던지는 일종의 경고 메시지와도 같다. 즉 "네가 지금 사는 삶은 너 자신과 일치하지 않는다. 너는 네 인격을 의식으로만 제한하고 있다. 너는 눈에 보이는 것만을 실재인 줄 착각하고 있다. 너의 삶은 멎어 있다. 이제 네 인격을 확대하고 네 참

자아인 자기를 인식할 필요가 있다."

　신경증은 자기 소외의 결과이다. 즉 자기의 전체에서 빗나간 삶의 증후이다. 자기소외가 발생하는 이유는 의식의 일방성 때문이다. 자아가 의식만을 추구하고 무의식 세계를 외면하거나 부정할 때 자아와 무의식의 세계는 단절되고 정신적으로는 해리상태(解離狀態)가 된다. 신경증은 이러한 정신적 해리의 경계신호와도 같다.

　2차 대전에 수많은 사람들은 자기 내면에 귀를 기울이기보다 먹고 사는 문제에 지나치게 열중했다. 그리고 당시의 모든 학풍도 무의식을 배제한 것이었다. 이성적이고 합리적이고 과학적이고 증명 가능한 것만을 "실재"로 인정하였다. 이런 상황에서 메시야니즘을 동반한 이데올로기 즉 공산주의, 나치즘, 파시즘이라는 집단적 광기가 사람들을 선동하였고 수많은 사람들이 그런 무모한 이데올로기에 목숨을 걸었고 목숨을 잃었다. 그리고 그런 의식의 일방성인 이데올로기가 만든 것이 휴전선이요, 베를린 장벽이요, 죽의 장막이요, 철의 장막이었다. 갈 수도 올 수도 없게 만든 이런 모든 현상은 정치적인 것 이전에 20세기 인간상을 보여준다. 분열된 모습 말이다. 정신의 분열이 외적 환경과 세계의 분단과 분열을 가져온 것이다. 내면의 지옥이 현실의 지옥을 만들고 내면의 분열이 현실의 분단을 만들었다.

　이러한 의식과 무의식의 단절과 해리는 결국 의식의 뿌리인 집단무의식의 신화층과 단절을 가져온다. 신경증은 자기 원형과의 단절이기도 하다. 하나님의 형상인 인간이 하나님의 형상과 멀어지면서 자기를 확인받으려고 눈에 보이는 것들을 찾는다. 그러나, 그 어디에도 자신을 확인받을 길이 없다. 진화론 속에서도, 과학 속에서도, 기술과 문명 속에서도 자신의 본질을 찾을 수 없다.

　여기에서 종교의 중요성이 나온다. 신경증을 치유하려면 교리적인 종교성에서 벗어나 신성한 힘(Numinose)에 대한 주의 깊고 성실한 태도가 필요하다. 즉 자아 너머에 내가 다 알 수 없는 우주가 있다는 것이다. 무의식이라는 우주 말이다. 현대인의 문제는 기계주의와 합리주의가 지나치게 비대해 있다는 것이다. 자의식의 팽창은 인류를 문명화시켰지만 오히려 인류를 위협하는 요소가 되고 있다. 바로 인간중심주의적 세계관은 수정되어야만 한다. "나는 사람들이 인생의 물음에 대한 불충분한 또는 그릇된 해답에 안주하고 있을 때 노이로제에 걸리는 것을 자주 보아왔다. 그들은 사회적 지위, 결혼, 명성, 그리고 외적인 명예와 돈을 추구한다. 그런 사람들은 대부분 엄청나게 협소한 정신적 시야에 사로잡혀 있다. 그들의 생은 충분한 내용을 지니고 있지 않으며 아무런 의미를 갖고 있지 않다. 그들이 보다 포괄적인 인격으로 발전할 수 있을 때, 대개 노이로제는 없어진다."

서른여섯 ◆ 사랑

사랑은 있는 것이 아니라
느껴지는 것.
느껴짐은 아주 다정하게
귓가에 맴도는
따스함처럼 다가오지만
금새 사라져 간다.

아, 있음과 없음은 무엇일까?
사랑과 있음은 무엇이며
사랑과 없음은 또 무엇인가?

사랑은 내 안에 있으나
밖에도 있기에
매일 매일 그것을 찾나니
안에 있는 듯싶으나 밖에 있고
밖에 있는 듯싶으나 안에 있구나.

안과 밖이 하나가 되는 날,
나는 완전해지리라.
그러나, 그것을 느끼는 그 날은
더 이상 몸을 입고 있지 않으리.

그렇게 그리움으로
덧없는 소망으로
무지개처럼 느껴지는 사랑이건만
그 사랑에 속아
세월을 버려도
나 스스로를 원망하지 않음은

그 사랑이야말로
내 존재의 원소요 질료이며
영혼의 모든 것이기에……。

제 2 부

인터넷 상담사례

여기에서는 비슷한 마음의 상처들 때문에 힘들어 하는 이들과 그런 내담자들을 어떻게 상담해야 하는지 고민하는 이들에게 부족하나마 실제적인 도움을 드리기 위하여, 그동안 〈아침 영성지도 연구원〉(www.achimhope.or.kr)의 아침치유상담실에서 진행해 온 인터넷 상담 가운데 '가족'(1-46번)과 '자녀'(47-56번) 문제만을 선별하여 실었습니다. 인터넷 게시판에 올라온 상담글에는 띄어쓰기나 맞춤법이 잘못된 경우도 많으나, 내담자의 심리상태와 상담분위기를 살리기 위하여 대부분 그대로 두었습니다. 내담자의 이름은 가명을 원칙으로 하였습니다.

하나 • 분노가 일어납니다

♥**내담자** (peace): 가끔 자신의 현실에 답답함을 느끼며 타인에 대한, 특히 가족에 대한 분노가 일어납니다. 가난한 집안, 잔소리가 많은 할머님, 부담 가는 책임감, 도와주세요.

♣**상담자**: peace님, 방금 님이 올린 글에 대해 장문의 답변을 썼다가 키 하나를 잘못 눌러 모든 글이 순간 사라졌네요. 으……. 다시 쓰려니 맥이 풀리네요. 미안합니다만 이제까지 썼던 내용을 요약하여 제 생각을 말씀드릴께요.

우선 분노는 1차 감정이 아니라 2차 감정이라는 것입니다. 분노는 뜨거운 것을 만지고 "앗 뜨거!" 하는 것과 같은 반응이 아니라 화나게 만드는 상황에 대한 자신의 해석과 선택이 들어있다는 것입니다. 그러므로 분노의 주체는 화나게 만든 사람이 아니라 화를 내려고 선택한 나 자신이라는 것입니다. 그 누구도 나를 화나게 할 수 없습니다. 내가 스스로 화를 내기로 결정한 것뿐입니다.

그리고 할머니의 잔소리는 한 마디로 할머니의 문제지 님의 잘못으로 인한 결과는 아니라는 것입니다. 다시 말해 할머니의 그런 잔소리는 자신을 확인 받으려고 하는 미숙한 자기 표현에 불과하다는 것이지요. 또한 그 분이 나이만 드셨지 행동하는 것, 말하는 것은 대단히 미숙한 분일 것이라는 겁니다. 그러니 그것에 주눅들어 너무 예민한 반응을 하시는 것은 할머니를 님과 동격으로 만드는 것입니다. 할머니는 님과 같지 않습니다. 그 분은 합리성도 부족하고 열린 대화를 하기에는 이미 굳어진 것이 너무 많은 분입니다. 이미 그런 잔소리는 하나의 패턴으로 굳어 있을 것입니다. 그런 분이 하는 말에 민감할 필요는 없다고 봅니다. 그래도 마음을 자꾸 건들겠지만 말입니다. 그리고 사람이 돈이 없고 가난하다고 다 불행한 것은 아니라고 생각해요. 자기만의 시간과 즐거움을 만드는 일이 필요하다고 봅니다. 남들과 같이 인생을 살려고 하면 불행해집니다. 자기만의 삶을 살려고 애쓸 때, 즉 나와 너를 분명히 구분할 수 있을 때, 필요 이상의 에너지를 소모시키지 않고 살아갈 수 있는 것입니다. 올라온 글이 짧아 보편적 상황을 전제하고 글을 썼습니다. 이 점 이해해 주세요.

둘 ● 정말 싫어여

♥**내담자**(희망): 저기요. 전 엄마, 아빠 땜에 살 의욕이 안 생겨요. 언젠가 엄마 아빠가 막 싸우시면 제가 가서 말려야 끝이 나죠. 전 그게 싫어요. 맨날 나 보는 앞에서 싸우구. 정말 살아갈 의욕이 안 생겨요. 동생이 있는데요. 동생은 지금 많이 아파요. 근데 엄마, 아빤 동생 걱정만 해요. 나두 그러겠지만, 그치만 너무해요. 동생한테 고운 말 쓰다 가두 나한테는 큰소리로. 진짜 자살하구 싶다구요. 그치만 아픈 동생 땜에 참아내고 있는 거죠. 그 고통 없으면. 전 죽어 버릴꺼예요. 선생님, 전 12살입니다. 꼭 답해 주세요. 부탁이예여.

♣**상담자**: 희망양께. 안녕하세요? 희망양. 답변이 늦었죠. 미안해요. 이제서야 답변을 하게 됐네요. 글을 읽어보고 너무 마음이 아팠어요. 세상에 12살이면 아직은 한창 엄마아빠 사랑받으며 응석부릴 나인데 그렇게 마음이 괴로와서 자살까지 생각했다니! 너무 슬퍼 눈물이 다 나네요. 이 글을 쓰는 저는 목사예요. 교회 목사님 알죠? 그래서 이 글을 쓰는 지금도 예수님께 희망양을 위해 기도하고 있어요.

우선, 지금 그런 마음을 먹는 것은 충분히 이해가 되요. 엄마, 아빠가 싸우는 것만큼 세상에 괴롭고 마음이 불안한 것이 어디 있겠어요. 거기다 동생이 아픈 것이 안타깝지만 그토록 심하게 차별대우를 하다니, 정말 부모님이 너무 한 것 같아요.

희망양에게 목사님이 이런 제안을 해도 되는지 모르겠어요. 무슨 말이냐 하면 엄마, 아빠에게 편지를 쓰는 거예요. 지금 이곳에 글을 올리듯 말예요. 너무 괴롭다. 너무 죽고싶다. 엄마, 아빠를 사랑하지만 나에게 막 얘기할 때는 내가 이 세상에 태어나지 말았어야 하는 아이인 것 같다는 그런 마음의 느낌 말예요.

그런 다음 부모님이 희망양에게 어떤 반응을 보이는지 지켜보세요. 막무가내로 이런 걸 썼다고 화만 내시는지, 혼을 내시는지. 아니면 작은 위로라도 해주시는지 말예요. 그리고 희망양이 교회에 다니는지 모르겠지만 교회에 있는 선생님이나 학교에서 희망양에게 작은 관심을 갖고 있는 선생님께 지금 이곳에 올린 글의 내용에 대해 솔직하게 이야기할 분을 용기 있게 만나보세요. 꼭요. 지금 희망양에게는 마음껏 이야기를 들어줄 선생님이 필요해요.

물론 목사님이 이곳에 희망양의 글이 올라오면 꼭 답장해주겠지만 말예요. 힘을 내요. 세상엔 참 좋은 사람도 많거든요. 그리고 엄마, 아빠가 희망양에 대해 너무 몰라서 그럴 수도 있어요. 자세한 것은 모르겠지만 내가 말한 것을 잘 생각한 후 꼭 그렇게 해보세요. 그리고 다시 내게 연락주세요. 희망양 같은 고운 마음을 지닌 사람은 결코 슬픈 일만 생기지는 않을 꺼예여. 꼭 힘내구 연락줘요.

셋 • 절망에서 희망을 찾고 싶어요

♥**내담자**(스노우): 살고 있는 현실이 너무 싫어요. 언제나 부족한 가정환경, 남들처럼 한끼의 밥 걱정하지 않으면서 살고 싶은데. 도와주세요. 그리고 예수님을 믿으면 정말로 내 삶이 달라지나요? 어디에 희망이 있나요?

♣**상담자**: 스노우님께. 안녕하세요? 무척 짧은 사연이지만, 정말 말 그대로 사연이 깊은 내용이라고 느꼈습니다. 가난, 생계, 저 역시 몇 년 전, 아내가 밥을 안 하기에 "왜 밥을 하지 않느냐?" 물으니 "쌀이 없다"고 그러더군여. 가장으로서 너무 제 자신이 한심하고 마음이 아픈 그런 순간도 있었습니다.

이젠 그 때는 지나갔지만 님의 사연은 더 깊고 반복적인 가난의 일상이 지속되는 것 같아 안타까운 마음 금할 수 없습니다. 그리고 예수님을 믿으면 정말로 삶이 달라지느냐고 물으셨죠. 환경이라는 삶은 당장 달라지지 않습니다. 그러나, 내 자신의 전존재가 달라질 수 있는 변화의 체험은 분명 가능합니다. 그것은 님께서 진실로 하나님을 사랑하고 자신을 사랑하게 될 때만이 일어날 수 있는 사건입니다.

오늘 기독교 TV에 유명한 두레교회 김진홍 목사님이 출연하셔서 많은 말씀을 하셨습니다. 저는 님께 그 분을 소개하고 싶습니다. 그 분은 가난과 고통을 아시는 목사님이기에 그분을 통해 전해진 복음을 더 쉽게 마음을 열고 받아들이실 수 있다고 봅니다. 분명히 님은 변화되실 수 있습니다. 예수를 믿는다는 것은 그분과 함께 죽었다 깨어나는 일입니다. 그러니 세상이 달라 보이지 않겠습니까?

그 때가 되면 세상과 자신과 고통과 가난이 하나님의 관점으로 새롭게 재해석되어 용기와 희망이 무엇인 줄 알게되실 것입니다. 실질적인 도움을 드리지 못해 말뿐인 위로였다면 죄송합니다. 그러나, 예수 그리스도를 구주로 영접하고 가난을 연단으로 받아들이고 극복한 수많은 이들의 간증이 있기에 몇 자 올려 보았습니다.

넷 • 제 아내가 걱정됩니다

♥**내담자**(상민): 제 나이는 26세이고 아내는 저와 동갑입니다. 저는 아르바이트로 야간 근무를 서고, 대학교 3학년에 재학중이며 아내는 고졸에 지금은 경리로 회사를 다니고 있습니다.

저는 결혼한 지 2달 정도 됐습니다. 10일 전에 저의 아내와 제 친구들 문제로 대화를 시작했다가 싸움이 되어 지금까지 냉전 상태입니다. 어제는 이제 화해를 해보려고 말을 꺼냈습니다. 그러나 아내는 "자기 하나만을 믿고 시집을 왔는데 자기가 그렇게 나올지는 생각도 못했고 배신감을 느꼈어"라고 하면서, 저를 더 이상 믿고 살 수가 없다며 더 늦기 전에 이만 끝내자고 하였습니다. 그리고는 제 말은 듣지도 않고 자려고만 하길래 저도 화가 많이 나 있었습니다. 그러다 작은 방으로 가길래 같이 가서 문을 가로막고 얘기 좀 하자고 했는데 더 이상 할 말 없다고 춥다고 하며 나간다는 걸 못나가게 했습니다. 그런지 5분도 안 돼서 "너 정말 험한 꼴 볼래?" 그러더니 가위로 자기 머리를 자르는 것이었습니다. 가위를 뺏고 말렸는데 갑자기 자기 머리를 계속 쥐어뜯으면서 그냥 계속해서 울고 숨이 가빠지기 시작하는 겁니다. 그렇게 한 30분 가량을 계속 그랬습니다. 말로도 힘으로도 말려 봤지만 말리면 더욱 더 흥분을 하고 울면서 머리를 쥐어뜯었습니다. 연애시절에도 한번 그런 일이 있었는데 친구 말로는 그런 걸 기억 못한다고 하더군요.

혹시 저의 아내에게 무슨 문제라도 있는 건 아닌지 만약 있다면 어떻게 해줘야 하고 이번 일에 대해서 제가 어떻게 해야되는지 궁금합니다. 제가 회사를 다니는데 격일제로 하루는 회사에서 야간 근무를 하고 다음날 퇴근을 합니다. 지금은 회사에 있는데 아내가 어떻게 하고 있을지 걱정이 되어서 더욱더 불안해집니다.

♣**상담자**: 상민님, 글을 읽어보니 지금 마음이 온통 아내에게 가 있을 것 같습니다. 부디 아무 일도 없기를 바랍니다.

분노란 자연스런 감정의 표현입니다. 그러나, 그 분노가 때로 격하게 나오는 사람이 있습니다. 평소엔 조용하거나 아무렇지 않게 반응하다가 어느 순간 지킬 박사와 하이드 씨 같이 돌변하여 "격노/대노"를 퍼붓는 경우가 있습니다.

이런 사람을 "자기애적 상처"를 가진 사람이라고 합니다. 자기애적 상처란 쉽게 말해 어릴 적부터 사랑과 공감이 너무나 결핍되어 살아온 사람들을 말합니다. 주로 엄마와의 문제가 크다고 볼 수 있지요. 그런데 가정까지 역기능 가정이었다면(역기능 가정에 대해선 "아침가정사역센터"를 참조하세요.) 지금 같이 사시는 자매님은 분노로 똘똘 뭉친 마음이 있을 것입니다. 기질적으로 "자기 주장"이 강한 사람이 있습니다만, 제가 보기엔 기질적인 면보다는 가정적인 면에서 그런 분노의 요인들이 축적되어 있다고 느껴집니다.

이성을 잃고 자해를 하고 머리를 뜯으면서까지 분을 참지 못하였다면 아마 학대받고 자란 분일 수도 있다는 생각입니다. 님께서 좋은 남편이 되려고 노력하는 것도 좋지만 아내가 스트레스를 받을 때마다 그런 일을 반복한다면 그것은 남편으로서 잘해주고 못해주고의 문제를 넘어선 일이라고 봅니다.

지금 사시는 곳이 어디인지 모르지만 아내 되시는 분과 제가 소개하는 곳에 가셔서 꼭 심리치료 내지 상담을 받기를 권합니다. 지금 겪고 계신 문제는 결코 남편만 잘 한다고 없어지거나 해결될 문제는 아니라고 봅니다. 모든 일이 잠잠하여질 때 어려운 것을 알지만 유료 상담소 내지 심리치료를 받기를 강력히 권합니다. 서울 김영애 가족치료연구소를 소개해 드립니다. 많은 상담자가 있지만 이분을 소개하는 이유는 마음의 상처의 문제를 가족이란 전제 하에서 출발하며 여성이 느끼는 감정에 대해서 민감하시기 때문입니다. 상담료가 비싸기는 하지만 두 분이 꼭 예약하여 단 몇 번이라도 상담을 받으신다면 큰 변화를 얻게 되리라 생각합니다. 아울러 이곳 "아침"에 자주 소개한 책인데요. 〈분노 스스로 해결하기〉(학지사)와 〈참자기〉(한국심리치료연구소)를 기회가 되시는 대로 읽어보시기 바랍니다.

아내 되시는 분은 마음에 극한 상처를 입고 그것을 억압하며 여기까지 살아오신 분입니다. 남편은 단순히 남편이 아니라 일생에 믿을 유일한 버팀목이요, 모든 것일 수 있습니다. 그게 사랑이어서 그렇게 하는 것이 아니라 연약하디 연약한 인간이기에 더 이상 상처를 받으면 자기가 산산조각 날 것 같은 연약한 자아구조를 갖고 있는 분이기에 그렇다는 것입니다.

사랑만 해준다고 다 되는 것이 아닙니다. 그런 분께 진정한 사랑이란 "사랑은 의존이 아닌 건강한 독립"임을 일깨워 주는 것입니다. 물론 말처럼 쉽지는 않습니다. 아내 되시는 분은 많은 치유가 필요합니다. 꼭 전문의 혹은 전문 상담자의 도움을 받기를 우선적으로 권해드립니다.

다섯 ● 오빠가 이상해요

♥**내담자**(소미): 저희 오빠는 24살이구요. 약 7개월 전에 어떤 여자를 만나 갑자기 집을 나가 정신이 이상해져서 나타났어요. 집을 나간

지 약 한 달 만에 나타났구요. 지금까지 싸움은 계속되고 있습니다. 그 여자는 오빠보다 3살이 많구요.

우리 오빠는 내성적이구, 참을성이 없구, 조금만 짜증나고 그러면 던지고 차고 그러는 성격이었어요. 자주 그러는 건 아니었지만 항상 욱 하는 성격은 고쳐야 한다고 생각을 했었어요. 그런 성격은 어렸을 때부터 있었다고 합니다. 아빠 말로는 엄마가 어렸을 때 애를 잡는다고 해야 하나요? 그런 식이었데요.

오빠가 초등학교 5학년 때 엄마가 돌아가셨어요. 그 후 할머니와 7년 정도 살다가 고등학교 때 아빠와 살기 시작했어요. 뻔한 거짓말을 들키더라도 끝까지 우기는 성격이구요. 거짓말을 잘하는 편이었어요. 그래서 항상 식구들이 뭐라고 하고 그러는 편이었어요. 대학교 1학년 때 군대를 갔다가 제대를 하고 복학을 한 후 전문대라 1년을 더 다닌 후 작년에 졸업을 했어요. 그리고 얼마 안 있다가 영화 보러 간다고 하고는 집에 안 들어왔어요.

우리 식구들은 걱정을 많이 했어요. 근데 사람이 폐인이 되어 나타난 거예요. 이유인즉, 그 여자가 같이 못살겠다고 했나봐요. 그래서 유리를 깨고 자해를 했나봐요. 우리는 너무 놀라 그 여자와의 관계는 묻지도 못하고 오빠한테 끌려가기 시작했어요. 집에는 안 들어오겠다, 돈을 달라, 자립하겠다, 말도 안 되는 말만 계속하고 있어요.

처음에는 모두 들어준 것은 아니지만 어느 정도 협의 하에 도움을 주었습니다. 근데 사람이 너무나 변해 가는 거예요. 아빠에게 욕을 하고 식구들을 모두 미워하기 시작했어요. 그 여자가 우리식구 욕을 하기 시작했어요. 자식이 다쳤는데 와보지도 않는다는 둥, 부모가 되어가지구 도와주지도 않는다는 둥. 정말 어이가 없었어요. 근데 오빠는 어이없게도 그 여자와 같이 우리를 욕하는 것이었어요. 처음에는 너무 화가 나서 같이 욕을 하고 싸웠습니다. 점점 난폭하게 변해갔으며, 문제는 지들끼리 문제가 있어서 싸우면서 오빠는 꼭 집기를 부수고 유리창을 깼으며 손을 여러 번 다쳤어요. 그 와중에도 병원은 안 가고, 그 여자 없으면 나는 죽을 꺼야 하면서 매번 이런 식으로 약 3번의 사건이 있었습니다. 그 여자에게 무릎을 꿇고 비는 건 예사고, 심지어 그 여자 부모에게까지 빌더라구요. 참으로 어이가 없었어요. 그 여자가 헤어지자는 투로 말만 하면 찻길을 뛰어다니고, 미친 짓을 합니다. 그러다가 또 멀쩡하고, 도대체가 말이 안 됩니다. 이건, 자기 자신이 아픈 건 아랑곳하지 않고, 여자가 떠날까봐 치료도 제대로 안하고 뛰쳐나가기가 대부분입니다. 그러고는 우리 식구에게는 심한 욕설과 폭력을 썼어요. 그 여자도 정말 대단한 여자예요. 위아래도 없으며 한마디로 독종이에요. 그 여자가 우리 식구를 싸잡아서 욕을 하면 오빠도 같이 동조하고 그럽니다. 그러다가도 돈을 달라고 하고, 참으로 이해가 안 가는 행동을 합니다. 방금 한 행동은 잊어버리고 또 요구를 하고, 호적은 파네 어쩌네 하다가도 또 요구를 하고, 한마디로 어린애가 땡깡을 부리는 거 같습니다.

하다 못해 정신병원에 넣기도 했었습니다. 보름간 있었는데 치료는 전혀 안 된 것 같습니다. 의사도 그리고 주위의 모든 사람들이 그 여자와 있으면 오빠가 더 망가질 것이라 합니다. 우리 식구도 그렇게 생각하고 있습니다. 그래서 이번에는 완전히 갈라놓기 위해 병원에 다시 보내려고 합니다.

의사와 상담을 해보았는데, 확실한 건 그 여자와는 헤어져야 한다고 합니다. 성격장애가 있는 거 같다고 하면서 무조건 가둔다고 해결되는 게 아니라 합니다. 근데 문제는 그 여자에게 너무나 목을 메고 있습니다.

사랑이 아니라 집착 같습니다. 아마 무지 잘 해주나 봐요. 근데 누가 봐도 사기꾼이 뻔한데 우리는 그냥 보고 있을 수가 없습니다. 오빠는 떨어지려고 하지 않고. 강제로 갈라놓으면 문제가 더 커질까 걱정입니다. 괜히 식구들을 원망하지 않을까 해서요. 그래도 그 길만이 오빠를 정상으로 만들 수 있다고 생각합니다.

솔직히 병원에 넣는다고 생각하니까 마음이 편치 않습니다. 걱정도 되구요. 더 잘못될까 봐서요. 어떤 병원에서 어떤 치료를 받아야 하는지 소개 좀 시켜 주십시오. 저번에 있던 곳은 치료를 할 수 있는 그런 기관인 것같지 않습니다. 제대로 된 프로그램을 가지고 있는 병원 있으면 꼭 좀 소개시켜 주세요. 너무 길게 쓴 거 아닌지 모르겠네요. 너무 답답하니까 많은 얘기를 한 거 같습니다. 수고하시구요.

♣**상담자**: 소미님, 올리신 글 잘 보았습니다. 오빠의 일로 상심해 있을 가족들에게 위로를 전합니다. 우선 오빠의 증세는 일종의 퇴행성 정신질환으로 보여집니다. 그러나, 자세한 것은 역시 병원에서 지시하는 대로 따르는 것이 좋습니다. 무엇보다 자기 몸에 자해를 했다면 그런 일을 반복할 수 있기에 입원이 우선되야 할 것 같습니다.

제가 아는 정신병원은 그리 많지 않습니다만, 그래도 서울의 영동세브란스병원이 가장 시스템이 잘 된 병원으로 알고 있습니다. 용인에 있는 용인정신병원도 시설이 좋은 곳이라 들었습니다. 그 여자는 잘 모르겠지만 오빠를 이용해 사기를 치는 여자 같습니다. 그런 요구가 심해지면 법적 대응까지 요구할 수도 있습니다. 오빠는 그 여자에게 어린아이처럼 조종되고 있습니다.

지금 그 원인을 말하기엔 너무 많은 요인이 있는 듯합니다. 어렵더라도 그 여자와 분리시키는 것이 가장 우선인 듯합니다. 속히 오빠에게 약물 및 조언으로 함께 할 선생님을 소개받기를 바랍니다. 소미님, 영동세브란스 홈페이지입니다. 한번 방문해 보시길 바랍니다.
http://yongdong.yonsei.ac.kr/

여섯 • 저에게 조카가 있는데요

♥ **내담자**(신아): 전 조카가 있어요. 6살짜린데. 우리언니 딸입니다. 전 언니를 사랑하고 지금 언니와 같이 살고 있어요. 부모님은 지방에 계시고, 전 학교 때문에 언니네 집에서 살고 있어요. 가끔 언니에게 제가 폐 끼치는 것 같아 미안하고 언니가 학비까지 부담해 줘야 하는 이 상황이 너무 싫고 초라합니다.

제가 아직 철이 없는 걸까요. 자꾸 조카가 미워집니다. 잠시도 저를 가만히 안 둡니다. 그래서 언니가 이모가 만만하니 라고 물으니 아무렇지도 않게 당연하다는 듯 "응" 이럽니다. 그 아이를 사랑하고 싶어요. 제가 그 아이에게 조금이라도 잘해주면 절 마구 때립니다. 애들은 다 그렇다지만 너무 저에게 막 대하니깐 마치 제가 자기네 집에 얹혀 산다고 구박하는 것같이 여겨집니다.

자꾸 저에게 달라붙는데 그런 건 아무래도 좋은데 가까이 와서 침 뱉고 하는 행동이 너무 싫습니다. 저의 물건을 막 만지고, 제가 피곤해서 쉬고 싶을 때는 더 가까이 와서 저를 막 밟고 대들고 욕을 합니다. 언니가 없을 땐 덜한데 언니가 있을 땐 특히 심합니다. 언니가 보면 "그냥 이모랑 놀려고……" 합니다.

너무 일방적인 그 아이의 태도가 너무 싫고 자꾸만 저의 오빠의 딸인 또 다른 조카랑 비교하게 됩니다. 제가 자고 있으면 얼굴에 침을 뱉지 않나 일부러 가까이 앉아서는 자꾸 옆으로 밀고 팔 끼는 척하면서 꼬집고 붙는 것도 심하게 붙는 게 싫습니다.

자꾸만 가까이 오고 툭툭 치고 일부러 발을 저에게 문지르고 저의 밥에 침을 뱉고 막 손으로 만지지 않나 그래서 한번은 그 아이에게 화를 냈습니다. 그러니까 언니가 저에게 엄청 섭섭하다고 하더라구요. 조카가 이모가 좋아서 그런 건데 넌 왜 그러냐구요. 그리고 "차라리 그럴

려면 시골로 내려가. 서로가 편해야지." 이럽니다.
 언니 집에 와서 이렇게 조카들 눈치보고 비위 맞추는 것만 같아 싫습니다. 조카들을 사랑하고 싶습니다. 멍이 날 정도로 저에게 다가와 심하게 귀찮게 피곤하게 붙고 제가 좋게 타일러도 들은 척도 안하고. 이 아이에게 전 어떻게 해야 하는지……. 제가 조금이라도 나무라면 "이모, 우리집에 오지마. 이모네 집으로 가" 합니다. 서러웠습니다. 그래도 어쩔 수 없이 참아야 하는 제 자신이 너무 싫어요. 남의 집에서 어린 아이에게 구박받고 사는 것만 같아요. 저 정말 어떡해야 합니까?

♣**상담자**: 신아님께. 안녕하세요? 올려주신 글 잘 읽어보았습니다. 우선 어쩔 수 없는 환경적, 경제적 이유로 그렇게 언니 집에서 마음 편히 있지 못하니 많이 힘들고 어려울 것 같습니다. 조카라고 있는 것이 그렇게 어렵게 하니 집에 있어도 쉬지 못하고 그럴 것 같아요.
 우선 읽어보니 조카의 행동이 정상적이지 않다고 생각되었습니다. 무슨 정신 이상은 아니라고 해도 그 정도라면 반사회성 인격장애에 해당하는 성격으로 조기에 고치지 않으면 나중에 아이의 성격과 장래에도 심각한 악영향을 미칠 것 같습니다.
 무엇보다 그 아이의 엄마(언니 되시는……)가 이해되지 않습니다. 상식적으로 자기 아이가 그렇게 행동했다면 꾸중을 하고 아이에게 단호하게 주의를 주는 것이 옳음에도 불구하고 오히려 자기 자식을 두둔한다는 것은 참으로 납득하기 어려운 행동이라고 생각됩니다. 그 나이에 그 아이에게 정신적, 행동적인 문제가 있다면 아이의 부모로부터 그 원인을 찾을 수밖에 없답니다.
 부모가 더 그것을 허용하기에 아이는 더 의기양양하게 설쳐대는 것 같습니다. 아이들은 기본적으로 공격성이 있습니다. 그 공격성이 욕구의 좌절의 결과인지, 아니면 창조성의 기원이 되는지 여러 이론들이 있습니다만, 그 아이의 경우는 더 근본적인 문제가 얽혀있어 보입니다. 사람을 괴롭게 하는 아이들이 있어요. 악동이라고 하지요. 그 아이들의 정서 상태는 불안입니다. 아이들이 천방지축. 그 원인은 불안일 때가 많습니다. 더욱이 그 아이는 이모 골려주는 것을 아주 즐기고 있습니다. 심리학에선 그것을 "부정적인 투사"라고 합니다. 자기 내면의 불만을 만만한 대상에게 퍼붓는다는 것이지요. 즉 상대방이 "먹이"가 되는 것입니다. 그럼, 이 상황을 해결할 방법은 무엇인지?

우선 님 스스로 자신을 지키고 보호하는 것이 필요합니다. 사는 곳을 옮기시든지(이것은 물론 소극적인 방법이겠죠), 아니면 언니하고 심각하게 속 이야기를 털어놓는 것도 한 방법이겠죠. 허심탄회하게 말입니다. 집을 나갈 생각을 하고 있다고 말입니다. 보니 언니 성격이 신경질적인 면이 많은 것 같아요. 동생 입장에서 생각해주는 면이 부족한 것 같아 보입니다. 그리고 무엇보다 지금 님이 조카에게 하여야 할 것은 바운더리, 즉 심리적 경계선을 긋는 일입니다.

단호하게 "안 돼!" "이러지 마!" "거기 서!" "내가 만만하게 보여?" 같은 단호한 태도입니다. 만일 아이가 그런 말을 빌미로 "그럼 나가!"라고 말한다든지 "엄마한테 이를 꺼야!"라고 하면 그땐 이모로써 조카의 장래를 위해서라도 그리고 자신을 지키는 의미에서라도 단호하게! 맞서야 합니다.

언니가 집에 없을 때 그런 일을 하면 방에서 내쫓아야 합니다. 그리고 문을 부실 듯 발로 차고 욕을 하면 그대로 두신 후 반드시 선을 그으십시요. "이모에게 그런 짓 안한다고 약속하면 문 열어주지." 그리고 약속을 어기면 다시 내쫓고 다시 원칙을 정하고 그 아이가 그 원칙을 수긍할 때까지 훈련을 시키셔야 합니다.

인정에 매이면 모든 것이 끝입니다. 그런 아이들은 엄마와 심리적 공생 관계를 유지하며 어떤 심리적 경계선 없이 살아왔기에 누군가는 그런 경계선을 그어주셔야 합니다. 그래야만 "내 땡깡이 안 통하는 사람이 있구나"를 느낀답니다. 그러나, 최후에는 그 집을 나올 생각도 하셔야 합니다.

사랑이란 이름으로 받기만 한 아이였습니다. 그 아이에게 지금 가장 중요한 사랑은 한계(경계선)를 배우는 것입니다. 때론 거절이 사랑일 수 있습니다. 지금 님의 상황이 어려운 것은 알지만 집이 없고 등록금을 대어 준다는 것을 "약점"으로 잡혀 있다면 노예나 다름없는 삶입니다. 참는 것이 모든 것을 망칠 수 있습니다. 그런 아이는 반드시 문제를 일으킵니다. 그러기 전에 자신이 함부로 넘을 수 없는 선이 있음을 배워야만 합니다. 이모의 어려운 결정을 기대합니다.

♥**내담자**(신아): 언니와 대화를 시도해 보았지만, 언니는 일방적으로 아이 편을 들었고, 아이의 납득이 안 가는 이상한 행동도 더 이상 참기 어려워졌습니다. 언니는 아이가 뭘 안다고, 만만한 것까지 알면 어른이냐고 이럽니다. 저는 중학생 때부터 언니가 보살펴 주었는데, 이제 고등학교 진학 예정인 제가 어떻게 해야 합니까?

친구에게 속사정을 털어놓으니 너도 다른 친구들처럼 산업체라는 데 들어가는 것이 어떻겠냐고 하더군요. 당장은 어렵고 힘들겠지만 성인이 될 때까지만 참으면 그때 다시 공부를 시작해도 되지 않냐고. 내 힘으로 공부할 돈은 생길 거라고 합니다. 내가 하나님께 의지하고 세상에 뛰어들면 나중엔 결코 이런 초라한 현실은 없을 거라고 조언해 주었습니다. 언니도 언니 집을 나가면 아무것도 도와줄 수 없다고 하고, 부모님도 역시 마찬가지입니다.

저 어쩌면 좋죠? 한 아이때문에 제가 사랑하는 언니와 떨어져야 합니까? 그 길밖에 없다면. 생각조차 해보지 못한 곳에 혼자 어떻게 생활합니까? 나중에 저의 바램대로 저의 생활이 변화될 수 있을까요? 혹시

어긋난다면 어쩌죠?

　공부는 계속하고 싶은데. 지금 저는 주께서 어딜 가든 저를 붙잡아 주시는 것, 주의 뜻대로 가는 것이 바램입니다. 지금 주님께서는 제가 어떤 길로 가는 것을 바라실까요? 언니네 집에서 불안해하며 있는 걸까요? 아님 세상에(친구가 말하듯 산업체라는 곳에) 가야 하나요? 저보다 세상에 대한 지혜가 밝으신 목사님의 조언 부탁합니다.

　♣**상담자**: 신아님, 글 잘 보았어요. 그런데 상담에선 원칙이 하나 있는데 아무리 안타까와도 내담자의 질문에 정답을 말해선 안 된다는 것입니다. 그 이유는 정답을 알지도 못하지만, 설사 안다고 해도 상담자가 "해결사" 같은 역할을 하면 나중에 내담자나 상담자 모두 득이 될 것이 없다는 경험 때문입니다. 지금 어려움을 당하고 있는 신아님께 제가 발뺌을 한다고 생각하지 않기를 바랍니다. 다만 지금 처한 상황에서 제가 말하는 것은 견해일 뿐 정답이 아닙니다. 정답은 하나님과 자매님이 만들어 가는 것입니다.

　우선 그런 정도의 상황이라면(이것이 저의 견해임을 다시 한번 말씀 드립니다!) 어떻게 해서든 독립을 하라고 말하고 싶습니다. 공부는 계속할지 모르지만 그런 식으로 가다간 자매님도 그 조카아이도 언니와의 관계도 모든 것이 더욱 악화되어 갈 것이라는 생각입니다. 지금 상황은 장기적으로 자신의 삶을 판단해야 할 때인 것 같습니다. 모든 것이 제공된다고 하여 자신의 존엄성마저 그렇게 무시되는 환경에서 산다면 그 스트레스를 어떻게 감당하려는지요.

　현실을 선택하면 존엄성이 무시되고 존엄성을 선택하면 현실이 어려워집니다. 그러나, 정확히 말해 그것은 환경의 적응이 근심되는 것이지 현실이 무시되는 것은 아니라고 봅니다. 지금 상황에서 최선이 산업체라면 그것을 통해서 지금부터 당당하게 자신의 인생을 독립적으로 주도해 나갈 수 있으리라 봅니다. 이런 상황에 처해 있겠기에 제가 선택을 하여드릴 수 없다는 것입니다.

언니와 아이는 전문가의 치료를 필요로 하는 상황임을 인식하지 못할 만큼 분명히 문제가 있다고 봅니다. 상식적으로 그것을 정상이라고 말할 수 없지요. 어설픈 견해를 드렸습니다. 때론 모험이 삶의 가장 좋은 대안일 수도 있습니다. 물론 세월이 흐른 후 그렇게 생각하는 것이겠지만요. 하나님께서 가장 좋은 선택을 할 수 있는 용기를 주기를 바랍니다.

일곱 ● 어떻게 살아야 할지……

♥**내담자**(정희): 저는 남과는 조금 다른 가정 환경에서 자랐어요. 오빠, 언니, 막내인 저. 언니와는 1년 차이죠. 뭐가 다르냐면, 언니는 어릴 적부터 식구들 외에는 말을 하지 않았어요. 학교에서도 친구들이나 선생님들과도 말을 하지 않았죠. 집에서 학교까지 걸어서 1시간 정도 소요되는데 언니와 항상 같이 다녀야 했어요. 혼자는 학교에 가지 않았기 때문에 전 유치원을 다닐 나이에 1학년을 두 번 다녔어요.

엄마는 언니가 불쌍하다며 언니를 무척이나 아껴주었고 답답한 언니 때문에 힘들어하는 저의 입장은 이해를 못해 주었어요. 그래서 엄마랑 많은 갈등이 있었어요. 그런 언니는 고등학교 때부터 변화를 했어요. 공부를 못해서 수준이 낮은 고등학교에 입학했는데 그 가운데서 공부를 열심히 하기 시작했고 교회도 다녔어요. 학교에서도 친구들, 선생님들과 말도 잘하기 시작했고요. 대학도 들어갔고 그곳에서도 원만한 인간 관계를 가졌고, 지금은 취직을 했어요. 언니는 이렇게 잘 살고 있어요.

전 어릴 적부터 언니 때문에 너무 상처받은 것이 많은 것 같아요. 예전에는 긍정적인 자아상을 가지고 있었는데 지금의 저는 낮은 자존감을 가지고 있어요. 자폐증을 가족으로 둔 사람이 어떤 상처를 가질 수 있고 어떻게 극복을 할 수 있나요? 전 저의 비전을 두고도 고민이 많아요. 교대를 다니고 있는데 초등학교 선생님으로 이런 낮은 자존감으로 어떻게 아이들을 잘 가르칠 수 있는지…….

♣**상담자**: 정희님, 글을 보니 언니를 위해 정말 많은 희생을 하셨군요. 지금의 언니가 있기까지 "심리적 산파" 역할을 해준 이는 바로 동생인 님이라고 봅니다.

그 언니는 몸만 정상이었지 거의 장애인이나 다름없는 상태였는데 동생은 그런 언니를 위해 꿋꿋하게 살아온 것 같습니다. 현재 교대까지 다닌다니 참 대견하다는 마음이 듭니다. 제가 보기엔 님은 정말 신뢰할 만한 상담자를 만나 한번 마음의 깊은 아픔들을 토로하며 자신의 잃어버린 과거를 깊이 슬퍼할 필요가 있다고 생각합니다. 그것이 없이는 평생을 "희생양" 콤플렉스에서 헤어날 수 없을 것만 같아요.

참, 그런 가정의 언니를 위해 말없이 봉사했던 님은 그 가정의 선교사로 헌신했다고 생각합니다. 주님께서 그 헌신을 값없이 여기지 않으실 것입니다. 위로를 드립니다.

여덟 ● 아빠를 사랑하고 파요!

♥**내담자**(미래): 안녕하세요? 저는 이곳에 처음이랍니다. 편안함으로 저의 이야기를 들어주실 것이라는 기대감으로 이곳에 글을 올립니다. 저의 아버지가 조금 완벽주의를 가지고 계시는 분이십니다. 그

렇다고 "이건 왜 이래?"라고 말씀하시는 분은 아니랍니다. 아빠의 뜻대로 우리가 하길 원하십니다. 예를 들어, 치약을 짜는 부분에서도 아래에서부터 짜야한다고 말씀하십니다. 그렇게 하지 않을 때는 큰소리로 혼을 내십니다. 또한, 방을 청소하는 부분에서도 아빠 맘에 들지 안을 시엔 윽박을 지르십니다. 한마디로 잔소리가 심하십니다. 나를 따라다니시면서 불꺼라, 전기세 많이 나온다 등. 그래서…….

아빠가 뭐하라고 말씀하시면 제가 먼저 소리를 지르고 방으로 들어오거나, '아빠는 말해라. 나는 아무 말 안한다'라고 생각합니다. 아니면, 아빠가 말씀하시는데 그 말을 무시하고 그냥 방으로 들어옵니다. 어쩌면 좋습니까? 아빠가 잔소리를 할 때마다 짜증도 나고 신경질도 납니다. 저는 아빠의 좋은 딸이 되고 싶습니다. 어떻게 해야 하나요? 도와주십시오. 저에겐 심각한 고민이거든요. 날로만 커져 가는 나의 불만을 어떻게 사라지게 할 수 있을까요?

♣**상담자**: 미래님, 까다로운 아버지를 이해하고 그분께 효도를 하고 싶어하는 따님의 마음이 참 곱습니다. 완전주의와 조금은 다른 성격이지만 아버지의 성격이 편안한 성격은 아닌 것 같군요. 참고로 완전주의에 관하여는 이 싸이트 왼쪽에 보시면 "아침가정사역센터"에 나와 있는 '완전주의' 라는 부분을 읽어보세요.

잔소리가 많다는 것은 잔소리하는 이의 마음이 늘 편하지 않고 무엇인가에 대해 불안을 느끼고 그로 인해 갈등이 많다는 싸인입니다. 그리고 불신도 있겠죠. 너희들만으로는 믿지 못하겠다는. 그런데 제가 님께 묻고픈 것이 하나 있습니다.

아버지와의 관계에서 지금 그런 갈등을 있는 그대로 아버지께 표현해 보았는지요. 감정적인 표현말구요. 감정을 가급적 배제한 그런 표현 말입니다. 이런 말씀을 드리는 이유는 많은 자녀분들이 부모와 직면하는 것 그 자체를 싫어 하다보니 스스로 대화의 가능성을 차단한 채 아버지나 어머니에 대한 오해나 서운한 마음을 풀지 않고 있는 경우가 참 많기 때문입니다.

지금 미래님의 경우 아빠께서 아침이나 저녁에 양치질을 할 때 치약을 짤 때 아예 이렇게 묻고 해보십시오. "아빠, 저 치약 아래에서부터 짜고 있어요. 그러니까 좋더라구요. 앞으로 아빠처럼 습관들일까요?" 그렇게 아빠의 마음을 좀 풀게 하신 후 협상(?)을 시도해 보세요. 아버지가 나를 염려하고 걱정하고 사랑하셔서 여러 말씀을 하시는 그 마음은 참 고맙지만 아빠가 때로 일방적으로 말씀하신다고 느껴질 때는 본의 아니게 아빠의 좋은 말씀이 잔소리처럼 들린다고, 그래서 가능한 원칙을 정하시고 그 원칙에 크게 벗어나지 않았다고 판단하시면 가능한 격려를 해달라고 당당하게 말씀을 해보시기 바랍니다. 처음이 어렵습니다. 그러나, 용기를 내어 한번 시도해 보시기 바랍니다. 이곳에 글을 올리실 정도로 아빠에 대한 마음이 지극한 분이라면 너무 어려운 제안이 아니라고 생각합니다.

아홉 ● 이해는 되지요……

♥**내담자**(주부): 전 40대 중반의 평범한 주부입니다. 몇 년 전까지는 정말로 평범한 주부였습니다. 지금은 몸과 맘이 많이 타락된 주부입니다. 남들과 쉽게 친해지는 성격과 눈에 띨 정도의 외모라 그런지 사람들이 많이 좋아합니다. 특히 남자들이. 운동을 하면서 남자들을 알게 되었고, 주부임에도 불구하고 애인처럼 사귀고 싶다는 제안을 많이 받았습니다. 세상적으로 돈, 명예, 권력 모든 걸 고루 갖추고 있는 사람들이지요. 그 중에서 2명과 교제를 하고 있는데 맘은 엄청난 갈등을

하면서도 그들이 저에게 쏟는 정성이랄까. 아님 돈, 사치, 선물 공세 때문인지. 죄이고 안 되는 일인 줄 알면서도 만남이 자제가 안 됩니다. 교회도 다니는 성도입니다. 알면서도 끊지 못하는 절 이해하실 수 있는지요. 갈등으로 힘이 듭니다. 도움이 되는 말씀 부탁드립니다.

♣**상담자**: 주부님, 안녕하세요? 40대 주부로서 꽤 많은 분들이 고민하는 문제인 것 같습니다. 40대 중반이라면 남편과의 관계가 아주 좋든지 서먹하든지 둘 중의 하나일 것입니다. 남편은 사업으로 혹은 일로 바쁠 나이고 아이들도 왠만하게 컸을 나이가 되지요. 그러다 보니까 시간과 물질은 있는데 그때부터는 마음이 굶주린 것입니다. 그래서 "나"를 재발견하고 싶은 자기에 대한 욕구와 사랑받고 싶다는 사춘기적 욕구들이 솟아오를 때입니다. 그런데 주부님은 아름다운 외모를 가졌다 하셨는데 돈 많은 남자들로서는 한번 유혹하고 싶은 대상으로 느껴졌다는 것 자체가 이상한 일은 아니라고 봅니다. 사람이 유혹을 받는다는 것은 내 안에도 그런 유혹의 근거가 있다는 증거니까요. 문제는 세 가지인 것 같습니다.

첫째는 남편과의 관계입니다. 님은 남편과의 관계를 써 주시지 않으셨는데 특별한 이유라도 있으신지요. 상담자의 막연한 느낌이지만 지금 남편과의 관계가 정서적으로 충분히 안정되고 사랑하고 사랑 받는다는 느낌이 부족하신 것은 아닌지요. 일반적으로 부부 사이가 충만하면 그런 유혹은 그저 유혹으로 이겨낼 수 있다고 보거든요.

둘째는 님 자신의 문제입니다. 즉 위에서 말씀드린 그런 자아의 재발견 욕구, 나를 누군가로부터 확인 받고 싶은 욕구가 올라올 나이 이십니다. 그런데, 때로는 그런 마음에는 소위 정신분석에서 말하는 어린 시절 사랑에 대해 굶주린 마음들이 있을 수 있습니다. 즉 사랑받고 싶은 마음이 억압되어 있다가 그런 억압을 모두 해소시켜 줄 것만 같은 대상을 만나면 정당한 명분을 가지고 그런 감정을 상대에게 투사한다고 합니다. 자기 마음을 지킬 수 없는 근원적인 애정에 대한 상처나 갈급함이 있다는 것입니다. 그런 것에 대해서 한번 냉정히 자신을 돌아보시기 바랍니다. 그런 것이 있다면 그것은 운동하는 곳에서 누군가를 만나서 해결할 수 없는 것이거든요. 반드시 상담자를 만나 자기 통찰을 할 필요가 있다고 봅니다.

셋째는 님을 유혹하는 남자들입니다. 그들도 님과 비슷한 연배의 사람들, 혹은 그 이상의 나이를 먹은 사람들일 것입니다. 이미 말씀하셨듯 돈과 사회적 명예와 모든 것을 두루 갖춘 성공한 사람들이겠지요. 모든 것을 쥐고 있는 그들에게는 아름다운 여인은 또 한번 쥐고 싶은 욕망의 대상이 될 수도 있는 것입니다.

저도 목사이지만 목사 이전에 남자란 것을 늘 잊지 않습니다. 즉 성을 가진 남자들은 하나같이 유사한 공통점을 갖고 있는데요. 그것은 자신의 목적을 위해선 물불을 안 가리고 최선을 다한다는 것입니다. 다시 말해 그런 접근의 목적은 적나라하게 말하여 성관계가 최종 목표가 될 가능성이 높습니다.

여자는 그저 자신의 정서를 이해해주고 안아주는 남자를 바라겠지요. 그러나, 남자는 특히, 그 나이의 남자들은 그것으로 만족하지 못하는 이들이라고 봅니다. 대개 그런 목적이 아닌 것으로 님께 다가오는 사람도 혹 있겠지만 저는 아직까지 그런 플라토닉한 사랑을 하는 순수한 남자들을 본 적이 없답니다. 여자를 이상화시키고 선물 공세를 하는 이유는 그럴만한 무의식적인 욕구가 있다는 것입니다. 저의 이런 말들이 너무 일방적으로 보일지 모르겠습니다. 그러나, 제가 무슨 이야기를 하고 있는지 잘 아시리라 믿습니다.

선택은 "님"이 하십시오. 그러나, 〈봄날은 간다〉는 영화도 있지만 봄날같은 감정은 자기가 원하든 원하지 않든 "갑니다." 단, 그 가는 봄날에 어떤 감정이 담길지는 지금 하고 계시는 일에 대한 결과가 말해줄 것입니다. 부디 자신을 위해 더 좋은 선택을 하시기 바랍니다.

열 • 부모님을 닮기 싫은데요

♥**내담자**(걱정이): 저는 고등학교 2학년 학생입니다. 제 가족은 부모님과 오빠와 저 이렇게 4명입니다. 저희 부모님은 사이가 좋지 않으십니다. 오빠는 학교를 자퇴하고 서울에서 친구들과 살고 있습니다. 부모님은 이런 오빠의 행동이 서로 상대방의 탓이라고 하십니다. 제가 보기에는 두 분 다 잘못이 있는데요.

저는 그럭저럭 참고 있습니다. 자식은 부모를 닮는다고 하던데요. 저는 무능력한 아버지, 이해심 없는 어머니를 닮고 싶지 않습니다. 그렇지만 자꾸 싫다고 하면서도 문득 내 속의 부모님을 발견할 때마다 매우 혼란스럽습니다. 이런 상황에는 어떻게 해야 하나요?

♣**상담자**: 걱정이님에게. 안녕하세요? 글을 읽고, 이런 정신의 소유자라면 지금 자신 안에 원치 않는 부모님의 모습이 있다해도 나이를 먹어갈수록 "진정한 자신"이 될 수 있는 학생이란 것을 느꼈습니다.

맞아요. 오빠가 그렇게 된 것은 분명 오빠의 의지예요. 그러나, 그렇게 오빠를 만든 환경은 부모님이 제공했다고 봅니다. 상처받은 그 가슴을 누가 위로할까요. 일단 그런 모습이 비칠 때 일단 그대로 인정하는 자세가 필요합니다. 신앙인지 모르지만 그런 모습이 느껴질 때마다 하나님께 그런 자신의 상황을 있는 그대로 고백하는 것이 필요합니다. 그런 다음 어떤 성질이나 원치 않는 다른 마음이 느껴지면 그 마음과 내 마음을 구분해 보길 바랍니다.

노트에다가 내가 원하는 마음과 원하지 않는 마음을 기록해 보세요. 그래서 그런 마음이나 감정이 생길 때마다 내가 진심으로 바라는 마음과 아닌 마음을 구별하다보면 나중에 진심이 무엇이고 자기가 원하는 감정이 무엇인지를 깨닫게 될 것입니다. 나중에 깊게 들어가다보면 자기 분석도 도움이 되지만 그것은 아주 깊은 차원이니까 당장은 필요하다는 느낌이 들지 않습니다.

상처받은 사람이 그 상처가 아물면서 쓴 책들이 많아요. 〈당신의 과거와 화해하라〉(죠이선교회출판부)를 추천합니다. 힘내세요. 오빠가 주님의 위로로 마음을 잡고 돌아오길 바랍니다.

열하나 • 어떻게 도움이 될련지

♥**내담자**(상처): 사랑하는 제 친구 이야기예요. 친구는 결혼을 했는데 남편의 사랑 표현이 없어서 고민하고 있습니다. 결혼한 지는 몇 년 됐어요. 애들도 유치원에 다녀요. 남편은 신앙이 좋고 무지 착하고 자신을 사랑하는 걸 안대요. 제가 보기에도 정말 모든 면에 존경스러운 사람이에요. 그런데 사랑 표현을 안한대요.

지금 무지 힘든 상태예요. 경제적으로. 그런데 남편은 힘드냐는 말 한마디도, 손을 잡아주는 일도 없답니다. 친구가 아프면 약 사다주고 집안 일도 거드는데 표현을 안한대요. 우울증까지 걸렸는데. 어쩌면 좋을까요?

♣**상담자**: 상처님께. 안녕하세요? 글 잘 보았습니다. 참 의문투성이의 남편이군요. 사랑은 표현할 때까지 사랑이 아니거든요. 좋은 울릴 때까지는 좋이 아니라 장식품이라고 합니다. 그런데 아내를 사랑한다

는 사람이 어려움을 겪고 있는 아내에게 그렇게 무표현적이라면 딱 두 가지 원인일 것입니다. 첫째, 그 남자가 지독히 자기 표현을 하지 않는 가정에서 자랐든지 아니면 부모 없이 자란 사람이든지. 둘째, 애정 표현 자체를 거부하는 사람이든지 애정 표현은 할 수 있는 사람인데 그런 것을 어디 가서 배울 기회가 없어서 표현을 못하는 사람이든지 말입니다.

원인은 또 있을 수 있겠죠. 아무튼 그런 경우 딴 방법이 없습니다. 전문 가족치료사를 만나든지 부부상담 전문가를 만나서 상담을 받게 하는 것이 제일 좋습니다. 그러나, 분명한 것은 아내가 그토록 우울증까지 걸려있다면 그것을 보고도 어디 아프냐고 말 한마디하지 않는다면 그것은 정상이 아니라고 봅니다.

사회적으로 존경받는 것과 부부 사이에서 상식적인 것은 차원이 다른 문제입니다. 그 친구분은 그런 남편에 대해 "당신 나에게 왜 이렇게 표현함이 없냐?"고 직면해 보았는지요. 그런 문제는 무엇보다 당사자 의지가 중요하구요. 친구가 보는 친구 남편과 아내가 보는 남편은 다를 수밖에 없기에 그 친구가 남편에 대해 무얼 느끼고 평소에 어떤 사람이라고 느끼는지, 시댁 어른들을 뵈었다면 그들을 보면서 남편이 영향 받은 것은 무엇인지를 꼼꼼히 살펴보는 것이 필요합니다.

열둘 • 궁금합니다

♥**내담자**(구름): 이 가정의 아버지는 이중 생활을 하고 있습니다. 큰집 가족에는 자녀(5명) 작은집 가정에는 자녀(2명)이 있습니다. 문제는 아버지가 왔다 갔다 지내고 있습니다. 작은 부인은 교회에 나가고 있고 큰 부인도 교회를 다니고 있다고 들었습니다. 부모님 나이는 65

세, 작은 부인은 58세입니다. 그런데 작은 부인의 딸이 시집을 가서 15년 만에 이혼하고 지금은 혼자 술집을 차렸습니다. 교회는 약 3년 정도 다녔지요. 이혼한 지는 6개월 정도 되었고, 자녀는 1남 1녀 입니다. 어떻게 해야 정상적인 가정이 될까요?

♣**상담자**: 구름님, 안녕하세요? 아주 어려운 글이군요. 우선 올리신 내용이 그 복잡함에 비해 너무 간략하여 답변하기가 어려운 부분이 있습니다. 위의 가정을 정상적인 가정으로 만든다? 참으로 어려운 과제임을 님도 짐작하시리라 생각합니다.

우선 님께서는 위와 같은 가정이 어떻게 해야 정상적인 가정이 될 수 있는지에 대해 질문하셨기에 그에 관련된 말씀만 몇 마디 올려봅니다. 우선적으로 아버지의 그런 형태를 두 집의 자녀들이 알고 있는지 궁금합니다. 알고 있다면 이것에 대해 두 집안이 느끼는 분위기는 어떤지 알고 싶습니다.

첫째, 묵인하는 경우입니다. 어쩔 수 없다는 식입니다. 그러나, 이럴 경우 두 가정 다 역기능 가정이 될 수 있습니다. 역기능 가정이 되지 아니하려면 두 가정에서 아버지에 대해 자녀들과 그 어머님이 솔직한 대화를 주고받아야 합니다.

둘째, 어쩔 수 없는 현실을 인정하면서 받아들이는 경우입니다. 이럴 때는 두 집의 자녀들이 아주 성숙해야 합니다. 즉 어쩔 수 없는 이러한 상황을 세상 말로 "운명"이라 여기지만 그 운명을 너그럽게 인정하고 자기들이 아프듯 다른 가정도 그럴 것이라는 역지사지의 마음이 필요합니다.

두 집안이 만난다는 것은 사실 불가능하리라 생각합니다. 다만 아버지의 재산이 있다면 이것에 대해 살아 계실 적에 그 분배를 어떻게 할 것인가를 분명히 해둘 필요는 있습니다. 그래야 아버님 사후에도 다른 원망이 생기지 않을 것입니다. 즉 지극히 현실적인 것, 현상적인 사실은 일단 인정하고 들어가야 한다는 것입니다. 그래야 화목한 가정은 아니 되어도 싸우는 가정은 피할 수 있다는 것입니다.

아울러 그 따님의 가정에 대해서는 뭐라고 답하기가 어렵습니다. 올라온 상황이 너무 모호합니다. 그리고 이해는 되지만 글 쓰신 분이 평소에 6하 원칙에 의해서 대화하시거나 글을 쓰시는지요? 너무 심각한 문제인데도 마치 감정이 없는 것처럼 글을 올리셨습니다. 제가 그렇게 느꼈답니다. 그래서 저는 님이 지금 아버지와 다른 가정을 염려하실 것이 아니라 님 자신의 아픔과 한숨, 한계와 억압된 감정 같은 면을 우선적으로 다룰 필요가 있다고 봅니다.

가족치료라는 것이 있어요. 거기에선 도무지 안 변하는 가정이지만 누군가 한 사람이 변화할 때 가족의 전체 체계가 변한다는 말을 합니다. 저는 님이 먼저 그 "한 사람"이 되시길 바랍니다. 지금 같은 관심으로 먼저 자신의 감정을 살피시길 바랍니다.

열셋 ● 도와 주세요

♥**내담자**(희진): 부인은 예전에 예수님을 믿었던 흔적이 있었고 남편은 술을 좋아합니다. 딸이 커서 따로 객지에 살고 아들 고1(중퇴)은 유치장에 있습니다. 도둑질을 여러 번 반복하여 친구들과 함께 유치장에 있는 것입니다. 이런 가정은 어떻게 해야 할지 궁금합니다.

♣**상담자**: 희진님, 안녕하세요? 이번 질문에는 제가 답변을 구체적으로 드리지 못함을 이해바랍니다. 이유는 위의 주제가 레포트의 일부분으로 알고 있거든요. 얼마 전 위와 동일한 질문을 받았습니다. 그

래서 레포트를 대신 써 주는 격이 될 것 같아서요. 대신에 이런 힌트만 드릴께요.

첫째로, 위와 같은 아주 불분명한 내용이 올라오면 할 수 없이 구체적이고 보편적인 접근을 해야 한다는 것입니다. 즉, 구체적인 내용이 없기 때문에 상담의 생명인 내담자의 주관성을 알 수 없다는 어려움이 있습니다. 이런 경우는 보편적으로 답을 할 수밖에 없지요.

둘째로, 가정이 위와 같은 경우라면 역기능 가정임이 분명하죠. 일단은 그 문제 아이를 심리적으로 지지할 수 있는 사람이 필요합니다. 어머님이나 누나가 좋겠지요. 그러나, 누나가 객지에 사는 것이 시집을 가서 객지에 사는 건지 가정이 싫어서 가출로 객지에 사는 것인지 너무 불분명합니다.

셋째로, 누가 보아도 황당한 이런 케이스에 대해 저는 가능한 답변하고 싶지 않습니다. 누가 올렸는지 몰라도 이게 가상으로 만든 케이스인지 몰라도 이런 식으로 글을 올리는 것은 참 무관심하다는 마음이 듭니다. 정말 도움을 받거나 도움을 줄 마음이라면 사연도 구체적으로 올려주는 것이 내담자가 상담자에게 해줄 수 있는 태도라고 생각하기 때문입니다.

넷째로, 이 가정은 그 누구하나 서로에 대해 책임지려 하지 않는 가정입니다. 그런데 도움을 어떻게 주느냐. 글쎄요. 솔직히 저도 자신이 없습니다.

열넷 ● 저 자신의 모습이 진정……

♥**내담자**(눈물): 오늘도 여지없이 아침을 맞았습니다. 어젯밤에 아니 새벽에 눈을 감으면서 하나님께 기도했지요. 저에게 아침이 없었으

면 좋겠습니다. 집에서도 하느라고 열심히 하고 교회에서도 최선을 다하면서 우리 모두에게 유익이 무엇일까 고민하고 기도하며 살아가는 사람입니다. 하지만 예전의 아픔으로 저 바로 위 언니는 저를 용서하지 못하고, 조그만 일이 있으면 예전의 일을 들추어내서 "이중인격, 안하무인"이란 단어를 써 가면서 저의 마음을 찢어 놓습니다.

저는 교회에서 사역을 합니다. 어제는 저 자신을 깊이 있게 생각해 보았습니다. 정말 내가 이중인격인가? 하지만 즐거울 때가 있고, 피곤할 때가 있으면 힘겨움이 표출되기도 하잖아요. 가장 가까이에 있는, 가장 힘이 되는 가족이 힘이 되지 못하고, 노력하고 있는 저를 궁지에 몰아넣고 있습니다. 도망가고 싶어요. 이중인격인 제가 어떻게 사역을 해야 할지 이제는 갈등도 하게 되고요. 언니와는 남남이 될 것 같아요. 저도 언니가 이제는 무서워요. 그런데 저 너무 힘들어요.

♣**상담자**: 눈물님, 어떤 일로 그런 갈등이 발생했는지 사연이 없기에 좀 막연한 느낌이 듭니다. 그리고, 님이 말씀을 하신 대로 언니라면 더 지지해주고 더 용서해야 정상일텐데 어떤 배경에서 그런 상처주는 말을 하는지 또 알 수 없군요.

언니와 남남이 될 것 같다는 말은 너무 슬프지만, 저는 이럴 때 예수님의 말씀을 생각해 봅니다. "누가 내 어미와 누이와 형제인가? 하나님의 뜻대로 하는 이가 나의 어미요 누이요 형제니라." 이 말을 들었을 마리아와 그 형제 자매들은 아주 서운했겠죠. 그러나, 예수님은 혈연마저도 사랑과 정의보다 앞설 수 없다고 하신 겁니다.

다시 말해 상대가 내 형제인데 계속 나에게 공격만 가하는 가해자라면 더 이상 형제일 수 없다는 얘깁니다. 물론 용서의 문제가 늘 따라오지만 개인적인 관계 설정은 분명해야 한다는 말이예요. 그 문제가 진정으로 자신의 잘못으로 비롯된 것이라면 깊이 사과하고 반성해야겠지만

다 했는데도 또 잘못을 들춘다는 것은 그것은 피붙이로서 있을 수 없는 행위라고 봅니다. 상담이 깊어지려면 사연도 그러해야 합니다. 올리신 글에 대해 저는 이만큼만 답변할께요.

내담자(눈물): 목사님, 감사합니다. 글을 올렸다가 다시 1:1상담으로 옮겼는데 답신을 쓰던 중이셨군요. 어릴 때부터 늘 언니는 자기가 희생자라고 생각하고 있습니다. 동생들은 다 방관자이고, 자신만이 짐을 짊어지고 산다고 생각하죠. 무슨 일 있으면 함께 얘기하고 나눠야 함에도 우린 기다리고 있는데, 혼자 고민하다가(집에 빚이 많아서)바로 저에게 쏟아놓기 일쑤입니다. 저도 참다 참다 대들고 싸우기도 하고, 신경전을 벌이기도 하고, 이런 일이 계속 빚어져 왔습니다.

바깥에서는 사역하면서 웃고 떠들면서 자기한테는 그렇지 않다는 거죠. 그런데 사실 언니가 이런 데 웃음이 나와요. 결국에 피해를 보는 이들은 동생들입니다. 감정적으로 소외감을 느끼는 듯한, 사역하는 제가 가장 이중인격이라고.

♣**상담자**: 눈물님, 그러셨군요. 대강의 사연 잘 읽어보았습니다. 언니의 그러한 행동을 가족치료라는 분야에서 "메시야 콤플렉스"라고 말하고 요즘은 '은실이 콤플렉스'라고 말합니다. 자신이 모든 고통을 떠맡고 있다고 생각하면서 스스로를 언제나 문제 해결자로 인식하는 일종의 콤플렉스를 두고 말하는 것입니다.

언젠가 방영되었던 가족드라마 〈은실이〉에서도 은실이가 큰 아이로서 동생들을 너무 챙겼죠. 자기 어린 시절은 전혀 없이 말이죠. 언니의 경우 그런 콤플렉스를 갖고 있는 것 같습니다. 아울러, 그런 스트레스와 분노를 자기 보기에 만만하다고 생각이 되는 동생에게 투사하는 것으로 보입니다. 그럴 때는 직면이 가장 좋습니다. 언니만 심리적으로 가족의 짐을 지는 것은 아니라는 것을 확실히 말하여 줄 필요가 있습니다.
 예를 들어, 님이 쓰신 내용 중 "바깥에서는 사역하면서 웃고 떠들면서 자기한테는 그렇지 않다는 거죠. 그런데 사실 언니가 이런 데 웃음이 나와요."라고 말한 부분을 솔직히 털어놓을 필요가 있다고 봅니다. 언니가 너무 독선적이고 통제적인 것 같아 보여 걱정이 되기도 합니다. 그러나, 언제나 그러하듯 대화를 빼놓고는 커뮤니케이션이 가능할 수 없잖아요. 쉽지는 않아 보이지만 한번 시도해 보시라는 말을 평이하지만 드리고 싶습니다.

열다섯 ● 안타깝군요

♥**내담자**(초신자): 안녕하세요? 저는 하나님을 알게 된지 한 달쯤 되는 자매입니다. 그래서 아직 서툴고 어색하기도 합니다. 저의 집에서 하나님을 믿는 사람은 저뿐입니다. 목사님께서 제가 십자가를 져야 한다고 하시더군요.
 아버지가 의처증이 있으시고 알코올 중독까지 이른 것 같습니다. 어머니는 성실하게 언제나 그 자리를 지키고 계시지만 제가 봐도 이 가정이 너무 위태롭습니다. 그래서 하나뿐인 남동생도 올해 대학생이 됐음에도 불구하고 방황을 많이 합니다. 목사님 말씀이 부모님이 교회의 내적 치유를 함께 받으시면서 하나님을 믿어야한다고 하셨는데요. 두 분이 장사를 하시고 계시기 때문에 시간을 내기 힘들다고 말씀하시지만, 제가 기도 열심히 드리고 있으니 조만간 두 분이 그 필요성을 절실히 느끼고 하나님의 사랑으로 영적 치유를 받을 수 있길 바랍니다. 지금 진도(전라남도)에 살고 계신데요. 제 가족 주변에 그리스도인이 없어 내적 치유하는 센터를 알지 못해서 여기저기 수소문하고 있습니다. 진도 주변 해남, 목포, 광주와 같이 가까운 곳을 소개해 주세요. 간절하고 절실한 마음으로 기도드리면 하나님께서 제 기도를 들어주시겠죠? 감사합니다.

♣**상담자**: 초신자님, 님의 글 잘 읽었습니다. 님이 남자 분인지 여자 분인지는 모르지만 참으로 효자라고 생각됩니다. 그런데 안타깝게도 님이 말씀하신 지역에선 이렇다할 만한 치유상담센터의 정보가 없군요. 아직 신뢰할 만한 그런 세미나도 잘 모르겠습니다. 다만 아래의 싸이트 http://www.onnuritv.com에 들어가셔서 좌측 세미나라는 곳을 클릭하시면 내적 치유와 상담에 관하여 강연한 내용을 볼 수 있으실 것입니다. 인터넷이 되고 전용선이 깔려 있다면 이와 같은 매체를 통해서 도움을 받아 보시구요. 그리고 부모님이 바쁘시다면 치유에 관련된 테이프를 들으시면서 일을 하실 수 있으리라 생각합니다.

크리스챤치유상담연구원의 정태기 원장님의 감동을 주는 테이프는 싼 가격으로 팔리는 것으로 알고 있습니다. 다시 연락을 주시면 전화번호를 알려 드리겠습니다. 그리고 이곳 아침싸이트도 잘 살펴보시면 아주 귀한 자료들을 제공하고 있고 제가 쓴 책을 통해 그리고 그 책 뒤에 있는 치유에 관련된 저서들을 통해 간접적으로나마 도움을 받을 수 있으실 것입니다.

님과 같이 하나님이 관심을 가지실 수밖에 없는 기도를 하시는 분을 주님께서 결코 외면하지 않으실 것입니다. 마음으로나마 응원해 드립니다. 힘을 내세요. 부모님께서 님과 같은 자랑스런 자녀를 두신 것에 대해 언젠가 하나님께 감사할 날이 올 것입니다.

열여섯 • 진정한 평안을 갈구하며

♥ **내담자**(내면): 그 배경은 삼촌이 전에 숙모랑 이혼을 하시면서 그리고 작년 10월에 할머니께선 대장암 선고를 받으시고 이번 달에 마지막 항암치료를 끝내고 삼촌 집에서 애들이랑 이렇게 쭈욱 지내고 계십니다. 할머니를 생각하면 정말 이처럼 불쌍하신 분이 또 있을까 싶을 정도로 많은 고생을 하시며 사신 분인데…….

7남매를 두셨는데 하나같이 다 어려운 상황이고 늘 걱정근심 속에서 살아가십니다. 저는 이런 불쌍한 할머니한테 잘해 드리려고 마음은 먹는데 막상 할머니를 대할 때면 왜 이렇게 화가 나고 답답한지 모르겠어요. 물론 병으로 인해 신경이 예민해진 걸 알지만 사촌동생 큰아이는 중학교 1학년 남자아이인데 할머니께서 신경질적으로 얘기를 하면 그걸 참지 못하고 같이 짜증내면서 그러는 걸 저 역시 잘 참질 못해서 지금까지 몇 번이나 크게 소란스러워졌어요. (그 상황에서 저는 할머니와 애를 나무라고. 그러면 할머니는 더 속상해 하시고. 그런 걸 못보고 저는 마구 말을 쏟아부어 버리고. 그러고 나서는 얼마나 후회하며 가슴 아파하는지 기도도 안 되고 부끄럽고 염치없어서 하나님께 죄송하고. 그런 내 자신이 더더욱 용납할 수 없고.) 이런 일을 몇 번이나 반복하면서 애들한테도 할머니가 편찮으셔서 신경이 예민하니까 무슨 말을 해도 그냥 곱게 받아들이라고 하지만, 막상 실제로 부딪히면 저 또한 그렇게 되지 않는 걸 느끼기에 애들 심정도 충분히 이해가 되고, 너무나 오래 반복된 생활이라서 그런 것인지…….

정말이지 성격파탄 집안인 것 같아요. 사촌동생 중에 중학생 남자아이도 다혈질이고, 저도 다혈질이고. 무엇을 어떻게 풀어야 할지 정말 모르겠어요. 매번 할머니와 사촌동생들의 영혼구원을 위해서 기도드리고, 또 내가 하나님의 사랑을 나타내면서 변화시킬 수 있어야 하는데, 결국엔 이런 일이 자꾸 반복되다 보니까 저한테 문제가 많은 것 같아요. 제 안에 상처를 치유받지 않고서는 아무것도 변화될 수 없음을 절실히 느낍니다. 의지적으로 생각할 때는 참을 수 있지만, 어느 순간 나도 모르게 툭하고 터질 땐 제 안에 이상한 모습이 나타나는 걸 어찌할 수가 없어요.

괜히 할머니로 인해서, 아니 어쩌면 책임전가를 하고 싶어하는 건지 저도 상당히 신경을 많이 쓰고 걱정, 근심, 염려. 너무나 싫어하지만 저도 할머니 못지 않답니다. 제 동생 말로는 할머니를 닮아간데요. 저도 퇴근하고 우리 집에서 지내고 싶지만, 차라리 안 보면 맘이 편할까 싶어도 그래도, 애타게 기다리시고 조금이라도 가서 도움(설겆이, 청소, 밥 등)을 드리고자 토요일, 주일 빼고는 무거운 걸음을 하고 있어요.

저 정말 이런 성격 치유 받지 않고는 앞으로 결혼생활도 나의 삶 자체가 불행해질 것 같아요. 기도하는 것도 중요하지만 상담이라는 도구를 통해 풀어가야 할 것 같다는 생각이 들어요. 저에게 권할만한 책이나 그리고 목사님께서도 면접 상담하신다고 읽었는데 제가 사는 곳이 경주라서 가까이 추천해 주실 수 있는 상담사님이라도 소개를 좀 부탁 드려요.

목사님이 계신 곳은 어디신가요? 제 글이 너무 길고 복잡하죠? 죄송하고 그리고, 감사드립니다. 목사님께 하나님의 귀한 은혜와 능력이 충만하길 기도드립니다.

♥**상담자**: 내면님, 안녕하세요? 기억은 희미하지만 상담을 한 것은 기억납니다. 어려운 환경 가운데 계시는군요. 이혼한 자녀들의 심리는 분노와 낙심과 공허함인데 그런 아이들을 맡아 기르시는 병드신 할머님이 너무나 안타깝습니다.

글을 보니 님 역시 어느 정도는 자신을 성찰하시는 분인 것 같아 다행입니다. 가족의 심리란 게 참 묘해서 저의 가정도 역기능 가정이었는데 역기능 가정이란 것이 대화가 안 되는 가정이죠. 대화는 몸의 혈관인데 혈관이 안 통하면 병이 되지요. 그런 가정에서 자랐기에 저 역시 상담을 공부하고 가르치지만 막상 휴가를 받아 부모님과 함께 있으면 왜 그리 옛 습관이나 말투가 튀어나오든지.

그것을 내면화된 대상관계라고 합니다. 무슨 말이냐 하면은 어릴적 자신을 키워준 분의 태도와 행동을 자기 마음 깊이 스스로 각인을 시킨다는 것입니다. 그것은 부정적, 긍정적일 수 있죠. 양가감정이란 말이죠. 그러하기에 그런 감정을 느끼는 대상이 늘 곁에 있다면 뭔가 의식적으론 다르게 대하려 해도 선뜻 그게 이루어지지 않는 것입니다. 그러나, 무엇보다 하고자 하는 의지 그리고 처음의 용기 있는 시도가 중요합니다.

할머님에게 선물도 사다 드리시고 작은 사랑의 표현을 해보시는 용기 있는 시도를 해보시길 바랍니다. 그리고, 제가 쓴 책과 〈몸에 밴 어린 시절〉(가톨릭출판사)이란 책과 〈당신의 과거와 화해하라〉(죠이출판사) 등을 추천해 드립니다. 안타깝게도 제가 경주 근처에 어떤 상담실이 있는지는 잘 모르겠습니다. 그리고, 참고로 이 책을 나중에라도 읽어보시길 바랍니다. 〈이혼 가정 아동〉(학지사). 같이 사는 아이들을 이해할 수 있을 것입니다. 용기를 내시기 바랍니다.

♣**내담자**(내면): 고맙습니다. 휴가를 다녀왔어요. 목사님께 상담 글을 올리면서부터 조금씩 내내 무겁던 마음이 가벼워졌고 그리고 주일을 보내고 휴가를 보내면서 괜찮아진 것 같아요.

제일 힘든 것은 그런 제 자신을 용납할 수 없어서, 그래서 하나님의 이름을 부르기조차 부끄럽고 염치 없어서 회개기도도 못하겠더라구요. 그런데 예배를 드리며 교회에서 기도하며 느낀 것이 그렇기에 대속의 주님, 예수님이 필요하다는 것을……

나 자신조차도 용납할 수 없는 죄인을 위해 십자가에 달려 돌아가신 보혈을 의지하게 됐어요. 매번 반복된 부끄러운 모습이지만 그대로 자포자기하면 사탄에게 패하는 것밖에 안 되니 말이죠.

목사님, 고맙습니다. 많은 사람들이 상담을 의뢰할 땐 어떤 문제의 해결점을 얻고자 도움을 요청하는 사람들도 있겠지만, 저처럼 그저 신뢰가 가는 사람에게 마음을 풀어놓고 그것을 읽어 주시는 것만으로도 많은 위로와 힘이 되는 사람들도 있을 거예요.

지금은 사촌동생들이 친모한테 며칠 가 있는 상황이라서 너무나 평안하고 조용하답니다. 사촌동생들이 돌아오면 또 어떤 일들이 생길지 모르겠지만 제가 중간자의 역할을 잘하면서 애들한테도 잘해 주고 할머니에게도 따뜻하게 잘해 드릴 생각입니다. 주님의 사랑으로 노력해 보겠습니다. 목사님, 감사드려요. 우선 목사님이 쓰신 책부터 읽어 보겠습니다. 그럼, 건강하세요.

열일곱 • 조언을 부탁드립니다

♥**내담자**(여대생): 안녕하세요? 저는 24살 여대생입니다. 저는 가정 문제인데요. 집에만 들어서면 맘이 어두워집니다. 저희 부모님은 결혼하신 후 거의 평생을 서로에 대한 불만과 원망으로 살아오셨어요. 그래서 가정은 항상 위태로웠어요.

어머니는 잦은 아버지의 알코올 폭력과 할머니에 대한 두려움과 원망으로 신경병이 나서서 몇 년 전에는 잠시 이상해지시기도 하셨고 지금도 항상 편찮으세요. 그래서 살림살이도 잘 되지 않는 듯합니다. 그런데, 저도 5년 전부터 여러 가지 사정으로 어머니와 같은 종류의 병에 걸렸고 지금도 그 기운이 좀 남아 있어요. 계속 좋아지곤 있지만, 저는 2년 전부터 가정을 위해서 계속 기도하고 있고 최근에 들어서는 하나님께서 저희 가정에 많은 복을 주실 것이라는 확신도 기도 중 받았어요.

사실 저는 어머니의 아프신 모습을 보면 저도 같이 아픈 것 같아요. 그래서 어머니에 대한 원망이 자꾸 생깁니다. 하나님 안에서의 평안이 집안에서의 생활만 생각하면 깨어집니다. 죄책감도 크고, 그래서 독립하면 오히려 저의 성격도 밝아지고 가정에 대해서도 좀 더 여유있고 긍정적으로 생각할 수 있을 것 같기도 한데 과연 내가 독립을 해도 되는 것인지 조언을 좀 부탁드립니다.

♣**상담자**: 여대생님, 안녕하세요? 내용 잘 보았습니다. 일단 님은 어머님과 정서적인 합일을 이루며 사셨던 것 같습니다. 아마 딸로서 어머니와 자신을 동일시한다는 것은 당연한 이야기겠지만, 역기능 가정의 특징 중 하나는 가족 중 누군가의 감정이 금방 온 가족의 감정처럼 전염된다는 것입니다.

특히 우울하고 부정적인 감정은 더욱 그런 특성을 갖습니다. 그런 환경에서 님이 "독립"을 생각한다는 것은 그래도 님이 건강한 사람임을 증명하는 싸인처럼 느껴집니다. 만일 독립이 가능하다면 집에서 아주 멀지 않은 곳에 님 자신만의 거처를 만드는 일도 좋다고 봅니다.

일단 식구들과 거리를 둠으로 감정적인 독립을 할 수 있을 것이며 가족의 문제에 휩싸이지 않고 좀 더 냉정하고 객관적으로 문제를 볼 수 있는 눈이 생기리라 생각합니다. 그렇게 하면 어머님을 더욱 더 효율적으로 도울 수 있다고 생각합니다. 물론 이것은 님의 글을 읽고 느낀 저의 소견에 불과합니다.

언제나 결단은 님 스스로 하셔야 합니다. 기도를 해도 하나님이 답을 주시지는 않습니다. 님의 결심이 옳다면 하나님은 여러 가능성 중에서 더 나은 길을 보여주시기 때문입니다.

♥**내담자**(여대생): 감사해요. 정말 제 생각과 같군요! 제가 잘못 생각한 것은 아닌 걸 알아서 감사해요. 전 제가 독립하려는 것이 이기적인 건 아닌가 생각했어요. 그래서 죄책감에 빠지기도 했는데…….

말씀을 보니 제가 독립하는 것이 확실히 필요한 듯합니다. 오늘도 하루종일 기도하고 말씀 보면서 독립하기로 결정했어요. 정말 도움이 되었고 감사합니다!

열여덟 ● 불쌍한 우리 아빠

♥**내담자**(딸): 전 우리 아빠를 볼 때마다 너무 무서워 보이고 한 편으로는 불쌍해 보이고 어쩔 땐 한 대 때려주고 싶을 때가 한두 번이 아닙니다. 나이는 드셨지만 행동하는 것은 어린 아이 같이. 자신은 그렇게 하지 않으면서 자식들한테는 언제나 훈계하시고 조금만 잘못해도 "넌 항상 왜 그 모양이냐?" "그럴 수도 있죠?"라고 따지면 자식새끼 키워나야 소용없다는 등. 하루는 텔레비젼을 보다가 김남일 선수와 그 아버지가 나오는 것을 보더니 "저 아버지는 아들 땜에 팔자 폈다, 너희들도 돈 없이는 못 산다, 너도 잘되라"는 등, 돈버는 것이 날 위하는 것처럼. 난 아닌데. 난 싫어요! 내가 싫은 것을 왜 아빠가 강요하냐고. 추석에도 싸워서 고향에도 안 갔어요.

부모님은 자식들 부모마음 몰라준다고 서러워하시고 언니와 나는 그렇게 어렸을 적부터 강요받던 것이 너무 싫었고, 고3때도 공부에 대한 스트레스로 인해서 모든 것을 그만 두고 떠나고 싶은 생각이 너무도 많았어요.

 아빠 자신의 삶은 포기한 상태 같아 보여요. 일만하고, 남들처럼 자신을 위해 하시는 일도 꾸미는 것도 없으시고, 그렇다고 신앙생활도 미지근하시고, 오직 희망은 저희들인가 봐요. 참, 건강에도 많은 관심이 있으세요. 자신을 찾았으면 좋겠는데 전 기도뿐이 해드릴 것이 없네요. 사람들 관계도 빨리 회복되시고 먼저 하나님과의 관계가 회복되셨으면 좋겠어요.

 ♣상담자: 딸님, 안녕하세요? 아버지가 그러셔서 마음 편치 않으시겠어요. 정신치료에서 그런 분을 보편적으로는 성인아이라고 부르고 진단적으로는 자기애적 상처를 가진 환자라고 말합니다. 자기애적 환자들의 특징은 상대를 공감해 줄 능력이 참으로 부족하다는 것이죠. 그런 상황에서 어떤 일이 가해지면 그것에 대해 반응은 보이지만 능동적이거나 창의성은 거의 발휘하지 않아요. 그리고 나이가 들수록 건강염려증도 무척 심해지죠. 신경증을 앓고 있다는것은 쉽게 말해 희망 없이 늙어가고 있다는 그런 징표라고 말할 수 있어요. 평생을 제대로 된 사랑 한 번 받아본 적이 없기에 귀엽고 예쁜 딸자식들과 고작 나눌 수 있는 대화가 공부해라 돈 벌어라 그런 말밖에 할 수 없지요.
 지난번에도 이번 글과 유사한 답변을 올린 적이 있는데요. 아빠를 아빠라는 권위를 가진 인물로만 보지 마시고 얼마든지 실수할 수 있는 한 남자요, 연약한 한 인간으로 한번 보세요. 그렇게 해야만이 용서도 인간적인 연민도 가능하답니다.
 무엇보다 그렇게 아버지를 대하게 되면 아버지로 대하는 것보다 훨씬 마음이 편안해질 것입니다. 그리고, 그 아버지와 진심으로 마음을 나눌 수 있는 가능성이 생겨난다고 말씀드립니다. 무엇보다도 님과 형제들 모두 그런 아버지 밑에서 그 아버지가 님에게 형제들에게 하는 태도를 보고 배웠을 텐데. 부디 그런 태도들이 님들에게 전염되지 않도록 하시길 바랍니다.

열아홉 ● 그러면요……

♥**내담자**(십자가): 위의 글과 답변도 봤는데요. 그러면 그런 분들은 그런 성인 아이적 모습이 어떻게 바뀔 수 있나요?

♣**상담자**: 십자가님, 안녕하세요? 내담자의 아버지와 같은 성인 아이적인 분들이 어떻게 바뀔 수 있느냐는 질문은 아주 어려운 질문입니다. 그건 여러 가지 답변이 나올 수 있을 것입니다만, 그것만 다루는 것도 많은 분량의 글이 필요하답니다. 다만 제가 다루고자 하는 것은 그 아버지가 아니라 그 딸 되는 학생의 마음과 태도를 다룬 것입니다. 그 아버지야 지금으로선 뭐라고 말할 수 없습니다. 그가 변화의 의지를 갖고 있는 가도 확인해야 하고 그가 갖고 있는 정신적 문제를 객관적으로 풀기를 원하느냐도 중요한 관건입니다.

그가 어떻게 바뀔 수 있을까요? 두 가지 문제가 중요하다고 봅니다. 첫째, 그가 자신에게 문제가 있음을 알고 그것을 인정하느냐 하는 것이고, 둘째, 그것을 치유하기를 스스로 원하느냐는 것입니다. 이 두 가지만 분명하다면 그는 분명히 바뀔 수 있습니다. 그러나, 회의적이지만 그런 이들은 자신의 문제를 인정하지 않습니다.

이런 부분에선 님께 스캇 펙의 〈아직도 가야할 길〉이란 책을 소개해 드리고 싶습니다. 그 책이 말하는 게으름과 악에 대한 견해를 상세히 살펴보기를 바랍니다. 그럼 원하는 답을 찾으실 수 있을 겁니다.

스물 ● 우리 언니

♥**내담자**(비전): 우리 언니는 선교사가 비전이예요. 지금은 두란노 경배와 찬양을 섬기고 있구요. 언니는 어렸을 적부터 아버지에게 많은 상처를 받았어요. 어린 나이에 아버지에게 질문하면 그것도 모르냐면서 언니의 머리를 쥐어박았데요. 어린 나이에 모를 수도 있는데.

언니가 대학에 와서 단기선교를 갔다왔는데 이집트에 가서 하나님께서 이집트 선교의 비전을 심어 주셨다고 그 뒤로 선교훈련을 위해서 두란노에서 공동생활을 하고 있어요. 그런데 문제는 집에 안 와요. 추석이 되어도 방학이 되어도 집을 피하려고 하는 것 같아요. 전화도 안 받을 때가 많구 회피하려는 것이 보여요. 헌신하는 사람들도 행사 때 똑같은 돈을 낸대요. 사실 그렇게 넉넉하지 않기 때문에 부모님도 부담스럽나봐요. 그래서 오라고 하는데 그게 너무 싫은가봐요. 언젠가는 그곳에 가봤어요. 하지만 그렇게 언니 생활이 좋아 보이지 않았어요. 얼굴도 우울해 보였고 동료들끼리 사이도 별로 안 좋은 것 같고. 실패를 두려워하는 것은 누구나 마찬가지 같아요. 하지만, 우리 언니를 보니까 피한다고만 되는 것은 아닐텐데 라는 생각이 들어요. 하루는 집에 와서 가지 말라니까 하는 말이 충격이였어요. 확 죽어버리고 싶데요. 이것이 할 소리인가? 선교 준비한다는 사람이 먼저 자신의 치유가 있어야겠죠?

♣**상담자**: 비전님, 안녕하세요? 올리신 글 잘 보았습니다. 언니에 대한 글은 참 마음이 아프군요. 그런데 실제 선교 현장에 나가 순교까지 각오하는 사람들 중에는 그렇게 역기능 가정에서 성장하여 늘 마음 한 구석에 뭔지 모르는 서러움이 배어 있는 분들이 상당수입니다. 그래서 어느 나라에 가든지 처음엔 죽을 각오를 하고 열심히 하는데 나중에

교회가 커지면 그 때부터 여러 문제가 발생한다고 합니다. 같은 한국 선교사들끼리의 보이지 않는 경쟁, 열등감, 비교의식 등.

그래서 어느 교회에서는 선교사로 가겠다는 사람을 심사할 때 최종적으로 목사님이 선교사 지망생에게 그런 말을 묻는다고 합니다. "당신은 당신 자신을 좋아합니까?" "네……? 무슨 말씀인지……." "당신이 하나님을 사랑하는 것은 압니다만 당신 자신을 사랑하느냐구요!" 이 질문에 머뭇거리는 사람은 선교사로써의 자격이 보류된다고 합니다. 자신도 사랑하지 못하는 사람이 어디 가서 누굴 사랑하겠다고 선교 운운 할 수 없다는 이야기죠. 100번 들어도 100번 지혜로운 목사님의 질문이 아닐 수 없습니다.

선교사로 가려는 이들의 심리 속에는 보이지 않게 "순교자 콤플렉스"라는 게 있습니다. 주님을 위해 죽겠다는 것인데 그게 순수한 동기로 그러면 하나님께 영광이겠지만 평소 열등감 많은 자신을 자학해 온 사람들은 순교라는 명목으로 자신을 죽여 없애겠다는 생각을 한다는 것입니다. 순교라는 명분으로 말입니다.

잘은 모르겠지만 님의 언니도 예외가 아니라고 생각해요. 답답한 것은 두란노에서 운영하는 모든 프로그램은 내실이 있는 프로그램이라 알고 있습니다만, 특히나 선교사들을 훈련시킬 때 상담 관련 혹은 내적치유 관련 과목을 반드시 이수하게 해야 하는데 그곳의 프로그램에는 그런 내용이 없었나 봅니다. 제 생각에는 언니가 선교사로 소명을 받았다 해도 지금 그런 상태로 어딜 간다는 것은 매우 우려할 만한 일이라고 봅니다.

하나님은 당신의 도구를 날을 세워 사용하시지 상처받고 녹슨 무딘 도끼를 사용하시지 않거든요. 언니가 날 선 도끼처럼 사용되려면 우선 자신의 내면과 가정에 대한 모든 상처를 시간이 얼마나 걸리건 치유받는 것이 제일 우선이라고 생각합니다. 다시 말하지만 자신도 상처받아 고통스러워하는데 복음이 말도 잘 안 통하는 외국인들에게 잘 전달될 수 있을까요? 내면이 치유된 사람도 여러 낯선 환경으로 힘겨운 게 선교인데 그런 상황에서 선교를 한다는 것은 주님이 보시기에도 너무 안타까우실 것 같습니다.

가능하다면 두란노서원에 여러 상담프로그램이 있으니, 그곳 선교부 팀장님께 잘 말씀드려 그 프로그램을 먼저 이수하는 것이 어떨지요. 저는 그것이 순서라고 봅니다. 특히나 아버지에 대한 상처를 꼭 극복해야 합니다. 도서출판 세복에서 나온 〈상처난 아버지와의 관계회복〉이란 책을 추천해 드립니다. 주께서 상처난 언니를 도우시길.

스물하나 • 의미 없는 삶

♥**내담자**(장미): 안녕하세요? 너무 답답해서 이런 글을 씁니다. 이렇게 힘들게 살아온 지가 벌써 1년이 다 되어 갑니다.

저는 결혼한지가 9년째 접어듭니다. 작년 남편에게 실망한 이후로 삶이 허무하고 아무리 생각해 보아도 평생 남편을 다시 믿고 살 수는 없을 것 같애요. 완전히 신뢰가 없어진 거죠. 그리고 아무리 생각해도 이해가 안 가는 사람이예요. 이혼을 생각하니 아이들이 걸리고 그냥 살자니 미쳐 버릴 것 같고, 이런 삶이 계속적으로 연결되고 있어요. 제가 남편을 신뢰할 수 있는 마음이 다시 생길까요. 더럽다는 생각이 떠나질 않고 조금의 진실도 정직도 없는 사람 같애요. 생각만 해도 가슴이 답답해요.

남편과는 7년을 사귀다 결혼했습니다. 결혼 전에도 다른 여자를 만나다 들킨 적이 있어서 계속 상처를 안고 살았었는데 그래도 결혼 한 후로는 7년 동안 그런 일이 없기에 믿고 살았었는데 집을 나간 후 3일 만에 돌아온 후, 그냥 믿었었는데 1개월 후 또 다른 여자를 만났어요. 정말 이해가 안 가요. 지금은 그런 기색이 보이질 않지만 옛날 일만으로도 견디기 힘들어요. 어떻게 해야 하지요?

♣**상담자**: 안녕하세요? 한 번쯤 결혼 생활에서 일어날 수 있는 문제군요. 왜 한 번쯤이라는 단서를 붙이느냐 하면, 모든 남자들(여자들을 굳이 포함시키지 않는 것은 아닙니다)이 결혼 후 10여 년이 흐르고 그리고 자신의 나이가 중년이 된다고 느낄 때 이제까지 남자다움이란 '힘'이라고 생각해 왔던 남자들로선 대단히 당혹스러운 느낌이 든다는 것입니다.

물론 이것은 여자 분들이라고 예외는 아니지만, 일단 중년의 나이에는 일반적으로 여자보다 남자들이 더 사회 생활을 많이 하기에 그런 당혹스러움을 더 심하게 느낀다는 것입니다. 그래서 자신의 잃어버린 힘을 되찾기 위해 남자들은 외도를 통해 자신의 인생을 새롭게 하려는 원시적인 욕구가 있다는 것입니다. 이런 말이 님께 하등 위로나 도움이 되지 않음을 인정하지만, "남자"라는 존재는 그 특성상 그런 생리적인 싸이클이 반복된다는 점을 말씀드리고 싶었습니다.

아내와의 관계로 볼 때는 그 어떤 변명도 통하지 않은 잘못임엔 분명하지요. 단지 그런 남편과 이혼을 한다거나 계속 감정적인 윽박지름만 있다고 한다면 두 분의 관계는 더 이상의 희망은 없다는 것입니다. 이혼은 얻는 것보다 잃는 것이 더 많다는 것을 잘 아실 것입니다. 그래서 자녀들 결혼할 때까지만 참는다는 분들도 많이 보았습니다. 그러나, 짧지만 님의 사연 속에서 몇 가지 느낀 점이 있어 적어봅니다.

1. 남편이 그렇게 된 배경에는—이건 님에게는 아주 억울한 말이 되겠습니다만—아내의 원인도 조금은 작용했으리라 생각합니다. 결혼 생활이 오래될수록 많은 부부들이 "난 당신 뱃속까지 다 알아!"라는 말

을 자주 하는 것을 볼 수 있는데 이런 말과 마음이 부부 사이를 벌어지게 하는 가장 큰 요인인 것을 아셔야 합니다.

부부는 살수록 어떤 습관이나 생리적인 면은 잘 알 수 있을지 모르지만 그 사람의 마음이나 존재의 신비는 평생 살아도 다 알 수 없답니다. 그런데 심히 안타까운 것은 대다수의 부부들이 서로 대화할 줄을 모른다는 것입니다.

대화란 주변의 잡다한 사건들을 나열하거나 비난하거나 평가하거나 동조하는 것이 아닙니다. 대화는 서로의 은밀한 감정과 속 이야기를 나누는 것입니다. 그러나, 서로가 서로에 대해 "저 인간은 꽉 막힌 인간이야," "저 인간은 고집만 부릴 줄 알지 내 이야기를 있는 그대로 들을 줄 몰라. 기대를 끄고 사는 게 상책이지" 라고 생각하는 부부들이 너무나 많다는 것입니다. 그래서 남처럼 같이 살기는 하지만 이미 정서적인 이혼을 하고 있는 부부들이 의외로 많다는 것이 문제입니다.

2. 그렇기 때문에 부부들이 좀 더 효율적으로 대화를 배우고 대화할 수 있도록 부부 의사소통 훈련 같은 것을 받아보셔야 하는데 불행하게도 국내에는 그런 좋은 과목을 배울 곳이 의외로 적다는 것입니다. 수요는 너무나 절실한데, 공급이 절대 부족하다는 말입니다.

만일 제가 두 분을 만나서 이야기한다면 아내가 남편을 보는 시각과 남편이 아내를 보는 시각은 분명 다를 것입니다. 이렇게 서로의 다른 면을 종합하고 대화를 이끌다보면 10여 년 같이 살아온 부부들조차 그간 몰랐던 많은 문제들과 자신들의 아픔이 술술 나오는 것을 볼 수 있답니다. 그래서, 저는 이혼을 하려는 부부가 있다면 반드시 제가 소개하는 가족치료연구소에 가서 단 한 번이라도 좋으니 가서서 소장님과 단 한 시간이라도 면담을 하고 이혼을 해도 하라고 말씀을 드립니다. 이거 너무 중요한 이야기입니다. 왜냐하면 우리들 대부분이 대화가 거의 부재한 가정에서 성장한 사람들이기 때문에 화가 나거나 위기가 닥치면 감정부터 폭발하지 차근차근 이성적이고 논리적으로 서로의 이야기를 풀지 못하고 사는 경우를 봅니다.

저는 그런 면에서 서양의 어떤 이혼자들을 부러워(?)할 때가 있습니다. 그들 부부는 정말 서로 맞지 않고 사랑하는 이가 생기면 합리적으로 대화하고 이혼 후에도 합리적으로 전화도 하면서 자녀 문제를 상의하고 그런 부부들을 볼 때, 한번 헤어지고 나면 '영원한 왠수'가 되는 우리 현실에 비춰볼 때 이건 아니다는 생각을 하게 된다는 것입니다.

장미님, 지금 감정이 많이 격앙되어 있다면 그 상태에서는 그 어떤 말도 하지 말기를 바랍니다. 감정이 가라앉은 후 남편 분께 이제 어떻게 하려느냐, 내가 무얼 어떻게 했으면 좋겠느냐, 이제 나에 대한 사랑은 버린 것으로 내가 인식하면 되느냐, 당신은 이혼에 대하여 어떤 생각을 하고 있느냐, 아이들에게 아빠와 이혼한다면 뭐라 이야기하는 것이 아이들이 덜 상처받는 길이겠느냐, 물론 님도 이런 생각 많이 하셨겠지만, 정말 차분하고 냉정하게 말씀하셔야 합니다.

그리고, 남편에 대한 님의 감정도 말씀하셔야 합니다. "나는 당신을 혐오하고 불신한다. 왜냐하면 당신을 사랑하고 믿었기 때문이다. 믿는 도끼에 발등이 찍힌 내 심정은 너무나 초라하고 비참하다. 이 감정에 대해 당신의 감정은 나에게 어떻게 보상할 것이고 어떻게 말할 것이냐?"

비난이 앞서는 대화는 그걸로 끝입니다. 그러나, 위와 같이 사랑했고 신뢰했는데 나는 뭐냐, 이런 이야기를 차분히 그러나, 분명히 하셔야 합니다. 부디 서로에 대한 일말의 사랑이나, 사랑이 없다면 추억이라도, 서로에 대한 사랑과 애정의 가능성을 대화로 증폭시키셔서 부부관계의 모든 면을 총체적으로 점검하시는 '위기'가 되시길 상담자는 바랄 뿐입니다.

스물둘 • 행복이란

♥**내담자**(힘든자): 안녕하세요? 저는 대학 2학년 여학생이예요. 제가 요즘 너무 힘들어서요. 힘든데 안 힘든 척하구 살려구 하는데 이젠 못하겠어요. 사실 힘들게 할 환경적 이유는 이제 없어요.

부모님이 율법적으로 신앙을 강요하지도 않으시고, 엄마아빠가 더 이상 이혼하겠다고 싸우시지도 않고 대학도 들어가서 더 이상 이사 다니지도 않고, 믿음으로 주님을 영접하고 사랑도 알고 엄마의 정신병도 많이 좋아지셔서 건강도 많이 회복되셨고, 부모님을 원망하고 미워하는 마음도 많이 사라지고 그런데 문제는 제 자신인 것 같아요.

저에겐 도움이 필요한데 전 이제까지 제 어려움들을 저 혼자만의 힘으로 해결하려고 노력하며 살아왔어요. 나보다 남을 위해 살아 왔던 저인지라 내가 무엇을 좋아하는지 내가 진짜 무엇을 하고 싶은지도 모른단 것을 깨달았을 때 얼마나 우울했는지 몰라요. 제겐 신앙이 유일한 희망이었어요. 아무도 나를 이해하고 사랑해 주지 못해도 주님은 나를 이해하고 사랑해 주실꺼라는 믿음. 그냥 지친 것 같아요.

1학기 때 휴학하겠다고 최후의 몸부림(?)을 쳤지만 부모님이 반대하셔서 다시 학교에 다니고 있어요. 하지만 저에겐 이제 불행하다는 느낌도 행복하다는 느낌도 없어요. 사랑해 주어야 할 엄마아빠에게 기댈 수도 없고, 나처럼 상처받고 아픈 동생에게 위로와 격려 해주는 보람으로 살아가나? 마음 터 놓고 이야기할 상대도 없어요. 제가 마음을 열지 못하거든요. 마음을 열고 상대가 돌아서면 너무 마음에 상처가 될 것 같아서요. 밝고 명랑하게 사람들을 대하지만 마음속에 저는 그렇지 못하다는 걸 알아요. 밤에 잠도 잘 안 오고 생활도 불규칙해지고 많이 먹다가 많이 안 먹다가 요즘 제가 이상해요. 행복하고 싶고 기쁘고 싶은데 저한테는 그럴 권리가 없는 건가요? 저는 화내고 미워하고 그러면 안 되는 건가요?

　아빠는 인생이란 원래 힘든 거래요. 그런 인생을 왜 살아야 하는지. 아빠랑 애기하면 마음이 더 답답해져요. 아빠는 바쁘게 살면서 모든 걸 잊으려고 하시나봐요. 난 아빠처럼 살기 싫은데. 가족들에게 이제껏 무관심하셨듯. 물론 아빠도 힘들게 살아오시구 그런 거 알지만 이 정도면 행복한 거라구 너희보다 못사는 애들 많다구 생각을 바꾸라고 그러세요. 그래요. 부모님이 안 계신 것도 아니고 못 먹고 못 사는 것도 아니구 대학 못간 것도 아니고 몸이 불편한 것도 아니고, 그런데 그런데 전 뭔가 잘못된 것 같은 걸요. 이런데 그냥 감사한 거야 하고 생각을 바꾸고 살아야 하는 건가요. 행복이란 느껴져야 되는 거 아닌가요.

　그냥 마음이 답답하고 그렇네요. 나 자신에 대해서도 포기하게 되고, 망칠 정도는 아니에요. 그건 현명하지 못하니까. 내성적이고……, 꿈도 없고……, 그저 하루를 살아가는 저에게 위로의 말 좀 해주실래요? 흘러가는 시간들이 무의미해지지 않았으면 좋겠어요.

　♣**상담자**: 글 잘 읽었어요. 글 읽고 맨 먼저 떠 오른 단어가 있어요. '학습된 무기력'이란 단어. 심리학자인 셀리그만이란 분이 쓰신 말이죠. 지금 님의 상황이 학습된 무기력과 우울증에 빠진 상태 아닐까 생각이 들었습니다.

　글에서 님이 스스로의 문제에 대한 답을 내신 것 아세요? "행복이란 느껴져야 하는 거 아닌가요?" 바로 그것입니다. 자신의 환경이 아무리 좋아도 스스로가 불행하다고 느끼면 그건 사치스런 고민이 아니라 말한대로 "불행"한 겁니다. 그 누구도 부모건, 누구건 하나님이 주신 나의 고유한 감정을 갖고 왈가왈부할 수 없는 겁니다. 누구도 그럴 권리는 없어요. 감정을 강요하는 건 분명 폭력이에요.

　지금같이 자신을 억압하고 그렇게 사시면 분명 우울증이 오고 나중에는 "살아 있다"는 감정까지 없어진답니다. 아무리 부모님이 중요한 분이지만 님에게 한 인간으로서 심리적인 공간을 주어야 한다고 봅니다. 부모님께 화를 낼 수 있어야 합니다. "엄마아빠, 그렇게 말씀 마세요. 그러면 저는 숨이 막힐 것 같아요. 저도 제 삶을 살아야 할 권리가 있고 제 감정에 스스로 솔직해질 수 있는 권리가 있어요!" 이런 정당한 요구들이 있어야 한다고 느낍니다. 이제 님은 행복해져야 할 권리를 행사할 일만 남아 있다고 봅니다.

스물셋 ● 안녕하세요, 교수님!

♥**내담자**(치유): 안녕하세요, 교수님! 너무 오랜만에 찾아와서 무거운 이야기거리만 가져와 죄송합니다. 언젠가 한번 찾아와 많은 고민을 털어놓으려 해봤지만 저도 모르게 속에 있는 말까지 나오질 않아 당황하고 의례 보여지는 부분에만 몇 자 적고 나갔던 걸 기억합니다. 하지만 이제는 더 이상 버텨 볼 수가 없을 것 같은 위기에 처해 있음을 깨닫고 황급히 달려와 술술 털어 놓으려 합니다. 저도 모르게 그 동안 이것만은 최후의 방법으로 하자라는 생각이 자리잡고 있었습니다.

먼저 제가 이렇게 말하고자 하는 것은 저의 가정의 문제입니다. 저희는 이혼한 저의 엄마(46), 동거 중인 교회에서 만난 아저씨(35), 고3 남동생, 외할머니, 유학 준비 중인 외사촌 언니(24), 그리고 휴학 중인 저(22) 이렇게입니다.

가족의 구성원들을 한 명 한 명 소개하자면 어머니는 저희 아버지와 제가 초등학교 6학년 때(제 남동생은 3학년 때) 이혼하시고, 그 이후로 줄곧 홀로 지내시다가, 제가 고3때인 5년 전부터 저의 엄마를 좋아해 온 이모부 사촌의 친구인 엄마보다 10년 연하의 남자와 동거를 하고 계십니다. 아버지와는 종교가 다른 이유와 무능력함 때문에 이혼을 하셨고, 할머니와 할아버지가 일찍 돌아가셔서 아버지는 큰 고모의 품에서 자라셨는데 결혼한 후에도 고모는 노처녀로 저희 가정을 좌지우지 하셨습니다. 이것이 저희 부모님 이혼의 가장 큰 영향이었던 것 같습니다. 그리고, 이 아저씨와 재혼하지 않고 동거하는 이유는 먼저 아저씨에게 빚이 있고 아직 부모님의 허락을 받지 않은 상태라고 합니다. 무엇보다 아저씨에겐 한 가정을 책임질 능력이 없다는 것입니다. 학벌과 어딜 가나 인정받을 만한 자격증 뭐 그런 것들이 있는데도 불구하고 아저씨는 제대로 월급 한번 못 받아오는 것으로 압니다. 참고로 직업은 펀드매니저입니다.

엄마는 이런 아저씨를 받아들인 이유가 단지 혼자 살기 외롭다는 것입니다. 절대 사랑하는 것도 아니고 그렇다고 신뢰하는 것도 아닙니다. 엄마는 언제 떠나도 상관없다고 하십니다. 기대하는 것도 없으시고, 사람에게는 누구나 장단점이 다 있기 마련이라고 하십니다. 엄마는 워낙 자존심이 세시고 이복형제와 함께 열 형제 중 제일 뛰어나 동네에서 유명했다고 합니다. 몇 년 동안 남편도 없이 저희를 키우시고 그 어려운 보험 일로 어느 정도 회사에서 인정도 받았던 엄마였는데 흔히 말하는 남편 복이 없어서인지 남자를 상대하는 데 있어서 너무 집착적이거나 방관적⋯⋯. 이런 극단적인 반응만 보인다는 겁니다. 이 아저씨에게는 너무 큰 문제들이 많은데도 불구하고 남달리 지혜롭게 해결하지 못하고 있습니다. 그냥 기도만 하며 매일 힘들어하는 모습을 볼 때마다 그 아저씨가 죽이고 싶을 정도로 밉습니다.

제가 이렇게 글을 올리게 된 계기도 며칠 전 제가 샤워를 하려고 화장실에 갔는데, 그 아저씨가 벌컥 문을 열었고 실수였지만 저는 거의 무아지경에 이를 정도로 화가 났고 정말 죽여야겠다는 생각밖에 나지 않았습니다. 아저씨는 제가 무서워서였는지 샤워를 하고 나왔을 때는 잠시 나가 계셨고 엄마와 한바탕 하고 난 후에 들어오셨습니다. 저는 계속 그 분이 사그라들지 않고 더 미쳐 가는 기분이었습니다.

결국 아저씨를 한 대 치러가다가 동생과 엄마가 말렸고 아저씨와 저는 매우 심한 욕까지 퍼부으며 말싸움을 했습니다. 이런 사건이 한 번 이었으면 제가 이렇게까지 미치지는 않았다고 봅니다. 아저씨는 가족과의 유대감이 전혀 없는 사람이며 가정교육이 전혀 안 되어 있는 사람입니다. 너무나 기초적인 것까지도 말입니다. 밥 먹는 예절, 대화하는 것, 인사하는 것, 뭐 기본이라 할 수 있는 모든 것과 공동체 안에서 일어나는 감정적인 부분 모든 것에 제대로 하는 것이 하나도 없었습니다.

제가 옷을 갈아입을 때 노크도 없이 들어와서 놀라게 하고 제 진로에 대해 너무 냉정하리만큼 객관적인 충고를 합니다. 제 동생에게까지 말입니다. 제 나름대로는 사랑이 바탕되어 있지 않은 상태에서의 충고는 상처만 남긴다고 생각합니다. 엄마가 동생을 예뻐하는 것을 질투하며 칭찬은 전혀 할 줄 모르며, 사람이 들어오건 나가건 인사를 하던 안 하던 얼굴은 보지도 않고 엄마와도 그리 깊은 대화는 오고가지 않는 것으로 보였습니다. 그리고 생활하는 면에 있어 너무나 안 좋은 습관들이 많았습니다.

이런 모든 행동을 이해할 만한 이유는 충분히 있습니다. 어릴 때 아버지가 어부이셨다가 사업을 크게 해서 부산에서 큰 부자였다고 합니다. 그러다 다 망해서 아버지의 성격이 너무 무서울 정도 달라지셨다고 합니다. 매일 밥상을 뒤엎는 일은 예사고 어머니에 대한 심한 의처증에 때리기까지 하셨다고 합니다. 큰형이 있는데 거의 증오하는 수준이고 밑에 남동생은 어릴 때 충격으로 자폐 증세와 가끔 심한 분노에 칼까지 휘두르는 정도라 정신병원에 있다고 합니다.

집이 어려워 잠시 이모댁에 있었던 적도 있다는데 그때 이모가 심하게 구박해서 그에 대한 분노가 아직도 있다고 합니다. 지금도 이모에 대한 피해의식이 강하며 이모 얘기가 나오면 곧잘 흥분을 감추지 못한다고 합니다. 이런 사실을 알고 저는 엄마와 잘 상의해서 정말 많이 도와 주려 노력했고 우리 가정에 적응하도록 여러 가지 방법을 투입해봤지만 모든 것이 역부족이었습니다.

내가 체념하고 사는 게 최선의 방법이라고 여겼습니다. 그래서 되도록 부딪치지 않으려고 애썼고 점점 멀어졌으며 제 생활은 훨씬 편했습니다. 그러나 엄마가 원하지 않는 것 같아 항상 제 마음은 불편했습니다. 그러던 중에 이런 일이 또 터진 것입니다. 몇 차례 참을 수 없는 일들이 있었지만 모두 참고 참다 이렇게 터진 것 같습니다. 우선 모든 얘기가 끝나지 않았지만 가장 시급한 건 이것입니다. 그 사이에서 엄마가 너무 힘들어 하는 모습을 더 이상 지켜볼 수가 없습니다.

그 외에도 저희 가정에는 너무 문제되는 것들이 많습니다. 가족 구성원 어느 누구나 제대로 된 사람이 없으며 너무 큰 마음의 상처와 어긋난 것들이 많습니다. 그나마 제 동생이 제일 정신적으로 아직 흠이 없어서 저는 어떻게든 동생이 이런 아픈 경험을 겪지 않기를 간절히 바라는 마음입니다. 모든 문제를 기도와 말씀으로 극복하려 했지만 자꾸 어긋나기만 하며 저를 더 혼란스럽게 하고 있습니다. 주님께서 저에게 무엇을 원하시는지 모르겠습니다. 저는 정말 주님의 영광을 보기 위해 살기로 작정했는데 왜 저에게 이런 일이 생기는지 모르겠습니다.

너무 많이 힘들고 우울합니다. 도와주세요. 너무 문제가 광범위해서 부담이 되시지는 않을지 걱정됩니다. 교수님 읽어주신 것만으로도 제겐 도움이 됩니다.

♣**상담자**: 저를 아는 학생인 듯하군요. 여학생 같은데 누군지 정확히는 모르겠지만. 아무튼 읽어준 것만으로도 도움을 받는다는 말에 제가 더 위안이 되는군요.

가족치료라는 분야가 있죠. 거기서는 할아버지, 아버지, 본인의 3대 가계도라는 것을 작성하게 하지요. 그만큼 한 가정의 뿌리깊은 문제는 적어도 3대를 지속해서 내려온다는 것입니다. 지금 님의 가정사는 바로 그런 3대의 문제가 얼키고설킨 그런 가정이라고 봅니다. 문제는 지금 님과 그 어머님의 동거남과의 관계, 그리고 힘들어 하시는 어머니 그리고 아직은 건강해 보이는 동생에 대한 님의 안타까움으로 느껴지는군요.

이 문제를 한번에 해결할 수 있는 일은 우선 어머님의 결단인데 어머님도 결코 그 결단이 쉽지는 않으실 겁니다. 그것이 의식적이고 합리적인 문제가 아니라 소위 말하는 무의식적인 문제거든요. 문제의 본질이 어머님의 어린 시절과 뿌리깊게 얽혀 있다는 말이예요.

자기 존중감이 낮은 사람은 반드시—거의 반드시입니다—학력이나 능력과는 상관없이 낮은 자존감을 가진 사람을 만나 자기 내면의 문제의 역동을 반복하게 마련입니다. 마음의 어둠이 어둠을 부르고 마음의 슬픔이 슬픔을 부르기 때문입니다. 특히, 그 동거남은 어머님을 통해 건강한 사랑을 하는 것이 아니라 자신이 어린 시절 받지 못한 사랑을 채우려는 것인데 그것이 현실적으로 채워질 수가 없지요.

일단 어머님이 스스로의 문제를 짚으시면서 외로움도 큰 문제지만 자녀들을 위해서 중요한 문제를 정리하시는 것이 우선순위 같습니다. 그렇다고 당장 그것을 못하시는 어머님을 정죄할 수는 없겠죠. 어머니도 그게 힘들어서 그토록 결단을 못 내리는 것일테니, 님의 말 그대로 일단은 동생과 대화를 통해 님의 마음을 전할 필요가 있다고 봐요. 겉보기에는 멀쩡한 동생이지만 사실 그 동생이 가장 참고 있는 부분이 많을 수도 있거든요. 그러니 우선 그 동생과 현실적인 이야기, 상담적인 이야기를 많이 하여 님과 서로 깊은 내적인 관계가 되길 바랍니다.

이렇게 글을 쓰면서도 제 마음에는 안타까움이 많습니다. 왜냐하면 가정은 그야말로 존재의 쉼터인데, 그 쉼터가 오히려 불안과 혼란을 확인하는 장소가 되어 버리니. 그 고통이야 오죽하겠습니까? 저는 어머님이 한번 전문 상담자를 만나보는 것이 좋을 것 같아요. 같은 여자 상담자를 만나 자기 문제를 직면하고 들여다볼 수 있다면 많은 변화가 오리라는 믿음이 생깁니다.

기도와 말씀으로 문제를 풀고 싶겠지만 그럴수록 더욱 좌절이 심해질 수 있습니다. 인간적인 문제들. 인간들끼리 풀어야 할 문제에는 하나님이 침묵하시는 경우가 많기 때문입니다. 힘내세요. 그리고, 혹시 더 상담을 바란다면 이제 문제의 대충은 파악했으니 좀 더 세부적이고 자세한 이야기를 올려주길 바랍니다. 주님의 치유하심이 님의 가정을 덮으시길 기도합니다.

♥**내담자**(치유): 감사합니다. 교수님 아직 많은 문제들이 더 있지만 너무 많은 문제를 한꺼번에 토해내면 교수님도 버거워 하실 까봐 대충의 이야기만 전달했었습니다. 그런데 그 마음 다 아시고 자세한 내막을 요청하시니 더욱 감사합니다.

교수님께서 저희 엄마의 자존감이 낮아서 그런 사람을 찾는 것이 아니냐는 말씀을 하셨는데 지금까지 제가 알고 있는 저희 엄마는 그런 분이 아니라고 믿고 살아 왔기에 너무나 놀랐습니다. 엄마는 어린 시절 모든 사람의 부러움을 샀고 선생님들에게나 부모님에게 자랑이 되셨습니다. 작은 시골동네였지만 말입니다. 그러나 외할아버지는 장로님으로 교회개척에 열을 올리시고 집안 일은 열심히 하셨지만 하시는 일마다 망하고 그래서 외할머니와는 거의 왠수로 지내셨다고 합니다. 그 덕에 저희 외할아버지는 돌아가시던 날 외할아버지께서 개척하신 교회의 목사님들과 성도들 400여 명이 한 자리에 모여 장례식에 참석했었습니다. 저도 그런 할아버지를 존경하며 살아왔습니다. 할아버지는 무관심한 성격에 잔정이 없으시며 할머니는 동네에서 유명한 싸움꾼, 욕쟁이였답니다. 외할아버지는 그런 외할머니를 창피하게 생각하시고 더 남처럼 대하셨다고 합니다.

저희 엄마는 그런 부모님을 거의 경멸하다시피 하며 살아왔다고 합니다. 특히 이복형제들이 다섯, 저의 엄마 형제가 다섯인데 외삼촌은 이복형들이나 누나들 앞에서 외할머니를 무시하며 평생 창피하게 여겼다고 합니다. 저의 엄마는 그런 외삼촌을 불쌍한 사람, 미련한 인간으로 표현했습니다. 외삼촌은 몇 번의 이혼과 재혼 후 마흔 하나의 나이에 간암으로 돌아가시고 외사촌언니는 막내이모네 집에 살다가 이모네 식구들이 선교문제로 이민을 가시면서 대학 2학년 때부터 저희 집에 살게 되었습니다. 이때 할머니도 거의 같은 시기에 같이 살게 되었습니다.

외사촌 언니는 어릴 때부터 어머니 가출, 남동생이 사고로 사망, 아버지의 이혼과 재혼이라는 가정불화를 겪으며 할머니와 함께 살아왔습니다. 언니와 할머니는 서로를 끔찍이 여길 것같이 보였지만, 언니의 성격은 내성적이며 아주 소극적이고 지극히 개인주의 성향이 강해서 할머니와 자신을 연관지어 생각한다는 것 자체만으로 매우 싫어했습니다. 서로의 성격도 매우 달랐고, 할머니는 예전의 그 무서운 성격 그대로 언제 어디서든 혈기를 주체하지 못했습니다. 저희 집에 오시면서 저의 형제는 매우 많은 것을 양보해야 했고 희생도 아끼지 않았습니다.

저희 남매는 썰렁한 집안 분위기를 매우 싫어했고 활발하고 잔정이 많은 성향이라 새로운 가족 구성원들을 서스름 없이 받아들였습니다. 하지만 저희 엄마는 예전 외삼촌과 매우 안 좋은 경험이 있은 이후로부터 남달리 예뻐했던 외사촌 언니를 매우 불편해했고 시간이 지날수록 시기하고 질투하고 미워하기 시작했습니다. 저보다 조금이라도 나아 보일 땐 저를 심하게 책망하셨고 언니가 하는 일을 무시하고 깔보며 칭찬에 인색하게 하셨습니다.

　표현이 오버된 경향도 있겠지만, 아주 미세하게 제 눈에 보였다는 건 언니에겐 이보다 더 큰 고통으로 여겨졌을 거라는 생각에 언니의 입장에서 표현하였습니다. 제가 볼 때 엄마는 언니에게 베푼 사랑에 보답하지 않았다는 첫 이미지가(배신감, 그래도 남이라는 개인주의) 언니의 어떤 노력에도 다시 재조명되지 않았던 것 같습니다.

　현재 언니는 최선을 다했다며 그러나 그런 고모를 원망하거나 미워할 생각은 없다고 합니다. 우리 엄마의 인생을 그냥 여자로서 볼 때 다 이해할 수 있다고 합니다. 그러나 정말 언니의 닭살 돋을 정도로 개인주의인 것을 느낀 건 미워하면서까지 자기는 하나님 앞에서 죄를 짖고 싶지 않겠다는 말이었습니다. 미워하지도 원망하지도 않겠다는 말이 어쩌면 일말의 자신의 자존심을 지키기 위해 은연중에 무관심을 표현한 게 아닐까 합니다. 미움보다 더 무서운 게 무관심이라고 생각하기 때문입니다. 그리고 정결한 자신의 몸에 죄라는 더러운 것을 묻히면서까지 이 가정 분위기에 물들지 않겠다는 의미로도 들렸습니다.

　자신이 상처받으면서까지 변화시키고자 하는 마음은 추호도 없다는 것이죠? 아마 저도 엄마의 기대와 아저씨의 미움으로부터 벗어나 의지하고 믿었던 언니의 실망감이 확대 해석된 부분도 있을 거라는 생각입니다. 한동안 가장 큰 문제였던 외할머니는 지금 다행히 친척집에 며칠 놀러 가셨지만 엄마는 외할머니와의 트러블로 아저씨 앞에서 수치심을 많이 느꼈던 걸로 기억합니다.

　원래 이전부터 같이 사는 것을 원치 않으셨지만 어쩔 수 없는 상황에 같이 사는 것이라, 고집이 여간내기가 아니신 저희 엄마는 외할머니와 한 달에 한번은 꼭 집을 한바탕 뒤집어 놓을 정도였습니다. 신기할 정도로 할머니는 매우 몸이 안좋으신데도 싸울 때만큼은 힘이 장사였습니다. 물건을 던지기까지 하셨고 저희 모두를 저주하고 친척들(엄마의 이복형제)이나 교회 사람들한테도 소문을 내서 매우 힘들게 했습니다.
저는 이런 고통을 받는 엄마의 사정을 누구보다 잘 알고 있다고 생각했으며 내가 그 사실을 너무 잘 알아서 엄마한테 기댈 수 없다는 생각이 더 저를 힘들게 했습니다. 엄마는 저와 정말 많은 대화를 하며 친구처럼 지냈지만 트러블도 많았습니다. 이유를 알 수 없는 분노였습니다. 어쩔 땐 멍하니 앉아 두 분을 아주 잔인하게 죽이는 상상을 하기까지 했습니다. 그러다 무서우면 제가 죽는 상상으로 이어지곤 했습니다.
이제는 다만 사랑스런 제 동생만은 저와 같은 고통을 겪지 않기를 간절히 바랍니다. 지금 저는 휴학을 하고 돈을 벌고 있는 중인데 돈이 많으면 모든 게 해결되지 않을까 하는 막연한 생각이 듭니다. 그게 다가 아니라는 것을 알면서도 말입니다.
이렇게 누군가와 저희 가정의 문제를 상의할 수 있는 대상이 있다는 것만으로도 제겐 너무나 큰 힘이 됩니다. 정말 감사합니다. 교수님을 위해서 기도하겠습니다. 그 동안도 기도해 왔지만요.

♣**상담자**: 아주 긴 글을 올렸군요. 치느라고 애 많이 썼을 것 같아요. 그러나, 동시에 치면서 본인이 자신의 가정에 대해 뭔가 마음으로 느끼는 게 있지 않나 하는 생각도 드는군요.
그 생각이 가장 정확한 생각이랍니다. 최근 하인츠 코헛의 자기심리학이란 분야가 있는데 거기서 제일 중요시 여기는 것 중의 하나가 어린 시절 부모로부터 자녀는 오염되지 않은 산소와 같은 사랑을 받으며 자라야 한다는 것입니다. 그런데 대부분의 역기능 가정(모든 가정에 역기능적인 요소가 들어있지만)에는 그런 사랑이 없고 전부 한이 많고 애증이라는 양가감정적인 사랑이 있었고 한스러운 사랑이 있었으며 사랑이라고 하기에도 사랑이 아니라고 하기에도 애매 모호한 사랑을 받으며 자란 사람도 있습니다.

그러니, 하나님의 형상으로, 너무나 정상으로 태어난 사람이라면 그런 가정에서 생존하기 위해서는 가면을 쓰고 거칠어지기도 하고 심지어는 미치기도 합니다. 정상으로 살려다 너무 현실이 힘들어 자신만의 망상 세계로 도피하게 되는 것이지요. 님은 "쌓여 있는 이야기"가 많은 사람입니다.

그래서 아마도 평생을 이야기를 푸는 일을 할 사람이 되지 않을까 하는 생각이 듭니다. 자신의 현실을 더 깊이 더 분명히 더 객관적으로 이해하고 받아들이고 직면하길 바랍니다. 그 가정에선 그렇게 사는 자가 그 가정을 구할 수 있다고 봅니다. 나중에 학교에 올 기회가 있으면 날짜를 미리 잡을 수 있다면 한 시간 정도 무료 상담을 해줄 수 있습니다. 부담되면 익명을 지킬 수 있는 이곳으로도 좋구요.

긴 가정사에 일일이 리플을 달지는 않을께요. 그러나, 그 모든 원죄들(이어져 내려오는 가정의 고질적인 문제를 뜻하는 말입니다)을 풀 수 있고 단절시킬 수 있는 代는 님과 동생의 世代입니다. 더 이상 그 문제의 영향력이 님과 동생에게까지 이어지지 않기를 바랍니다. 더 강해지시고 더 폭넓어지시고 더 깊어지시길 바랍니다. 그렇게 되길 바랍니다. 누군지 모르지만 나를 위해 기도하였다니 고맙습니다.

♥**내담자**(치유): 긴 글 읽어주시느라 수고하셨습니다. 교수님 말대로 저는 정말 강해지고 싶습니다. 그런데 제 성향이 조금 감수성이 예민하고 마음이 여려서 무슨 일이 있으면 눈물부터 흘리는 스타일이라 제일 먼저 고치고 싶은 건 눈물입니다. 눈물을 흘리다보면 저도 모르게 자기연민에 빠져서 허우적대고 있는 모습을 보게 됩니다.

정말 강해지고 싶습니다. 그 어떤 태풍과 비바람에도 끄떡없는 산장 통나무집처럼요. 제 꿈이 어디선가 시린 가슴 움켜쥐고 눈물 흘릴 그 누군가를 위해 달려가는 건데 제가 이러고 있으니, 교수님 꼭 강해져서 돌아가겠습니다. 감사합니다. 힘들면 또 들리겠습니다.

♣**상담자**: 그래요. 꼭 강해지길 바랍니다. 그런데 그 강함이 약함을 부정하는 강함이 아닌, 약함을 끌어안고 이해하고 수용하는 그런 강함이 되어가길 바랍니다. 지금의 휴학 기간이 님을 치유하는 기간이 되길 바랍니다. 많이 울고 많이 웃고 많이 기도하고 많이 생각하며 많이 자신을 성찰하는 시간이 되세요.

스물넷 • 성인아이?

♥**내담자**(웃음): 안녕하세요? 저는 여중생인데요. 힘들어서 이렇게 글을 쓰게 되었어요. 어제 있었던 일인데요. 아빠가 저보고 분위기 흐린다고 니가 뭐냐면서, 니가 딸이면 위치파악을 잘하라고 막 소리를 질렀어요.

저는 중학생이 되어 일진 비슷한 애들한테 괴롭힘을 당해서 너무 힘들었거든요. 솔직히 3년 동안 웃을 일이 거의 없었던 것 같아요. 엄마한테 도움을 청했는데 무시해서 너무 섭섭하고 배신감까지 들어서 솔직히 웃고싶지도 않았어요. 저는 저대로 한다고 한 건데, 인상쓰고 있는다고…….

저는 인정할 수 없었어요. 딸이 힘들다는데 무관심해 놓고서는 무슨 소리를 하는 건지, 저는 절대 무력으로 해결하려는 부모님의 태도에는 기죽어서는 안 된다고 생각하고 끝까지 제 입장얘기를 했어요. 그러니 부모님께서는 저보고 무시하냐고, 그리고는 화가 끝까지 나신 아빠가 이제부터 나는 니 아빠노릇 포기한다 이러시는 거예요.

정말, 힘들면 힘이 되어 주는 것이 가족 아니에요? 그런데 아빠가 또 니 다시 한번 밖에 가서 터지고 와서 집에서 화풀이하면 죽는다고 하면서 소리를 바락바락 질렀어요. 나중에 나가라고 해서 방에 갔더니 아빠가 알아들을 수 없는 괴성을 지르면서 엄마 화장대의 거울을 내던지는 거예요. 저는 맘속으로 저 정신병자, 이 생각밖에 안 들었어요. 이상하게 별로 놀랍지가 않더라구요. 사실 놀라면 저만 더 상처받는 거 아니겠어요? 뭐 처음도 아니구요.

아빠는요, 얼굴도 곱상하게 생기셔서 밖에서는 되게 신사적이고 그런 줄 아는데요. 이런 성격 있는 줄 사람들이 알면 반응이 어떨까요? 정말 화가 나니까 다 소문내고 싶더라구요. 더구나 교회에서 초등부 부감인데, 나보고는 성경말씀하고 상관없이 죽기살기로 싸우지 왜 못 싸우냐고, 빙신이냐고 그러고…….

이런데 하나님은 부모님보다는 조금 더 제 편이시겠죠? 저는 정말 가정적인 부모님 특히 가정적인 아버지가 부러워요. 집에 있는 모든 사람들이 아빠의 버럭 소리 한마디에 설설 매서 잘못된 것도 말을 안해요. 그냥 무조건 저보고 조용히 있으라고만 하고, 아무리 딸이라도 인격이 없는 것도 아닌데. 그래서 저는 끝까지 옳은 것에 대해서는 타협 안할 거예요. 누구는 반항이라고 하겠지만, 언젠가 창원극동방송에서 성인아이에 대해서 강의하는 걸 들은 적이 있는데 그 사람의 말로는 한국남자의 90%가 다 조금씩은 성인아이라고 봐야한다고 하더라구요. 우리 집에 있는 남자도 그런 것 같아요. 고집불통, 권위주의, 질투 등. 아직 어제 일이라 기억이 생생해요. 이 정도면 심한 거 아닌가요? 도와주세요.

♣**상담자**: 글 잘 보았습니다. 성인아이라는 말. 그 주제를 갖고 저는 논문도 썼고 책도 썼지만, 지금 생각하면 그런 말을 함부로 할 것도 아니라는 생각이 들어요. 누구나 다 성인아이가 될 수 있고 누구나 다

성인아이에서 벗어날 수 있기 때문이지요. 아무튼 아빠로 인한 마음의 상처가 있었음을 잘 느낄 수 있었어요.

아빠란 분은 융이라는 심리학자의 말을 빌리면 페르조나(일명, 가면 혹은 탈, 혹은 역할이라고 하지요)가 잘 발달된 분 같아요. 그래서 사회적으로나 교회에서는 모범적인 이미지를 가꾸시지만, 그런 이미지 뒤에, 그런 가면 뒤에 숨겨진 아버지의 모습은 열등감 많고 이중적이고 모순이 많은 그런 분인 것 같아요.

그것은 아버지가 나빠서가 아니라 아버지 역시 자기 존중감이 낮은 채 살아오셔서 그렇다는 생각이 듭니다. 남에게 잘 보이고 좋은 모습처럼 보여야만 사회적으로나 교회에서 인정을 받으셨기에 아버지가 사회적으로 인정받는 길은 그런 가면을 쓰실 수밖에 없으셨겠죠. 어쨌건 아버지가 한 집안의 가장으로서 사시려면 마음의 감정을 있는 그대로 표출하며 사실 수는 없으셨을 터이고, 그렇다면 아버지의 그런 이중적인 모습으로 인한 분노는 님에게 향한 분노였던 동시에 무능하고 약하기 짝이 없는, 못났다고 생각하시는 자기 자신에게 욕을 하고 화를 내신 것으로 느껴졌습니다. 님의 마음을 모르는 바 아니고 위로하지 않으려는 것은 아니지만, 세상에 일방적인 나쁜 사람, 악한 사람은 없답니다.

저도 청소년기 때 님과 같이 바락바락 반항도 해보고 소리도 쳐본 경험이 있답니다. 근데 부정적 감정은 부정적 감정을 유발하더군요. 부모와 싸워 이겨봤자 그게 이기는 것도 아니었고 지는 것도 아니었음을 나중에서야 알게 되었습니다. 그 때 화가 났던 내 마음은 정당했다고 생각해요. 그치만 화를 표현했던 방법과 말의 표현은 다 옳았다고 말할 수는 없었답니다. 이성보다 감정이 앞섰으니까요.

솔직히 그런 자식의 태도를 너그러이 받아주지 못하셨던 부모님의 태도 역시 성숙한 태도는 아니셨다고 봅니다. 님의 부모님과 마찬가지로. 그러나, 그렇다고 화를 내고 싸우고 반항만 하는 것으로 모든 문제가 해결되는 것은 아니지요. 오히려 부모님과 보이지 않는 갈등과 감정의 골만 더 깊어질 뿐입니다. 오히려 저는 님에게 이런 제안을 하고 싶어요.

님이 너무나 억울하고 화가 나는 그런 감정을 편지에 써서 드리는 것입니다. 편지는 감정을 절제하고 할 말을 하게 하는 기능이 있지요. 차분하게 엄마, 아빠, 나는 부모님이 나의 어떠어떠한 말에 어떻게 반응하셨을 때 너무 자존심이 상하고 딸로서 자식으로서 버림받은 마음이었다는 것.

사실은 어떠 어떠한 태도로 나를 대하셨으면 했는데 이런 결과 앞에 저는 슬프고 수치감을 느낀다고. 그런 말들. 쓰기 어렵겠지만 그런 말들이 분노의 말보다 더 힘이 있고 부모님과의 관계에서 님이 성취하고자 하는 목표를 이룰 수 있는 그런 방법이 된다는 말을 해드리고 싶어요.

그렇게 해도 못 알아(?) 들으신다면 정말 성인아이겠죠. 그러나, 시도는 한 번 해볼 필요가 있다고 봅니다. 용서 못하고 무시하고 미워하는 부모는 내 인격 속에서 사라지거나 무시되는 것이 아니라, 오히려 내 인격 안에서 더 깊이 더 집요하게 나를 조종하고 나의 창의성을 방해하고 나의 잠재력을 죽이는 일을 합니다.

내가 미워하는 그 미움이라는 감정의 에너지가 그렇게 무섭도록 힘이 있다는 것입니다. 그래서 나를 파멸로 몰아넣지요. 끝장을 낸다고 나 할까요. 그건 자기 서러움 이상도 이하도 아닙니다. 저는 님의 편입니다. 주님도 님의 편이십니다. 그러나, 편이지만 이런 조언도 해 드리는 편입니다.

성인아이란 정죄해야 할 대상이 아니라 애처롭고 긍휼어린 눈초리로 바라봐 주고 이해해 주고 덮어 주고 용서해 주어야 할 것이 많은 연약한 사람들을 일컫는 말이랍니다. 성인아이에 대해서 누구보다 전문가인 제가 이렇게 이야기했으니 제가 올린 부족한 글을 잘 읽고 궁금하면 다시 글 올리기를 바랍니다. 상처받은 마음이 서러움이 되지 않기를 기도드립니다.

♥**내담자**(웃음): 이렇게 빨리 답글이 올라오다니, 감사합니다. 그런데, 제가 몇 달 전에 엄마한테 편지를 썼었거든요? 하지만 엄마는 말도, 답장도 없었어요. 완전 무시. 이럴 땐 어째야 하죠?

♣**상담자**: 허, 무안했겠군요. "완전무시"라는 말의 의미, 알 것 같아요. 이럴 땐 어떻게 하는 게 제일 좋은지 오히려 제가 묻고 싶군요. 그간 여러 학생들과 상담을 해보았는데 의외로 자녀는 말이 통하고 대화가 통하는데 이상하게 부모님들이 막힌 분들이 많았답니다. 배울 만큼 배우신 분들인데도 말입니다.
   그렇다면 님이 이미 글을 올렸듯 그런 부모님 밑에서는 자신을 보호하는 자기 방어기제가 더 늘 수밖에 없다는 결론이 나오는군요. 답답합니다. 안타깝구요.
   지금 상황에선 저는 님에게 묻고 싶습니다. 글을 올리신 이유가 부모에 대한 용서를 원하는 건지, 아님 그분들을 인간적으로 이해하고 싶어서 그러는 것인지, 아님 님 자신의 억울함을 누군가로부터 변호받고 싶어하시는 건지, 아님 이도저도 아님 그저 올려보신 것인지. 님의 의도를 충분히 만족시켜 주지 못해 미안하군요. 그러나, 이럴 때일수록 상담자인 저는 님이 무엇을 원하시는지 그것이 이 상황에서 가장 중요하다는 생각이 듭니다. 무엇을 원하시나요?

스물다섯 ● 가정……

♥**내담자**(거미): 그냥 이성적으로 좋은 감정이 있는 친구의 가정입니다. 가족구성원이 결손가정이거든요. 아버지와 새어머니가 둘 다 사별한 상태에서 만난 거고요. 제 친구가 한 8살쯤에 재결합한 상태이고, 새어머니가 데려온 누나와 여동생은 각각 형제와 동갑, 1살 어립니다. 그러니, 형제는 어머니가 새어머니고 자매들은 새아버지가 되는 셈입니다. 어떻게 보면 복잡하지요.

아주 어렸을 때부터 경제적으론 넉넉하지 않고, 아버지가 장사를 하시는 거 같은데, 가게 안에서 거의 사십니다. 친구는 대학 중퇴하였고, 성격은 급하고, 화를 잘냈다가 잘 잊어버립니다. 정이 아주 많습니다. 제가 해야 할 친구 그리고 그 이상의 역할이 있다면 무엇이 있을까요? 어떤 문제점이 발생할까요?

♣**상담자**: 거미님께. 글 잘 보았습니다. 근데 글이 어렵게 구성되어 있어서 한참 읽었습니다. 글의 내용만을 갖고 현재로선 뭐라 말하기가 어렵습니다. 이유는 새 어머님이 들어온 이후로 님이 호감을 갖는 그 형제님이 어떤 관계를 형성했는지에 대한 내용이 없어서 그렇습니다. 그리고, 그 형제님이 나이가 들면서 자신의 아버지에 대해선 어떻게 생각했는지 등도 올라와야 상담이 가능할 것 같아요.

올라온 글이 마치 상담자를 시험하는 문제(?) 같아서 막막한 마음이 들었답니다. 좀더 자세한 정보를 올려주시기 바랍니다. 형제의 성격 한두 가지의 특징만 갖고는 님과 어떤 관계가 될지 말하는 것은 저로선 말씀드리기 어렵습니다.

스물여섯 • 저희 교인 중에……

♥ **내담자(love)**: 저희 교인 중에 저랑 친한 사람의 이야기입니다. 그분은 결혼 전에 아이를 가져서 할 수 없이(?) 결혼을 했습니다. 남편은 신앙인이 아니었습니다. 결혼 후의 생활은 아주 좋지 못했는데 신앙심으로 버텨냈지요. 생활비도 제대로 가져다주지 않았으며 괴상한 성격으로 매일 힘들게 보냈습니다.

큰아이를 낳고 얼마 안 되어 도저히 살 수가 없을 것 같아 약을 먹고 자살을 시도한 적도 있었습니다. 남편이 발견하고 위 세척을 하여 살아났지요. 둘째를 낳고 어떻게 근근히 살아왔지만 하루하루가 지옥 같은 생활이었답니다. 남편은 돈은 조금밖에 벌지 못하면서도 씀씀이는 커서 언제나 빚에 시달려야 했습니다.

지금 큰아이가 초등학교 4학년입니다. 그런데 3년 전 어느 날 이 사람이 취직을 하여 직장(은행, 결혼 전에 은행근무)을 다녔는데 갑자기 직장에 깡패들이 들이닥쳐 돈을 갚으라(남편이 빚진 돈)고 난리를 친 적이 있었습니다. 그러한 것들이 원인이 되어 직장을 그만 두고 집에 있는데 극도의 우울증으로 생활을 거의 못할 지경이 되었습니다. 그래서 신경정신과에 두 달을 입원을 하게 되었지요. 남편이 새 생활을 해보자고 하였고 새로운 사람이 된 것처럼 해 그런 줄 알고 퇴원 후 약 한 달을 평화롭게 살았습니다.

그런데 어느 날 남편이 나간 뒤 일주일이 넘게 안 들어와 알아봤더니 행방이 묘연했어요. 그리고는 두 개의 카드회사에서 4천만원이나 되는 빚을 갚으라고 독촉전화가 오기 시작했지요. 이 사람의 남편은 부인 카드를 갖고 사용하다가 갚을 수가 없으니 가출을 하여 행방을 감춘 것이었지요.

이 사람은 이혼을 결심하고 아이들까지 포기하기로 했지요. 그런 뒤로부턴 무섭게 이 일 저 일을 하여 살려고 노력하더라구요. 카드도용으로 고소도 했었지요. 그런데 몇 달 뒤 남편이 급성폐렴으로 죽었다고 연락이 왔었어요. 정말 죽었어요.

중요한 것은 남편이 죽은 뒤 이 사람이 무력감에 빠졌다는 거예요. 더 잘 살 것 같았는데 우울증이 심하여 겨우 아이들 밥만 해줄 뿐이지 아무것도 못하고 손을 놓고 있는 거예요. 사람들 만나는 것도 싫답니다. 하루종일 집에만 있어요. 전화도 안 받구요. 몸이 아주 안 좋아졌더라구요.

참고로 카드 빚은 여전히 있고 한 카드회사에서는 집안 살림에 딱지까지 붙였습니다. 부부가 짜고 한 거라고. 어떻게 하면 이 사람을 도와줄 수가 있을까요? 정상적인 생활을 하도록 해줘야 될텐데요. 한 부모 가족으로 시에서 보조금 조금 받고 있구요. 교회에서도 가끔씩 도와줍니다. 취직도 해야 될텐데 의지가 전혀 없는 듯합니다. 도와주십시오. 좋은 말씀 꼭 부탁드립니다. 수고하십시오.

♣상담자: 안녕하세요? 글 잘 보았습니다. 너무나 안타깝고 마음 아픈 사연이네요. 그래도 님과 같은 사람이 친구로 곁에 있다는 것이 그나마 불행 중 다행이라는 생각이 듭니다. 우선 그분이 현실적으로 해결해야 할 돈 문제에 대해선 저는 지식이 없습니다. 그 쪽은 법적인 문제가 걸려 있기에 저보다는 마음 좋은 변호사에게 찾아가 남편이 진 빚에 대하여 최소한의 보상만을 할 수 있도록 어떤 법적인 보호를 받아야 한다고 생각됩니다.

부부가 짜고 했다는 카드회사의 말은 법적으로 문제를 삼을 수 있는 소지가 있다고 느낍니다(물론 제 생각이지만요). 남편이 죽었는데 그것도 자살도 아닌 병으로 죽었는데 그것을 짜고 그렇게 했다고 볼 수 있는지 모르겠습니다. 그리고 죽은 남편도 그 많은 돈을 어디다 무엇을 위해 사용했는지 알 수 없군요. 제가 그저 도울 수 있는 것은 그분의 심리적인 부분인데, 아마도 그분은 남편에 대해 깊은 애증을 갖고 있었던 분 같아요. 그렇게 냉정하게 했지만 그래도 남편이거든요. 그분이 남편을 고소한 시점과 남편이 죽은 시점이 거의 같다는 것이 저의 마음에 걸린답니다.

그런 분들은 그래도 자신이 못된 사람이기에 그런 결과가 생겼다고 자책할 수 있거든요. 그런 깊은 죄책감에 그분의 상황적인 어려움과 우울증까지 겹쳐서 그분을 지금처럼 괴롭게 하고 있다고 보여집니다. 그분을 돕고 그분이 정상적인 생활을 하려면 무엇보다 그분의 가슴에 응어리진 '한'이라는 감정을 터뜨릴 수 있어야 한다고 봅니다. 그것을 누구 앞에서 어떻게 하느냐는 안타깝지만, 저로서도 구체적으로 지금 말씀드릴 여건이 아니어서 너무 안타깝기만 합니다. 그분의 응어리진 감정이 풀리지 않는다면 그분은 심리적인 그리고 신체적인 질병으로 계속 고통받을 것 같습니다. 무엇보다 자살도 생각할 수 있을 겁니다. 두 자녀 때문에 사는 것이지 지금 본인이 살아야 할 이유는 없다고 느낄 것 같습니다. 그분이야말로 은혜가 필요한 분이군요. 저도 답답하고, 안타까운 마음으로 답변을 드립니다.

♥**내담자(love)**: 답변해 주신 말씀, 감사드립니다. 목사님이 말씀하신 심리적인 부분은 생각 못하고 '그저 빚이 해결되지 못해서 그러려니…….'라고 생각만 했습니다. 말씀하신 그 '한'을 치유할 수 있는 곳이 있다는 것을 들었습니다. 추천해 주실 수 없는지요. 치유할 수 있는 곳이 있다면 설득해서 한번 보내 보려고요. 제가 여기 가입한지가 얼마 안 되어 뭘 자세히 모릅니다. 죄송하지만 부탁드립니다. 하나님의 크신 능력의 은총이 가득하시길 바랍니다. 안녕히 계십시오.

♣**상담자**: 한을 치유할 수 있는 곳이 있지요. 추천해 드릴 수 있는 몇 군데가 있지만, 그곳 모두 유료상담 기관이랍니다. 괜찮을지, 돈이 없으신데, 마음이 무겁습니다.

아무튼 그래도 소개해 드리면 크게 두 군데입니다. 한국 여성의 한에 대해 박사학위를 하신 서울 공덕동에 위치한 김영애가족치료연구소라는 곳이 있구요. 그리고 크리스챤치유상담연구원이 있습니다. 모두 다 간사가 전화를 받을 것입니다. 사연을 이야기해도 상담료를 할인해 주는 것은 교수님들이 정하는 것이기에 타협과 대화가 필요할 것입니다. 부디 좋은 결과를 얻으시길 기도드립니다.

♥**내담자**(love): 감사드립니다. 적극적인 답변, 진심으로 감사드립니다. 상의해 보고 그 이후의 상황을 다음에 다시 올리겠습니다. 많은 아픔이 있는 자에게 도움을 주시니 다시 한번 감사드립니다. 우리 주님의 크신 축복이 있으시길 바랍니다. 안녕히 계십시오.

스물일곱 • 살고 싶습니다

♥**내담자**(회피): 밤 1시에서 2시쯤에 잠을 청합니다. 그때부터 잠들 그 시간까지 너무도 괴롭습니다. 아무것도 아닌 듯한 제 자신의 원망과 현실의 두려움, 그런 것들에 괴로워하며 몸부림치다가 지치면 잠이 듭니다. 전에는 간헐적으로 일어나던 일이 이제는 매일 그런 일을 겪습니다.

저는 20대 후반입니다. 직장을 다니기도 하였습니다만, 작년 8월부터는 소위 말하는 백수의 생활을 하였습니다. 여자친구도 있고 교회에서 봉사도 하며 남들 보기에는 아무 일 없는 듯한 생활이었습니다.

하지만, 사실 저의 삶은 너무도 괴로웠습니다. 엄한 아버지 덕에 지금도 너무 힘이 듭니다. 이젠 아버지 얼굴을 바로 보기도 두렵습니다. 아버지가 저를 보고 있노라면 제가 하는 모든 일은 다 잘못이라는 생각이 듭니다. 아버지의 모습이 보이면 두렵고 안 보이면 조금은 편안해집니다.

직장이 없다는 것, 그리고 고졸이라는 것, 두 가지는 이젠 그만 살아야 하는가 하는 생각마저 들게 만듭니다. 자신이 없습니다. 목표가 없다보니 두렵습니다. 뭔가 해보려 하지만, 곧 저의 무능함을 보게 되고 도전의식마저 잃어 버립니다.

지금이라도 다시 시작해 보라고 말해 주는 사람들이 있지만, 도무지 용기가 나지 않습니다. 그렇다고 아무것도 하지 않고 있으면 가슴이 터져 버릴 것만 같습니다. 삶의 의미, 방향, 신앙, 모든 것들이 사라지는 듯합니다.

여기에 이런 글을 남기고 답변을 보게 되도 잠시의 위로만 될 것 같다는 생각이 듭니다만, 그래도 너무 답답해서 글을 올립니다. 사는 게 의미가 있나요?

♣**상담자**: 잠시의 위로. 그것밖에는 저도 드릴 것이 없다고 생각하니 안타깝군요. 아버지의 태도로 인해 한창 꽃 필 님의 삶이 이렇게 힘이 드는 지경을 넘어 자기 혐오와 낙담까지 가게 되었다는 것이 안타깝습니다. 그래요. 어떤 위로보다는 님에게 도움이 될만한 책을 꼭 소개하고 싶습니다. 마음이 힘드시더라도 꼭 구해 보시길 바랍니다. 〈상처 난 아버지와의 관계 회복〉(세복), 〈나를 사랑하기〉(교육과학사), 〈미안하다고 말하기가 그렇게 어려웠나요〉(이야기). 이 책들이 저의 위로의 글보다 더 많은 것을 줄 수 있을 것입니다. 세 번째 책을 먼저 읽어보세요. 읽지 않는 것보다 더 큰 힘을 얻을 것입니다. 저도 할 말이 참 많지

만 이 책의 내용으로 대신합니다.

♥**내담자**(회피) : 답변 감사드리구요. 어제 〈미안하다고 말하기가 그렇게 어려웠나요〉를 사려고 서점에 갔더니 판매금지된 책이라고 그러더군요. 무척이나 당황스런 표정을 지으면서요. 그땐 그 책의 내용이 무엇인지 몰라서 저도 좀 당황했습니다. 그래서 인터넷으로 찾아봤습니다. 존속살해에 관한 내용이더군요. 2000년에 일어났던 일이라면 저도 기억해야 할텐데 전혀 기억에 없는 일이었습니다.

아직까지 그런 일을 상상조차 해본 적은 없습니다. 독립하고 싶단 생각은 늘 하고 있지요. 저 멀리 해외로 가서 그곳에서 모든 게 잊혀질 만큼 있다가 다시 돌아오고픈 그런 생각. 유학(?)도 생각해 보고 있습니다. 하지만 아직도 역시 무엇을 해야 할지 모르는 제 자신에 부딪혀 고민하고 있습니다.

전엔 결혼해서 행복한 가정을 이루고 싶다는 소망이 있었으나 요즘엔 나도 아버지처럼 된다면 하는 생각에 조금씩 두려워지고 있습니다. 성경엔 독처하는 게 좋지 않다라고 말씀하셨지만, 혼자 사는 것도 좋을 것 같단 생각이 듭니다.

좀 다른 문제입니다만, 교회에 2년 정도 출석하지 않았던 자매가 있습니다. 얼마 전에 다시 나오기 시작했는데 그 동안에 대학에 편입해서 공부했고 지금은 대학원에 진학했다고 합니다. 지난 2년 동안 교회에는 출석하지 않았지만, 열심히 공부했는지 소위 남들이 알아주는 대학에 편입했고 또 그 방면에서는 알아주는 대학원에 들어갔습니다. 결과를 놓고보면 성공해서 돌아왔습니다. 그 자매를 대하는 사람들을 보기에 마치 2년 동안 잃어버린 양을 찾은 느낌으로 대하는 것 같습니다. 그렇지만 제 자신을 보면 지난 2년 동안 교회에 봉사하며 제가 무언가 하고자 하는 시간을 교회에 봉사하며 지냈습니다.

교회 일을 먼저 생각하여 살았지만, 지금 제가 주어진 건 아무것도 없습니다. 아무것도 이루지 못한 제가 얼마나 원망스러웠는지요. 그 자매를 미워하지 않습니다. 다시 교회에 출석하는 것이 다행스럽게 생각됩니다. 단지 주변 상황에 대한 제 자신의 비참함. 하나님께서 제게 뜻이 있으시다면 정말 언제까지 침묵하고 계실지요? 노력으로 말하라고 한다면, 많이 노력하지 못했습니다. 그게 문제라면 지금이라도 교회에서의 모든 활동을 끝내고 제가 원하는 것을 이루려고 노력하겠습니다. 그렇지만 그렇게 하기엔 맘이 너무나도 편치 않습니다. 저는 무엇을 따라야 하는가요? 언제부터 이런 인생이 되어버렸는지 참, 이만 줄입니다.

♣상담자: 〈미안하다고……〉란 책이 판매 금지된 책이라니, 너무나 어의가 없군요. 그게 우리나라 정신문화의 현주소인지, 아무튼 님이 지금 고민하는 것이 무엇지 조금은 이해가 됩니다. 하나님의 뜻에 대해 말씀하셨지요. 저도 고민 많이 했습니다. 그런데 하나님은 우리에게 자유의지를 주셨습니다. 그런 의지를 주신 이상 관여하지 않으십니다. 잔소리도 없으시구요. 단지 우리 쪽에서 그 의지를 잘 활용하는가 아닌가가 중요한데, 무엇보다 그러기 위해선 건강한 자존감이 필요하다는 말을 다시 드리고 싶습니다. 내가 나에 대해 깊은 이해를 하고 나에 대해 낯설지 않는 그런 수준까지 자기 이해를 올려놓을 수 있다면 자기 통합이 이뤄지고 모든 일에 피해의식이나 열등감보다 자신감이 생겨나거든요.

님의 글을 읽으면서 "젊은 날의 고뇌"라는 주제가 떠올랐습니다. 신앙인도 사람이고 욕구가 있고 그 욕구가 좌절되면 고통스럽고 낙심이 됩니다. 님만 그런 것이 아니라 그 누구라도 님과 같은 환경에 있으면 다 힘들고 한숨이 나올 것입니다. 님이 유달리 열등감이 많다거나 무능하다는 그런 생각을 하지 않기를 바랍니다. 그 누가 님의 위치에 있더라도 그럴 것이기 때문입니다.

차근차근 하면 못할 일이 없고 풀지 못할 일이 없어요. 시간이 걸릴 뿐입니다. 다만 제가 우려하는 것은 아버지라는 상징성입니다. 권위를 상징하는 아버지에 대한 상처는 님에게 많은 가능성을 잃게 할 수 있습니다.

무조건 피하고 보자는 생각에 지배당할 수도 있구요. 하나님 아버지가 주시는 정체성과 자신감으로 님이 좀 더 당당하시길 기도 드립니다. 많은 일을 할 수 있는 한 젊은이가 상처때문에 그렇게 산다는 것이 너무 안타깝습니다. 아무리 남의 일이지만 말입니다.

스물여덟 • 어떻게 하지요?

♥**내담자**(바보): 안녕하세요? 저희 부모님을 볼 때면 속으로 정말 많이 화가 납니다. 그래서 저는 속으로 예수님께 막 말하고 화내고 그럽니다. 정말 부모님을 죽이고 싶은 마음까지 듭니다. 어떻게 해야 할지 모르겠습니다. 눈물이 납니다. 그리고 혼자서 분을 삭히곤 합니다. 방학이라 어디 나가지도 않고 집에만 있다보니 부모님과 대화하려는 것도 마주치는 것도 싫은데 정말 괴롭습니다. 가출하는 청소년의 마음 같습니다.

참아 왔던 것이 이제 드러나나 봅니다. 부모님 죽인 아들이 남의 일 같지 않습니다. 바보같이 착하게 살려고 했던 저였습니다. 과거의 제 모습도 그로 인한 상처도 아픔도 부모님도 너무 화가 나고 싫습니다. 도와주세요.

♣**상담자**: 안녕하세요? 답변이 조금 늦어서 미안합니다. 짧은 글이지만 님의 한숨, 괴로움, 분노, 좌절을 조금이나마 느낄 수 있었습니다.

솔직히 내용 끝에 도와달라는 말이 참 메아리처럼 남지만 무엇을 어떻게 도와드려야 할지를 올려주시지 않아 막막한 마음입니다. 다만 이런 글을 올리기까지 님이 겪었을 분노와 내적 고통이 심각했을 것이라는 짐작은 갑니다. 그리고, 풀어야 할 것도 아주 많다는 느낌이예요.

부모, 그 부모님이란 분이 부모란 이름에 걸맞게 성숙하시고 인자하시고 너그러우셨으면 얼마나 좋겠습니까마는 자녀의 마음에 영구히 지워지지 않는 상처를 주고 그것도 모자라 학대까지 하는 이른바 역기능 가정에서 성인아이로 자란 미숙하기 그지없는 부모님들이 너무나도 많습니다. 너무나도.

그러기에 저는 님이 우선 부모로 인한 원망보다 더 냉정하게 그러한 부모의 영향력이 님의 순수한 자아를 서서히 파괴하지 못하도록 그 부모님과 님 사이에 심리적인 거리를 두는 일이 우선된다고 생각합니다. 심리적인 거리를 둔다는 것은 님이 부모님이 싫다고 하면서 받은 영향, 분노를 느끼면서 화풀이를 부모님같이 하려는 경향은 없는지를 살펴보는 일입니다. 부모와 사이가 안 좋은 사람은 정말이지 풀어야 할 것이 참으로 많은 사람이라는 것을 알아주시길 바랍니다. 이거 보시고 혹시 글을 다시 올려주신다면 님이 부모님의 어떤 면에서 분노를 느끼고 도움을 구하시는지 그 도움이 어떤 성격의 도움인지를 올려주시길 바랍니다. 참 할 말이 많이 느껴지지만 글자로 옮긴다는 것이 쉽지 않다는 생각이 듭니다.

스물아홉 ● 안녕하세요?

♥**내담자**(천국): 아직 아무런 말도 시작하지 않았는데, 벌써 눈물이 날 것 같습니다. 처음에는 저희 가족 이야기를 하려고 했습니다. 그런데 제 이야기를 먼저 하고 싶어요.

저는 낮은 자존감으로 인해 스스로 고통받고 있을 뿐더러 주변에 친한 사람들까지 속상하게 만들곤 합니다. 저는 제가 정말 싫거든요. 하나부터 열까지 저라는 사람에 대해 마음에 드는 게 단 한 가지도 없거든요. 저는 제가 자존감이 낮은 지도 몰랐습니다. 요즘에는 없던 열등감까지 생겨서 정말 하루하루가 괴롭습니다. 모든 게 다 멍청한 저에 비해 그 아이는 뭐든 순조로워 보이니까요.

'나는 역시나, 내가 그렇지 뭐.' 저랑 많이 친한 아이인데, 꽤 오랜 시간을 봐온 아이인데, 몇 개월 전부터 생긴 열등감으로 그 애한테 나쁜 마음과 욕심이 생겨서 그 애에게 너무 미안해요. 그 애는 내가 이런 생각하는 거 꿈에도 생각 못할텐데. 제가 너무 비참하고, 스스로 웃기고, 한심해서 이러지 말아야지 그러는데 마음대로 안 되네요.

제가 언니에게 자주 듣던 말이 있었습니다. "바보 같은 년! 재수 없는 년! 뭐하나 잘하는 것도 없고!! 한심한 년!!!! 나가 죽어라 아주!!! 왜 사냐 대체?!! 착한 척하지마! 토할 것 같아! 역겨운 년." 한심하고, 바보같고, 뭐 하나 잘하는 것도 없는 사람. 정말 세상에서 가장 쓸모 없는 사람이 바로 저였습니다.

누구에게든 칭찬도 받아 본 기억이 사실 별로 없습니다. 공부를 잘 했다면 칭찬 받았을 테지만, 공부도 지지리 못했고, 예쁜 짓을 많이 했더라면 칭찬 받았을 테지만, 누구에게든 애교도 없었습니다. 난 참, 쓸모 없는 사람. 떨쳐버리려고 해도 도저히 떨쳐지지 않는, 항상 저 말이 제 머릿속을 맴돌고 제 마음속에서 소리쳤습니다.

"넌 뭐하나 잘하는 것도 없고! 아무도 널 좋아하지 않을 꺼야!! 사람들을 봐. 너에게 웃고, 친절하다고 해서 널 좋아하는 거라고 생각해? 웃기지마. 너같이 한심한 사람을 누가 좋아하겠어!! 지금은 좋아할지도 모르지. 하지만, 한심한 니 생활을 안다면, 그래도 널 진심으로 아끼고 좋아해 줄 수 있을까? 널 한심하게 생각할 걸?" 저는 심각할 정도로 남들이 저에 대해 보이는 반응 하나하나에 대해 민감하고, 또 상처받습니다.

별 생각 없이 내뱉은 한 마디, 행동 하나를 저는 수십 번, 수백 번 생각하고 결국에는 제멋대로 해석하며 상처받곤 합니다. 이런 제가 너무 너무 싫습니다. 내 방식대로 날 대하는 사람들을 생각하다보면 정말 날 좋아하는 사람은 아무도 없으니까요. 그러면 결국 상처받는 건 또 나고, 우울증은 더 심해지고, 마음은 또 답답하고, 나중에는 또 사람들이 무서워져서 사람들을 대하는 게 그 전보다 훨씬 어려워지니까요.

그런데 요즘 들어 이렇게 소심하고, 자존감 낮은 저를 언니가 그렇게 만들었다는 생각이 듭니다. 나한테 쓸모 없다는 얘기만 안 했더라면, 한심하다는 말만 적게 했더라면 죽으라는 말만 안 했더라면, 나는 나 자신을 좀 더 사랑하고 아껴줄 수 있지 않았을까? 지금보다 훨씬 나아진 내 모습을 볼 수 있지 않았을까? 스스로 자신감 있는 나를 볼 수 있지 않았을까?

몇 주 전에 언니가 저에게 그런 말을 했습니다. "넌 내가 너를 사랑 안하는 거 같냐? 내가 너한테 하는 말들이 내 진심 같으냐?" 이제 와서 날 위한 소리였다고 해봤자, 자기 마음은 그게 아니었지만 말이 그렇게 나왔다고 해봤자, 저는 이미 상처받을 대로 상처받았는데 그런 말은 아무 소용이 없습니다.

언니 앞에서 저는 아무렇지 않습니다. 이제는 언니가 그 어떤 말을 해도, 내 머리를 쥐어뜯고 내 머리를 때려도 언니 앞에서는 나날이 독한 년이 되어가고 있습니다. 언니에게는 나날이 나쁜 동생이 되어가고 있습니다. 언니가 보이지 않으면 가슴이 메여서 숨이 제대로 쉬어지지도 않을 만큼 울지만, 적어도 언니 앞에서는 이제는 울지 않을 만큼 독한 사람이 되었습니다.

예전에는 언니 말을 잘 들었습니다. 잔심부름도 잘하고 말도 잘 듣는 착한 동생이었죠. 그런데 지금은 언니가 무슨 말만 하면 "싫어!" 이게 제 대답이 되었습니다. 왠지 언니에게 고분고분하면 언니가 나를 만만하게 볼 것 같아서요. 가족인데 언니인데, 나를 좀 만만하게 보면 어떤가 하는 생각도 들지만, 어느 날부터인가 왠지 그게 싫어졌거든요.

이런 제 모습 또한 너무 안타깝습니다. 언니에게 자꾸만 보이지 않는 벽을 쌓고 있는 것 같아서 미안하고 마음이 아픕니다. 친구들에게 관심 갖는 것보다 언니에게 관심이 더 없고, 언니의 힘든 것들을 난 하나도 알지 못하고, 위로해 줄 수도 없고, 그 힘든 것들을 덜어줄 수도 없으니까요.

예전에는 언니가 밉다는 생각이 별로 들지 않았는데, 요즘에는 너무너무 미워요. 한창 언니가 미울 때 자살해야겠다는 생각을 했습니다. 언니 때문에 너무너무 살기가 싫어서 정말 내가 죽어버리면, 언니 때문에 죽고 싶다고 그렇게 유서에 써놓으면 언니에게는 마음에 평생 지울 수 없는 상처일 테니까요.

저는 이제까지 남자친구를 한번도 사귀어보지 못했어요. 저를 좋다고 하는 남자애들을 이해할 수 없었어요. 아니, 지금도 이해할 수 없어요. 지금은 나의 뭐를 보고 좋아하는지 몰라도 나랑 사귀거나 한다면 금방 나에게 실증날 것이라고 생각해요. 왠지 나를 금방 싫어할 것만 같아요. 그래서 누가 저를 좋다고 하면 덜컥 겁부터 나요.

누구에게든 저를 칭찬하는 소리를 들으면 불편하고, 어색해서 그 자리를 벗어나고 싶어요. 어색한 미소를 띄우면서 "어, 고마워, 하하하." 머릿속으로 수만 가지 생각을 해요. '얘가 지금 내가 어색해하는 걸 알까? 고맙다고 말하면 수긍하는 게 되는데 쟤가 재수 없다고 하는 거 아냐? 저게 정말 칭찬인가? 아님 입바른 소린가? 내 표정이 괜찮나? 표정이 이상하거나 그렇지는 않나? 쟤는 나를 어떻게 생각하려나?

솔직히 칭찬을 듣고 싶긴 하지만, 칭찬을 하면 민망해서 죽겠습니다. 허허허허……. 말이 너무 길었습니다. 이것저것 내용도 없는 듯하구요. 그런데, 마음은 한결 편해진 것 같아요. 저는 조울중도 심해요. 요즘에는 주변 사람들한테 짜증내는 것도 늘었습니다. 저 스스로 생각하기에 참 싸가지가 없어진 거 같아요. 그래서 또 한번 신경이 쓰이는데, 마음과 몸은 따로인가 봅니다. 여전히 그런 생활 속에 사는 것 같아요. 건강하세요. 또 올꺼예요.

♣**상담자**: 천국님, 안녕하세요? 어렵고 힘들었을 이야기들을 잘 올려주셨네요. 글 잘 읽었습니다. 정말 제가 쓴 책 〈어린 시절 가정에서 입은 마음의 상처 이렇게 치유하라—낮은 자존감, 열등감, 우울증과 완전주의를 중심으로〉에서 다루었던 사례 중에서 낮은 자존감과 관련된 사례를 그대로 읽고 있는 것 같은 느낌이었습니다.

저 자신 이 글을 쓰기 한 시간 전 꿈을 하나 꾸었는데 몹시 무섭고 힘든 그런 꿈을 꾸었습니다. 꿈 내용을 다 말씀드릴 수는 없지만, 아직도 내 마음엔 내 의식이 닿지 않는 곳에서 어떤 상처와 아픔이 도사리고 있었구나라고 생각이 들었습니다.

천국님, 우선 올리신 글에 대해 크게 두 가지 생각이 났어요. 첫째, 님이 미워하시고 애증을 갖고 있는 언니는 님에 대하여 대상관계이론이라는 분야에서 자주 말하는 "투사적 동일시"를 반복했구나라는 생각입니다. 투사적 동일시에 대해선 이곳에 여러 번 글을 올린 일도 있는데요. 쉽게 말하여 님의 언니가 스스로에게서 보여지는 부정적이고 열등하고 못났다고 생각하는 면을 자기 안에서 인정하고 들어가는 것이 아니라 님에게서 그런 모습을 본다는 얘깁니다. 그래서 내 동생이 내가 싫어하거나 보기 싫은 행동이나 말을 할 적에 자기 안에 있는 분노가 그대로 동생에게 전가됩니다. 즉 님에게 퍼부은 욕설이나 모든 것은 사실 언니 자신에게나 해당되는 말이었습니다.

"병신 같은 게!" 자기 마음 안에 없었다면 그런 말을 동생에게 내뱉을 수가 있었을까요. 그런 투사적 동일시가 심한 사람은 방어기제도 많고 합리화도 잘 하지요. 공부 못하고 살아온 여자가 엄마가 되어 어느 날 자기 아이가 성적이 좀 떨어진 통지표를 갖고 왔을 때 "이 머저리같은 놈아!"라고 말하는 것은 바로 그런 투사적 동일시의 또 다른 예라고 볼 수 있습니다. 정말이지 그런 투사적 동일시로 상처받은 사람도 고침을 받아야 할 것이 많겠지만 그런 투사적 동일시를 하는 사람도 문제가 큰 사람입니다. 아니 더 큰 사람이라고 할 수 있어요. 그러니 이제까지 언니가 님에게 한 모든 말들은 언니 자신에게 해당되는 그런 말이었구나라고 생각을 한 번 해주길 바랍니다. 이미 상처받은 것은 어쩔 수 없겠지만요.

둘째로 드리고 싶은 말은요. 님은 바보나 멍청이가 아니라는 겁니다. 그건 다 아시죠? 근데 제가 핵심적으로 말하고픈 것은 님이 분명 그런 존재가 아님에도 불구하고 그런 사람이라고 자신을 "해석"해 왔다는 것입니다. 아주 아기 때부터 선천적으로 그런 해석을 하고 태어나셨나요? 그것은 분명 아닐 꺼예요. 어느 시점에서부터인가 그런 해석을 하게 되고 그런 부정적 해석을 한 이후에는 그런 부정적인 해석에 맞게 자기 행동과 모습을 서서히 만들어 갔을 겁니다.

그 결과로 남이 칭찬해도 놀리는 것 같고 사랑해도 "네가 내 진짜 모습을 보면 그렇게 날 사랑한다고 할 수 있을까"라고 반문하실 것입니다. 중요한 건 님만 그런 증상을 겪는 것이 아니라는 데 치유의 가능성이 있어요. 이제까지 수많은 사람을 치유하며 상담해 봤지만 사람이란 게 상처를 겪는 과정은 너무나 흡사하다는 것을 발견했습니다. 어린 시절 아이로 모든 것이 무능할 때 부모가 잘 대해주고 아이를 격려와 사랑이 담긴 눈으로 보아주고 지지해주고 축복하면 그 어떤 아이가 삐뚤어지겠습니까?

불행하게도 그런 돌봄과 눈빛도 없었고—비공개 상담자료에 가시면 제가 쓴 치유칼럼에 이런 이야기가 많이 나와 있습니다— 축복도 해주지 않다보니 지금의 그 상처투성이의 마음을 갖게 된 것이죠. 다시 말해 그 어느 누가 님의 자리에 있었더라도 지금과 같은 동일한 상처와 아픔을 겪을 수밖에 없다는 이야기예요. 님이 유달리 연약하거나 님이 근본적으로 예민해서 그런 게 아니라는 말입니다.

아무튼 이제 필요한 것은 자존감을 높이고 님의 마음 안에 있는 강하고 무서운 부정적 목소리와 싸우는 일입니다. 치유를 기대합니다.

서른 • 언니가……

♥**내담자**(천국): 저희 언니는 어렸을 때부터 남다른 지도 없이도 공부를 잘하던 사람이었습니다. 학원을 다니고, 과외를 해도 여전히 공부를 지지리 안하고, 못하던, 저랑은 틀렸지요. 음악면에서도 뛰어나고, 공부도 잘하고, 제가 옆에서 보는 언니는 스스로의 성장을 위해 꾸준히 노력하는 사람입니다. 많은 책들을 읽고, 꾸준히 여러 방면으로 공부하고, 되도록이면 시간을 허비하지 않으려고 하는 사람이죠.

제가 쓴 글들을 보니, 언니를 너무 나쁜 사람 취급한 것 같아요. 사실 언니가 가끔 저에게 폭행(?)을 행하는 것도 제가 다 깐죽거려서 그런 것인데 말예요. 이 얘기를 하자는 것은 아니었구요.

어느 시점에서부터인가 그런 해석을 하게 되고 그런 부정적 해석을 한 이후에는 그런 부정적인 해석에 맞게 자기 행동과 모습을 서서히 만들어 갔을 겁니다. 네, 맞습니다, 맞고요. 상담자님의 말씀대로 언젠가부터 저의 모습을 스스로 그렇게 만들어갔던 것 같습니다. 상담해 주신 내용들 중 가장 마음에 와닿고, 고개가 부러질 듯 세차게 끄덕였던 부분입니다. 그래서 지금 제 모습이 저 스스로 생각하기에 바보 같고, 멍청하고, 한심하고, 쓸모 없는 사람처럼 느껴지는 건지도 모르겠어요.

사실 제가 자존감이 낮다는 걸 처음 알았을 때 별로 대수롭지 않게 생각했었습니다. 스스로 살아오는 데 별다른 문제가 없다고 생각했기 때문이죠. 그런데 시간이 지날수록 그게 대수로운 문제가 아닌 것 같더군요. 나름대로 고치려고 많은 애를 쓰고 있습니다. 하지만, 꽤 오랜 시간 저 스스로를 제가 짓밟고 살아왔는데 그걸 한꺼번에 올리기란 쉽지가 않네요. 아직까지도 제 자신이 사랑스럽지는 않지만 전에 없던 측은한 마음과 함께 저 스스로에게 용기를 불어넣기 위해 애쓰고 있습니다. 애쓰다 한번 틀어지면 또 제가 저에게 많은 상처들을 만들어 내지만요.

저 스스로 망쳐버린 '나'라는 사람을 이제는 저 스스로 세우기 위해 노력하려고 합니다. 과연 내가 날 사랑할 수 있을까? 내 자존감도 과연 높아질 수 있을까? 생각하면 한숨만 나오고, 걱정되고, 두렵지만 이런 나 때문에 속상해하시는 하나님을 생각하며, 하나님께 매달리며 노력하겠습니다.

상담 정말 감사드립니다. 꼭! 자존감도 높아지고, 저의 마음에 상처들도 치유하겠습니다. 뭔가 아직도 할 말이 남은 듯한 기분인데, 정리가 제대로 되질 않아서 썼다 지우고, 썼다 지우고를 반복하고 있습니다. 다음에는 가정 문제인데, 괜찮으시겠습니까?

♣**상담자**: 다음에는 가정 문제인데 괜찮으시겠습니까라고 물으셨죠? 네, 괜찮습니다. 궁금한 것을 상세하게만 올려주세요. 그럼.

서른하나 • 가족

♥**내담자**(영혼): 가족? 아빠, 엄마, 나, 이런 게 가족이겠지……. 후, 나는 정말 평범한 가족을 바랬는데 정말 좋은 가족, 그런데……. 아버지란 사람한테, 버림받고, 불쌍한 엄마랑 산다는 건 어린 나에게는 너무나 버거운 일이다.

혼자인 난 죽고 싶어도 엄마가 눈에 밟혀서 죽지도 못한다. 어렸을 때 아빠란 인간은 딴 여자랑 눈이나 맞고, 불쌍한 우리 엄마는 아빠란 인간과 혼인신고도 안한 채, 왜 날 낳은 건지 정말 너무 싫다. 책임도 못질 일을, 왜 나 같은 인간을 낳아서! 불안정한 가정에서 나는 많은 걸 바라지 않는다. 그냥 평범한 가정에서 부모한테 사랑을 받고 싶다. 불쌍한 우리 엄마, 당신을 사랑합니다.

♣**상담자**: 사연이 참 안타깝고 힘이 드네요. 죽고 싶지만 불쌍한 엄마 때문에 죽지 못한다니. 깊은 서러움과 아픔이 가득 담긴 글이네요. 아버지는 이름만 아버지였지. 미숙한 사람이었군요. 저의 가까운 친척 분 중 하나가 그렇게 사시다가 돌아가실 때는 재산까지 전부 첩의 자식들에게 주는 바람에 그로 인해 지금 너무 어렵게 살고 있는 그분 아들의 집안을 볼 때 아픔이 참으로 크답니다.

그래도 어머님을 사랑하는 마음이 극진하시네요. 그 어머님을 기쁘게 해드릴 수 있는 유일한 벗은 님밖에 없잖아요. 그 엄마 가슴에 못 박는 자해나 자살은 생각도 마시구요. 엄마의 남은 생이 기쁨이 되고 님 때문에 위안이 되도록 더 열심히 사세요. 하나님을 들먹거려 미안하지만, 하나님이 님과 어머님을 크게 축복하시기를 기도 드립니다. 아울러, 아무리 혼인신고도 않고 그 사이에서 님이 태어났다고 했지만요. 일단 세상의 빛을 보셨다면 그건 은총입니다.

다시 말해 가정이라는 환경은 최악일지 모르지만, 이건 저의 신념인데요, 일단 태어났다면 그것 자체가 하나님의 뜻과 소명이 있는 것이라고 저는 믿어왔습니다. 님에게 너무 배부른 소리로 들린다면 용서를 바랍니다. 그러나, 그건 저의 생명에 대한 믿음이기도 합니다.

동시에 그렇게 태어난 것은 그렇게 똑같이 태어난 이들을 위로하라는, 자기도 상처를 입었으면서도 그렇게 상처 입은 자를 치유하라는 하나님의 소명이라고 생각합니다. 부디 용기를 내시고 돌보시는 하나님의 사랑이 님과 어머님께 크게 함께 하길 바라며 기도드립니다. 용기를 잃지 마세요.

서른둘 ● 죄책감으로 힘이 빠지네요

♥**내담자**(미래): 엄마하고 아침부터 한판 했어요. 이런 표현부터 건방짐이 느껴지죠? 엄마가 화나면 막말을 많이 하시거든요. 저도 좀 듣다가 화를 못 누르고 엄마한테 해서는 안 될 말들을 버르장머리 없게 하고 말았습니다. 이런 자신이 너무나 싫어서 그리고 여태까지 남발한 막말들 때문에 죄책감이 몰려옵니다.

성경에도 부모에게 잘하면 장수하고 복을 얻는다고 그러셨잖아요. 전 그 반대로 생각이 되요. 흑백논리일수도 있겠지만. 어떻게 하면 이런 무거운 죄책감을 털어 버릴 수 있을까요? 회개기도를 했어도 엄마 한테 욕 먹으면 자제가 안 되었어요. 진정한 회개를 못한 건가요?

♣상담자: 어머님과의 다툼. 제가 고등학교 시절과 신학대 시절만 해도 그런 갈등이 있었기에 그냥 사연이 보이지는 않습니다. 지금은 어머님이 너무 좋으시고 감사하지만 그때만 해도 어머니가 꿈에서 부정적인 모습으로 나올 만큼 저의 어머니에 대한 이미지는 어두웠습니다. 그런데 사실 자녀도 문제가 있지만, 부모님도 말이 부모님이지, 한 인간으로 보면 대부분은 사랑과 인정에 굶주린 성인아이 부모가 많거든요.

무슨 말이냐 하면 부모님도 나이만 드셨을 뿐 사랑받고 인정받고 싶은 그런 욕구가 가득한 아이같다는 것입니다. 그런 부모님 마음 안의 미숙한 아이와 님의 마음 안에 있는 미숙한 아이가 만나면 싸움밖에 할 것이 없겠지요. 서로 "이야기"를 해야 할 때 서로 내 마음 몰라준다고 싸우고 있으니 말입니다.

십계명에서 부모 공경을 이야기한 것은 이유가 있어요. 당시는 이스라엘인들이 광야를 통과하고 있었지요. 그들이 가나안에 가면 양을 치던 자들이 농사를 지어야 하고 당연히 낯선 문화에 접하는데 당시의 농경문화는 하나같이 바알, 아세라를 섬기는 난잡한 섹스, 우상문화였거든요. 그런 상황에서 여호와 신앙을 지킬 수 있는 것은 오직 한 가정의 아버지 어머니였습니다. 고로 당시 십계명의 부모 공경은 곧 가장 중요한 하나님 신앙과 연결되어 있는 겁니다.

부모님은 하나님 신앙의 주체이며 전달자이기에 그런 부모를 거역한다는 것은 이스라엘이 믿어 온 신앙전통에서 벗어난다는 의미를 지니는 것이지요. 그래서 거역하는 자식은 죽였던 것입니다. 그런 배경을 모르면 무조건 유교적인 부모 공경이 되는 겁니다.

잘 모르겠지만, 님의 가정도 대화하는 수준이 참 미숙한 것 같습니다. 자기 안의 이야기를 화부터 내지 말고 있는 그대로 기술할 수 있는 훈련이 필요해요. 그리 어려운 일도 아닌데 말입니다. 많은 가정들이 그 쉬운 일을 못하고 싸우고 이혼하고 상처를 주고 삽니다. 편지로라도 님의 마음을 어머님께 전달해보는 용기를 갖길 바랍니다. 이런 싸이트에 엄마와 싸워 속상해 글을 올릴 정도면 엄마에 대한 사랑이 큰 것입니다. 좋은 결과 있길 바랍니다.

서른셋 ● 힘들어서요

♥**내담자(절망)**: 안녕하세요? 제 기도 좀 부탁드립니다. 너무나 힘들어서. 견디기가 그래서 학교 선생님께서 저보고 병원에 가보라고 까지 말씀을 하시더라구요. 문제가 있는 거 같다고. 피해의소중인가, 피해망상증이 있는 거 같다고. 반에서도 애들이랑 그렇게 사이가 좋지가 않습니다.

제 성격이 이상해서 그런지는 저는 모르겠습니다. 무엇 때문에 이상한지를요. 제가 울 반에서 있었던 일을 다 선생님께 말했거든요. 맞은 것부터 시작해서. 모든 일 선생님께 다 말했습니다. 그러면 선생님께서는 이거 누구한테 들었는데, 이렇게 말씀하십니다. 그럼 그렇게 말하는 사람은 저밖에 없지 않습니까? 제 성격이 이상이 있는지 모르겠지만…….

저희 집은 옛날부터 그렇게 평탄하지 못했습니다. 엄마와 아버지는 맨날 싸우기가 일쑤였고 저는 그걸 매일 보게 되었습니다. 한날은 엄마가 술 먹으러 나가려구 하니 아버지가 못 나가게 하시면서 엄마를 칼로 죽인다고 하셨습니다. 그래서 저는 겁이 나서 경찰서로 바로 뛰어갔습니다. 아저씨, 우리 엄마 죽어요. 빨리 가요. 아저씨, 울 엄마 죽는다구요. 그래서 경찰아저씨 차를 타고 저희 집에 왔습니다.
 경찰아저씨께서는 엄마와 저를 피하게 하시고, 경찰아저씨와 아빠는 애기를 했습니다. 그런 일도 있었고. 하여튼 잊지 못할 끔찍한 일들이 많습니다. 저에게 그런 게 상처로 남았는데……
 중학교 때부터 저는 맞기 시작했습니다. 재수 없게 군다고 짜증난다고 말입니다. 그래서 계속 맞고 지냅니다. 맞기도 무서웠고 힘들어서 선생님께 말했는데 더 난리입니다. 정말로 어떻게 해야 할까여.

 ♣**상담자**: 절망님께, 글 잘 보았습니다. 그런 일을 당하였는데 대처하시는 선생님 태도가 너무 방관적이군요. 지금 고통당하는 학생의 입장을 살펴주지 않고 책임을 전가하려는 것같이 보여 안타깝습니다.
 물론 학생이 맞는다고 말했는데 맞는 강도가 심하게 맞는지 그렇지 않은지 확인할 수는 없지만 어쨌든 맞는다고 말을 했다는 것은 담임으로서 관심 있게 지켜보아야 할 문제라고 생각합니다. 피해망상중이니 아니니 하는 문제는 담임이 진단내려야 할 영역이 아니고 정신과에서 내려야 할 진단이지요. 담임의 태도가 변하려면 구체적인 정황 증거가 필요합니다. 맞은 곳을 보여준다든지 학생이 맞고 있는 것을 다른 학생이 증언해 준다든지. 물론 쉽지 않을 것을 알지만 말입니다. 그리고 아버지의 술과 폭력문제. 이런 상담을 통해 한두 번 접한 문제는 아니지만 그럴 때마다 참 답답함과 안타까움과 분노가 느껴집니다. 일단 그렇게 신고한 것은 잘한 일입니다. 다만, 학생이 그런 아버지를 무서워하며 살다보니 어찌 보면 지나치게 어머니와 학생 자신을 동일시하는 그런 삶을 살아오지 않았나 하는 생각도 듭니다. 무슨 말이냐 하면 몸은 어머니에게서 분리되었지만 마음은 언제나 어머니라는 알에서 깨어나지 못한 채 맴돌고 있을지 모른다는 생각입니다.
 지금 상황에서 학생에게 성숙을 기대하는 것은 너무 앞선 말을 하는 것이겠지만 너무 불안하다고 도피하지만 말고 스스로의 힘으로 그런 상황을 하나씩 해결해 나가는 용기가 필요하다고 봅니다. 스스로 할 수 없기에 이런 곳에 글을 올린 것을 알지만 어쨌든 궁극적으로 홀로 설 수 있는 힘을 기르지 않는다면 늘 남에게만 의존하는 사람이 될 수 있습니다.

물론 지금은 나이도 어리고 주변 상황이 모두 학생을 지지해주지 않는 악조건 속에 있는 것은 분명하지만 학생이 늘 어리고 늘 약한 존재로만 살라는 법은 없지 않습니까? 힘을 내시기 바랍니다. 그리고, 담임에게 그런 이야기를 했을 때 거절을 당하였다 해도 다시 몇 번이고 찾아가서 용기 있게 학생이 원하는 것을 말할 수 있는 자신감이 필요해요. 그래서 반을 바꿔주든지 그들을 교도해 주시든지 어떤 구체적인 대안을 말해보길 바랍니다.

학교 생활이 정신적으로 학생을 많이 지치게 하고 힘들게 하는 것 같습니다. 저도 그런 시절을 겪고 살아왔기에 잘 압니다. 부디 용기를 내길 바랍니다. 자신보다 용기 있는 사람은 이 세상에 아무도 없음을 생각하길 바랍니다.

서른넷 ● 허풍이 심한 사람

♥**내담자**(여동생): 형부는 언니와 결혼한 지 올해로 7년째 됩니다. 언니와 결혼할 때도 무대뽀로 밀어붙여서 결혼을 했습니다. 당시 언니는 나이도 차고 외로움을 느끼던 차에 좋아하며 결혼했구요. 처음에 아파트 한 채가 있다고 했는데 알고 보니 계약금 정도만 지불한 상태였다고 해요. 그래도 사람은 참 좋은 사람인데 사람들과의 술자리에서 무조건 카드를 긁습니다. 타인이 사겠다고 만난 자리에서도 그런다고 합니

다. 그리고, 결혼 후 2년 정도 후에 회사를 그만 두고 사업을 하겠다고 했는데, 여러 가지 일을 벌였지만 모두 실패했습니다. 새로운 자격증을 따보겠다고 시험공부도 했는데 머리도 별로 좋은 거 같진 않아요. 모두 실패했죠. 몇 년 동안 언니 혼자 돈을 벌어서 생활하고 있으면서, 사업자금도 다 대주고 있어요. 그런데 이번에 새롭게 시작한 사업은 잘 되는 거 같긴 한데 현재로선 아무런 성과를 보인 게 없습니다.

한동안 좀 기가 죽어 있어서 안 됐다 싶을 정도였는데 너무 허풍이 심합니다. 돈 십 원 한 장 들고 온 게 없으면서 오백 억 어쩌구 하며 떠듭니다. 그리고 저희 집에 와서도 너무 무례하게 구는 거예요. 예전에도 언니네서 보면 한밤중에 술 취해 들어와서는 큰소리로 떠들고 그랬는데 어제는 정말 가관도 아니었습니다. 저나 제 동생에게 명령조로 말하고 사업을 시작했다는 사람이 술 취해서는 오후 다섯 시가 넘어서 집에서 나가는 거예요.

며칠 동안 제가 조카들을 돌봐주었는데도 여전히 무언가를 시키려 하고 미안함을 모르는 사람같습니다. 조카들이 하는 짓이랑 별로 다를 게 없어 보이는 거예요. 저도 기분 나빠서 싫은 소리를 한마디 하긴 했어요. 언니가 미안해하는데 제가 더 속상하더군요.

어머니가 늘 무능력한 아버지를 윽박지르는 가정이었는데 언니는 그래서인지 그렇게 안하려고 하죠. 아무리 형부가 잘못해도 화를 못냅니다. 무조건 참는 거죠. 한편으론 언니가 참아서 더 상황이 악화되는 거 같기도 하구요. 언니는 자기가 엄마의 삶을 되풀이하고 있다고도 생각하고 있어요. 형부도 사람이 좋으니까 이해하려고 하는데 아무리 보아도 짜증스럽습니다. 언니는 이번 한 번만 두고 보다가 이혼할꺼라고 하는데 정말이지 밑 빠진 독에 물 붓기 하는 거 같아요. 사람이 술도 마실 수 있고, 실수도 할 수 있고, 사업에 실패를 할 수도 있는데, 이 사람은 너무 허풍이 심한 거예요. 저희 가족은 이제 그 말을 믿지 않아요.

여기저기다 자랑만 하려고 하고 너무 한심해 보이거든요. 지금까지 실패한 걸 생각하면 좀 조심하고 신중해야 하는데 그런 게 없는 거예요. 한 마디 해주고 싶은데 정말 한심해요. 엄마가 몇 번이나 진심으로 말을 했는데 듣는 척도 안하구요. 언니는 너무 지친 상태라서 곁에서 보고 있기가 안쓰럽습니다. 어떻게 해야 할까요?

♣상담자: 여동생님, 글 잘 보았습니다. 글을 보니 정신병리학에서 말하는 전형적인 자기애적 인격장애를 가진 사람 같아 보입니다. 허풍이 심하고 과대한 망상에 사로잡혀 있어야 하고 자신이 뭐라도 된 듯 행동하고 명령하고 실속은 하나도 없고, 한마디로 정신병을 앓고 있는 사람을 정상이다 생각하며 사는 언니가 불쌍하다는 마음이 듭니다만, 동시에 언니는 언니 나름대로 그 사람을 통해 자신의 의존적인 관계를 유지하고 있어 보입니다.

님은 "언니가 참아서 더 상황이 악화되는 거 같기도 하다"는 말을 하셨는데요. 아주 정답입니다. 바로 그런 면이 남편의 정신적 질병을 더 자극한 것입니다. 언니는 자기가 엄마의 삶을 되풀이하고 있다고도 생각하겠지만 지금 상황에선 그것조차 언니가 보고자란 것이 그런 아버지상이었기에 어쩔 수 없이 또 그런 남자를 만나 자기의 인생을 다시 새롭게 하고 싶어하는 무의식적 경향이 강하게 나타난다고도 볼 수 있습니다.

어쨌든, 언니의 문제보다 형부의 문제가 심각한데요. 그 사람은 늘 자신이 문제를 일으키면 주위에서 그런 식으로 알아서 해주었기에 그런 증상이 더 심해진 것입니다. 정말이지 "NO"라고 말해야 합니다. 더 이상 못하겠다고 선을 그어야 합니다. 구체적인 계획과 그 계획을 이루기 위한 구체적인 대안을 제시할 때까지는 용서하지도 말것이며 일의 사후 처리도 해주어서도 안 됩니다. 그렇게 하는 것은 그 사람의 자아에 한계란 것이 있음을 각인시키는 방법입니다. 단호한 방법이 필요합니다. 그러나, 언니가 그 일을 잘할 수 있을지 의문이군요. 정말 이혼을 하겠다는 그런 강한 마음이 있는 건지 말만 그렇게 하는 건지……. 님은 어떻게 평가하는지 모르겠습니다.

서른다섯 ● 도와주세요

♥**내담자**(상한 갈대): 여러 자료들을 통해 도움을 많이 받았습니다. 저는 남편으로 인해 지금 가정이 깨어질지도 모른다는 불안감에 쌓여 있습니다. 먼저 저의 남편에 대해 말씀드리는 것이 나을 듯하군요.

남편은 생모가 낳아서 키우지 못하고 전처에 맡겨진 사람입니다. 키워주신 분이 돌아가시기 몇 개월 전에 저에게 모든 것을 이야기해 주셨기 때문에 알게 된 사실이지요. 처음엔 많이 놀랐지만 남편이 불쌍한 생각도 들고 그때는 성령 충만한 상태이었기 때문에 생활에 별 어려움을 주지 않았거든요. 생모가 남편을 낳고 젖도 물리지 않고 옷도 입히지 않고 도무지 돌보지 않아서 아버지의 본처인 키워주신 어머니의 소생으로 출생신고가 된 것 같아요.

여자로서 아이를 키우는 입장에서 바라볼 때 당연히 정이 가고 예뻤을 텐데 아마도 본인이 키우지 못할 것이라는 생각 때문인지 그런 행동을 한 것 같아요. 지금도 가끔씩 저의 남편은 본인이 혼자라고 생각되나봐요. 한두 달 전에는 카드로 술집에서 300만원 정도를 쓰고 왔더라구요. 하도 화가 나서 "여자들이 괜히 집 나가는 줄 아냐"고 했더니 입을 다물고 20여 일을 지내더라구요.

여러 가지 방법을 써서 어느 정도 마음은 열었는데 그때 상황이 본인에겐 가장 큰 상처였다고 하더라구요. 아마도 엄마가 떠났던 것과 동일시하는 것 같아요. 그래서 아무리 화가 나도 그런 소리는 하지 않거든요. 근데 지금도 역시 생활이나 영적인 회복이 일어나지 않아서 저를 안타깝게 하네요. 두 달 사이에 한 천만 원 정도를 술값으로 버리고 여전히 뜬구름 잡듯이 행동하고 있습니다.

이 상태가 지속되면 얼마 지나지 않아 파산하고 말 것이라는 두려움과 아이들한테 굉장한 언어폭력을 합니다. 하나님 만나기 전에 조폭들과도 어울릴 정도의 생활을 했는데 변화된 생활을 할 때 저를 만났거든요. 성인아이와 내적 상처들에 대한 많은 책들을 읽어보고 이같이 행동하는 이유에 대해서도 알게 되었는데 회복되지 않아 너무 힘든 상황입니다.

대전에서 찬양사역까지 하며 열심히 섬기던 사람인데 너무 안타까워요. 계속 기도하는 중인데 너무 오랫동안 방황이 지속되니까 사업도 가정도 많이 힘들어요. 아이들 또한 많은 상처를 받고 있고요. 도와주세요.

♣**상담자**: 안녕하세요? 글 잘 보았습니다. 여러 가지 현실적인 어려움으로 인하여 많은 내적인 고통을 겪고 계심을 느낄 수 있습니다. 남편의 문제를 한 마디로 말할 수는 없지만 거부당함, 버림받음, 박탈감, 한없이 외로움 등으로 요약할 수 있습니다. 그래서 술과 여자를 의지하며 그렇게 중독적인 삶을 사는 것 같습니다. 내적 치유를 받아야 할 전형적인 유형입니다.

우선 그저 머릿속에 떠오르는 몇 가지를 적어봅니다. 첫째, 그래도 남편과 속 이야기가 된 적이 있었다 하셨습니다. 그렇다면 천만 원의 십분의 일인 백만 원만 투자하셔서 남편과 님이 상담과 심리치료를 받을 수 있도록 하실 수 있는지요. 물론 여기엔 조금의 강제성이 필요합니다. 이게 아내로써 마지막 부탁이며 권고다라는. 둘째, 남은 돈을 더 쓰지 못하도록 아내 되시는 분이 어떤 조치를 내릴 수 없는지요. 셋째, 남편이 그렇게 치우치게 된 어떤 사건이 최근에 있었는지요. 넷째, 그렇게 분리 불안이 있는 남편이라면 님이 정말 생모 이상으로 어린 아이를 돌보듯 그렇게 남편을 대해 오셨는지요. 즉, 화가 나도 이미 써 버린 돈은 돈이기에 일단은 기도하는 마음으로 그가 돌아오면 진흙탕에서 놀다 온 아이를 대하듯 그렇게 대해주신 적이 있으신지요. 그래서 정말 남편 분이 "세상에 역시나 내 아내뿐이야"라고 일부로라도 좋으니 그렇게 만들어진 "감동"이라도 주셨는지요.

다섯째, 지금 그런 상황에서 님이 아이들을 데리고 남편 모르게 어디론가 가버리면 그 남편은 미치든지 인생을 극단적으로 끝내든지 과격한 행동을 취할 수 있습니다. 여섯째, 아이들에겐, 아이들이 얼마나 어린지 모르지만, 아빠에게 편지를 써 보도록 하세요. 아빠가 무섭다느니 그런 말보다는 아빠가 마음이 많이 아픈 것 같아 우리들이 아빠 위해 기도하고 있다고. 언젠가 아빠가 우리에게 이런 기분 좋은 일을 해주신 것이 기억나서 지금의 아빠 모습이 너무 안타까와 마음이 슬프다고. 아빠 꼭 힘내시라고. 아빠가 우리들에게 욕을 해서 속이 풀리시면 얼마든지 욕을 해달라고. 그런 편지를 기도로 준비하길 바랍니다. 끝으로, 남편 안에 계신 성령님을 의지하세요.

그렇게 찬양 인도까지 한 사람을 하나님은 포기하지 않으십니다. 남편 마음의 악한 영을 물리쳐 주시고 더욱 더 그 상처받은 영혼을 주님이 위로해 주시고 님이 그 역할을 감당할 수 있게 해달라고 간절히 금식이라도 몇 일 작정하며 영적인 전쟁을 벌이시길 바랍니다. 그를 치유하는 것은 그를 영원히 버리지 않으시는 주님의 무조건적인 사랑과 은혜뿐입니다. 남편에게 꼭 전하고픈 하나님 말씀이 있습니다. "내 부모는 나를 버렸으나 여호와는 나를 영접하시리이다"(시편 27:10).

♥ **내담자**(상한 갈대): 저희 사정을 잘 파악하시고 도움 주신 것 감사드립니다. 몇 가지 더 여쭤볼 말씀이 있습니다.

첫째로, 상담과 내적 치료를 받아 보고 싶어서(강제로라도) 교회 목사님께 상담을 드렸는데 역반응이 일어날것 같다고 나중에 영적인 회복이 일어난 뒤로 미루는 게 어떻겠냐고 하시더라구요.

둘째로, 돈을 못쓰도록 몇 번 권고를 해보다가 나중에는 분실신고를 하고 숨겼던 적이 있는데 나중엔 혈기로 다가오더라구요. 절대로 안 된다고 우리 가정이 나중에 많이 힘들어진다고, 이런 일들이 우리 온 식구가 해결해야 할 숙제라고 타이르기도 하구요. 조금의 변화는 있는 것 같은데…….

셋째로, 남편이 그렇게 된 원인은 스트레스인 것 같아요. 사업하면서 부딪치는 여러 가지 일들, 금전적인 것, 인간관계 등등. 제 생각으론 충분히 이길 수 있는 상황인 것 같은데…….

넷째로, 남편의 소중함을 강조하거든요. 가끔 이런 행동에 대해 괴로움이나 내 입장을 말하기는 하지만 귀담아 듣지는 않는 것 같아요.

다섯째로, 목사님이 지적하셨듯이, 저의 남편에게는 그런 방법이 오히려 극단적인 행동을 할 것이라는 결론이 나서 절대로 그런 행동은 하지 않고 생각조차도 하지 않습니다. 저를 많이 의지하는 것 같아요. 본인은 이렇게 행동할지라도 나는 아이들 잘 키우며 지내라고 이런 말을 많이 해요. 절대로 혼자 흔들리는 게 아니라고, 우리는 같은 배를 탔다고 강조를 하는 편입니다.

여섯째로, 말씀하신 아이들을 통해 아빠에게 편지를 쓰는 방법은 아직 시도해 보지 않았는데 기도하며 준비해 보겠습니다. 그리고 가끔 깊이 대화하다 보면 본인 말로 그래요. 술집에 갈 때도 성령님이 자기 속에 있다고, 하나님의 존재를 부인하지도 않고, 나만이라도 신앙생활을 잘해 주길 바란다고. 제게는 이런 말들조차 혼돈스러워요. 혹시 사단이 부드러운 모습으로 다가오는 게 아닐까 하는 생각까지 들고요.

몇 가지 궁금증을 말씀해 주시면 고맙겠습니다. 그리고 언젠가 다시 회복될 그 날이 있음을 소망합니다. 그런데 가정이 너무 많은 상처투성이일까봐 안타깝네요.

♣**상담자**: 상한 갈대님께. 안녕하세요? 답글 잘 보았습니다. 다시 올리신 글에 대해 질문하셔서 나름대로 몇 가지 말씀을 더 올립니다.

첫째, 지금 다니시는 교회의 목사님은 상담에 대해 무언가 잘 모르시는 분 같습니다. 그렇지 않다면 그렇게 심각한 분을 역반응 운운하면서 상담이 우선이 아니다라고 말할 수 없거든요. 지금 남편이 겪는 문제는 영적인 면 때문에 그리 된 것입니다. 그러나, 지금 건물이 무너지고 있는데 책임자 처벌하고 원인 규명만 한다고 다 되는 것이 아니지 않습니까? 지금 남편은 전문 상담자를 만나 내적인 갈등을 해소하는 게 가장 중요한 일이랍니다. 그런 일은 영적인 일 아닌가요. 님을 뭐라 하는 것이 아니라 지금 교회들이 말하는 소위 "영적"이라는 말은 상당히 현실과 분리된 이원론적인 영성입니다. 세상에서 힘을 잃은 영성이란 말이지요.

상담이 잘 되면 그 때 잃어버린 영적인 회복도 분명 같이 일어날 것입니다. 지금 남편 분께는 그게 순서입니다. (그게 아니라면 남편 분을 붙잡고 '귀신아 나가라' 며 소리라도 지를 것인지.)

둘째, 어렵지만 돈 문제는 치열하게 설득하셔야 합니다. 돈은 당신이 벌어오지만 일단 그 돈 중에서 절대 서로 손대면 안 될 돈이 있는 것이라고. 그것은 당신만의 돈이 아니라 모든 식구가 최소한의 안정감을 누리기 위해 필요한 돈이라고. 당신이 최소한 나와 아이들을 생각한다면 제발 얼마간의 돈(아내가 생각하시는)은 결코 손대지 말아달라고. 그게 불안하면 통장을 새로 만들어 내 이름으로 입금해 달라고. 절대 쓰지 않을 테니 우리 가정의 안정을 위해 이 부탁은 허락해 달라고. 집요하리만큼 강하고 부드럽게 설득을 하셔야 합니다. 그래야 위기 시에 더 큰 위기를 극복할 수 있습니다.

셋째, 사업으로 인한 스트레스를 이해하죠. 그럼 남편 분이 대개 정확한 스트레스의 이유를 집에 와서 말하지 않을 것입니다. 그럼 다른 수가 없습니다. 아내 되시는 님께서 가능한 남편과 가까운 사람들에게 전화하셔서 최소한이라도 좋으니 어떤 문제가 있느냐고 물어 남편으로 하여금 그 마음의 짐을 나눠 갖고 있음을 보여주어야 합니다. 물론 그런 시도가 자칫 의처증으로 보일 수 있으니 조심하면서 말입니다. 사업이 잘 되지 않은 스트레스로 그럴 수도 있다고 보지만 사업이 안 된다고 모든 남자들이 그렇지는 않아요. 분명 내적인 문제가 있다고 봅니다.

넷째, 당신이라도 신앙 생활 잘하라는 말은 사탄의 부드러운 전략이 아닙니다. 그 말을 하는 그분의 마음도 참 괴로울 것 같습니다. 그러나, 남편의 인격의 기초 공사가 너무나 부실하기에 아마 그가 믿는 신앙도 굉장히 유아적이고 어린아이 같고, 그러다 그런 마음만 갖고는 생존 경쟁의 밀림에서 살 수 없음을 깨닫고 아마 생존하기 위해 나름대로 많은 고민을 했을 겁니다. 그러나, 중요한 것은 인격이 미숙하면 신앙도 그가 보는 그리고 믿는 말씀에 대한 해석이나 하나님도 미숙하답니다. 그런 면에서는 영적인 회복이 반드시 필요한 분이예요. 그러나, 어떤 일로 낙심하고 신앙에 회의를 가졌기에 그렇게 행동하는 것 같습니다. 내면에 무척 외로운 사람입니다. 남편 되시는 분. 지금으로선 아내가 영혼의 언어를 사용하는 방법밖에 다른 방법이 떠오르질 않는군요.

영혼의 언어란 진실의 언어, 사랑의 언어, 상대를 여리고 연약한 어린아이로 볼 수 있는 통찰력을 말합니다. 지금의 남편은 덩치만 컸지 슬프고 버림받을까 두려워하는 어린아이가 그 마음에 가득하거든요.

그 아이를 위해 기도하시고 더 이해하시고 기도로 그리고 대화로 그 부분을 집중 공략하십시오.

어린아이같이 다루라는 말이 아님을 지각하셨을 겁니다. 존중하고 겸손으로 대하되 남편 안에 있는 그리고 남편이 스트레스를 받을 때마다 자꾸 미숙한 방법으로 이끄는 그 어린아이를 인식하고 집중 공략을 하시되 반드시 "영혼의 언어"를 사용하시라는 말입니다. 아무튼 도움이 되셨기를 바랍니다.

♥**내담자**(상한 갈대): 성의 있는 답변에 감사드립니다. 저희 가정에 대해 깊이 이해하고 공감하시는 분이 아니고서는 그러한 답변을 하시기가 어렵지 않나 생각해 봅니다. 내적 치유 현장에 대해 경험이 있으신 전도사님의 이야기를 듣고 그곳에 대해 소개받고 싶었지만 저희 목사님과의 관계도 있고 해서 알아보지 못하였습니다. 지금 저희 가정에 급박한 위기가 닥쳐왔는데 마냥 바라만 보고 있다는 게 너무 안타깝습니다. 만일 그들이 이런 위기에 닥쳐 있다고 해도 그러한 태도를 취할 수 있을까요?

저희 남편의 내적 상태를 이해하지 못하는 사람들에게는 결코 알 수 없는 영역이 아닌가 생각이 됩니다. 아침영성지도연구원의 소개로 읽어본 신현복 목사님의 〈내 마음의 그림자〉에 나타난 여러 가지 행동들이 나의 남편의 모습과 많이 닮아 있었고 제가 할 수 있는 역할은 최대한 감당하려고 노력 중입니다. 저희 목사님께 내적 치유에 대해 그 전에 말씀드려 봤는데 많이 불신하는 것을 알았고 남편의 일로 기도를 요청하였을 때 마치 정신병자 행동을 한다는 듯한 느낌을 받고부터는 목사님의 돌봄을 받지 못한다는 느낌마저 듭니다.

사업상 열심히 맺어왔던 관계들도 깨어지고 지금은 손을 놓고 있는 상태입니다. 할 수만 있다면 과거로 돌아가 용서하지 못한 사람들도 용서하고 치유된 남편의 모습을 빨리 보고 싶어요. 특히 이 상태가 계속되면 아이들에게 돌이킬 수 없는 상처를 주지 않을까 하는 두려움도 많이 생기고요. 상담과 내적 치유를 전문으로 할 수 있는 곳을 소개해 주시면 감사하겠습니다.

♣**상담자**: 상한 갈대님, 자신이 정신적으로 아파 본 경험이 없는 사람은 다른 이에 대해 판단할 능력만 있지 공감할 능력은 없는 법입니다. 그저 성경적이고, 신학적인 인간 이해만 있는 사람들은 정말로 심오하게 지으신 마음에 대한 하나님의 오묘한 섭리를 모른 채 그저 성경 몇 구절 갖다 붙이고 상담이라고 합니다. 인간적인 인간이해가 필요합니다.

아무튼 그런 곳을 소개받고 싶다면 한번 메일로 연락을 주세요. 개인적으로 소개하겠습니다. 이곳 아침에 소개했던 곳이지만 그런 이야기는 개인적으로 말씀드리는 것이 더 좋을 것 같습니다. 메일을 보내시면 소개를 해드리겠습니다. 좋은 결과 얻으시길 바랍니다.

서른여섯 ● 이럴 땐 어떻게 해야 되져?

♥**내담자**(고통): 얼마 전에 아버지께서 돌아가셨습니다. 정말 감당할 수 없을 만큼 힘들어서 이렇게 상담실을 찾았습니다. 이곳에 글을 쓰기로 결정한 것이 참 쉽지 않았지만 그래도 이렇게나마 글로 표현하면 마음이 편안해질 것 같아서 글을 올립니다.

저희 아버지께서는 아프서서 돌아가셨는데 정말 지금도 실감이 나지 않고, 어디선가 내 이름을 부르는 것 같고 내 옆에 있는 것 같은데 아빠사진을 보면 아빠 하늘나라로 갔구나라는 생각이 들고 계속 아빠

사진을 보면서 아빠의 죽음을 인정하려고 노력 중입니다. 이렇게까지 하지 않으면 아빠가 살아 있다고 믿고 살 것 같아서 정말 힘듭니다.

아빠께서 살아 있을 때와 없을 때와 경제적으로는 변화가 없지만 정신적으로 정말 견디지 못할 정도로, 어떻게 앞으로 살아가야 할지 모르겠습니다. 학교도 다녀야 되는데 학교에 알려지게 되면 애들이 나를 어떻게 볼 것인가 하는 이런 말도 안 되는 걱정을 하구 지금은 방학이라 그나마 버틸 수 있는데 말입니다. 사실 아빠의 죽음보단 주위사람들 때문에 더 힘든지도 모르겠습니다. 학교의 친구들 그리고 내 주위 모든 사람들에게 알리고 싶지 않지만 언제까지 비밀일 수는 없는 일이고, 정말 너무 바보 같은 제 자신이 싫습니다.

이럴 땐 다른 사람들은 어떻게 할까요? 이번 큰일을 겪으면서 전 하나님께서 왜 내 기도를 들어주지 않을까라는 하나님의 살아 계심 또한 의심하는 나쁜 생각을 하게 되었어요. 이러면 안 된다는 것을 알지만 그렇지 못한 제 자신이 정말 바보 같습니다.

하나님의 응답은 다 때가 있는 것이고 꼭 필요할 때 응답해 주신다고 말씀하셨는데, 다른 기도라면 기다릴 수 있습니다. 하지만, 이번 기도의 응답은 때가 됐다 하더라도 지금 필요하다 하더라도 응답될 수 없는 일이기에 더욱더 하나님을 원망하고, 의심하는지 모르겠어요. 정말 어떻게 해야될지 모르겠습니다. 기도도 안 되고 답답하기만 합니다. 이렇게 아빠의 빈자리가 클 줄은 정말 몰랐습니다. 이렇게 쉽게 아빠가 하늘나라로 갈 줄 알았으면 정말 잘하는 건데라는 후회밖엔 이제 제가 할 수 있는 일은 없는 것 같습니다. 내가 사랑하는 우리 엄마, 동생, 그리고 나. 천국에서 아빠께서 지켜주시겠죠? 우리 아빠 천국에 가셨겠죠? 어떻게 해야 되죠? 목사님, 정말 답답합니다.

♣ **상담자**: 글 잘 읽었습니다. 오늘은 저 자신, 저를 유난히 사랑해

주신 외할머님이 무척이나 그리워서 그리움이 가득한 날이었는데 오늘 모처럼 들어온 이곳에 님의 글을 읽고 나와 비슷한 분이 계심을 느꼈습니다. 우선, 사랑하는 아빠께서 병을 앓으시다가 주님 곁에 가셨는데 이에 삼가 위로를 드립니다. 그런데 님께서 왜 아빠의 죽음이 다른 사람들에게 알려지는 것에 대해 두려워하는지 잘 모르겠습니다. 아빠 없는 아이라고 놀림받을까봐? 아무튼 그런 일로 상심하지 않기를 바랍니다.

지금도 아빠가 누우신 곳을 볼 때마다 아빠의 손때 묻은 물건들과 옷을 볼 때마다 마음이 많이많이 아프실 것은 분명합니다. 그러나 아빠는 평생을 두고 님의 가슴에 살아 계십니다.

제가 님께 드리고픈 말은 평소 아빠께서 님에게 하신 덕담이나 권고나 부탁이 있었다면 그 말을 고이 간직하길 바란다는 것입니다. 아빠는 자식들의 마음에 아름다움으로 살아 계십니다. 그리고 하나님에 대한 불신이 있다면 그것도 하나님께선 이해해 주실 것입니다. "오죽했으면" 원망을 했겠습니까? 우리 하나님이 그런 일로 인하여 님을 위로하실망정 믿음 없다 꾸짖지는 않을 것임을 믿습니다.

아빠께서 병 없는 천국에서 자식들을 위해 기도하실 것입니다. 기도는 죽어서도 하는 것임을 믿습니다. 힘내세요. 언젠가는 아빠를 다시 뵐 것입니다. 그래서 하나님을 믿는다는 것은 언제나 소망이랍니다.

♥**내담자**(고통): 목사님, 정말 감사합니다. 저는 씩씩해서 금방 잊을 수 있을 꺼예요. 목사님 글을 읽으면서 정말 많은 위로가 됐고 힘을 얻었습니다. 목사님, 정말 깊이 감사드리구요. 정말 목사님 말씀대로 아빠께서 병 없는 천국에서 우리들을 위해 기도하며 저희들을 지켜주실꺼라 믿습니다. 이젠 하나님을 원망하지 않을 꺼예요. 오히려 병 없는, 아픔과 상처가 없는 하늘나라로 데려가 주셔서 감사할 뿐입니다.

하나님께서 아빠 힘들까봐 일찍 데려가 주셨나봐요.

다시 아빠를 볼 수 있는 그 날을 기다리며 하루하루 정말 열심히 잘 살께요. 아빠 없는데도 잘 컸다는 소리를 들을 정도로. 목사님, 정말 감사 드립니다. 항상 행복하시고 즐거운 일들만 가득하시길 기도할께요.

♣상담자: "내가 부활이요 생명이니!" 예수 그리스도! 소망 속에 삽시다. 감동적인 답장이었어요!

서른일곱 ● 자꾸 후회가 되요

♥내담자(정화): 안녕하세요? 저에게는 조카가 하나 있습니다. 이제 8살이 됐는데요. 제가 언니집에 함께 살고 있기 때문에 조카와도 많은 시간을 보내게 됩니다. 그게 문제예요. 항상 같이 있다보니 자꾸 조카에게 화를 내고, 필요 이상으로 아이의 행동에 잔소리를 하게 돼요. 그런데 그게 저 혼자만 그러는 것이 아니라 언니도 저와 똑같이 아이에게 화를 낸다는 겁니다. 그러다 보니 아이는 엄마와 이모 양쪽에서 스트레스를 받는 상황이 되어버렸어요. 아이가 점점 삐딱해지는 것도 같고 상처도 잘 받는 것 같아 너무 후회가 되요. 그러나 내 행동을 고쳐보려 해도 잘 안 되고 오히려 일관성이 없어 아이가 자꾸 눈치를 보는 것 같아요. 목사님, 어떡하죠?

♣상담자: 정화님, 보세요. 우선 글을 보니 자신의 약점에 대해 알고 계신 것 같습니다. 잔소리가 잦다는 것은 짜증이 많다는 이야기일 것입니다. 즉 잔소리는 내 내면의 부정적인 면이 정당하다고 판단되는 명분을 얻으면 드러나게 됩니다. 이런 저런 말씀을 드릴수도 있겠습니

다만 요즘 제 아내가 읽고 있는 좋은 책 두 권을 소개합니다.

조카를 사랑하신다면 정말 이 책을 꼭 읽고 자신에게 적용하여 보시길 진심으로 바랍니다. 신의진의 〈현명한 부모들은 아이를 느리게 키운다〉(중앙 M&B), 아델 페이버의 〈어떤 아이라도 부모의 말 한마디로 훌륭하게 키울 수 있다〉(명진출판). 나온 지 얼마 되지 않지만 입 소문을 통해 잘 팔리는 책입니다. 제가 하고픈 이야기를 담고 있으니 읽고 도움 얻기를 바랍니다.

서른여덟 ● 외아들이라서……

♥**내담자**(혜진): 저희 오빠는 2대 독자로 자랐으며, 부모님의 이혼으로 조부모님과 함께 살았답니다. 조부모님은 오빠가 2대 독자라는 이유로 편애를 하셨답니다. 어린 시절들을 회상해서 생각해 보면 저는 힘들고 어려운 일을 많이 시키셨지만, 오빠는 잘 시키지 않았답니다. 그러다 보니 부족함 없이 자라났으며 제 어머니 또한 오빠에게 어릴 적부터 하고픈 게 있다면 무엇이든 해주었답니다.

오빠는 성인이 되어서 더욱더 자기 자신만에 세계에 빠져 살더군요. 결혼을 했지만 태어난 지 얼마 안 된 딸과 저, 새 언니에게는 그다지 관심이 없답니다. 한마디로 전형적인 한국의 권위적이며 가부장적이 사고를 가진 남자랍니다. 새 언니는 그런 오빠와 살면서 무지 답답해하고 오늘은 저에게 이야기를 하면서 우울하다며 눈물을 흘리더군요. 저 또한 그런 사람과 살아 봤기에 얼마나 답답한지 그 심정 이해가 가더군요.

그런 독선적이고 개인적인 오빠에게 저의 아팠던 시절에 이야기를 해도 항상 자기 중심으로 말을 하니 대화도 잘하지 않는답니다. 평소에 혼자 계신 어머니께 안부를 묻는 것도 그다지 관심이 없으며 주변 가족들에게도 소홀한 편이랍니다.

이런 오빠의 성격을 저는 어느 정도 경계하면서 이해하지만, 새 언니는 무지 답답해 한답니다. 저는 독선적이고 개인적인 사람과 살아봐서 잘 압니다. 이런 사람들은 대부분 변하기를 두려워하며 항상 자기 생각 속에 빠져 살더군요. 결국은 새 언니가 삶에 변화를 줘야 한다고 생각합니다. 집에서 늘 조카를 보며 답답해하는 새 언니를 생각하니 마음이 너무 아프네요. 저희 새 언니가 앞으로 어떻게 대처해야 하는지 가르쳐 주세요!

♣**상담자**: 혜진님, 글 잘 보았습니다. 그런 오빠를 두고 계시니 얼마나 답답하실까 조금은 이해가 됩니다. 한 마디로 오빠라는 사람은 알에서 깨어나지 못한 새 같은 사람입니다. 알에서 깨면 현실을 직면하는데 그러한 현실은 대개 자신의 힘으로 직면해야 할 그런 현실입니다. 그런데, 오빠라는 사람은 불행(?)하게도 그런 현실에 직면하지 않아도 되는 그런 삶을 산 것 같습니다. 거기다가 조부모님과 어머니의 보호 속에 살았다면 아버지로부터 받아야 할 사랑이나 관심, 남자됨, 무엇보다 한 인간으로서 절제하고 책임지고 타인을 배려하는 그런 훈련은 전혀 받지 못한 사람이라고 볼 수 있어요. 한 마디로 "자기애적인 동굴 속의 황제"라고나 할까요.

그런 사람과 결혼을 했다면 그 자매님은 너무 어려울 수밖에 없습니다. 기본이란 것이 아무것도 되어 있는 것이 없을 테니까 말입니다. 자기 중심적인 것은 일종의 정신병입니다. 한 마디로 심한 표현이지만, 정신병자와 함께 사는 것이니 그런 삶이 얼마나 고통스러울지 예상이 됩니다.

그런 사람에겐 다른 방법이 없습니다. 일단 부부생활에서 혹은 일상생활에서 자녀와의 관계에서 중요한 원칙을 하나 둘씩 세워나가는 것이 중요합니다. 그래서 삶에서 아무리 아내가 양보해도 절대 양복해선 안 될 그런 원칙을 제시해야 합니다. 잔소리로 하면 안 됩니다. 언제나 명분을 갖고 약속에 근거한 원칙을 말하면 됩니다.

사실 그것은 그 오빠라는 사람이 어릴 때 훈련받았어야 할 것입니다만 그렇지 않았기 때문에 지금 그렇게 해서라도 훈련을 시켜야 한다는 것을 의미합니다. 많이 힘들고 지겹고 귀찮고 짜증이 날 것입니다. 그러나, 그렇게 하는 수밖에는 달리 방법은 없다고 봅니다. 그리고 집안에서도 이제 더 이상 그가 집안의 왕자로 자신을 드러내지 않도록 "아니오!" 할 것은 "아니오"라고 말해야 합니다.

이에 관하여는 이 아침영성지도연구원 싸이트 처음 화면에 뜨는 책 중 〈울타리〉라는 책을 소개해 드립니다. 오빠에겐 그런 아니오라는 경계선을 배우는 것이 필요합니다. 오랜 시간 쌓인 문제입니다. 단 시간에 풀 수 없습니다. 시간을 두고 훈련을 시키면 분명 따라올 것입니다. 중요한 것은 원칙을 정하는 일이지요. 일관되게 그 원칙을 강조해야 한다는 사실을 잊지 마시기 바랍니다.

서른아홉 ● 부부싸움 할 때마다 이혼하잡니다

♥**내담자**(이종원): 저는 결혼한 지 7년 된 30대 초반의 남성입니다. 저희 부부는 교회 청년부에서 만나 연애를 통해 결혼을 했습니다. 사실 저희 부부에게 큰 문제가 있는 것은 아닙니다. 그러나 저를 괴롭히는 것은 말다툼이 생길 때마다 아내가 너무 쉽게 이혼하자는 말을 쓴다는 것입니다. 처음에는 그럴 수도 있겠다는 생각이 들었지만 너무 자주 쓰니까 화도 나고 도저히 이해가 되질 않습니다. 혹 남편을 무시하는 것은 아닌가 하는 생각이 들기도 합니다. 때로는 정말 저 여자가

헤어지는 것을 바라는 것은 아닐까 하는 의심이 생겨나기도 하고, 심지어는 정말 이혼해 본때를 보여줘서 정신차리게 할까라는 생각을 하기도 합니다. 어떻게 하면 아내의 이런 버릇을 고칠 수 있을까요?

♣**상담자**: 안녕하세요? 휴가로 지금 연락을 드리게 되어 미안합니다. 저도 그런 유사한 케이스를 상담한 적이 있습니다. 저 역시 결혼 초기, 그러니까 아내와 저 서로 미숙한 시기에 그런 말을 해본 적이 있습니다. 그래서 말씀하시는 것이 무엇을 말하는지 조금은 이해가 될 것 같습니다.

아내가 말하는 이혼은 그냥 말 그대로의 이혼이 아닙니다. 대개가 분노에 차 있을 때 하는 말들을 가만히 들어보면 언제나 숨겨진 메시지가 있음을 느끼게 됩니다. 사실 그런 경우 드러난 말보다도 숨겨진 메시지가 본심이라고 할 수 있을 것입니다. 사람이 쓰는 말은 다 유사하지만 사람마다 쓰는 말의 의미는 하나같이 다르답니다. 즉 님이 생각하고 말하는 이혼이란 정말 도장 찍고 법원에서 갈라서는 것을 말하는 것이 아니라, 님이 말씀하셨듯 '이 여자 정말 본때를 보여줘!' 라는 의미일 겁니다. 즉 '나 자존심 무척 상해. 당신 정말 나 없이 잘 살고 행복할 거 같아? 어디 한번 그렇게 해줄까?' 라는 지극히 서운함이 담겨진 말일 것입니다. 부인도 마찬가지입니다. 부인도 부인만의 어떤 숨어있는 메시지가 담겨 있을 것이란 말이지요. 그러므로 방법은 하나입니다.

두 분이 싸우지 않고 기분 좋으실 때 정말 진지하게, 그러나 부드럽게 아내에게 물어보십시오. "여보, 사실 나 당신하고 원치 않게 싸우고 그럴 때 참 미안하기도 하고 그런데 당신이 내게 이혼하자는 말할 땐 참 마음이 서운하고 그래. 근데 내가 당신에게 이혼하자고 할 땐 사실 그게 이혼하자는 그런 말이 아니라(위에서 언급한) 그런 내용이거든. 당신은 어때? 당신이 화날 때 하는 그 이혼이라는 말. 정말 어떤 뜻이 담겨 있는 거야. 당신이 속이 상해하는 말이기에 그 의미를 알고 싶어"라고 이야기 해보시길 바랍니다.

물론 이런 말로 또 싸움이 나지 않도록 신경을 많이 쓰셔야 할 것입니다. 대개는 그런 말들은 아내의 어린 시절 부모님의 부부싸움을 보고 느낀 상처가 개입되어 있을 가능성이 큽니다. 그러나, 그것은 이번 질문에 직접적으로 들어있는 내용은 아니니 우선 그렇게 두 분 사이에 드러난 문제만을 집중하여 풀어보시길 바랍니다.

마흔 ● 분노가 솟구쳐 올라요

♥**내담자**(분노): 전 초등학교 때 아빠로부터 성추행을 당한 기억이 있습니다. 그땐 어려서 그게 뭔지 몰랐다가 커가면서 알게 됐져. 저는 내성적이고 대인공포증도 있어서 애써 이 문제를 외면하며 지냈습니다. 그런데 이젠 한계에 온 거 같아요. 아빠라는 인간하고 살고 있고 매일 그 얼굴을 봐야 된다는 것에 너무 화가 납니다.

전 지금 28살인데여. 선보고 결혼얘기 나오고 하니까 더더욱 솟구치는 분노를 참을 수가 없어여. 왜 저런 인간 땜에 내 인생을 망쳐야 되나. 남자한테 관심이 생기질 않아여. 눈물이 멈추질 않아여. 여태까지 엄마한테 그 스트레스를 다 푸느라고 엄마하고도 관계가 별로 좋질 않아여. 조그만 일에도 짜증이 나고 사람들이 특히, 남자들이 싫습니다.

엄마한테 얘기하고 싶은 충동이 들어도 쓰러지실까봐 얘기 못하겠어여. 그러면 저 자신을 감당 못할 거 같아서여. 친아빠란 인간이 어떻게 그럴 수 있는지 난 왜 여태껏 바보처럼 참고 외면하고 지낸 건지. 저 자신을 용서할 수가 없습니다. 그 인간은 겉으로는 성인군자처럼 보입니다. 누가 아빠 얘길 하면 반항심이 생기고 아빠를 죽이고 싶은 충동을 느낍니다. 벌써 맘속으로는 몇 번이고 그랬습니다. 전 어떻게 해야 되죠? 저 자신이 편해질 수 있는 방법이 뭔지 알고 싶어여. 도와주세요!!

♣상담자: 너무 힘든 세월을 지내셨군요. 근 20여 년을 상처를 혼자 끌어안고 살아왔으니 그 가슴도 멍이 들 대로 든 것 같습니다. 사람이 어느 위치에 있다고 그 위치에 있는 것만큼 인격적이진 않습니다. 아버지라 하여 아버지다운 아버지라고 말할 수 없다는 것입니다. 다만 그런 상황이라면 몇 가지 제안을 드리고 싶어요.

첫째, 아버지라는 사람을 아버지로 보지 마시고 미숙하고 인간에 대해 교육받지 못한 무지한 한 인간으로 바라보라고 말하고 싶습니다. 그가 정말 아버지였다면 그렇게 못하지요. 자기 딸을 성적인 대상으로 볼 만큼 대단히 무지하고 탐욕이 많았던 그런 죄인으로 바라보라는 말입니다.

둘째, 그리고, 아주 힘이 들겠지만 한번쯤은 이메일이나 편지를 통해 아버지에게 왜 그랬느냐고, 내가 지금 한을 품고 살고 있다고, 남자에 대해 증오심과 거부감만 생긴다고, 그런 감정을 있는 그대로 고백할 필요가 있습니다. 아버지가 이제는 정상이라면 진실한 회개를 하고도 남겠지만 계속 변명만 늘어놓는다면 그야말로 성인아이라고밖에 뭐라 드릴 말이 없을 것 같습니다.

셋째, 전문 상담자, 특히 여자 상담자를 만나서 그런 이야기를 모두 털어놓을 필요가 있습니다. 물론 상담료가 드는 일이지만 돈 일이십 만원이 중요한 건 아니잖아요. 사람이 망가지는데, 돈이 문제는 아니잖아요. 저는 가능한 이 3번을 한번쯤 꼭 실천에 옮기시라고 말씀드리고 싶습니다. 그 가슴에 남은 수치와 분노와 무력감이 어떤 것인지 제가 다 어찌 알겠습니까? 그러나, 상처가 치유되면 세상과 자신이 달라보입니다. 그런 변화의 체험을 하게 되시길 바랍니다.

마흔하나 ● 역기능 가정

♥**내담자**(둥지): 남자친구는 감정 표현을 하지 않습니다. 만난 지 3년이 넘었는데 지난 1년 동안은 사랑한다는 식의 말을 한번도 못들은 것 같아요. 감정표현을 잘 하지 못합니다. 집안 분위기도 그렇고 그런 걸 되게 하지 못해요. 옆에서 도와주려고도 했지만 별 소용이 없습니다. 인정해 주려고 하는데 그게 인정하고 말고의 문제가 아닌 것 같아요.

근데 문제는 제 자존감의 문제예요. 옆에 있고 그런 게 사랑이지 꼭 표현해야 하느냐고 하는데 전 그렇지 않습니다. 그 동안 이 문제로 많이 싸우기도 하고 했는데 아무 소용도 없고 노력하겠다고 해도 노력하지 않습니다. 이젠 불안합니다. 나를 사랑하는 것일까 하는 마음에서요. 어떻게 하면 좋을까요? 도와주세요.

♣**상담자**: 글 잘 보았습니다. 그런 사람들이 남자들 중에 많지요. 주로 그런 사람들을, 미안한 말이지만, "감정의 장애인"이라고 말합니다. 장애인을 비하하는 말은 아닙니다. 단지 감정이란 하나님이 표현하라고 주신 것인데 그것을 표현하는 것을 수치스러워하고 어색해 하는 정도가 심하다는 것은 분명 문제라고 볼 수 있습니다.

가정에는 순기능 가정과 역기능 가정이 있습니다. 그런데 가정의 기능을 순기능, 역기능 하는 말로 표현하는 것은 가정에서 가장 중요한 기능이 바로 서로 교류하는 대화 기능이라는 것입니다. 그런데 역기능 가정은 하나같이 대화가 이루어지지 않습니다. 대화하는 법도 모르고 대화도 하지 않습니다. 그러다 보니 그런 가정에서 자란 자녀들은 하나같이 무슨 일이 생기면 그것을 대화로 풀 능력이 없습니다. 대신 모든 일을 눈치와 짐작으로 때려 맞추죠. 어린 시절부터 그렇게 학습 받아 온 것입니다.

저는 분명 그런 가정은 병든 가정이라고 진단하고 싶습니다. 나쁜 가정이라고 하지 않았습니다. 병든 가정이라고 했습니다. 그런 가정에서 자란 사람을 성인아이라고 부릅니다. 주로 "자기는 나를 정말 사랑하는 거야?"라고 물으면 "야, 너는 그걸 말로 해야 아냐?"라고 반문하지요.

우리 한국 남자들 대부분이 그런 유형인데 사랑하지 않아서가 아니라 단 한번도 자신의 감정을 있는 그대로 표현하는 방법을 배우지 못한 것입니다. 에리히 프롬이라는 분이 〈사랑의 기술〉이란 책을 썼지요. 사랑도 기술이라는 것입니다. 기술은 표현입니다. 표현이 없는 사랑이 어찌 사랑이겠습니까? 아이에게 너를 사랑한다고 늘 말은 하는데 한번도 안아주지도 않고 잘못을 해도 사랑의 훈육도 없다면 그게 어찌 사랑이겠습니까?

정말 여친을 사랑한다면 적어도 정이 있는 것은 알지만 여친을 위해 정말 단 한 번만이라도 여자친구가 원하는 사랑의 표현을 해주려고 노력하고 애쓰는 모습을 보여주는 것이 사랑이 아니겠습니까?

그런 사람과 결혼하여 아이를 낳고 기른다면 여전히 무응답, 무반응의 부모로 아이를 키울 것 아니겠습니까? 그분과 헤어지라는 말이 아닙니다. 그러나, 그렇게 하는 것은 결코 건강한 사랑이 아닙니다. 사랑은 자기 편한 대로만 하는 것이 아닙니다. 때로 사랑은 상대방을 기쁘게 해주기 위해 나의 불편함을 감수하는 것입니다. 종은 울릴 때까지 종이 아니며 사랑은 그것을 표현하기 전까지 결코 사랑이 아닙니다. 님의 남친이 진정으로 사랑의 마음으로 님을 만났으면 합니다.

마흔둘 ● 예비 상담을……

♥**내담자**(1212): 어머니와 아부지는 중매로 결혼하셨어여. 어머니는 아부지가 인생의 첫 남자이자 마지막 남자인 연애 한 번 하시지 않은 순진녀이셨어여. 아부지는 미남에 젊은 시절 침 꽤나 뱉으셨던 분이셨어여. 아부지와 어머니는 물려받은 재산 없이 자수성가 하셨어여. 젊은 시절 두 분이서 고생두 많이 하시고, 1년에 6번밖에 쉬는 날이 없을 정도로 두 분 다 성실하신 분이죠.

다만 아부지는 술과 친구를 무~~지 너~~무 조아하셔서, 남편으로서 아부지로서는 그리 점수가 조치 않아여. 가족 간에 대화는 그리 많치 않고 아부지가 술을 드시고 오셔서는 자식들 앉혀 놓고 얘기하고 싶어하시지만, 어머니는 그런 아부지를 좋아하지 않거. 윽박 질러서 방으로 들어가게 만들지여. 앉아 있는 자녀들 또한 아부지의 그런 모습을 싫어함. 부끄러워하기 더하고.

어머니의 취미는 다른 사람 험담하는 것이고, 쫌 꼼꼼한 편입니다. 그리고 딸과는 사이가 아주 나쁩니다. 딸은 올해 대학 졸업반인데 밖으로 나가 놀기를 좋아하고 친구를 좋아하며 외박도 잦고 집에서 용돈을 꼬박꼬박 타씁니다. 용돈으로도 아주 많이 싸웁니다. 아들은 그나마 어머니가 좋아하는 가족임다. 눈치가 빠르고 어머니의 기대를 저버리지 않아 온 자식이기 때문임다.

이상은 제가 오랫동안(안면 튼 횟수 6년, 사귄 지 3년) 만나온 남자친구의 가족사항입니다. 남자친구의 가족을 만난 것은 그리 오래되지 않았지만 그리 화목해 보이지 않은 가족분위기는 금방 눈치챌 수 있었음다.

남자친구는 그의 부모님처럼 성실합니다. 어머니처럼 꼼꼼하기도 하고 또 아부지처럼 친구와 술을 좋아하기도 합니다. 승부욕도 강하고 자기관리도 잘하는 편입니다. 애교도 부릴 줄 알고 사려도 깊은 편입니다. 하지만 그의 가족 분위기가 맘에 걸립니다. 인격형성엔 가정환경과 부모가 절대적인 영향을 끼친다고 알고 있습니다. 제가 객관적으로 그를 보지 못하고 있는지 걱정이 됩니다. 또 그런 그의 부모와 형제까지 사랑할 수 있을지. 제 스스로에게 의문이 생깁니다. 조언 부탁드립니다.

♣상담자: 글 잘 보았습니다. 아주 어려운 가정의 남자를 만나게 되셨군요. 그러나, 글을 보니 그런 어려운 환경을 어떻게 하면 극복할 수 있을까 고민하는 분 같아 보였습니다.

더 자세하게 묻고 싶은 것도 있지만 무엇보다 님이 그분 가정을 아주 잘 묘사하였듯 그 남자 분은 아버지와 어머님의 삶 혹은 정신적 유산을 받은 사람입니다. 한번 받은 유산은 언젠가는 쏟아내도록 되어 있습니다. 즉 그 사람도 술 좋아하고 친구 좋아하면서도 꼼꼼하면서 매사에 가정의 일거수 일투족을 잔소리로 교훈하려 하고 지시할 수 있을 것입니다.

가족은 하나의 시스템이기 때문에 그 시스템 안에서 무엇을 배우고 학습 받았느냐에 따라 그렇게 학습된 그대로 사는 사람이 있는가 하면 그런 가정 분위기가 싫어서 반발로 다른 면을 추구하는 사람들이 있습니다.

우리의 성격이란 것이 우리를 사랑하는 사람과 우리를 거절하는 사람들 사이에서 형성된 것이라는 말을 생각해 보시길 바랍니다. 어찌 되었든 자신이 자라온 환경을 객관적인 눈으로 진단하고 의례히 있을 수 있는 문제들을 진단하는 일은 아주 중요하다고 봅니다. 가능하다면 언제 한번 가족 치료를 공부한 전문가를 통해 두 사람이 예비 상담이라도 받을 수 있다면 많은 도움을 받을 수 있으리라 생각합니다. 그리고 님이 그 집안으로 시집을 갔다고 하여 그 집안이 바뀌어지는 일은 없을 것입니다. 그분들을 사랑할 수 있을까? 그것은 그 때 가봐야 알겠지요. 그러나, 쉽지는 않을 것입니다. 님도 살아온 방식이 있을 테니 적응하고 이해해야 할 면이 많을 것입니다. 그리고, 서로 사랑하는데 또 그렇게 수십 년을 살아왔는데 그 사람이나 그분 가족이 님의 눈에 객관적으로 보일 수가 없습니다. 그것은 반드시 상담을 통해서 진단 받을 수 있는 문제라는 것을 말씀드리고 싶습니다.

♥**내담자**: 답변 감사함다! 걱정스런 맘에 글을 올렸는데 아주 어려운 가정의 남자라고 말씀하시니 조금은 당황스럽슴다.(걱정스런 맘 한편에 그리 대수롭지 않은 문젤 수도 있지 하는 기대가 있었던 것 같슴다.) 그리고 남자친구를 객관적으로 본다고 생각했는데 한계가 있겠구나 하고도 생각했슴다.

예비 상담이라는 것이 무엇인지. 그리고 그 효과가 무엇인지 궁금함다. 무엇보다도 어릴 때 학습된 가정 내의 잘못된 모습을 고쳐나갈 수 있는지 궁금함다.

♣**상담자**: 님께. 답변이 아주 아주 많이 늦었습니다. 미안합니다. 학기말이라는 핑계를 대야 하겠네요.

예비 상담이란 결혼을 할 두 명의 남녀가 상담실에 와서 어린 시절의 이야기를 상담자와 함께 나누면서 두 사람의 개성과 특성이 서로에게 어떤 영향을 미치게 될 것인지를 미리 상담 받는 것을 말합니다. 이런 상담을 미리 받으면 앞으로 갈등할 많은 주제들을 일종의 오리엔테이션 하는 것과 같다고 볼 수 있습니다.

즉, 갈등이 있을 시에도 예비 상담을 받은 것들로 인해 덜 화가 나고 덜 파괴적인 방법을 사용한다는 장점이 있습니다. 그러나, 무료 상담이 아니라 유료 상담입니다. 답변이 도움이 되었길 바랍니다.

마흔셋 ● 급해요, 집에 들어오지 말래요

♥**내담자**(두려움): 남동생이 돈을 규모 없이 씁니다. 엄마도 마찬가지고요. 낭비하는 것도 아니지만 두 사람 다 저축도 못하면서 헤프게 쓰지도 못하면서 맨날 빚으로 삽니다. 저는 많이 절약하고 해서 좀 안정적이고요. 마이너스 통장을 쓰고 있기는 하지만요.

동생은 십만 원 빌려 가면 만 원 갚고, 백만 원 빌려 가면 칠십만 원만 갚고 이럽니다. 말로는 갚겠다고 하지만 또 빌려가고 덜 갚고 이런 식의 되풀이입니다. 동생도 회사다니고 저보다 월급도 저보다 더 많이 받습니다.

엄마 카드를 사용해서 현금서비스 갚아야 하는데, 항상 카드 마감일 두 시간 전에 전화해서(같은 집에 살면서도) 돈 빌려달라고 합니다. 지난달에도 빌려달라고 해서 안 빌려 주었습니다. 왜 당일 몇 시간 전에 전화해서 빌려달라고 하냐고 싫다고 했습니다. 돈을 준비하지 못할 것을 어제는 몰랐냐고 말했지요. 어찌어찌해서 서비스 정지는 안 당했나 봅니다. 이번 달에는 하루 전날 전화해서 또 빌려달라고 합니다. 그래서 안 빌려준다고 했습니다. 빌려줘도 다 갚지도 않은 것이 몇 번째이고, 설령 빌려 준다해도 카드 빚이 줄어들지도 않으니 빌려주고 싶지 않다고 했습니다. 그랬더니 "다른 사람이 빌려달라고 해도 빌려줄텐데 식구가 빌려달라고 하는데 안 빌려주냐"고 하면서 인간도 아니라는 듯이 말합니다.

평소에도 저를 그렇게 생각합니다. 그렇지만 저는 집에 할 것 다 하는데 엄마가 못 됐습니다. 심한 성인아이입니다. 자식에게도 솔직한 적이 없고 자존심만 강하고 일 중독에 완전주의에 잘난 체에······. 부부 사이 좋았을 리 없지요. 내가 지금 봐도 저런 여자랑 같이 살 남자가 어디에 있나 생각이 듭니다. 지금도 모자간에 이야기해서 저한테 돈을 빌리려고 하는 겁니다.

　나도 돈 없기는 마찬가지인데 제 돈 쓰는 것은 당연하게 생각합니다. "형제간에 어려울 때 도와야지" 이러면서요. 그러면서 딴 형제가 저를 도와준 경우는 한번도 없고 혹 빌려준 적이 있으면 받았는지 확인하고 일일이 셈하고 그럽니다. 엄마라기보다는 미친 년이라고 말하고 싶습니다. 표현이 좀 심했지요. 암튼 돈 못 빌려준다 했더니 집에 들어오지 말라고 하면서 전화 끊었습니다. 생각 같아서는 기도원에 가서 며칠 있다가 들어가고 싶습니다. 하루만이라도 집에 들어가지 말고 말 함부로 하는 버릇이나 고쳐볼까 생각하는데……. 하긴 고쳐질 버릇도 아니지요. 어떻게 해야 할까요?

　♣**상담자**: 님께. 글 잘 보았습니다. 일찍 답변을 드려야 하는데 미안합니다. 급하다고 하셨는데. 그 사이 일은 잘 처리되었는지 모르겠습니다. 제가 보기에는 어머니와 동생 분이 심리적으로 얽혀 있다는 인상을 받았습니다. 그 얽힘이 너무 견고하여 님이 비집고 들어갈 틈이 없다는 생각이 들었습니다.

　무엇보다 님이 쓴 글에 성인아이라는 말을 쓰신 것을 보니 조금은 상담에 대해 인식이 있는 분 같이 보였습니다. 맞습니다. 어머니의 증상은 성인아이적인 증상 그대로입니다. 그런 어머니와 함께 산다는 것은 시한폭탄을 두고 산다는 것과 같이 불안하고 괴롭습니다. 님의 심정 이해가 될 것 같아요.

　우선 님이 돈 문제에 대해 그렇게 철저할 정도로 단호한 것에 대해선 잘하는 일이라고 말하고 싶습니다. 가족이라고 해도 돈 문제가 한번 얽히기 시작하면 밑도 끝도 없이 어려움을 당할 수 있습니다. 아직 동생도 미혼 같은데 미혼 시절부터 그렇게 돈에 대해 왜곡된 관념을 갖고 있다니 걱정이 됩니다. 분명 앞으로도 돈 문제로 인해 어려움을 당할 것이 뻔히 보이기 때문입니다.

무엇보다 님이 자라면서 가족들 사이에서 님이 어떤 역할을 하고 자랐는지, 그렇게 어머니와 사이가 안 좋아진 계기가 무엇인지, 그리고 어머니는 도대체 어떤 상처가 있기에 그런 증상을 갖고 계시는 건지 잘 모르겠습니다. 무엇보다 그런 증상은 심리적인 중상을 입은 결과인데……. 어머니의 그런 증상들이 님이 그저 며칠 집을 비운다고, 님 자신도 그런 문제가 해결되지 않는다는 것을 알고 계시리라 생각합니다.

그저 이번 글도 님이 답답한 마음으로 올린 글이라고 생각하겠습니다. 때로 상담자로서 이렇게 님과 같이 겉으로는 돈 문제지만 그 돈 문제가 그런 관계의 악화로 드러나는 것을 볼 때 저 자신 안타까움과 답답함을 느낍니다. 그저 해드릴 수 있는 말은 동생에 대해선 어떻든 원칙을 지켜가면서 돈 문제에 대해선 형이 원칙대로 처신하고 있다는 생각을 심어주길 바랍니다. 그런 원칙이 참 중요합니다.

아울러 어머님에 대해선 그녀를 그저 어머니가 아니라 실수 많은 한 인간으로 보시라고 말하고 싶습니다. 살다보면 심리적인 나이와 육신의 나이가 같지 않음을 절실히 느낍니다. 어머니도 마찬가지가 아닐까 생각합니다. 님의 답답하고 한스럽고 속상한 마음을 그 무엇으로 다 위로하겠습니까?

어머니를 '미친 년' 이라고 매몰차게 말할 때 님의 마음도 편하지만은 않을 것입니다. 상처입은 마음은 제때에 고치지 않으면 덧이 나게 됩니다. 어머님의 그 황량한 마음이 더 이상 덧나지 않기를 바랍니다. 아울러 그 상처 난 어머니로 인해 님이 또 하나의 희생자가 되지 않기를 바랍니다.

마흔넷 • 도움이 필요합니다

♥**내담자**(달빛): 선생님, 아무쪼록 제 고민을 들어주시고 현명한 치유를 주시길 간곡히 부탁드립니다. 아래 글에 선생님께서 답변 주신 "가정의 역기능"이란 글을 보구 상담을 받아보고자 용기를 내어 올립니다.

전 평범한 주부입니다. 이혼의 극한 위기에 처한 상황입니다. 제가 남편과의 이혼을 원하고 있고 남편은 그에 동의하지 않음으로써 제 마음의 괴로움이 나날이 깊어만 갑니다. 남편과 사소한 말다툼으로 현재 4개월 간 각방을 쓰며 한 집에서 단 한 마디도 눈빛조차도 주고받지 않는 상황입니다.

처음 며칠 간은 자존심 싸움으로 저도 말도 시키지 않았으나 시간이 지날수록 제 속이 부글부글 끓어서 이번에도 제가 용서를 구하고 울어도 보구 소리도 질러 보구 매달려도 보았는데 남편은 그럴 때마다 절 외면하고 눈을 감아버리고 피했습니다. 단 한 마디의 말도 절대 하지 않습니다.

차라리 소리라도 지르면서 같이 싸우기라도 하면 제 속이 시커멓게 타진 않았겠지요. 그러다 약 1개월 후 외박이 잦아지면서 술을 마시곤 들어와 칼을 들고 새벽에 콧노래를 부르면서 결혼사진이며 자기 돈으로 산 거라며 제가 결혼할 때 들고 온 살림을 제외하곤 모두 부셔버렸습니다. 그때를 생각하면 아직도 무섭습니다. 조용하고 내성적이던 남편의 그 알 수 없는 노래 소리가 아직도 귓가에 웽웽거리면서 그 눈빛을 잊을 수가 없군요. 왜 그러냐고 해도 말이 없습니다.

그 후에도 몇 번을 이기는 게 지는 거라고 반 포기 상태로 저 자신도 알 수 없지만 무조건 용서를 빌며 눈물로 호소해도 통 말을 하지 않습니다. 밤이면 악몽에 시달리고 퇴근 후 집에 들어가면 남편이 침대바닥이나 장롱 베란다 같은 곳에 숨어있을지도 모른다는 생각에 집에 들어가기도 무서운 그런 지경이어서 한동안 정신과 치료를 받았는데 약물치료만큼은 끝내 거부했고 별다른 차도는 없습니다.

싸운 날 이후로 남편은 단 돈 10원 한 쪽도 주지 않습니다. 남편이 본래 돈에 강한 애착을 보이고 결혼생활에 사소한 다툼이라도 있을라치면 번번히 생활비를 안 주기 때문에 제가 어쩔 수 없이 숙이고 들어가는 일이 빈번했는데 그때 싸운 이후론 저도 직장을 다녀서 현잰 제 돈으로 생활을 하고 있습니다만.

저희 친정집에서 부모님 이하 형제들이 번갈아 가면서 만나서 회유도 시키고 도대체 무슨 생각이냐고 하면 말을 안하다가 며칠 전에야 입을 열었는데 본인은 죽었다 깨어나도 이혼은 생각을 안한다고 하였습니다. 두렵습니다. 물 마시러 밤에 거실에 나가보면 남편이 거실에서 자고 있는데 저도 모르게 죽이고 싶다는 생각이 듭니다. 실제 목에 칼을 대보기도 하는 우를 범하기도 했습니다. 어딜 가도 가만히 앉아 있으면 난 뭔가? 내가 왜 이러구 살지? 이러면서 하염없이 눈물만 납니다.

전 아무것도 없습니다. 살림만 가지고 나가라던 남편도 이젠 이혼을 해주지 않고. 부모님도 이혼을 말리고. 여자 혼자 살기 힘들다고. 참고 살려고 몇 번이고 내 맘을 고쳐먹어 보자 다짐해 보지만. 제 내부에선 그를 도저히 용서할 수가 없습니다. 함께 다시 생활한다는 자체를. 아무 일도 없다는 듯이. 전 그렇게 할 수 없습니다.

아무 일도 없다는 듯이 며칠 전 부모님과 남편이 만나고 나서 그 다음날 "미안하다" 한 마디를 툭 던지곤 나가버리는데. 지난 시간 동안 제 속의 분노를 "미안해" 한 마디로 끝내려는 남편이 증오스럽습니다. 말수가 적고 감정표현이 없는 사람입니다. 시아버지가 칠순이 넘으시는데 시어머니와 한번 다투시면 1년이고 말을 안 해서 시어머님이 죽는다고 눈물로 하소연하십니다. 제 남편도 보고자란 게 이런 환경인데, 아무것도 믿을 수 없습니다. 저는 어찌하면 좋습니까?

♣**상담자**: 달빛님, 님의 어려운 상황 잘 읽어보았습니다. 참 난감한 상황이 아닐 수 없군요. 그런 상황에서 무엇이 서로를 위한 그리고 님 자신을 위한 최선일지 그저 주님께 물어 지혜를 구하고 싶은 마음이 먼저 들었습니다. 저 역시 사람이기에 이런 글을 읽으면 한숨만 나오고, 인간적으로는 뭐라 드릴 말이 많지 않습니다. 그래서 방금도 주님께 지혜를 물었습니다. 어떤 답변을 기대하시지 않기를 바랍니다. 극단적인 상황에 처하면 사람들은 저마다 누군가의 조언으로 일을 판단하려고 하지만 오히려 힘이 들지만 자신이 판단하고 자신이 그 일에 대해 덜 다치는 방향으로 책임을 지는 것이 두고두고 좋은 대안이라고 저는 생각합니다.

우선 시아버지의 이야기를 들으니 그 집안은 집안 대대로 분노 중독의 문제가 있는 것 같습니다. 사안이 복잡하지만 들어보시기 바랍니다. 그런 증세를 보이는 것은 그 사람도 건강한 집안에서 성장하지 못한 결과입니다. 그런 집안에서 배울 게 뭐가 있었을까요. 님도 다 아시겠지만 그 집안은 처음부터 상처받은 사람들이 서로의 고름에 소금을 치면서도 서로 떠나지 못하는 아주 비극적인 집안입니다.

님이 소름이 끼치고 죽이고 싶은 마음이 든다고 하였는데 그것은 님이 느끼는 감정인 동시에 그 사람들의 살아온 삶의 모습이 무엇인지를 그대로 온몸으로 느낀 것입니다. 그리고 그 집안은 절대 심리적 치유만으로는 치유가 가능한 집안이 아닙니다. 그야말로 님이 예수님을 믿든 아니 믿든 그 집안은 예수 그리스도의 용서하시고 속죄하시는 저 십자가의 보혈과 은총이 그 집안을 덮어야 합니다. 그것 밖에는 그 집안의 기나긴 악연은 끊어지지 아니할 것 같습니다.

님이 그리스도인이 아니라면 정말 예수님께 무조건 도와달라고 어떻게든 도와주시고 지혜를 달라고 기도해야 합니다. 예수님의 그 십자가의 사랑과 용서와 은혜가 무엇인지 알게 해달라고 신약성서를 보면서 기도하고 기도해야 합니다. 그렇게 해야만 그 집안 대대로 이어져 내려온 저주 같은 미움의 기운이 십자가를 통해 못 박히고 사라지게 될 것입니다.

그 집안은 잘은 모르지만 심약하고 소심한 아버지와 비교적 평범하고 자신감 있는 어머니가 있는 집안인 듯싶습니다. 그런데 그런 가정의 남자는 아주 소심하여(소심하다는 말은 심리적으로 아주 연약한 자아를 갖고 있다는 말입니다. 그 말은 집안 대대로 어린 시절 양육 방법에 문제가 있었다는 말입니다) 사소한 일에 서운해하고 그러나, 말은 하지 않습니다.

역기능 가정의 가장 큰 특징 중의 하나가 바로 대화가 부재하다는 것입니다. 대화를 할 줄 모릅니다. 그러니까 가족들이 대식구라고 해도 그저 각자가 맡은 역할만을 할 뿐 다들 외롭고 속은 고립이 되어 있다는 뜻입니다.

그런 가정에선 대화를 할 줄 모르기 때문에 대화 대신 눈치로 모든 것을 때려 맞추지요. 그리고 눈치가 발달한 만큼 짐작이 발달해 있습니다. 선입견이라고 하지요. 그래서 선입견이 생기면 상대가 무얼 할 때 자기만의 비뚤어진 안경을 쓰고 상대를 봅니다. 그래서 조금이라도 상대가 말이나 행동으로 자신을 서운하게 했다고 판단하는 순간 "응. 니가 나를 그렇게 무시한단 말이지. 너 두고보자!" 하면서 말을 안해 버린다는 것입니다. 그러면서 자신이 만든 서러움의 감정은 커지면서 거꾸로는 상대이성에게 복수하고 싶은 마음이 생기겠지요. 그 남편 말입니다.

그 사람 겉은 멀쩡하지만 그 마음엔 태산같은 한(恨)을 갖고 사는 사람입니다. 태산같은 분노와 태산같은 가시를 갖고 사는 사람입니다. 그런데 분노라는 것은 자기가 볼 때 가장 만만한 대상에게 그 분노가 향하도록 되어 있습니다. 그러기 때문에 만일 님의 경우는 예수님 믿고 집안의 저주 같은(저주가 아니라 저주 같은 입니다!) 그 무서운 분노를 치유해야 하지만 동시에 남편의 내면도 반드시 치유 받아야 하고 무엇보다 님 자신이 내적으로 성숙한 사람으로 변할 필요가 있습니다.

그렇게 해야만이 남편이 심리적으로 무의식적으로 님에게 심리적 싸움을 걸려고 할 때 님의 마음이 편안하여 걸릴 것이 없어질 것입니다. 그러면 오히려 그 쪽에서 님에게 이혼을 요구할 지도 모르겠습니다.

가족은 서로의 사랑도 상대에게 바르지만 서로의 고름도 바른답니다. 그런데 내가 건강하면 어떤 고름을 발라도 병에 걸리지 않지만 나도 그 사람과 같은 병균(마음의 상처)이 있으면 그 사람과 같은 병의 증세에 빠지게 되는 것입니다. 그러니 님의 성숙도 중요한 몫입니다. 잘못했어 용서해 줘. 그런 식으로는 문제가 근원적으로 치유되지 않습니다. 그리고 그 남편 분 참 불쌍합니다. 지금 사는 세상이 그에겐 지옥일 겁니다. 기쁨이 없고 평안이 없고 사랑이 없으니 어찌 세상이 천국이겠습니까? 거기다 자기 아버지의 못된 버릇을 보물처럼 간직하며 그걸 가훈처럼 갖고 사니 그 마음이 어찌 천국이겠습니까? 그 사람 아주 대단히 불쌍한 사람입니다.

얼마나 사랑받지 못했으면 그렇게 사람에게 잔인할 수 있겠습니까? 그가 마음의 지옥에서 나오고 그를 그렇게 만든 악의 세력에서 벗어나도록 정말 님의 기도와 노력이 많이 필요합니다. 그리고 그는 죽어도 그리고 죽여도 버리지 못하는 오기가 있습니다. 그 오기로 마음이 똘똘 뭉친 사람입니다. 마음이 여리고 착하지만 오기가 있는 사람입니다. 그러니 그 오기를 힘으로 없앨 수 없습니다.

차디찬 가슴은 따뜻한 기운으로만 녹일 수 있습니다. 그를 따뜻하게 길들이는 지혜가 필요합니다. 화가 나지 않았을 때 일상에서 평소에 그 사람을 따스하게 녹여 님에게 중독되게 해야 합니다. 그래서 그가 님 없이 못 살게 만들어야 합니다. 그래서 님이 더 대화를 많이 하고 더 이야기를 붙이고 더 감정을 표현하고 정말 이 사람 이 여자가 나를 위하고 있구나를 아주 감동적으로 느끼도록 해야 합니다. 그게 전략입니다. 그것만 된다면 그 사람도 어찌할 수 없을 것입니다. 나머지 지혜는 주님께 구하십시오. 주님은 자애로우셔서 지혜를 구하는 자에게 언제나 지혜를 주십니다.

그 집안의 얼어붙은 분노와 상처를 예수 그리스도의 십자가 사랑이 녹여 버리길 저도 바라겠습니다.

마흔다섯 • 안녕하세요

♥**내담자**(무교): 안녕하세요? 저는 이제 막 19살이 된 여고생입니다. 우연한 기회에 〈가정에서 입은 마음의 상처, 이렇게 치유하라〉를 읽게 되었습니다. 책을 읽고 얼마나 반가웠는지 눈에 눈물이 고였습니다. '이런 곳이 있구나!' 하고요.

저는 아직 종교가 없거든요. 그럼에도 이렇게 글을 올립니다. 저는 지금껏 제 속 이야기를 제대로 꺼내 본 적이 없습니다. 그래서 이런 곳이 있다는 사실이 어찌나 기쁘고 마음이 따뜻해지던지요. 제가 누군가에게 말할 수만 있다면 가장 먼저 해야 할 이야기는 아빠와의 관계에 관한 일입니다. 안타깝게도 제 주위에는 마땅한 사람들이 없었습니다. 혹은 제가 용기가 없었나봐요. 제가 바라는 것은 단지 관심 있게 읽어 주시기만 하면 그뿐입니다. 아마 글이 좀 길어질지 모르겠습니다. 제 머릿속엔 두 모습의 아빠가 있습니다. 어릴 적 보았던 사랑하는 아빠와 제가 미워하고 두려워하는 아빠요.

　어릴 적 저희 집은 정말 행복에 겨운 집이었습니다. 어릴 때 일이라 기억은 명확하지 않지만, 노랗게 밝은 색으로 칠해져 있습니다. 아빠는 언제나 퇴근길에 과자나 인형을 사들고 오셨고, 주말이면 놀이동산, 동물원에 꼬박꼬박 데리고 가주셨습니다. 정말 아빠를 사랑했어요. 그런데 제가 아빠를 미워하고 두려워하게 된 건 IMF이후입니다. 그때 저는 막 사춘기에 접어들고 있었구요. 아빠는 직장을 잃으셨고, 몇 년 동안 증권으로 말 그대로 전 재산을 몽땅 날려 버리셨습니다. 부유진 않았지만 착실히 모아왔던 돈들요.

　처음으로 엄마아빠가 싸우시는 모습, 엄마가 울다 쓰러지시는 모습, 119, 그 와중에도 짜장면을 시켜 드신 아빠. 거기에다가 막 성에 눈뜨기 시작한 저는 남성에 대한 결벽증 같은 것을 갖게 되었습니다. 아빠가 화장실에서 나오면 변기는 물로 닦아내고 앉았고 세숫대야도 비누로 씻어내고서야 사용했죠. 그리고 저희 아빠는 그다지 깔끔하신 편이 아닙니다. 잠잘 때는 '그곳'에 손을 넣고 주무시고, 화장실에는 '그곳'의 털이 눈에 띄는 곳에 빠져있기도 하고. 아빠의 모든 게 싫었어요. 작은 손놀림까지도. 지금은 왜 그렇게까지 했을까 싶기도 하지만요.

　초등학교 2학년 때 시계 읽기를 가르치신다고 새벽 2시까지 책상에 앉혀 놓은 일, 수학문제를 자꾸 틀린다고 옆에 있는 의자로 머리를 치려고 하신 일. 잊을 수 있을 것 같았던 일들이 자꾸 떠올랐습니다. 그 후에 제가 가진 장래희망을 못마땅해 하셔서 큰소리가 많이 났죠. 아빠는 물론 엄마도 저의 내면에 대해서 아시는 것이 전혀 없으세요.

　아빠가 훈계나 큰소리로 혼을 내시거나 하면, 저는 머릿속으로 수없이 반박하면서 입밖으론 단 한 마디도 하지 않았죠. 반박이라기보단 수없이 욕을 해댔습니다. 아빠가 하시는 말씀 듣지 않으려고 머릿속으로 노래를 부르고, 머릿속에서 헤엄치는 물고기 수를 세고. 반항심이 었습니다. 그리고 두렵기도 했죠. 느닷없이 주먹으로 머리를 때리시고 목을 졸린 것도 세 번이나 됩니다. 모두 집에 있었는데. 아무도 알지 못하더군요.

몇 년 지난 일이지만 그때 공포가 아직도 선합니다. 목이 아프고 숨이 가빠진다는 것보다도 부들부들 떨리는 아빠의 손의 감촉이 무서웠습니다. 그땐 눈물도 나오지 않더군요. 엄마께 말씀 드렸을 때도 그저 조심하라는 말밖에 듣지 못했습니다. 그리고 아빠는 늘 입버릇처럼 말하셨습니다. "니가 나 속이는 게 한두 번이야!" 하고요. 공부를 못하는 편은 아니었는데도 독서실을 끊거나 문제집 한 권 사는 데도 3일은 실랑이를 해야 했습니다. 전 결코 부모님을 속인 적이 없습니다. 잘못한 일은 많지만, 속이려는 불순한 의도를 가진 적은 단 한 번도 없는데……. 아빠는 절 믿지 못하셨습니다. 그리고 다 풀지 않은 문제집이 발견되면 방의 형광등을 킬 수 없었습니다. 공부 때려 치고 공장을 나가든 뭘 하든 돈이나 벌어오라고 교과서를 찢으려고 하시는 걸 간신히 말리고요. 아빠는 저를 혼내고 엄마는 아빠에게 잔소리하고. 그리고 싸움.

그런 나날들이 적게 잡아 5년 정도는 되는 것 같습니다. 정말 괴롭고 우울했었습니다. 그리고 제 동생에게 죄책감을 갖게 되었습니다. 저보다 5살 어린 남동생인데 그때 제가 좋지 않은 모습을 보인 것 같아서요. 나이에 비해 지나치게 생각이 많은 아이가 되어버렸습니다. 좀 내성적이지만 착하고 공부도 잘하고 친구도 잘 사귀지만 종종 혼자 무슨 생각을 하고 있는 걸까 하고 불안해집니다.

엄마께서 속병을 앓고 나신 뒤에는 스트레스 쌓여서 집에 못 앉아 있겠다고 공장에 나가셔서 요즘에는 두 분 다 9시는 되어야 들어오십니다. 한창 보살핌 받을 나이인데 너무 예민한 것 같아서요. 저를 장난스

레 엄마라고 부르면서 따르는데 걱정입니다. 제 동생의 영혼은 상처입지 않게 지켜주고 싶은데요. 그리고, 저는 아빠의 주장대로 외고에 진학하게 되었습니다. 벌써 3년째지만 아직도 가끔 잘한 건가 하는 생각을 합니다. 학교와 선생님 친구들은 더없이 좋지만 제가 하고 싶던 걸 너무 쉽게 놓아버린 건 아닐까 하구요.

학교에 입학하고 저는 되도록 집에 있는 시간을 줄이기 위해 늘 학교에 있었습니다. 제가 조금씩 성장하고 아빠와 마주치는 시간이 적어지면서 전처럼 맞거나 하는 일은 없고 말다툼도 많이 줄었습니다. 하지만 최근 몇 년간 뭔가 중요한 부품 하나가 빠진 기계처럼 제대로 돌아가질 않습니다. 무얼 해도 항상 몽롱한 상태이고 집중하기가 너무 힘이 듭니다. 작은 정보를 하나 받아들이는 데도 머리가 심하게 복잡해지고요. 좀 덜할 때도 있지만 문득문득 그렇게 지속되어 버립니다. 그리고 아빠가 조금이라도 제 공부나 생활에 대해서 언급하시면 반사적으로 표정이 일그러지고 방으로 들어가 버립니다. 그리고 다른 사람에게도 그렇게 되어버렸습니다.

누군가 제가 조금이라도 의미를 부여하는 것에 관심을 보이거나 하면 그 사람을 미워하게 되는. 예를 들면 책이나 씨디. 그런 것들이요. 읽고 있는 책을 보며 친구가 제목을 묻고 재밌냐고 물으면 짜증스러워집니다. 저는 친구들을 사랑합니다. 정말요. 그치만 그런 사소한 일들에 그렇게 반응해 버립니다.

아, 너무 횡설수설 한 것 같네요. 아, 그리고 조금 철이 들면서 아빠의 뒷 이야기들을 알게 되었어요. 그리고 아빠를 조금 이해하게 되었죠. 아빠는 귀여움 받는 막내 아들이셨대요. 부유한 집의. 그런데 초등학교 2학년 때 할아버지가 돌아가시고 그 몇 년 후에 할머니마저도 돌아가셨대요. 그리고 고등학교는 3년 늦게 들어가셨다는군요. 돈 벌어서 다니셨대요. 상처가 많으신 분이죠. 이제 조금은 이해할 수 있습니다. 하지만 너무 많은 걸 잃고 상처입은 기분입니다.

저도 모르는 사이에 피해의식을 갖게 된 것 같아요. 그리고 어릴 적 모든 일에 나서고 자신만만하던 제 모습이 많이 그립습니다. 그리고 그 전처럼 어떤 일에든 목 메어가며 뜨거운 가슴을 갖고 싶습니다. 정말 먼지가 너무 많이 쌓여 응고되어 버린 느낌입니다. 이 상태에서 장래를 결정지어야 할 고3이 다가오니 더더욱 혼란스럽고 힘이 듭니다.

저를 진단하고 치유하고 재정비하고 다시 출발하고 싶습니다. 마음 속 저 아래 가라앉은 많은 이야기들을 어떻게 끄집어내 글로 다 써낼 수 있을까요. 하루빨리 굳어버린 먼지를 긁어서 털어 내고 싶습니다. 마음에 날개를 달고 싶어요. 저는 저의 가능성을 언제 까지고 믿습니다. 그런데 저는 자꾸 가라앉아 갑니다. 피 흐르던 상처들은 많이 아문 것 같은데도 알 수 없는 무언가가 저를 자꾸 가라앉게 합니다. 전엔 지독하게 물고 늘어졌던 나쁜 기억들이 희미해져서 몇몇은 기억조차 나지 않는데도요. 그냥 막연하게 말하고 싶고, 들어줄 사람이 필요했습니다.

꽤 오랜 시간 들여서 정리하려고 한 건데도 무척 길어졌네요. 뭘 썼는지도 모르겠습니다. 잘한 건지도 모르겠어요. 그치만 감사 드립니다. 이런 공간을 마련해 주시고 끝까지 읽어주셔서요. 종교가 왜 인간에게 필요한지 조금은 알 것 같습니다. 정말 감사드립니다.

♣상담자: 학생에게, 글 잘 보았습니다. 우선 제 책을 다 읽어주셨다니 고맙군요. 그 책을 통해 학생의 부모님 그리고 학생 자신에 대해 조금이라도 이해가 깊어졌다면 더 바랄 것이 없겠습니다.

아빠의 이야기는 참 마음이 아프네요. 그리고 여전히 그 아빠를 사랑하고 효도하고 싶은 딸의 마음도 읽을 수 있었습니다. 다만 아빠를 내적으로 보호해야겠다는 순진한 마음과 자신의 내적인 고통이 너무 커서 모든 것을 부정해 버리고 싶은 마음 사이에서 많은 방황을 한 듯합니다. 거기다가 이제 고3이 되는데 공부 스트레스가 주는 일종의 강박증 비슷한 고민과 히스테리성 증세를 보이고 있는 것 같습니다. 그치만 누구라도 그런 상황에선 그럴 수밖에 없어요.

제가 상담하면서 내담자에게 꼭 하는 이야기가 있답니다. "자매님 혹은 형제님, 지금 말씀을 들어보니까 그 누가 당신의 삶의 자리에 있었다 해도 당신 이상으로 잘할 수 없었습니다. 그런 상황에서 그렇게 마음먹고 행동한 것은 오직 당신이었기에 가능했던 것입니다. 당신은 훌륭합니다." 막연히 입에 발린 격려가 아니라 대부분은 제 마음에서 우러나오는 말로 그렇게 이야기를 합니다.

학생도 마찬가지인 것 같아요. 그래도 다행인 것은 어쨌든 방어기제가 연약했던 어린 시절에 아빠에 대한 좋은 추억이 있었다는 것입니다. 건물로 말하면 기초공사는 잘 되어 있는 거지요. 그러나, 건물이 기본 형태를 갖추었을 뿐 더 자라지 못한 모습이 느껴집니다.

사람이란 누구나 본능적으로 부모로부터 사랑을 받고 인정을 받고 싶은 생득적인 욕구를 갖고 삽니다. 그래서 사랑을 받지 못하고 자라면 아버지가 딸에게 한 행동같이 아주 미숙한 행동을 하게 되지요. 즉 미숙한 사람, 미숙한 아내와 남편, 부모가 상처를 주게 됩니다. 성숙했다면 그렇게 사람을 몰아붙이지 않았을 것입니다. 학생의 내적인 문제는 애증입니다.

아빠에 대한 이해를 하면 미워해야 할 것이 없고 오히려 측은해지지만, 그러나 상처입은 자신을 생각하면 너무 불쌍하고 외롭고 고립되어 있다는 절박한 마음을 갖게 된다는 것입니다. 그러니 미워할 수도 없고 끌어안을 수도 없는 딜레마에 빠지게 된 것이지요. 그렇게 되면 정상적인 사람이라면 그 마음에 억압된 분노가 쌓이게 되고 그러한 분노는 응고된 슬픔과 서러움으로 변하게 마련입니다. 그래서, 마음에서 때로는 내가 확 죽어버리면 엄마 아빠가 나의 존재를 기억해주며 울어주겠지 하는 서러움을 갖게 될 수 있답니다. 그런 상상이 커질수록 삶은 슬퍼지고 죽음에의 환상을 갖게 되지요.

아빠가 막내로 성장했고 돌아가신 할아버지의 사랑도 많이 받으셨겠죠. 그리고 사는 것도 큰 어려움 없이 사셨던 것 같아요. 그런데 갑자기 가세가 기울면서 모든 상황이 뒤바뀌게 되었고 아빠는 하루아침에 인생의 쓴맛, 현실의 냉정함을 맛보셨을 겁니다. 그렇게 산 사람들은 하나같이 과거의 좋았던 시절을 회복하려고 몸부림을 치죠. 그래서 사업을 했을 텐데 그게 국가적 부도로 망하게 되었고 거의 자포자기 심정으로 자신은 끝났다 그러니 너희들이라도 특히 만만한 큰 딸 너라도 성공하여 이 아버지의 한을 풀어달라는 메시지가 있었던 것 같습니다. 물론 잘못된 방법이지요.

딸은 딸만의 삶이 있는 것이지 그렇게 아버지의 한풀이용으로 이용될 수 있는 대상은 아니기 때문입니다. 그러니 그 모든 스트레스를 학생이 다 짊어진 채 좋은 대학 가서 좋은 직장 구하여 부모에게 효도하라는 아주 뻔한 스토리가 전개되는 것입니다. 그건 아니지요. 딸이, 자식이 부모의 못다한 한을 푸는 대리 인생이 될 수는 없는 것입니다. 그건 아버지가 잘못하신 겁니다.

지금 학생은 사연이 쌓이고 쌓여 그 사연에 체한 모습입니다. 그러니 이렇게라도 글로써 자신의 사연을 조금이라도 푸는 일은 아주 소중한 일입니다. 그리고 제가 지지해 드리겠습니다. 그런 악조건 속에서 외고를 진학할 정도로 공부를 했다면 학생은 대단히 성실하고 우수하고 가능성이 높은 사람입니다. 조금만 마음의 상처가 극복된다면 그 누구보다 가능성을 발휘할 사람입니다.

〈매트릭스〉라는 영화가 있었죠. 그 영화를 여러 각도에서 볼 수 있지만 결국 네오라는 한 청년이 자신이 세상을 구할 메시아적인 존재라는 사실을 서서히 자각하는 과정이 저는 인상적이었습니다. 자신을 별

볼일 없다고 생각하는 이상(그런 생각은 주로 환경, 즉 부모가 심어준 그릇된 가치관입니다) 네오는 결코 자신 안에 감추인 능력을 알 수 없습니다. 그러면 스미스 요원과 대결할 사람은 없을 테고 세상은 악마가 다스리는 곳이 되었겠지요. 학생의 마음에 네오 같은 힘이 있습니다. 그리고 예수님을 믿는다해도 아주 잘 믿을 학생입니다. 학생을 위해 기도하겠습니다.

힘내시고 학생이 좋아지고 명랑해지면 동생도 그렇게 변할 것입니다. 가족 간의 감정은 전염성이 빠르기 때문입니다. 그 아빠를 그저 아빠가 아닌 한 사람의 인간으로 연약한 인간으로 바라보세요. 그분도 학생 같은 나이가 있었을 것입니다. 학생이 고민했던 비슷한 고민을 갖고 살았을 겁니다. 답을 알지도 못한 채. 그게 아빠의 모습입니다. 아빠를 아빠라고만 보면 용서할 수도 극복할 수도 없습니다. 그저 나와 같이 상처 입은 한 사람, 한 인간이다, 그렇게 보면 학생의 상처가 덜 아플 것입니다. 하나님께서 학생의 가정에 은혜를 주시어 그리스도 안에서 새롭게 재구성될 수 있길 바랍니다.

♥**내담자**(무교): 감사합니다. 마음이 많이 편해졌어요. 잘 해낼 수 있을 것 같습니다. 시간이 오래 걸릴지 모르지만. 그리고, 저도 님처럼 다른 사람들을 보듬어 줄 수 있는 사람이 되고 싶습니다. 늘 건강하세요.

마흔여섯 ● 동생과 돈 문제인데……

♥**내담자(1004):** 이런 내용도 상담이 되런지요? 남동생은 30대 중반 직장인입니다. 결혼을 하지 않았구요. 저두 미혼으로 같이 살고 있습니다. 생활비를 반씩 부담하기로 했는데 동생이 생활비를 주지 않습니다. 이유는 빚 때문에 빚 갚으면 돈이 없다는 거지요. 실질적으로 빚이 줄어들지도 않습니다. 규모 있게 계획해서 빚도 갚을 수 있고 결코 적은 월급이 아니거든요(월 200만원 가량).

거기다가 돈이 없다고 한 달에 한두 번씩 저한테 또 엄마에게 푼돈을 빌려갑니다. 이 만원, 삼 만원, 차 기름값, 밥값, 이자 등등. 은행에 1년 기한 상환 빚이 있습니다. 1,000만원. 하지만 신용대출이라서 계속 연장할 수 있습니다. 카드는 사용하지 않는다고 합니다. 은행 빚은 줄어들지 않습니다. 생활비는 주지 않습니다(돈 없다고).

저한테 돈 빌려갑니다. 저축도 못합니다. 엄마(경제능력 없음) 카드를 사용해서 현금서비스 받고 못 갚고 있습니다. 참고로 동생과 엄마와는 상호의존관계입니다. 엄마와 저는 사이가 않좋습니다. 지난 1년 반 동안 월급과 돈 쓰는 것에 대하여 관여하지 않고 "알아서 해라" 했는데 상황이 위와 같습니다.

돈 빌려달라는 일이 계속되기 때문에 "월급 받으면 용돈 받아서 써라. 빚 갚을 계획을 함께 세우고 돈 관리 내가 하마. 통장, 도장, 나에게 줘라." 했더니 저보고 "다 빚 갚는데 나가기 때문에 관리할 것도 없다." 라고 합니다. 그러면서 "알았다" 고만 합니다. 그리고는 또 푼돈 빌려달라고 합니다.

돈 빌려달라 할 때마다 용돈 받아쓰는 게 좋겠다는 말만 몇 번했더니 밀린 생활비와 나에게 빌려간 돈을 빚을 내서 갚겠다고 합니다. 어떻게 하는 것이 좋을까요? 동생을 믿고 밀린 돈만 받아야 할까요? 아니면 동생이 빚을 갚을 수 있게 제가 관리를 해야 할까요? 제가 돈에 욕심이 있는 건 아니구요. 그렇다고 넉넉한 것도 아닙니다. 동생보다 월급도 적게 받고 저도 마이너스통장을 씁니다. 얼마 전까지 1,000만원이었는데 현재 600입니다.

다만 동생의 돈 쓰는 습관이나 현재 돈 관리 안 되는 것을 정리해주고 싶은 겁니다. 동생은 보험료나 제 날짜에 내야 하는 것들을 잘 챙기지 못합니다. 기한을 미루고 연기하는 습관이 있어요. 왜 그러는지 대략 이해를 합니다. 기도하고 있어요. 그 마음이 치료되기를……. 또 데이빗 씨멘즈가 쓴 종류의 책을 권하기도 했구요. 동생은 안 받아들이고 오히려 적대감을 표하지요. 아직 안 받아들이기는 하지만 처음 권했을 때보다는 지금은 덜 공포스러워합니다. 제가 어떻게 하는 것이 동생을 돕는 것일까요?

♣**상담자**: 1004님께, 글 잘 보았습니다. 이 아침영성지도연구원 싸이트를 열면 첫 페이지에 책을 소개하는 내용이 있습니다. 그 중 〈울타리〉라는 책을 꼭 한 번 읽기를 바랍니다. 그 책은 위에 올린 님과 같은 사연을 가진 분들에게 꼭 맞는 책입니다. 울타리란 "바운더리"라는 말이지요. 경계선 말입니다.

글을 보니 동생은 엄마라는 알에서 깨어나지 못한 사람입니다. 어머님도 아주 실례되는 표현이지만 그런 침묵으로 묵인하신 겁니다. 그렇게 되면 온 집안이 동생 하나의 행동으로 모두 아주 큰 어려움을 당하게 됩니다. 그 집안에서는 누군가 어른 역할 "No!!"라고 말할 수 있는 그런 사람이 필요합니다. 그저 동생이 하자는 대로 가도록 내버려두는 것은 사랑이 아닙니다. 그리고 이제 동생에게 푼돈이라도 주지 마십시오. 아주 이 부분 사생결단 하는 눈빛으로 선을 그어야 합니다. 단호하게 말입니다.

집안의 경제를 누가 관리해야 하는가는 가족회의에서 결정하셔야겠지만 제가 보기에는 누나가 해야 할 중요한 몫이 있다고 생각합니다.

마흔일곱 • 엄마노릇

♥**내담자**(반달): 안녕하세요? 저는 4살, 6살 난 두 아들을 둔 엄마입니다. 요즘은 너무나 하루하루가 지치고 내 인격수양의 부족으로 인해 아이들에게도 나쁜 영향만 끼치는 것 같아 자책감마저 듭니다. 그래서 밤에는 반성하면서도 하루가 시작되면 또 별수 없이 아이들과의 전쟁이 시작됩니다. 여기까지는 아이 키우는 집이라면 어디나 똑같을 거예요. 집집마다 아이들 혼내는 방법이 어떤지는 모르겠지만, 제 생각에 말로 화를 푸는 것은 정말 안 좋은 것 같거든요. 그런데 그걸 알면서도 저는 너무나 아이들에게 인격적으로 상처 주는 말을 많이 뱉는 것 같아 미안해요.

특히 요즘은 큰 아이가 어찌나 눈에 밉게 보이고 하는 짓마다 짜증만 나는지 정말……. 제가 그랬어요. "너 엄마 밉지? 엄마도 너 미워. 다른 엄마랑 살아. 너도 엄마랑 있어야 혼만 나고 엄마도 너 땜에 스트레스 쌓여서 괴로워." 정말 아이 앞에서 이를 부득부득 갈며 혼내는 일이 거의 생활화 됐어요. 아이들이 순하고 얌전하다고 남들은 말하지만 큰 아이는 유독 밥은 안 먹으면서 과자 욕심, 심술 피기. 남들 앞에선 얌전하게 말하고 내 앞에서 떼를 쓸 땐 거의 동네가 떠나갈 정도로 큰 소리로 울곤 합니다. 그리고 작은 아이는 어려도 과자 먹을 때 깨끗이 먹는데 큰 아이는 온 방을 다 어지르며 먹습니다. 어떻게 매사 하는 짓마다 그렇게 눈에 안차게 구는지 저도 이렇게 자꾸 큰 아이가 미워져서 스스로 걱정이 될 정도입니다. 제가 아량이 넓지 못해서일까요?

저도 어릴 때 맏딸로 자라면서 어머니께 많이 핀잔도 듣고 엄마 짜증에 본의 아니게 화풀이 대상이 된 적도 있다고 생각했었기 때문에 되도록이면 큰 아이 입장에서 생각하려고 해도 큰 아이의 행동은 아무래도 저를 짜증나게 합니다. 하루종일 먹을 타령. 눈앞에 있는 것도 날 찾고. 아이들이 다 그렇다지만 작은 아이는 그러지 않거든요. 그리고 큰 아이는 가끔씩 눈을 깜박거리는 증세도 보여 저를 신경 쓰이게 한답니다. 지난번 안과에서는 별 증상은 없다고 했거든요. 일종의 틱 종류가 아닐까 혼자 생각되어 맘이 편치 않아요.

그런 모든 것이 큰 아이 생각만 하면 짜증나게 합니다. 거기다가 유난히 물을 많이 먹고 소변도 굉장히 자주 봅니다. 6살쯤 되면은 밤에 자다가 쉬 마려우면 벌떡 일어나 화장실에 갈 수 있어야 하는 것 아닌가요? 그런데 우리 아이는 낑낑거리며 소변 마려운 자세를 하면 저나 신랑이 일으켜 세워 화장실로 데리고 간답니다. 아이가 너무 무던한 건가요? 아니면 부모를 의지하려고 그런 걸까요?

성격은 괄괄하진 않아도 원만하고 요즘 들어 장난도 심해지고 그냥 여느 6살 남자아이랍니다. 공부하는 데도 취미가 있고 그림도 잘 그리고 호기심도 많고 관찰력, 집중력도 좋다고 방문수업 선생님이나 유치원 선생님은 말씀하십니다. 주위에서 보는 우리 아이는 모범적이고 순한 아이입니다.

제 성격 탓인 것도 같아요. 제가 좀 이기적이고 부정적 성격이 있거든요. 제가 스트레스 쌓인 걸 아이에게 많이 푸는 것 같아요. 그냥 그게 제 선에서 끝나면 좋은데 아이에게 심리적으로 충격을 줄까봐 마음 아파요. 아까도 "난 니 엄마 하기 싫어. 정말이야. 너 아빠랑 동생이랑 셋이만 살아. 알았지?" 하며 정색을 하고 몇 번 얘기했더니 싫다면서 서글프게 울더라구요. 정말 엄마 자격이 있는 건지 모르겠어요. 그러면서 저는 저대로 정신적으로 괴로워져요. 참고로 신랑은 가족에게 자상한 남편이랍니다. 현명하게 아이를 키울 수 있는 도움말 꼭 부탁드립니다.

♣**상담자**: 반달님께. 안녕하세요? 올리신 글 잘 읽어보았습니다. 큰 아이 때문에 많이 걱정스럽고 속상하신 내용. 깊이 공감합니다. 아이를 키우다 보면 어려운 일이 많지요. 그러나 무엇보다 힘든 것은 아이의 모습 속에서 자신의 부정적인 모습을 볼 때입니다. 지금 어머님께서 큰 아이에 대해 느끼시는 것이 그런 모습은 없는지 우선 자신을 잘 살펴보시기를 바랍니다. 아울러 아이의 투정은 미운 짓이기는 하지만 부모와 의사소통을 말로 할 만큼 성숙하지가 못하기에 일종의 자신의 뜻을 그런 부정적이고 유아적인 방법으로 표출하는 것입니다. 그런데 보니 큰 아이의 나이가 둘째와 두 살이 차이가 나더군요.

아이 나이가 여섯 살이라면 큰 아이가 2살 적에 동생을 보았다는 것인데 한번 잘 생각해 보시기를 바랍니다. 2살이면 아직도 부모 특히 엄마의 사랑과 관심을 독차지하고 싶어할 나이입니다. 그런데 어느 날 갑자기 엄마가 작은 아이를 끌어안고 모든 관심을 그 아이에게 주는 것 같은 모습을 보았다면 큰 아이 입장에서 그 나이, 그 수준, 그 경험에서 무엇을 느꼈겠습니까? 자신은 엄마로부터 사랑과 관심을 박탈당했다는 피해의식일 것입니다. 아이는 어른이 아니기에 동생이 태어났으니 사랑을 양보하자거나 그럴 수 있는 수준이 되지를 못한답니다. 그러기에 지금 큰 아이의 행동은 "엄마, 나 엄마에게 서운해. 나도 엄마에게 사랑받고 싶어. 왜 동생만 사랑하는 거야."라는 메시지가 담겨 있을 것입니다.

정신분석학에서는 아이가 단것을 좋아하는 것은 단것으로 상징되는 엄마의 젖과 젖가슴을 뜻하고 그것은 결국 엄마가 자신만을 소중히 여겼던 시절의 희미한 기억으로 추억한다는 것을 뜻합니다. 그 추억을 늘 그리워하며 그 채워지지 않는 사랑의 갈증을 단것을 빨고 먹는 것을 통해서 대리적으로 채운다는 것입니다.

그러기에 일단 어머님도 아이가 투정과 짜증을 내면 인간적으로야 화가 나고 심지어 아이를 던져버리고 싶을 정도의 마음이 생길텐데 바로 그러한 감정이 있다면 바로 그 아이의 모습 속에서 자신의 어린 시절을 투영하고 있지 않는가를 스스로 물어보셔야 합니다. 무엇보다 그 나이에는 유치원도 가고 이제 곧 학교도 가야 할 나이인데 그때는 자기 혼자 무엇을 독자적으로 하기를 원하는 동시에 엄마의 품을 떠나고 싶지 않은 일종의 퇴행 욕구를 반복합니다. 그렇기 때문에 그 나이에 엄마가 난 너가 싫다느니, 딴 엄마하고 살아라느니 하면 아이는 분리 불안에 빠져 정말 학교 기피증을 보일 수 있습니다. 평생 무의식적으로 엄마의 치마폭을 떠나지 못한다고나 할까요. 그러니 아이에게 화가 나시더라도 그런 파괴적이고 극적인 말은 가급적 아이의 장래를 위해서라도 자제하시거나 피하셔야 됩니다.

그리고 한번 둘째를 잠시 어디다 맡겨 놓으시고 큰 아이에게 데이트를 요청하세요. 무슨 말이냐 하면 어머님이 큰 아이만을 데리시고 아무 소리 마시고 그 아이가 평소 갖기를 원했던 물건을 사주시고 먹을 것도 사주시면서 아이가 의아해할 정도로 다정하게(의도적으로) 대해 주세요. 그리고 아이에게 과거에 엄마가 네게 그런 화를 내고 말을 한 것에 대해 미안하다고 눈을 보며 말씀하세요. 그리고 그 자리에서 큰 아이에게 다정한 어조로 앞으로 엄마와의 사이에서 지켜주었으면 좋을 원칙들 한두 가지만 꼭 지켜달라고 약속을 부탁하세요(부탁이지 명령은 안 됩니다). 그리고 엄마 스스로도 많은 일로 분주하고 피곤하고 지치시지만 자신의 마음에 평정이 유지될수 있도록 자기 스스로를 훈련하시기 바랍니다. 그런 면에서 학지사에서 나온 〈분노 스스로 해결하기〉라는 좋은 책을 권해 드립니다.

아울러 큰 아이에게 엄마는 너는 너대로 너를 최고로 사랑하고 동생은 동생이기에 동생으로 최고로 사랑한다고 말씀하세요. 올리신 글에 대하여 자세한 정보가 없기에 오늘은 이만큼만 올립니다. 자녀의 투정에는 언제나 "엄마는 왜 내 마음 같지 않아."라는 호소가 담겨 있습니다. 아이도 인격이라면 꼭 위에 제시한 방법 중 가능하고 마음에 드시는 것 하나라도 시도해 보시기를 바랍니다.

마흔여덟 ● 사촌동생의 문제로······

♥**내담자**(푸름이): 상담자님, 정말로 답답합니다. 이 상황을 또 어떻게 해야 좋을지 모르겠어요. 저에게 사촌동생들이 있습니다. 그 아이들의 배경을 말씀드리자면 둘 다 남자아이입니다. 첫째는 이제 중학생이 될 거고, 막내는 초등학교 3학년에 올라갑니다.

한 6년 전에 친모가 엄청난 빚더미를 남기고 채권자들로부터 피해 도망가다시피 가출하고 그 후 몇 년 있다가 삼촌이랑은 이혼을 한 상태입니다. 그 이후로 저희 할머니께서 아이들을 돌봐주시고 계십니다. 삼촌은 새로운 숙모를 만나서 전국을 돌아다니시면서 노점상을 하셔서 생계를 이끌어가고 계십니다. 그래서 아이들은 늘 할머니와 함께 생활하고 있습니다. 지금 할머니는 암이라는 병에 걸려 항암치료 중에 있어요.

이런 환경에 있다보니 이해는 가지만······. 한번도 아니고 몇 번씩이나 도둑질을······. 막내는 어렸을 때 집안에 있는 돈에 손을 댔지만. 초등학교 다니면서는 안하는 것 같은데. 거짓말을 참 잘해요. 그리고 사람 눈치보는 것도 많구요. 근데 큰 아이가 작년부터 작게는 몇 천원, 명절날 큰집에서 다른 숙모의 지갑에서 오 만원이나 훔쳤어요. 그때 제가 잘 타일러서 야단도 안치고 이해하면서 다시는 그러지 않기로 약속하고 묻어두었죠.

  그 전에 제 동생의 지갑에도 손을 대서 그때 동생이 매도 들고 5시간 만에 타일러서 자백을 받아 냈다고 하더군요. 정말 이제는 다시는 그러지 않겠거니 믿고 있었는데 어젯밤에 또 제 지갑에서 46,000원이 있었는데 제가 설거지하는 사이에 작정하고 15,000원을 훔친 것 같아요. 제가 의심하는 게 아니고 분명히 둘 중에 한 명이, 아니면 같이 했던 게 확실하거든요. 상황과 때가 확실해요. 그래서 넘님 떨려서……, 12시가 다 되어 가는 추운 밤이었지만 처음에 다 용서해 줄 테니까 솔직하게 자백하라고 기회를 줬지만 절대 그러지 않았다고 속이길래 그럼 경찰서로 가자고 하니까 순순히 따라나서는 거예요. 실은 거기까지 가는 동안 기회를 줬던건데……. 끝끝내 속이더군요. 그래도 겁이라도 먹구, 용서를 빌 줄 알았는데. 그래서 교회로 데리고 갔어요. 추운데 안으로 들어가서 쉬었다 가자니까 절대 안에는 들어가려고 하지 않더군요. 그렇게 추운데도 밖에 있어도 괜찮다고 누나 혼자 쉬었다가 오라고. 거기서 더 확실히 느꼈죠. 그래도 하나님은 두려워하는구나.

  교회는 다니지 않지만요. 아이들이 게임에 빠져 있거든요. 아마도 지금쯤 또 PC방에 가 있을 거예요. 정말 걱정되고 무섭고 두려워요. 이 아이들이 정말 어떻게 커갈지……. 앞으로 중학교 가면 남의 것에 손을 댈까봐. 그리고 초등학교 다니는 동생은 또 무엇을 보고 배울지……. 정말 어떻게 하면 좋을지……. 도둑질과 거짓말 그렇게 하지 말라고 신신당부하며 얘기했었는데. 세상에서 제일 나쁜 거라고……. 삼촌 오시면 이야기하려고 해요.

  ♣**상담자**: 안녕하세요? 글을 읽어보니 정말 답답한 상황이군요. 그 나이의 도둑질이란 심리적으로 볼 때 어릴 때 받지 못한 엄마의 사랑을 훔치는 행위로 이해하는 경우가 많습니다. 도둑질에도 심리적인 이

유가 있다는 것이지요. 그러나, 어쨌든 도둑질은 잘못된 일이며 그런 행위를 그냥 두면 그야말로 옛 속담처럼 "바늘 도둑이 소 도둑 되는" 일이 벌어지지 말란 법이 없는 것 같습니다.

우선 그 아이들은 근원적인 상처를 갖고 자란 아이들이기에 대상에 대한 신뢰가 부족한 아이들이라고 봅니다. 그러나, 이제 중학교에 갈 아이는 그래도 성장하였기에 님께서 그 아이가 신뢰할 수 있을만한 상황을 만들어 주는 것이 무엇보다 중요하다고 생각합니다. 아이의 거짓말과 도둑질은 일종의 아이 자신의 "생존 방식"일 수도 있다고 봅니다. 물론 그 방법이 그릇된 생존 방식이지만요.

그 아이를 어떻게 해야 하는가. 여러 가지 생각이 스칩니다. 무엇보다 아이들이 님을 믿고 신뢰할 수 있는 사람이란 신뢰를 심어주는 일이 가장 중요하다고 봅니다. 자기가 생각해서 소중한 사람의 것은 함부로 하지 못하거든요. 가능한 그 아이들과 대화를 지속적으로 하는 것이 중요하다고 봅니다. 그리고, 이것이 좋은 방법인지는 모르겠지만요. 일부로 돈 봉투를 그 아이들 보도록 유도(?)한 후 그 봉투 곁에다가 그 아이들의 선물비 혹은 용돈이라고 써서 그 아이들이 그 돈을 훔칠 때 읽을 수 있도록 하는 방법도 좋은 방법이 아닐까 생각해 봅니다. 그래서 훔쳤다면 오히려 할 말이 더 많을 수 있거든요. 아이들의 마음이 사랑받지 못해 "허한" 상태입니다.

그런 상황이기에 아이들은 자기들이 좋아하는 게임이나 인터넷에 빠져 살게 됩니다. 일찍부터 "중독"의 요인을 갖고 있다는 이야기입니다. 마음 같아선 아동 심리치료를 받기를 권하나 상황이 여의치 못하다면 그 아이들과 사소하지만 많은 대화를 나눠볼 것을 권하고 싶습니다. 인간적, 인격적으로 통하면 그것을 통해 선악이 무엇인지를 조금씩 깨우쳐 줄 수 있으리라 생각합니다. 저의 대답은 이 정도입니다. 하나님께서 그 아이들에게 은혜를 베푸셔서 그 아이들을 사랑할 줄 아는 사람을 보내주시길 바랍니다.

마혼아홉 ● 내 상처 때문에 아이들에게……

♥**내담자**(세희): 남편과 이혼을 앞에 두고 너무 힘들고 지친 상태에서 강퍅한 마음만 더해가고 두 아이에게 심한 욕설과 신경질……. 남편에 대한 피해의식이 아이들에게 향하는 마음이 절제가 되어지지 않습니다. 돌아서면 그게 아닌 걸 알면서도 아이들에게 심한 욕설과 내침 그리고 분내함. 모든 걸로 인해 아이들이 상처받을 것을 알면서도 강요하고 강제적인 순종을 무조건 요구하는 나의 교육방법 때문에 너무 고통스럽습니다. 견딜 수가 없습니다. 도움되는 좋은 말씀을 듣기 원합니다.

♣**상담자**: 세희님, 안녕하세요? 제목이 "내 상처 때문에"로 시작되는 글을 올리셨군요. 님께선 그래도 자신의 상처가 아이들에게 큰 상처를 준다는 사실을 알고 계시기에 소망이 있다고 봅니다.
 물론, 지금 상황이 이혼을 앞두고 계시기에 상황이 좋아보이지는 않지만 그래도 이미 준 상처에 대해 깊이 아이들에게 사과할만한 어머님으로 보입니다. 우선 님 스스로 자아가 너무 여린 것 같습니다. 자아가 여린 사람들은 그 연약한 자아가 무너지면 그 때부터 사람이 돌변한다고 할까요. 극으로 가는 경우가 많습니다.
 님도 본래 그런 분은 아니셨을 것입니다. 고단한 인생살이 세파에 찌들리고 상처받다 보니 사람이 본의 아니게 악해지고 변질될 수 있다고 봐요. 그런데 무엇보다 지금 남편과 이혼을 앞에 두고 극도로 예민해져 있고 마음이 주체할 수 없을 때 아이들의 사소한 잘못이 계기가 되어 님의 분을 터뜨릴 수 있습니다.

잘은 모르지만 오히려 그런 분냄들이 일부러 정을 떼려는 그런 시도는 아닌지 모르겠습니다. 그리고, 아이들이 지금 나이가 몇인지 모르지만 그 아이들이 너무 안 됐습니다. 자기 인생의 유일한 기둥이요 보금자리 같던 엄마 아빠가 늘 싸우고 소리지르고 위협하고 그런 모습을 보고 자란 아이들의 멍든 가슴을 생각하면 너무나 안타까운 생각이 듭니다.

혹시 화를 내시는 것은 좋은데 아이들이 지금 무얼 생각하는지 아시는지요. 아이들이 전혀 말을 안하고 무감각한 인간처럼 엄마를 대할 수도 있을 것입니다. 그러나, 그들로선 그렇게라도 하지 않으면 미칠 것 같기에 그렇게 하는 것이란 마음이 들어요.

저는 님께서 그게 가능하다면요. 우선 님 스스로가 진단하신 것 같이 스스로의 내적 치유를 받으신 후 그 다음 이혼을 결정하셨으면 좋겠습니다. 기독교 단체에서 몇만 원만 내면 숙박까지 하면서 며칠 간 내적 치유를 돕는 기관이 있답니다. 만일 님의 마음의 아픔이 해결되지 않으면 이혼을 해도 스스로 괴로울 것이고 나중에 혹시라도 재혼을 하신다 해도, 아니면 다시 남편과 사신다 해도 여전히 그 마음의 고통스러움은 님을 따라 다니며 고통을 줄 것입니다.

글을 읽은 자로선 너무나 많은 문제가 진단되기에 지금으로선 뭐라 한 마디로 어떻게 하라는 말씀을 드리지 못하겠습니다. 그러나, 꼭 내적 치유를 받으시고 모든 중요한 일을 결정짓기를 바랍니다. 님의 마음에 한으로 담기고 고인 그 멍과 눈물을 모두 쏟아낼 때 그 때 다른 결정을 하셔도 후회하시지 않을 것입니다.

마음의 치유자가 되시는 예수님께서 님을 그곳으로 인도하시길 간절한 마음으로 바라고 기도드립니다. 아울러 님의 소중한 자녀들이 그런 상황에서도 너무 큰 상처를 받지 않게 되기를 고대합니다. 만일 연락이 필요하다면 다시 짧게라도 글 올려주세요.

쉰 • 사촌동생 문제로

♥**내담자**(누나): 제 사촌동생 문제입니다. 중학교 1학년이구요. 남학생입니다. 대략 환경을 말씀드리자면 부모님과는 떨어져 있구, 할머니와 직장인 누나들과 그리고 동생이랑 이렇게 생활하고 있습니다.

문제는 친구 몇 명과 장난삼아 학교게시판에 선생님을 비방한 음란한 글들을 올리구. 선생님께 메일도 보내구. 자기 말로는 장난삼아 진짜 올라갈 줄 몰랐다는데. 일이 이렇게 크게 확대될 줄은 예상도 못했겠죠.계획적으로 그런 것도 아니구. 자기 이름까지 올려놓았다니……. 정말 백 번, 천 번 잘못한 것은 사실입니다. 그 피해 선생님께선 도저히 사촌동생얼굴을 보고 수업할 수가 없다고 하시고, 학교에선 의무교육이라 전학이라는 결정을 내렸다고 합니다.

작년에도 이와 비슷한 사례가 있어서 전학조치를 취했다고 하더군요. 그래도 너무 냉정하게 느껴져 조금 섭섭함이 듭니다. 정말 아무 생각없이 장난삼아 한 일이 한 아이의 인생을. 물론 학교측 입장, 그리고 피해 선생님을 생각하면 어쩔 수 없다 하지만. 그래도…….

지금 동생은 학교에 가지 않고 집을 나가 있는 상황입니다. 정말 어떻게 해야 삐뚤게 나가지 않고 마음을 바로 잡아 줄 수 있는지. 예전에 가족들의 돈에 몇 번 손을 대서 그때도 크게 때리거나 야단치는 것보단 잘 타일러서 다시는 그러지 않기로 약속 다짐받고 넘어갔었거든요. 그 후론 도둑질은 없었는데…….

이 아이의 정서가 아마도 많이 삐뚤어져 있는 것 같아요. 거짓말도 좀 잘 했었거든요. 아……, 그리고 친엄마랑은 이혼한 상태지만, 주기적으로 만나고 통화하고 좋은 관계를 유지하고 있구요. 아빠는 장사 때문에 한 달에 몇 번 들어오시구요.

목사님, 정말 어떻게 해야 좋을지……. 제 마음 같아서는 때려서라도 잘못을 일깨우게 해주고 싶고 그런데, 삼촌은 그래도 또 삐뚤어질까 조심하고 계시고, 제 동생말로는 군대같은 학교가 있다면 거기 보내서 정신차리게 해야 한다는데. 정말 하나님 사랑밖엔 방법이 없는 것 같아요. 그 아이들이 교회에 나가서 주님을 섬기며 신앙생활하기를 얼마나 기도했는데. 그것도 이루어지지 않았고. 도와주세요.
　늘 목사님의 상담 글을 통해 많은 도움을 받고 있어요. 정말 감사합니다! 주님의 이름으로 축복하고 사랑합니다!

　♣**상담자**: 누나님, 안녕하세요? 축복해 주셔서 행복한 상담원입니다. 글 잘 읽었어요. 그래도 녀석은 행복하군요. 이렇게 자신을 위해 기도해 주시고 걱정해 주시는 분이 계시니 말입니다.
　글을 읽으면 즉시로 느껴지는 감정이 있어요. 님의 글을 읽으면서 사촌 동생이야말로 애정의 결핍으로 똘똘 뭉친 아이임을 직감하였습니다. 아이가 거짓말을 했다는 거. 그것도 하나의 성장 과정 속에서의 자기 방어기제입니다. 거짓말이라도 해야 할 만큼 자기 자아가 연약한 아이라는 것입니다. 그리고 음란성 글을 올렸는데 실명으로 올렸다면 그 순진함(?)을 엿볼 수 있는 대목입니다. 정말이지 학교측에서 한번 더 기회를 주었더라면 하는 아쉬움이 있네요.
　지금 아이는 자신이 배신을 당했다고 생각할 것입니다. 믿었던 엄마도 이혼하고, 만나긴 하지만 그게 마음을 열 수 있는 만남이겠습니까. 아버지는 멀리 계시고, 고아란 부모가 죽은 아이가 고아가 아니라 부모가 꼭 필요할 때 없었던 이른바 어린 시절 "부재의 경험"을 체험한 사람이 고아입니다. 정서적 고아 말입니다. 거기다 그 시기에 친구 관계가 유일할 텐데, 학교에서 정학 당하고. 관계가 또 한번 끊어지고. 그런 속에서 아이는 거짓말과 자신의 나약한 자아를 유지하기 위해 못된 또

래 그룹 속에서 자신의 정체성을 발견하는 것입니다.

아직 나이가 너무 늦은 건 아닙니다. 님께서 그 아이에게 잊을 수 없는 사람이 되어 주십시오. 진심은 통합니다. 님이 그 아이와 할 수 있는 한 모든 대화를 나누시고 님을 의지할 수 있도록 관계를 만드시기 바랍니다. 혼을 내도 그것을 서운하게 생각하지 않을 그런 관계 말입니다. 이게 얼마나 부담이 되는지 모르는 바 아니지만 어쩔 수 없어요. 현재로선 그 길만이 유일한 방법입니다. 그 길만이 아이가 더 삐뚤어지는 일을 막는 방법입니다. 적어도 그 아이가 자기 인생이 배신의 연속이지만 자기 인생에서 님만큼은 소나무 같이 변함이 없는 분으로 인식될 수 있다면 그 아이는 극단으로까지 가지는 않을 것입니다.

마음이 안타깝습니다. 사랑에 대한 신뢰가 없이는 아무리 사관학교를 보낸다 해도 깨달음이 클 수 없으며 더 부정적인 자기 생존의 방법만을 익힐 뿐입니다. 진심에서 우러나온 사랑의 말 한 마디가 한 학기의 사관학교에서 배우는 학습보다 더 큰 힘을 발휘할 수 있습니다. 주께서 그 아이를 크게 축복하시기를 기도합니다.

♥**내담자**(누나): 성의 있는 답변 정말 고맙고 감사합니다! 사촌동생은 어제 아침에 학교 가지도 않고 집 나가서 어제 오후쯤에 다시 집으로 들어왔어요. 겁이 나서 학교에 갈 수 없었나봐요. 어제 삼촌이 학교 가셔서 선생님 만나 뵙고 오셨어요. 결국 전학이라는 통보를 받으시구…….

삼촌이랑 동생이 많은 얘기를 나누고 약속도 하고 밥도 먹이고 저녁에 집에 들어왔는데. 기죽어서 각성할 줄 알았는데. 그것도 잠시 약간의 눈치를 보면서 어느새 또 언제 그랬냐는 듯 웃으며 지내구 있어요. 얼마나 얄미운지. 조금 야단치듯이 반성하고 각성하라고 얘기를 했어요. 그리고 감사한 건. 어젠 교회 나가기로 약속 받았어요. 신앙생활을 통해서 변화되기를 기대해요. 이번을 계기로 전화위복이 되리라 믿어요.

　정말 목사님을 통해서 알았어요. 이제 이해할 수 있을 것 같아요. 사촌동생은 유년시절엔 친엄마 밑에서 커서 애정결핍은 생각도 못했지만, 그 시절에 삼촌 말씀으론 매를 많이 맞았대요. 그래서 이제는 삼촌이 잘못해도 손을 안 대신다고 하더라구요. 정말 따뜻하게 잘해줘야겠다는 생각이 들어요. 저도 몇 달 전에 그 아이한테 너무 화가 나서 얼굴에 손을 댄 적이 있거든요(컴퓨터 해킹사건). 얼마나 후회가 들고 마음이 아프던지……. 정말 감사하고 고맙습니다! 늘 건강하시길 기도드립니다!

　♣**상담자**: 누나님, 저두 감사 드립니다! 글 잘 보았어요. 진심은 언제나 통해요. 중학생 나이면 진심이 무언지 알 나이입니다. 인격적인 설득은 언제나 인내와 고통이 수반되지만 또 그것이 아니면 사람을 치유할 수 있는 다른 대안을 하나님은 주신 적이 없는 것 같아요.

　그 아이와 작고 사소한 대화라도 나누시길 바랍니다. 무엇보다 엄마처럼 다독거려 줄 대상과 친구처럼 대할 수 있는 남자 분이 있다면 그 아이의 삶이 크게 삐뚤어지지는 않을 것입니다. 그리고 중요한 것은 사랑은 언젠가는 "변화"를 가져온다는 것입니다. 그게 인생의 법칙임을 믿고 싶어요.

쉰하나 • 도움말씀 부탁드려요

　♥**내담자**(k): 8살 조카가 있어요(남). 6살 동생이 있구요. 부모 모두 소아마비 장애인입니다. 경제생활은 그다지 어렵지 않습니다. 아

빠는 컴퓨터를 잘하고 직장에 다니고 있습니다. 엄마도 컴퓨터로 재택 근무를 하고, 가까운 곳에 이모와 할머니가 있습니다. 할머니는 심한 성인아이입니다. 칭찬할 줄 모르고 완전주의이고 성격이 원만치 못합니다. 자신감이 없구요.

저는 이모입니다. 성인아이에 대한 책을 읽다보니 제 조카에게서 성인아이 증상이 많이 나타납니다. 가게에서 과자를 고르라고 했더니 "아빠, 어떤 것 먹고 싶으세요?" 공원에서 자전거 타고, 킥보드 타고 (아빠랑 같이, 아빠는 구경하고) 들어와서 "아빠, 수고하셨어요." 저녁 먹고 후식으로 과일을 깎고 있는데 과일 먹을 준비한다고 젓가락을 미리 챙겨들고 있고, 저희 집에 왔다 갈 때면 과자라든가 먹고 싶은 것을 꼭 챙겨갑니다. 허락은 받지요. "이거 먹고 싶어요. 가져가도 돼요?" 하고.

식탁 밑에 들어가서 의자를 둘러치거나, 거실에 우산을 모두 펴놓고 그 속에 들어가거나 커텐 속에 들어가서 앉아있기 좋아하고(늘 그러는 것은 아니고요. 가끔씩) 엄마아빠가 싸우면 큰소리로 "엄마아빠 싸우면 하나님이 미워해. 싸우는 사람은 나가야 돼." 해서 싸움을 끝내든가.

전에는 제가 외삼촌(제 동생)과 크게 소리내서 싸운 적이 있었는데 자기 동생에게 밖으로 놀러나가자고 하면서 삼촌에게 그러더라구요. "삼촌, 나랑 같이 나가서 놀지 않을래?" 싸움을 말리는 거지요. 저의 집에 피아노를 사온 첫날 조카들이 와서 하루종일 쳤나봐요. 저녁 때 엄마가 전화를 하면서 시끄러워서 이웃집들에게 신경 쓰인다고 말을 했어요. 조카가 그 얘기를 듣고는 피아노를 안 치고 제가 피아노를 치는데 너무 시끄럽다고 머리가 아프다는 거예요. 조금 전까지 우유를 먹고싶다고 해서 우유를 주었는데 머리가 아파서 우유를 못 먹겠다고 해서 "그럼, 피아노 치지 말고 조용히 하자." 했더니 우유를 조금 마시더군요.

완벽주의가 있어서 친구와 놀거나 게임을 해도 1등 아니면 화가 나서 울분을 참지를 못해요. 그리고 한번 고집을 세우면 아니라고 말해도 쉽게 고치지 않아요. 부모에게는 내적 치유, 성인아이에 관한 책을 빌려주었는데 부모 모두 읽으면서 머리가 아프다고 기분 나쁘다고 읽다 말았어요.

아이를 가졌을 때 동생이 몹시 우울했어요. 잠시 지방에 내려가 있을 때(보살펴 줄 사람이 없는 곳) 아이를 가졌거든요. 음식도 잘 못 먹고 포도만 먹고 지냈고……. 해산할 때는 다행히 서울로 이사를 왔어요. 아이는 어렸을 때 보살핌을 못 받았어요.

엘리베이터 앞에서 엄마가 기다리지 않고 집에 먼저 갔더니(바로 앞 동임) "그럴 줄 알았어. 엄마는 나를 싫어해."라고 하더라구요. "아니야. 엄마는 먼저 문 열어 놓으려고 그런 거야." 말해 주었지만……. 내려가서 "엄마, 미워!" 하더라구요. 아이의 성격은 외향적이에요. 아빠의 인정을 받으려는 마음이 큰 것 같은데 사실 애 아빠는 둘째를 더 좋아해요. 그래도 둘 다에게 잘해주려고 생각은 많이 하는 것 같은데 감정을 완전히 숨길 수는 없는 것 같고. 아이 아빠도 나름대로의 상처가 있으니까요. "아빠는 너를 사랑한단다"라는 얘기를 해줘도 그 말 듣는 것을 거부하고 안 듣는 척하고 있다가 "이모 뭐라고 그랬어. 다시 얘기해 봐."라고 합니다.

어렸을 때 길거리를 가면서 길거리에 떨어져 있는 광고지(명함크기)를 다 줍기도 하고 친구들과 함께 노는 것을 좋아하지 않습니다. 밥을 느릿느릿 먹고(시간은 오래 걸리지만, 다 먹기는 합니다. 너무 늦게 먹으면 밥을 먹여주지요. 약간 산만한 것 같기도 하고.)

초등 1학년인데 학교생활에도 좀 문제가 있는 것 같아요. 방치해 둘 수 없는 상황인 것 같은데 부모 모두 장애인인 까닭에 쉽게 말을 꺼내기가 어렵습니다. 이미 마음의 상처들이 있는 사람들이니까요. 부모들은 나름대로 자녀들에게 많이 신경을 씁니다. 아빠는 퇴근 후에 아이들이 자전거를 타고 같이 공원에 가자고 하든가, 휴가를 내서 아이들과 야외로 놀러 가는 기회도 많이 만들고. 하지만 부모에게 기본적으로 깔려있는 감정들과 능력들 땜에 편애를 무시할 수는 없는 것 같아요. 실생활에서 어떻게 해야 할지……. 도움 말씀 부탁드려요.

♣상담자: k님께, 안녕하세요? 글 잘 보았습니다. 오랜 동안 상담을 해오지만요. 글을 읽으면 나도 모르게 "주여!"라는 탄식이 절로 나올 때가 있어요. 아주 긴 "주여!"가. 그리고 상담자로서 잠시 무기력함을 경험합니다. 내가 이런 상황에 글을 올린 이를 어떻게 도울 수 있을까.

내담자에게 필요한 지식을 공급하는 것. 그것이 "능력을 부여"하는 행위에 해당하거든요. 그러나, 너무나 일이 꼬이는 것 같고 해결해야 할 과제가 많다고 느끼면요. 참 답변을 해준다 하면서도 저 역시 우울해지고 힘이 들 때가 있습니다.

서론이 긴 이유는 제가 지금 그런 감정을 느껴서 그렇습니다. 조카에게 확실히 문제가 있어 보입니다. 부모가 장애를 겪는다하여 모든 장애인 자녀들이 성인아이가 되지는 않지요. 그리고 성인아이라는 말은 18세 이상의 사람을 가르키거든요. 아직 아이이기에 성인아이라기보다 문제를 안고 있는 성인아이의 잠재성을 갖고 있는 아이로 보입니다.

님이 말씀한 대로요. 그 아이의 부모님이 먼저 변화되어야 할 것 같아요. 그들 자신의 장애인이라는 열등감과 세상에 대한 막연한 불쾌감, 분노. 이상한 성격장애를 겪는 할머니. 그 할머니가 키웠을 조카의 부모. 이런 것들이 글을 보면서 제 마음에 깊은 한숨으로 다가왔어요. 그래도 그 조카는 행복합니다. 이런 사실을 알고 글을 올려 도움을 주고 싶어하는 님이 있으니까요. 그런 상황에선 글쎄요. 단 두 가지 방법만 있어 보입니다. 님도 잘 아실 꺼예요.

　첫째, 그 아이에게 님이 의미 있는 타인이 되어주는 것입니다. 아무리 어려도 자기에게 꾸준히 그리고 원칙을 갖고 잘 해주는 사람에겐 아이의 속성상 반드시 "의지"하게 되어 있습니다. 그 아이가 위기를 당할 때 누군가의 있는 그대로의 사랑과 지지가 필요할 때 가능하다면 님이 그렇게 곁에 있어 주면서 그 아이가 들어본 적이 없는 사랑의 언어로 따뜻하게 말해주길 바랍니다. 그래서 그 아이가 "이모는 정말 날 이해해주는 유일한 사람이다"라는 인식을 확실히 심어주는 일이 필요합니다. 물론 이것은 장기간에 걸쳐 해야 할 일입니다. 1년 간 심어준 사랑은 10년, 20년 기억에 남습니다. 그런 기억은 "힘"이 있어요.

　둘째, 아이의 엄마를 설득하는 일입니다. 아빠도 가능하다면요. 자신을 돌아볼 수 있는 책을 보고 기분 나쁘다고 하는 것은 자기 직면을 싫어하는 것입니다. 다 뻔한 얘기라고 할 지 몰라요. 내가 장애인이 아니었더라면 더 멋지고 괜찮은 인생을 살았을 텐데 가정이 문제가 아니라 장애가 문제라고 말할지 몰라요. 그러나, 중요한 것은 언제나 마음이거든요. 환경이 좋아서 감사하는 사람 거의 못 보았어요. 악조건 속에서 감사하는 그런 사람. 송명희 같은 중증장애인은 하나님을 "공평하신 분"이라고 했습니다. 장애인이 할 고백이 아니거든요. 그런 고백이. 과연 그 아이의 부모들은 하나님이 공평하다고 생각하는지 묻고 싶습니다.

　원망은 원망을 낳고 비극적 세계관을 산출합니다. 그런 분위기에서 자란 자녀들은 감정의 전염에 의해 삐뚤어진 심성을 갖게 됩니다. 그래서 가계에 흐르는 저주라는 말이 그다지도 유행한 것입니다. 뭐. 설교가 되었네요. 미안합니다.

　글을 읽고 이 정도밖에 님께 해드릴 이야기가 없었어요. 책을 소개하려 했지만 이미 제 책에서 그런 유사한 이야기도 많이 했고 책의 각주에 좋은 책들을 소개해 놨으니 살펴보시길 바랍니다. 아직 아이는 늦은 것이 아닌 것 같아요. 어리니까. 그게 소망이라고 생각합니다. 님 같은 이모를 둔 조카라면 말입니다.

♥**내담자**(k): 답변 감사합니다. 문의 드린 내용이 너무 광범위하고 해결이 쉬운 문제는 아니라고 생각합니다. 그런데 말씀해 주신 내용이 너무 막연해서요. 제가 성인아이라는 표현을 쓰기는 했지만 기독교서적 몇 권에서 잠시 본 것밖에는 아는 바가 없습니다. 의미 있는 타인이란 어떻게 대해 주어야 하는지요? 종이를 줍는다던가, 동생을 너무 꼼짝을 못하게 한다든가, 듣기 싫은 말은 듣기를 거부한다거나, 말하기 전에 항상 손으로 얼굴을 여기저기 갖다댄다든가(버릇같은 규칙적인 행동). 사람들 앞에서 바지를 내리고 창피한 줄 모릅니다.

4-5살 때는 말을 할 때 첫마디를 꺼내면서 더듬었어요. 부모가 사랑부족이라고 생각하고 태도를 바꾸어서 지금은 없어졌습니다. 약간의 자폐증상이라고 생각되는데 맞는지요. 제가 성인아이라든가, 자폐라는 용어를 사용하기는 하지만 이 분야에 대하여 아는 것은 없습니다. 교육심리를 조금 배웠을 뿐입니다. 전 조카를 토요일이나 주일에나 볼 수 있거든요. 조카는 지금 저를 아주 좋아합니다. 어디를 가도 꼭 같이 가자고 하고 아빠한테도 "이모, 같이 가도 되요?" 하고 물어봅니다. 그런데 제 생각에는 엄마, 아빠에게 가야할 아이의 관심이 제가 같이 있으므로 해서 엄마아빠와 사이를 떨어뜨리는 것이 아닌가 해서 될 수 있으면 같이 안 가려고 하는데…….

제가 어떻게 행동하는 것이 좋은지 실천할 수 있는 것 몇 가지만이라도 알려주셨으면 좋겠습니다. 책을 소개해 주셔도 좋구요. 집은 5분 거리에 있습니다. 그럼 도움말씀 기다리겠습니다. 그럼, 이만.

♣**상담자**: k님, 글 잘 보았습니다. 첫 글이 좀 막연한 내용이었죠. 근데 문제가 많아 보였는데 올려주신 정보가 제한되어 있어서 뭐라 말씀드리기가 어려웠습니다.

증상을 보니 너무 어린 나이에 그런 정서적인 증상이 심하다면 부모님이 그 아이의 미래를 위해서도 소아정신과에 가서 진단을 꼭 받아볼 필요가 있다고 생각합니다. 나중에 더 사람들과 어울리게 될 때 어려움을 당할 수 있기 때문입니다. 인터넷 상담은 인터넷 상담일 뿐입니다. 이러한 상담을 통해 더욱 자신과 곁에 있는 사람의 문제가 더 잘 보일 수 있도록 전문의의 진단을 꼭 받아보기를 바랍니다. 그리고 책이야 소개해 드릴 수 있습니다만 님이 엄마가 아닌 이모기에 어쨌든 한계가 있다고 느껴집니다. 지금으로선 아이의 심리를 이해하고 적절한 경계선과 사랑을 겸하여 주는 것이 좋다고 생각합니다.

제가 그간 이곳에 많은 책을 올리고 소개하였기에 다시 소개를 드리지 않았는데요. 몇 권을 소개해 봅니다. 우선 성인 아이에 대한 책은 제가 쓴 책에 자세히 나와 있으니 참조하시구요(아침영성지도연구원 싸이트 첫 화면입니다). 제가 이곳에 자주 소개하는 책인데요. 〈어떤 아이라도 부모의 말 한 마디로 훌륭하게 키울 수 있다〉라는 제목의 책입니다. 명진출판사에서 나온 책입니다. 그러나, 지금요. 솔직한 저의 심정은 그 아이가 엄마나 님과 함께 꼭 한 번 전문의를 찾아가는 것이 가장 좋다고 생각됩니다. 부모님이 아니시기에 그저 아이들의 행동을 이해할 수 있는 책들만 소개하겠습니다.

〈부모가 알아야 할 어린이 심리세계〉(교보문고). 〈바람직한 자녀와의 대화 방법〉(학문사). 〈절망이 아닌 선택〉(고려원). 절판되었지만 무척 좋은 책입니다. 대학 도서관에서 보실 수 있는데 대학교에 알고 계신 사람께 복사라도 하여 읽어보시기 바랍니다. 또 조금 어려운 책이긴 하지만 이 책도 꼭 권하고 싶어요. 〈아름다운 상처〉(권혜경음악치료센

타). 그 밖에도 〈엄마, 엄마 말이 잘 안 나와요〉(하나의학사), 〈주의가 산만한 자녀를 위한 부모용지침서〉(하나의학사), 〈행동장애 어린이를 돕는 기술: 부모와 치료자를 위한 지침서〉(하나의학사) 등.

위의 책을 소개해 드리며 아이의 부모님이 아이 교육에 좀 더 적극적일 수 있도록 지속적인 님의 노력을 기대합니다.

쉰둘 • 좋은 엄마가 된다고 하는 게……

♥ **내담자(햇님):** 이런 공간이 있었다니 너무 감사하고 그렇습니다. 저는 요즘 너무 지쳐 있는 두 아이의 엄마입니다. 그리고 조그만 학원을 운영하고 있구요. 지난 3월에 둘째 아이를 출산하고 큰애는 어린이집에 둘째는 시부모님이 돌보아 주시고 계십니다.

이 학원은 작년부터 시작했었는데 워낙 일을 하고 싶었고 기도하던 중에 하나님의 인도하심으로 시작한 일이라 확신하고 있습니다. 저희 시부모님은 일하는 저를 대견하게 보시고 아이들에게도 헌신적으로 해 주시고 남편도 그러는 저를 많이 이해해 주는 편입니다.

저 또한 이 학원을 통해서 하나님께 쓰임을 받는 자가 되고 싶었습니다. 특히 물질적인 것들로 헌금을 하고 싶은 분들이 주위에 많이 계십니다. 문제는 아이들이 어리고 해서 학원과 집안 일을 함께 병행해 가는 일이 너무 힘에 부칩니다.

처음 시작할 땐 잘해 나갈 것이라 믿고 기도하면서 했었는데 집에 오면 아이들에게 신경질적인 반응을 보이고 주변엔 감사할 일밖에 없는데도 짜증이 나서 아이들에게도 남편에게도 시부모님께도 너무 죄송하고 미안합니다.

학원도 제가 기대했던 것만큼 잘되지 않고 있구요. 괜히 시작을 했구나 하는 마음이 듭니다. 제가 하나님의 계획하심 속에 있음을 알고 있습니다만 어떻게 하나 고민 중입니다.

♣**상담자**: 믿음 안에서 그런 일을 시작하시고 그런 일을 통해 간접적이지만 후원 선교사가 되시는 그 모습이 참 보기 좋습니다. 기도하시는 분이라 생각하고 몇 자 올립니다. 많은 그리스도인들은 대개는 참 순수합니다. 그런데 성숙하지는 못합니다. 인격은 성숙한데 신앙에 대해선 어린 아이같이 순수하면서도 너무나 단순합니다. 그게 문제를 많이 일으킵니다.

학원을 하신 것, 이를 위해 기도하고 준비하신 것, 인도함을 구한 것 모두 잘하신 일입니다. 그러나, 엄밀히 말하면 그 일을 통해 무엇보다 이윤을 남기는 것이 급선무이기에 지금 상황에선 후회와 하나님에 대한 배신감까지 드는지도 모르겠습니다. 그러기에 말씀드립니다.

학원은 언제든 잘될 수도 있고 안 될 수도 있습니다. 하나님이 안 도와주셔도 잘 되는 학원이 있고 늘 기도에 힘써도 안 되는 학원이 있습니다. 학원은 그 결과와 시설과 우수한 선생으로 소문이 나고 그 입소문을 통해 잘되는 것이지 기도한다고 입소문이 나지는 않기 때문입니다.

염려가 되는 것은 너무 빨리 아이를 다른 분께 맡겼다는 것입니다. 유아 정신분석을 연구하고 가르친 저로서는 상당히 우려가 됩니다. 어려워도 1년은 엄마와 애착관계를 형성하는 것이 좋은데…….

돈도 좋고 선교도 후원 헌금도 좋지만 아이들을 생각하면 지금 중요한 건 엄마의 사랑을 바라는 어린 자녀들에게 더 시간을 함께 해주는 엄마의 모습이 더 중요한 선교라는 생각이 듭니다.

그 일로 스트레스가 쌓이면 하루 종일 엄마를 기다린 아이의 입장에선 너무나 엄마가 무섭고 대하기 힘든 존재가 되겠죠. 그건 분명 아이의 영혼에 상처가 되는 것입니다. 돈을 조금 못 벌고 아르바이트 학생을 구하시더라도 지금은 엄마가 아이를 돌봐야 할 때라는 마음이 듭니다. 위로도 해드리고 싶지만 이런 말씀을 드려 미안합니다. 그러나, 두 마리 토끼를 잡을 수는 없거든요. 기도하시는 분이니 아주 객관적으로 하나님이 지금 이 시점에서 말씀하시는 세밀한 음성을 들으실 수 있기를 바랍니다.

♥**내담자**(햇님): 객관적인 답변 너무나 감사드립니다. 사실 제가 고민하고 있는 부분도 바로 그것입니다. 저희 아이들에게 온전한 정성을 주지 못하는 것. 그래서 선생님을 구하고 1년 정도는 쉬어볼까 합니다만 쉽게 결정을 내리지 못하는 게 주변 여건 때문입니다.

제가 학원에서 보내는 시간은 약 5시간 정도로 많은 시간은 아닙니다. 그러다 보니 저희 친정어머니도 시부모님도 남편도 일을 계속하기를 바라십니다. 특히 어머니는 제가 집에만 있는다면 그게 더 스트레스가 될 것이라고 하시고 언니도 본인이 아이로 직장을 그만 두었다가 후회한 경우라서 지금 고비만 넘기라고 합니다. 그러나 마음속에서 밀려드는 아이들에게의 죄책감은 저를 무겁게 합니다. 또한 저희 큰아이는 온통 사랑을 다 받고 자라다가 동생이 생기니 너무 힘들어합니다. 주변에선 누나를 더 예뻐해 주라고 하십니다만 아기가 울면 먼저 아기에게 손이 가게 됩니다.

아, 정말 지혜로운 엄마가 된다는 게 너무나 힘이 드는 일입니다. 그리고, 솔직한 마음이 아이들에게서 한 번쯤은 벗어나 보고 싶다는 생각이 들어 괴롭습니다. 제 자신이 너무 연약하고 부족해서 아이들에게 좋지 못한 영향을 심어 주는구나 싶은 자책도 너무 심하구요.

학원 문제는 이렇게 하고 아이들 문제는 이렇게 하라고 누군가 정확히 짚어 줬으면 좋겠습니다. 지속적인 기도 생활로 다시 돌아가야 하는 것을 아는데 되지가 않습니다. 사람에게 털어놓지 말고 하나님께 아뢰라고 저희 어머니가 말씀하십니다만 그럴수록 정말 울고 싶어집니다. 지금도 눈물이 나려고 합니다. 그러나, 모든 것을 알고 계신 하나님께서 인도하시겠지요?

♣상담자: 글 잘 보았습니다. 엄마의 고민……. 직장 가진 엄마의 육아는 대한민국 모든 엄마들의 동일한 고민이기도 합니다. 그러나, 저는 너무나 생활이 어렵지 않다면 1-2년은 아이에게 모든 정성을 들이라고 하고 싶습니다. 어떤 변명도 다 이해가 되지만 그게 다 어른들을 위한 것이라는 것을 전제한다면 그런 변명은 변명일 수밖에 없습니다.

저의 아내도 외향적인 여자입니다. 그러나, 육아만큼은 철저히 엄마 스스로가 돌보아야 한다는 철학으로 아이를 키웠습니다. 지금은 모르실꺼예요. 너무나 엄마가 필요할 때 부재하면요. 그건 아이의 정신에 아주 커다란 상흔이 됩니다. 상흔은 언젠가 엄마의 속을 뒤짚어 놓는 일로 보상을 받게 될 것이 분명하다고 생각합니다.

미안합니다. 님의 마음을 모르는 바가 아니지만요. 지금은 가능한 아이들과 함께 있고 그 아이들과 재미있는 일을 함께 했으면 하는 막연한 바램입니다. 이것은 제가 원칙으로 삼는 일이기에 다른 말씀을 드리지 못해 미안합니다.

제가 가르치는 대상관계이론이란 학문의 결론에 이런 말이 있답니다. "엄마가 아이 출산 후 3년을 편안하게 지내면 나중 30년을 힘겹게 아이를 키울 것이다. 그러나, 3년을 어린 아이 때문에 고생한다면 30년 아니 그 이상이 행복할 것이다." 제가 님의 상황을 모르기에 말을 너무 한 쪽으로 몰아갔다면 미안합니다. 지금은 하나님께 기도하는 일과 함께 하나님이 이미 주신 모성 본능을 갖고 모든 일들을 풀어나갈 수 있는 정직한 마음을 주셨다고 생각합니다. 그것에 귀 기울이시면 더 이상의 혼란은 없으리라 생각합니다.

쉰셋 • 불안한 딸을 가진 상한 엄마

♥**내담자**(은혜): 언어, 인지, 운동 등 모든 것이 지체된 1학년 딸이 불안성향이 높습니다. 밖에 나가서는 남에게 말도 하지 않고 화장실에 갈 용기도 없어서 수시로 옷에 싸고 옵니다. 제가 화를 내는 것이 불안의 한 요인이 아닐까 하는 생각도 들지만 한편으로는 아이가 이렇게 힘들게 하지 않으면 저는 화를 내지 않을 것 같습니다. 먹지 않고, 자주 아프고, 고집도 세고, 가만히 있는 아이거든요. 어릴 때는 단지 늦은 아이로만 생각했다가 병원에 갔더니 불안장애라고 하는 곳도 있고, 발달지체라고 하는 곳도 있습니다.

다른 사람들은 아이가 문제가 있다는 것을 외관으로 봐서는 모릅니다. 놀이치료도 받고 있고, 특수교육도 받고 했지만 상당한 기간이 필요할 것으로 보입니다. 주위의 기도하시는 분들은 괜찮은 아이라고 하고 저도 기도 중에 확신을 가졌었는데 상황은 변하지 않고, 제가 아이를 위해서 어떻게 해야 하는지, 하나님이 내게 원하시는 것이 무엇인지를 모르겠습니다.

아이를 고쳐달라고 계속 기도해야 하는지, 이 상황(아이의 지능, 언어 능력 등)을 받아들이고 아이가 좀더 편한 시간을 보낼 수 있도록 치료나 교육을 좀더 줄이고 다만 좋은 길로 인도해 주시기만을 기도해야 하는지 답답합니다. 그러나, 이런 일들이 아이가 불안해하는 정서적인 문제로 생긴 게 아닐까, 정서문제만 해결되면 되지 않을까 하는 생각이 떠나지 않습니다.

아이를 양육하는 저나 남편의 치유가 필요한 것인지, 어떤 사람의 말대로 하나님이 쓰시기 위함이니(상담사역) 그런 쪽으로 관심을 가져야 하나 하면서도 나의 관심사를 아이에게서 돌릴 수가 없습니다. 아이를 쫓아 다녀야하기 때문에(학교, 놀이치료, 도예교실 등) 한편으로는 이런 것들이 정말 아이에게 필요한가 하는 의문을 가지면서도요. 아이로 인해 신경이 곤두서 있기 때문에 5살인 남동생에게도 영향을 미치지는 않을까 하는 염려도 듭니다.

성경을 통해서는, 또 여러 상황에서는, 아이가 온전해질 것이라는 믿음이 생기다가도 한순간에 실망과 낙심의 골짜기로 떨어집니다. 내가 근본적으로 또 구체적으로 어떻게 해야 하는지를 모르고 염려와 근심과 탄식 속에서 하루가 또 지나가고 있습니다.

♣**상담자**: 은혜님께, 안녕하세요? 매우 어려운 상황을 겪고 계신 것 같습니다. 엄마로서도 최선을 다하시는 모습이 느껴지구요. 그리고, 아이의 정상적인 회복을 위해 기도도 많이 하고 계심을 볼 수 있습니다.

제 주관적인 견해를 말씀드려 보면, 아이가 그렇게 된 것에 대해 지금은 누구의 책임이라고 말할 수는 없지만, 이건 아주 조심스런 견해지만요. 오히려 아이가 더 나빠진 상태로 출생하지 않은 것을 감사해야 했다는 마음이 듭니다. 왜냐하면 아이의 그런 증세가 좀 심해졌다면 그것은 모든 어머니들에게 장애보다 더 힘든 "자폐아"로 성장했을 가능성이 높기 때문입니다.

님이 스스로 잘 말씀하셨듯 지금 어려우셔도 기도하시고 희망을 가지시면서 아이의 상태가 반드시 좋아질 때가 있을 텐데……. 그 때까지만, 어려우셔도 꾸준한 치료와 아이와 엄마와의 인격적인 대화를 나누면서 정상아를 대하는 모성애와는 좀 더 다른, 지금은 장애라는 생각을 수치스럽게 생각하지 마시고 받아들이시면서 아이를 대해 주시면 좋을 것 같다는 생각을 말씀드립니다. 왜냐하면 아이의 나이와 여러 증세를 보면 결국 엄마가 갑자기 짜증이나 화를 내면 아이는 공기처럼 엄마의 그런 심리를 받아들이게 되고 결국 모든 교육은 그 순간 별 효과 없는 물거품이 될 수 있기 때문입니다.

지금 어머니는 조급한 마음을 갖고 계신 것 같은데 그 아이는 나름대로 최선의 증상을 유지하려고 애를 쓰고 있다는 측면을 더 보아 주시기 바랍니다. 그런 경우 이것은 제가 잘 모르는 분야인데 약물치료가 필요하고 또 가능한 것인지, 순수 심리치료로 아이의 상태를 변화시킬 수 있는 방법에는 어떤 것이 있는지, 가정에서는 엄마와 아빠가 어떻게 아이를 대하고 "아니오"와 "예"라는 경계선을 설정할 수 있는지를 합의하여 아이를 양육해야 한다고 생각합니다. 신촌 세브란스나 서울 대학병원 소아과, 그리고 아이의 증세를 좀 더 면밀히 알기 위하여 전문기관에서 아이의 심리상태를 면밀하고 분명하게 파악할 수 있으면 좋겠다는 생각을 하였습니다.

제 느낌인데요. 지금 어머니는 아이를 키우시면서 두 가지 딜레마를 갖고 계시는 것 같습니다. 즉 이 아이가 정상이라고 하기에는 문제가 많다고 느껴서 여기저기 좋다는 교육을 다 시키면서도 왜 진전이 없고 왜 이렇게 태어나고 성장하는가에 대한 불만이랄까요. 물론 제 주관적인 느낌이어서 아닐 수도 있겠습니다만 답답함과 속상함이 교차하는 것 같습니다.

무엇보다 지금 상황에서 중요한 것은 엄마 자신의 심리입니다. 엄마가 아이에게 무얼 잘못하여서 그리 된 것이 아니라는 점. 정말 그 아이가 태아 적부터 뭔가 결핍을 안고 그랬을 수 있습니다. 그것조차 엄마 탓이라고 말한다면 말은 되겠지만 그런 죄의식을 갖고 아이를 건강하게 키울 수 있다는 것은 또 다른 억측이라고 봅니다.

그러니 지금 아이의 증세가 언제까지 가고 언제쯤 호전될지 아무도 모르지만 일단 교육으로 증세가 호전된다면 지금이라도 다행스럽고 감사한 일로 받아들이시길 바랍니다. 더 나빠지고 아예 치유가 안 되어 보이는 아이도 부지기수임을 어머님도 모르시지 않을 것이라 생각합니다. 자꾸 비교하지 마시고 그리고 기도한다는 사람들의 말에 솔깃하지 마시고 병원에서 선생님이 일러 주신대로 아이를 성심껏 치료하는 놀이치료 선생님이나 여러분의 말을 생각하시면서 동시에 엄마로서 기도하면서 동시에 그 기도가 사랑으로 표현되도록 노력하셨으면 합니다.

예로, 또 아이가 오줌을 싸고 오면 "넌 왜 맨 날 그 모양이냐?"라고 말할 것이 아니라" 너도 화장실에 가고 싶었는데 그냥 쉬해서 친구들에게 창피하고 네 마음도 창피했겠구나"라고. 물론 이게 매우 어렵지만 불안 장애를 가진 아이와 엄마가 "공감"을 통해 아이의 의식과 무의식의 대화 창구가 열리지 않으면 평생을 서로 다른 차원에서 어긋난 평행선을 그을 수도 있습니다.

분명 엄마와 많은 시간을 함께 할텐데, 엄마와 만나고 시간을 보내는 것도 어느 교육 못지않게 중요할 텐데, 지금 그 아이에게 정상이나 일반적인 기준을 요구하는 것은 너무 무리라고 생각합니다.

다시 말씀드리지만, 그런 증상이 좀 더 했다면 아이는 자폐증으로 살았을 것입니다. 님의 가정에 어떤 섭리와 뜻이 있는지 모르겠습니다. 그러나, 지금 중요한 건 그런 섭리나 뜻이 아니라 아이의 현실을 인정하고 수용하며 어머니 자신의 평범하지 않은 "수고스러운 사랑"이 요청된다는 것입니다.

그 사랑이 아이의 알 수 없는 심리를 이해하는 "공감"에서 시작되기를 바랍니다. 아마 그렇게 할 수 있다면 복잡하고 말 안 듣는 인간을 십자가까지 올라가셔서 사랑하셨던 하나님의 마음을 더 잘 이해할 수 있을 것입니다.

어쨌든 어머님의 사랑과 수고에 진심어린 격려를 보내드립니다. 주님께서 그 아이를 더욱 축복하시길 기도드립니다.

쉰넷 ● 도와주세요

♥ **내담자**(사마리아): 전 중학교에 다니는 학생입니다. 가끔 자위행위를 하는데 정말 하고 난 후에는 하나님께 죄송하고 죄책감이 듭니다. 어떻게 하면 좋을까요? 회개하면서도, 안하려고 하면서도, 자위행위를 하는 제가 답답합니다. 도와주세요.

♣ **상담자**: 사마리아님께, 안녕하세요? 모처럼 중학생께서 상담을 요청하셨군요. 자위 행위에 대한 상담은 많은 곳에서 이루어지고 있습니다. 그리고 저 자신 남자로서 그 문제에 대해서 아주 많은 고민을 하고 살아온 문제입니다. 자위 행위로 인한 죄책감과 회개라는 주제는 저 자신이 중학교 시절 고민한 문제여서 많은 공감이 갑니다. 우선 몇 가지를 전합니다.

1. 자위 행위 그 자체는 죄도 아니고 악도 아니라는 것. 자위 행위는 한 남자로서 몸에서 정자가 형성이 되고 자식을 낳을 수 있는 건강한 성인 남자가 되었다는 싸인입니다. 그러므로 자위를 한다는 것은 일단 육체적으로는 성인의 준비가 다 되었다는 것을 말해 줍니다. 그러나 동시에 자기의 몸에 대하여 책임을 져야 한다는 것을 의미합니다.

2. 중학생으로 자위를 한다는 것은 대단히 정상입니다. 아마 모르긴 해도 모든 친구들이 자위를 경험할 것입니다. 자위를 한번도 하지 않은 친구가 있다면 그 친구는 몽정을 경험했거나 성 기능에 문제가 있는 친구일 것입니다.

3. 자위 행위를 하나님의 선물(?)이라고 설교하시는 목사님이 있다

면 이상하게 생각하겠지요. 그런데 그 목사님의 말씀에 의하면 우리가 옛날에는 일찍 결혼을 하여서 성 문제가 심각하지 않았는데 요즘에는 결혼도 늦어지고 또 잘 먹어서 영양상태가 좋고 그로 인해 호르몬 분비가 인류 역사상 가장 왕성한 시기의 청소년들을 공부만 하라고 꽉 눌러놓기 때문에 성범죄가 잦아진다는 것입니다. 그러므로, 하나님이 미혼 남성들에겐 자위라는 선물(?)을 주셔서 성적 억압이나 갈등을 처리하게 하셨다는 역설을 들은 적이 있는데 저도 이 부분에 대해선 공감합니다.

다만 너무 자위에 심취해서(?) 하루에 두세 번 자위를 하는 학생들도 보았는데 그들은 병적입니다. 그리고 그렇게 어린 나이에 자위를 하는 남학생들은 나중에 소심하거나 정신적인 문제를 일으킬 수 있습니다. 횟수가 중요한 것은 아니지만 하루에 몇 번씩 하는 그런 잦은 자위 행위는 건강하지 못한 태도라고 생각합니다.

4. 자위는 안한다 해서 안할 수 있는 게 아닙니다. 그래서 안하겠다고 회개하면서 다시 하는 게 자위라 많은 학생들이 강박관념에 사로잡혀 있어요. 안타까운 일인데, 마치 여학생들이 원하든 원하지 않든 정상적인 성장을 하면 반드시 생리를 경험하는 것과 같습니다. 그래서 저는 이렇게 과감하게 말씀드립니다. 자위를 너무 하고 싶으면 깨끗한 휴지를 준비하시고 자위를 하십시오. 그리고 정액이 나오면 하나님께 감사하십시오. 나를 이렇게 건강한 남자로 만들어 주신 것이 너무 감사하다고 말입니다. 그러나, 이런 경우는 평소에 자신을 잘 절제한 사람에게 하는 말이지 절제가 없는 학생에게 하는 말이 아님을 반드시 유념해 주길 바랍니다. 그리고 자위가 끝나면 더 이상 성기나 성적인 것에 집착하지 않도록 노력하시길 바랍니다. 욕구가 수그러들면 다시 열심히 공부하시고 가능한 운동으로 몸의 에너지를 풀도록 노력하길 바랍니다.

5. 그런데 남은 문제는 자위에 대한 죄책감이지요. 그러나 그것은 위

에서 말한 것 같이 생각하고 처리하길 바랍니다. 만일 자위에 집착을 한다면 학생은 평소 예민하거나 스트레스를 많이 받는 사람일 것입니다. 자위는 생리적인 문제이기도 하지만 정신적인 문제이기도 하거든요.

이런 이야기까지는 어떨 지 모르지만 일반적인 청소년 통계에 의하면 건강한 중고생들 중 남학생의 90%가 자위를 경험하고 그 횟수는 한 달에 4-5회, 5-7회 이내로 나온 것을 본 적이 있습니다. 횟수가 중요한 게 아닙니다. 중요한 것은 한 달에 한 번의 자위를 해도 남은 힘은 모두 건강한 정신을 갖고 운동이나 편안한 대화를 통해서 성적인 욕구를 승화시킨다는 거죠. 그러나 어린 나이에 성에 대한 승화 운운하는 것은 어려운 문제일지도 모릅니다. 아무튼 몸에 호르몬이 분비되는 자연스러운 현상과 그 결과가 자위입니다.

자신이 건강한 남자임을 확인할수록 죄의식이 아닌 감사를 하시고 이성에 대해 눈을 서서히 떠갈텐데 자위는 자위고, 부디 건강한 이성관을 형성해 갈 수 있도록 자신을 훈련하시기 바랍니다. 그리고 건강이나 시력이 이상해질 정도로 자위에 탐닉하지 않도록 마음 관리도 성실히 하길 바랍니다.

쉰다섯 ● 어떻게 도와야 할까요?

♥**내담자** (궁금이): 안녕하세요? 치유상담을 하고 싶어서 인터넷을 뒤지다가 아침치유상담실을 만났습니다. 6학년 아들아이가 6학년에 올라와서 3, 4일 지난 후 학교에서 배가 아프고 미식거린다고 해서 집으로 돌아왔습니다.

맹장인 것 같다는 의사선생님의 진단으로 종합병원에서 검사한 결과 아니라고 해서 퇴원을 시켰고 한의원에서 치료를 했습니다. 체한 것이 오래 되어서라며 침을 맞고 약을 먹이고 있습니다. 그러던 중 1주일 전쯤부터 오줌이 수업 중에도 마렵다고 고통을 호소해 왔고 의사는 장이 부었다가 내렸다가 하면서 있는 중상이라며 약을 먹으면 괜찮아질 것이라 해서 걱정을 안했는데, 1주일 이상 계속되며 학교에서만 그런다고 하고 학교에서 불안하고, 학교에 가고 싶지 않다는 얘기를 하니 제가 어떻게 도와줘야 할지 모르겠습니다.

5월 1일이면 수학여행이 있는데 오줌 마려우면 어떻게 하느냐며 가지 않겠다고 하기도 하고, 가고 싶은데 왜 빨리 안 낫느냐며 한참을 울다가 잠이 들었답니다. 아들아이는 5학년 2학기 때 전학을 왔는데 즐겁게 잘 지내고 공부도 잘해서 염려를 안했는데……

5학년 2학기 때부터 방송부를 해서 그게 부담이 된 것인지? 아니면 5학년 1년 동안 다닌 수학경시학원에서 온 스트레스인지? 늘 1등만 해와서 그것이 부담스러운 것인지? 아니면 엄마의 기대가 부담이 되는 것인지? 정신과에 가서 치료를 해야 하는지? 도와서 빨리 이전처럼 장도 좋아지고 즐겁게 생활을 하길 바랍니다. 요즈음 학원을 정리하고 친구들과 매일 노는 시간을 주고 있답니다. 그래서 그런지 전보다는 표정도 밝고 즐거워 보입니다. 학습에 대한 부담이 큰 것 같기도 한데…….

남편이 잘 화를 내며 기분대로 얘기를 하는 편이어서 결혼 생활이 그렇게 행복하지는 않았지만 홈의 훈련을 통해 가정이 많이 회복되었답니다. 이런 부부관계 때문인지? 도와주십시오.

♣**상담자**: 안녕하세요? 올리신 글을 보니 자녀분이 분명 나름대로의 어떤 스트레스를 받고 있다는 생각이 들었습니다.

초등학교 1, 2학년이라면 학교공포증이라고 하겠지만 6학년이면 그것도 아니고 다른 이유가 있다는 생각이 듭니다. 어머님도 마찬가지겠지요. 가장 큰 문제는 스트레스 같습니다. 늘 1등만 하는 아이였다면 6학년이 되면서 더 큰 스트레스에 시달릴 것은 뻔하기 때문입니다. 어떻게 보면 퇴행성 장애의 증상을 보이기도 하지만 아이가 퇴행성 장애라고 해도 그 원인은 "현실에 대한 압박감"이 원인인 경우가 많습니다. 뭔가 엄마에게 말을, 그러니까 아이 스스로 진실을 말하고 싶은데 그것 자체가 미안하고 부담이 되어 어떤 신체적인 증상으로만 그런 스트레스를 표출할 수 있다고 봅니다.

한 번 아이에게 가장 편안한 마음으로 묻기를 바랍니다. 엄마가 널 좋아하는 것은 공부 1등이어서 좋아하는 것이 아니라 네가 내 아들이기 때문이라고. 네가 그렇게 아픈 이유가 네 마음이 아파 생긴 것 같아 엄마 마음이 아프다고……. 너무 1등 스트레스 주는 엄마가 되어서 네가 많이 힘들고 부담을 느끼는 것 같다고……. 정말이지 아이가 어리다고만 보지 마시고 그런 허심탄회한 이야기를 나눠보시길 권해 드립니다. 지금 아이는 무언가 큰 스트레스를 그 작은 힘으로 억누르며 여기까지 왔습니다. 그 아이가 무엇으로 인해 그리도 힘들어 하는지 꼭 속 깊은 대화를 나눠 보시고 다시 연락 주시길 바랍니다.

♥**내담자**(궁금이): 감사합니다. 목사님 말씀을 듣고서야 그럴 수가 있겠구나는 생각을 했습니다. 늘 잘하는 아이이기에 더 잘하기를 바라는 마음이 있었는지가 생각되고, 공부를 잘해서 사랑을 받고 있다고 생각했을 수가 있다는 생각을 했습니다.

아파서 학교에 못 가고 있을 때 메일이 왔더군요. 읽어보니 5학년 때 학교에서 성교육을 받았는데 나쁜 싸이트에 들어간 적이 한 번 있고, 엄마 없을 때 약속을 안 지키고 게임을 한 것을 용서해 달라는 내용이었습니다. 하나님께 용서를 빌었지만 답답하다는 내용이었습니다. 용서를 구한 것은 기억조차 안하시는 하나님께서 다 용서하시니 걱정하지 말라는 얘기를 했습니다.

지금 생각해 보니 5학년 2학기말쯤에 방송부에 들어갔는데 "엄마! 나는 자꾸 걱정이 되요. 방송이 잘 나갈까 하고"라는 얘기를 몇 번 했던 것이 기억이 납니다. 그 때 방송부도 본인이 시험을 봐서 들어간 것이기는 했지만 처음에는 썩 하고싶은 눈치는 아니었지만 들어가서는 재미있어 하는 듯했습니다.

현실적인 압박감이라고 말씀하시니까 정말 그럴 수도 있겠구나 하는 생각이 듭니다. 경시학원 선생님께서 저에게 아들은 서울대에 가기 위해서는 더 공부해야 한다는 말씀을 몇 번 하셨습니다. 생각해보니 아들아이가 중학교에 가지 않고 본인이 되고 싶어하는 의사가 될 수 있느냐고 묻기도 했었습니다. 아들 아빠가 고3 선생님이어서 아이들에게 가끔 하는 얘기도 부담과 스트레스를 준 것은 아닌가 하는 생각이 듭니다. 제가 영어를 가르치는데 엄마하고 하고 싶지 않다는 얘기도 한 적이 있답니다. 목사님 말씀처럼 다시 얘기해 보고 다시 글 올리겠습니다. 평안하십시오. 궁금이 드림.

♣**상담자**: 궁금이님, 자녀분이 공부도 참 잘하고 엄마에 대해 마음도 열고 있는 것 같아서 참 부러운 가정이구나 하는 마음이 듭니다. 그런 가정에 서로에 대한 이해와 배려가 있다면 참 더할 나위 없는 가정이 되겠구나! 라는 생각이 듭니다. 속 썩이는 아이들이 너무 많은데…….

네~! 좀 더 깊은 대화를 할 수 있다면 미처 살피지 못한 것을 보실 수 있을 것입니다. 그저 직감적이지만, 지금 아이에겐 자신만의 여유를 주는 것이 필요하다고 봅니다. 그러므로 이 시점에서 어머니가 보는 아드님이 문제일 수도 있지만 어머니 스스로의 감정이나 대화 방법이 왜곡되어 있어서 그러한 원인에 대한 결과로 아드님이 논리적인 아이로 성장할 수도 있다고 봅니다.

오빠와의 감정이 해결되지 않은 채 성장한 님이 아들을 낳고 그 아들이 미운 짓을 할 때마다 오빠를 연상하며 아이를 키우지는 않았는지요. 저로선 님이 올린 글에 대하여 여러 상황을 상상해 봅니다. 아무튼 더 긴 글은 어렵게 느껴집니다.

쉰여섯 ● 도와주세요!

♥**내담자**(우는 엄마): 우리 아들이 올해 6학년입니다. 잠이 들려고 할 때 온몸이 너무 펄쩍거리고, 움찔대며 잠이 들려다가는 깰 때도 있습니다. 옆에서 보기가 너무 안쓰러워 자는 아일 붙잡고 기도도 하며 잠을 재웁니다. 매일밤 오줌을 싼답니다.

작년 여름성경학교에서 지옥체험을 시킨다고, 대형버스에 아이들을 많이 태우고 히터를 틀었을 때 굉장히 숨이 막히고 죽을 것 같았다고 했습니다. 성경학교에서 돌아온 날 밤에 자다가 아이가 너무 놀라서 일어나길래 제가 안았더니, 아이가 너무 무서워 몸을 부들부들 떨었습니다.

성경학교 가기 전에 감기약을 먹고 땀을 너무 흘리며 자다가 갑자기 일어나더니 사람도 못 알아보고해서 화장실에 데려갔더니 거기서 정신이 들며 너무 놀라데요. 그 후로부터 머리가 자꾸 아프다더니 좀 지나니까 모든 물건들이 너무 크게 보여서 무섭다고 얘기했습니다. 신경정신과에 데려갔는데, 비용이 너무 부담이 되어 계속 다니지 못하고, 중단한 채 기도만 하고 있습니다. 우리 아이가 어떤 상태인지, 밤만 되면 아이가 불쌍해서 가슴이 저려 그저 붙잡고 기도만 한답니다. 선생님, 도와주세요. 어떡하면 좋을까요?

♣**상담자**: 어머님께, 안녕하세요? 딱한 사정 잘 보았습니다. 지금에서야 글을 읽게 되었습니다. 그런데 글의 내용이 너무 틈이 없어서

읽기가 힘들었습니다.

만일 어머님이 직접 치신 내용이라면 너무나 다급하고 마음의 여유가 없는 상태에서 내용을 보내신 것 같습니다. 글의 내용을 보니 많이 심각한 상태로 보입니다. 아드님 같은데. 그런 지옥 체험을 시켰다니 어느 교회인지 따지고 싶군요. 너무 어리석고 아이들의 마음에 상처를 주는 일을 했습니다.

외국에서 그랬다면 법적인 고소감입니다. 너무 답답하고 무례한 그 교회 담당자에게 화가 납니다. 그러나, 하나씩 살펴보면 지금 어머님의 아이는 그런 나쁜 체험을 통해 원치 않은 증상이 생긴 것이 사실이지만 저는 아드님에게 오래전부터 어떤 마음에 깊은 아픔이 있었다고 생각합니다. 그리고 어머님이 아드님을 사랑하시지만, 원치 않게 본의 아니게 상처를 준 일도 있다고 생각합니다.

그런 상처를 받은 상태에서 그런 사건이 터져 아이의 마음 깊은 곳에서 상처를 강하게 자극하게 된 것으로 보입니다. 그런데, 중요한 것은 지금 돈이 없고 안타깝다고 어머님이 기도하는 것만으로는 치유가 어려울 것 같습니다. 그 아이를 서울의 연세대나 서울대 소아정신과에 의뢰하시면서 약물치료와 심리치료를 병행하면서 어머님께서 사랑과 기도로 아이를 돌보는 것이 지금으로선 가장 옳다는 생각이 듭니다.

만일 돈이 없다하여 이대로 계속 방치할 경우, 지금보다 더 심각한 지경에 처하게 될지 모릅니다. 돈이 우선이겠지만 구만리 같은 아이의 미래를 위해선 지금 수백 만원이 든다고 해도 돈이 문제가 아니라고 생각합니다. 아드님은 지금 일반적인 상담만 받아서도 안 될 상황입니다. 꼭 약과 상담과 기도가 동시에 이루어져야 치유될 수 있는 상황이라는 것을 기억하시기 바랍니다.

♥**내담자**(우는 엄마): 답변 감사드려요. 답 글만 보고도 많이 위로

됩니다. 지금 심정은 가슴이 너무 두근거립니다. 제가 엄마로서 너무 부족한 것이 아이에게 미안하네요.

저는 아이가 둘인데 위에는 고2 딸입니다. 큰 아이 출산 후 우울증이 와서 많이 힘들었었지요. 아이에 대한 책임감에 너무 두려워 해질 때만 되면 밤이 오는 것이 너무 무섭고 밤이 너무 길어 숨이 막혀 질식할 것만 같았답니다.

남편은 늘 사업한다고 하다가 어려워져 경제적으로 항상 힘든 생활이랍니다. 경제적으로 늘 쪼들리다보니 마음이 항상 주눅들고 많은 사람들을 돈 때문에 힘들게도 하고 그러다 보니 욕도 많이 먹고, 사는 게 너무 힘들었답니다.

지금은 하나님 은혜로 남편도 은혜 받아서 새벽기도도 열심히 다닌답니다. 목사님, 우리 아이는 어느 병원에 가면 좋을까요? 여기는 대구랍니다. 신경정신과에 가니 우리 아이가 미리 주눅들어하고 그러던데요. 대구에 혹시 잘 아시는 병원 소개해 주시면 감사하겠습니다. 이렇게 상담을 할 수 있다는 게 너무 감사합니다. 목사님, 바쁘시지만 이곳에 계속 상담 글 봐주시면 정말 감사드리겠습니다.

♣상담자: 안녕하세요? 먼 곳에서 온 내용이었군요. 저도 올리신 글 잘 보았습니다. 아주 어려운 과정 속에서 자녀를 양육하신 것 같습니다. 인생의 굴곡이 심하니 주님이 더욱 붙들어 주실 줄 믿습니다. 아빠께서도 신앙 생활을 하신다니 기쁩니다.

글을 보니 첫아이 출산 후 우울증이 심하셨던 것 같습니다. 엄마의 우울증이 심해지면 심리적으로 아무 방어능력도 없고 연약한 아이는 금새 엄마의 어두움을 닮아 간답니다. 그게 참 안타깝지요. 엄마는 어쩔 수 없이 생긴 아픔인데 아이는 그것도 모르고 엄마의 정서에 휩싸이게 되니 말입니다. 엄마가 어려워도 주님 안에서 평안하고 즐겁게 사는 법을 배웠으면 합니다. 가장 행복한 아이는 엄마가 음식을 만들면서 콧노래를 흥얼거릴 때 그 흥얼거리는 소리를 들으면서 음식을 기다리는 아이라고 누군가 그러더군요. 그런 어머님이 되시기를 바랍니다. 그리고 〈놀라운 하나님의 은혜〉(IVP), 〈양과 목자〉(생명의 말씀사), 〈상한 감정의 치유〉(두란노서원)와 같은 책들을 소개합니다. 하나님의 은혜에 대해 너무나 잘 쓴 책입니다. 기독교 서점에 가시면 구할 수 있을 것입니다. 틈틈히 보시면서 마음에 위로와 평안을 얻기를 바랍니다.

아울러 아이의 병원에 대해선 제가 뭐라 드릴 정보가 없습니다. 대구에 간 적이 없기에. 그러나, 가능한 소문나고 큰 종합병원의 소아정신과가 일반적으로 좋을 것 같습니다. 믿을만한 의료진이 있을 테니까요. 돈이 들기는 하지만 제가 공부했던 한국심리치료연구소도 약은 제조하지 않고 순수 심리치료만 하는데 심리치료분야가 좀 비싸답니다. 일주일에 한 시간, 한 달에 네 번. 그래서 30-35만원 가량을 받는 것으로 알고 있습니다. 가격이 지나치게(?) 비싼 것이 흠이지만 그것도 예약을 해야 하는 것으로 알고 있습니다. 그냥 하나의 정보로 알려드리구요. 대구의 잘 알려지고 검증된 소아정신과에서도 좋은 치료를 공급할 수 있으리라 생각합니다. 그럼 어머님의 가정에 위로와 평안과 영원한 빛이신 주님의 사랑이 가득하길 기원합니다.

♥**내담자**(우는 엄마): 목사님, 안녕하세요? 우리 아이 동산병원에 4월 3일로 전문과 박사님과 예약을 잡아 놓았습니다.

제 마음으로는 더 빨리 병원엘 가고 싶은데 예약이 많이 밀렸다네요. 그런데 아이가 자다가 일어나서 무섭다고 떤답니다. 어젯밤에도 그래서 아이를 꼭 안고 재웠거든요. 아이의 마음속에 얼만큼의 상처를 제가 주었는지 너무 미안하고 불쌍하고, 제가 어떡하면 아이에게 조금이라도 더 도움이 될 수 있을까요? 방법을 모르니 참으로 답답하고 막

막합니다.

　우리 아이 키우면서 제가 참 많이 예뻐했는데요, 보기만 해도 너무 예쁘고 첫아이 때와는 또 다른 그런 마음이데요. 근데 우리 아이 다섯 살쯤부터 제가 슈퍼를 하게 되었는데 그때부터 돈을 자주 보게 되면서 아이 손버릇이 나빠져서 그럴 때마다 많이 매질을 했습니다. 부모가 되어서 이 버릇을 못 고쳐주면 어떡하나, 또 성경말씀에 "초달을 차마 못하는 자는 그 자식을 미워함이라 자식을 사랑하는 자는 근실히 징계하느니라" 이 말씀을 늘 생각하며 아이를 때릴 때 마음이 아플 때마다 이 말씀을 붙잡고 혼을 내곤 했답니다.

　저도 친정 부모님이 이혼을 하시고 그런 환경에서 자랐으니, 저희 부모님도 늘 폭력까지 쓰시며 싸우시곤 하셔서 저도 열여덟 살쯤에 죽으려고 약도 먹었었답니다. 그래서 우리 아이들은 정말 잘 키우고 싶었는데 우리 인생이 우리 마음대로는 안 되니까요.

　늘 물질적으로 어렵다보니 짜증나고 자존심도 상하고, 또 사업을 하다 힘들어지면 늘 빚을 지게 되거든요. 돈을 받으러 와서 정말 입에 담기도 어려운 말들을 듣고 나면 왜 살아야 하나 하는 생각도 들고, 그렇게 시달리며 살다보니 지금까지도 집밖에서 누가 부른다던가 사람들이 웅성웅성하면 마음이 쪼그라들고 어디론가 숨어 버리고 싶은 마음이 마구마구 생긴답니다.

　저는 결혼하기 전에 시부모님도 다 돌아가시고 안 계시고 시아주버님 한 분만 계시는데 저희가 아랫사람이라도 돌아보아 주시고 하는 것 전혀 없거든요. 오히려 형님네는 성당엘 가시는데 저만 교회 간다고 많이 미워하시고 제사 안 지낸다고 친척들한테도 말들을 많이 하시구요. 우리를 돌봐주시는 분은 아무도 없답니다. 그래서 속이 터질 때는 혼자 마구마구 울기도 하고 눈 위에서 떼굴떼굴 구르기도 하고 살아온 날들이 그랬습니다.

이런 모든 것들이 우리 아이들에게 다 영향이 갔겠지요. 목사님, 제가 어떡하면 아이에게 조금이라도 도움을 줄 수 있을까요? 요즘은 계속 널 사랑한다고 말을 많이 해주는데 오히려 부담을 주는 건 아닌가 염려가 된답니다.

병원 예약날짜는 멀었고 아이는 너무 무서워하고. 작년 1,2월인가에 아이가 너무 게임만 하고 제 할 일은 안하니까 아빠가 아이를 데리고 나가길래 어디 가서 달래가지고 오겠거니 했는데 그게 아니고 아이를 차에 태워 시골 어두운 데 내려놓고 겁을 준다고 혼자 차를 몰고 오니까 아이가 막 차를 따라오더랍니다. 그래서 한참을 오다가 가서 아이를 데리고 왔대요. 근데 아이는 그 얘기만 나오면 너무 싫어한답니다.

며칠 전에 한약이라도 먹이면 좀 나으려나 싶어서 한약방엘 가서 그 얘기하는 것을 듣고는 오면서 "엄마, 그 얘기하지마! 그 얘기만 하면 내 속이 불타는 것 같애!" 그렇게 얘기를 하데요. 남편은 아이가 자기 탓이라며 그때 아이한테 자기가 잘못해서 그런 거라며 자기가 아이한테 잘하면 괜찮을 거라고 얘기를 한답니다. 저희가 너무 지식적으로 부족하다보니 모든 것이 불안하고 답답합니다. 긴 얘기 다 읽어 주실까 조바심도 나지만 목사님의 좋은 말씀에 조금이라도 더 기대를 걸고싶어서 이렇게 긴 글 적었습니다. 긴 글 적느라 저도 많은 시간이 드네요.

아직 타자가 서툴러서 독수리 오형제이거든요. 요즘은 저도 불안해 잠이 안 온답니다. 목사님, 정말 고맙습니다. 이렇게 상담을 할 수 있다는 게 너무 꿈만 같습니다. 저도 좋은 일 하시는 목사님 위해서 기도하겠습니다.

♣**상담자**: 어머님께. 올리신 글 잘 보았습니다. 파란만장한 삶을 사셨더군요. 그런 와중에서 자녀를 키우셨으니 여러 가지 상처와 아픔이 많았으리라 생각됩니다. 그리고 글을 보다가 성서에 근거해 매를 들

었다 하셨는데, 네 그거야 틀린 것은 아니지만 신약엔 분명 "부모는 주의 교양으로 자녀를 훈계하라"하셨습니다. 그러나, 과연 우리 중에 "주의 교양"에 이른 자가 몇 있겠습니까? 그것 없이 초달을 든다고 아이가 바로 되지는 않겠지요.

아빠의 행위도 대단히 부정적인 훈계였다고 봅니다. 저도 과거엔 그런 식이 될 뻔했는데 제 아내는 저와 다르더군요. 예로 아이가 어떤 위험한 물건을 들고 있다면 저는 버럭 소리를 칩니다. "야! 그거 위험해!" 물론 아이를 염려하여 지르는 소리지요. 그러나, 아이는 내 소리에 오히려 위협을 느끼고 울며 반항을 하기 일쑤입니다. 그런데 제 아내는 재빠르게 아이의 관심을 다른 것으로 유도합니다. "○○야! 이거 봐라! 이거 신기하지?" 그러면 아이는 자연스레 위험한 물건을 내버리고 그것을 보러 뛰어갑니다. 이게 아내와 제가 다른 면이지요.

대개 마음에 한이 많은 부모님들이 자녀를 윽박지르며 키웁니다. 그러나, 그런 애정 방법은 아무런 교육 효과를 주지 못한답니다. 대개의 부모들은 자녀를 사랑으로 키웠다 말하는 것을 봅니다. 그런데 정작 자녀들은 "나는 사랑받아 본 적이 없다"는 말을 합니다.

그것을 분석해 보면 부모는 부모가 원하는 방식으로 나를 사랑했지 내가 원하는 방식으로 나의 기준에서 사랑해 준 적이 없다"는 이야기입니다. 부모들이 자녀를 자녀가 아닌 한 인간으로 그들을 존중하며 그들의 이야기에 객관적으로 귀를 기울이는 것은 아주 오랜 시간이 지나 훈련을 받은 다음에야 그것이 가능해진다고 합니다.

아무튼 지금 상황에서 어머님이 자녀에게 해줄 수 있는 방법은 사랑한다는 말을 해주신다는 것 자체로 귀하고 소중하다고 봅니다. 단지 부모가 자녀와의 관계에서 처음부터 첫 단추를 잘 끼웠어야 하는데 그것이 되지 않았던 상태라면 나중에 허용하지 말아야 할 것을 허용하는 것을 "사랑"이란 미명 아래 방치할 수도 있답니다. 아무튼 말이 길어지는데요.

우선 아래의 책을 소개하고 싶습니다. 〈현명한 부모들은 아이를 느리게 키운다〉, 〈어떤 아이라도 부모의 말 한마디로 훌륭하게 키울 수 있다〉. 나온 지 얼마 되지 않지만 입소문을 통해 잘 팔리는 책입니다. 제가 하고픈 이야기를 담고 있으니 읽고 도움 얻기를 바랍니다.

사랑이란 기술이요, 훈련입니다. 사랑의 마음만 있다 하여 상대가 사랑을 느끼는 것은 아니랍니다. 그 아이가 알아들을 수 있는 언어로 알아듣게 말하여 주는 것 그것이 사랑입니다.

참고로 좋은 정보를 하나 전합니다. 크리스찬치유상담연구원이란 곳이 있습니다. 치유만 전담하는 기관인데요. 이곳에서 무료로 발송하는 아주 좋은 잡지가 있습니다. 〈상담과 치유〉라는 계간지인데요. 서울 02-599-2464 크리스찬치유상담연구원으로 전화하셔서 잡지를 보내달라고 부탁하시면 무료로 보내드릴 것입니다. 아주 유익한 내용이 실려있습니다. 그럼, 참조하세요.

끝으로 아이가 잠들기 전에 아빠나 엄마가 아이 손을 잡고 꼭 기도해 주십시오. 나쁜 꿈을 꾸거나 무서운 기억에 사로잡히지 않게 해달라고, 예수님이 ○○를 꼭 밤사이 지켜 달라고 말입니다. 그럼.

♥**내담자**(우는 엄마): 목사님의 답글 정말 감사했습니다. 저는 왜 "주의 교양과 훈계로 가르치라"는 말씀엔 은혜를 못 받았을까요? 제 마음이 늘 불만과 불안으로 가득 차 있다보니 한쪽으로만 치우쳤나 봅니다. 오늘은 제 등에 무겁게 지고 있던 짐을 한 짐 덜어낸 것 같은 마음입니다. 마음을 짓누르던 어둠의 베일이 벗어진 것도 같구요.

어쨌든 오늘은 햇살이 유난히 눈부시네요. 어제는 하루종일 많은 생각을 했습니다. 저녁을 지으며 생각하니 그 동안 제가 살아온 모습이 너무나 잘못 되었구나 라는 것을 실감했습니다. 편협하고 소심한 내 성격을 가족들에게 화풀이하며 살아왔다는 걸 깨닫게 되었습니다. 제 가족들이 그동안 얼마나 힘들었을까 너무 미안하고 가슴이 아팠답니다.
　하나님께도 너무 죄송하고, 그래서 가족들에게 얘기했습니다. 딸에게는 고맙다고, 학교에도 열심히 잘 다니고 건강하고 열심히 공부하려고 애쓰는 것 다 안다고, 그래서 정말 고맙다고요. 남편한테는 열심히 식구들 위해서 일하는 거 정말 고맙다고, 못된 성질 받아줘서 고맙다고요. 작은 아이한테는 학교 잘 다니고 학원 잘 다니는 거 고맙다고요. 근데 우리 식구들 너무 좋아하구요, 아침에 다들 기분 좋게 출근하고 등교했답니다. 제 마음에도 먹구름이 다 가시고 밝은 햇살이 비춰서 마음이 설레고 가슴이 두근거린답니다.
　오늘은 얼른 집안 정리하고 목사님이 소개해 주신 책 사러 나가 볼랍니다. 신현복 목사님이 쓰신 〈내 마음의 그림자〉라는 책, 정태기 목사님이 쓰신 〈내면세계의 치유〉는 며칠 전 인터넷으로 주문해 놓았거든요. 갑자기 할 일이 억수 많아진 것 같네요.
　저는 친정 쪽이나 시가 쪽이나 교회에 다니는 분이 아무도 없답니다. 하나님 은혜로 저를 제일 먼저 불러 주셔서 제가 믿고 남편을 전도해서 남편도 신앙생활한 지는 십 년도 넘었는데 작년 12월에 하나님이 은혜 주셔서 이제는 열심히 기도도 하고 잘한답니다. 그 전엔 일이 잘 안 되면 왜 예수 믿으면 복 받는다며 일이 이러냐고 저한테 틈만 나면 불만이고 참 힘들었지요. (후후후)
　이젠 벌써 옛이야기 같네요. 친정엄마, 오빠 전도해서 신앙생활을 하신 지가 4,5년 되었구요. 근데 아직 은혜 체험을 못하셔서 인터넷고스톱에 열심이시랍니다. 제가 왜 이리 쓸데없는 얘기로 긴 글을 적고 있는지 모르겠네요.
　목사님, 하여튼 감사합니다. 앞으로도 궁금한 점 문의 드리겠습니다. 목사님의 가정에도 늘 하나님 은혜와 평강이 넘치시길 기도합니다. 목사님의 사역에도 놀라우신 하나님의 은총이 함께 하시길 기도 드립니다. 다시 한번 감사드립니다.

저희 가정도 이런 일들을 통해서 저는 아직 알지 못하지만 하나님의 계획하시는 뜻이 계실 줄로 믿으며 그 하나님의 계획 속에 동참하는 삶을 살 수 있도록 열심히 기도하며 노력하겠습니다.

♣**상담자**: 우는 엄마님! 이런 글(띄워주신 글)을 읽을 때 상담자로서 가장 보람을 느낍니다. 어머님은 상담자로서 또 영적으로나 정서적으로 성장할 수 있는 엄청난 자산을 가진 분임을 느낍니다. 부디 그 아픔으로 가족과 자신과 타인을 품을 수 있게 되길 바랍니다.

어머님은 "성장"할 준비가 되어 있는 분입니다. 가족들에게 베푼 감사의 언어는 읽으면서 제 마음에 감동이 되었습니다. 건강하시고 제가 열린 상담실에 예전에 상담을 위해 필요한 도서 목록을 올린 것이 있으니 시간이 되시면 살펴보시고 다른 이의 사연과 부족하지만 제가 답변한 것들도 모두 읽어보시기 바랍니다. 아무튼 제 마음도 기쁩니다. 주님께 모든 감사를!~

♥**내담자**(우는 엄마): 안녕하세요? 우리 아이랑 요즘 열심히 애쓰며 잘해 보려고 정말 노력 중입니다. 예전에 몰랐던 사람의 내면심리가 신기하기도 하고 무언가 새로운 세계를 안 것같은 새로움에 마음이 즐겁기도 하고 그렇습니다. 그런데도 제가 뭐 그리 지식이 갑자기 생기겠습니까?

어제 아침에 아이가 학교 갈 시간이 다되었는데 작년에 학교에서 했던 글짓기랑 여러 가지 한 것을 파일에 꽂아둔 게 있는데 그걸 그 시간에 다 빼서 파일을 학교에 가지고 간다고 꾸물거리고 있는 거예요. 옆에서 보니 속이 터지고 그렇다고 전에같이 윽박지르지는 못하겠고 빨리 해서 학교 가라고 얘기하고는 저는 다른 방에 가서 있는데 참으려니 속에서 불이 나는 것 같았는데 아이가 학교 가고 나서 생각하니 '아! 내가 같이 도와주면서 다음엔 이런 걸 하려면 더 빨리 서둘러서 하라고 하면 될 걸' 하는 생각이 들데요.

어젯밤에는 또 학원을 갔다오면 9시가 거의 다 되는데 그때 컴퓨터 앞에 앉길래 9시 20분까지만 하기로 약속을 했거든요. 근데 시간이 넘어도 안 내려오는 거예요. 야단은 못 치겠고 짜파게티를 삶아달라기에 삶아서는 빨리 안 내려오면 엄마가 다 먹겠다고 얘기하곤 먹었는데 반을 다 먹으니까 내려와서는 엄마가 다 먹었다고 화를 내며 다시 삶아 먹겠다고 해서 그러라고 했거든요. 근데 삐쳐서 아빠가 오셔도 인사도 않고 그러더라구요. 근데 그렇게 기분이 안 좋게 자는 날은 자면서 몸이 더 많이 움찔거리고 놀라는 것 같아요. 그렇다고 무조건 다 들어 줄 수도 없고 야단을 칠 수도 없고 달래니 듣지는 않고 어떻게 하는 것이 현명한 것인지? 너무 지식이 부족한 제가······.

저는 고등학교를 중퇴를 했답니다. 저는 저의 고향에서 그래도 제일 좋은 고등학교에 시험을 쳐서 들어갔는데 막내고모가 저보다 두 살 위인데 같이 고등학교 시험을 쳐서 더 낮은 상고를 쳤는데 고모는 떨어진 거예요.

제가 학교를 다니는데 할아버지가 지지배를 학교에 보낸다고 계속 엄마를 야단치시며 날마다 집안이 시끄러웠어요. 그래서 1년을 다니고는 그래 더러워서 안 다닌다고는 학교엘 가지 않았어요. 담임이 찾아오셨는데 아무도 선생님을 만나주지 않는 거예요. 서로 만나지 않겠다고 미루기만 하고, 저는 엄마가 지금도 섭섭해요. 엄마는 그래도 선생님을 만나서 저를 달래서 학교에 보내겠다고 얘기를 하실 줄 알았는데 안 그러시대요.

저녁에 아버지가 오셔서는 도장을 망치로 치시면서 왜 도장을 허락도 없이 찍어 주었냐며 난리를 치시는데 제 눈엔 아버지 체면 때문에 일부러 그러시는 연극 같았지요. 지금도 눈물이 나네요.

저희 친정은 집도 몇 개 있고 쌀가게도 하고 있었고, 사는 건 분명 괜찮은 것 같은데 제 눈엔 왜 그렇게 늘 집안이 시끄럽고 복잡했는지. 아버지는 술에 여자에 결국 지금은 혼자 떠돌아다니시며 우리 형제들이 모아서 보내드리는 돈으로 생활을 하신답니다.

저는 정말 아이들을 잘 키우고 싶었는데 지금은 너무 후회가 된답니다. 잠자면서 움찔대는 아이를 보며 얼마나 울면서 회개를 하고 내가 이 아이를 이렇게 만들었구나 생각하며 너무 가슴이 아파 어쩔 줄을 모른답니다. 근데 날이 새면 그 아이와 또 부딪히니.

목요일에 성경적 상담론이란 강의를 듣고 왔습니다. 엄마가 얼마나 아이에게 중요한 존재인지 다시 느꼈습니다. 그걸 모르고 마냥 내 감정대로 아이들에게 마구 대했으니. 몸에 밴 어린 시절을 모르고 무식하게 살았습니다. 아이와 하나하나 부딪힐 때마다 내 의지를 시험해야 되고, 이제 성숙할 때가 되었나 봅니다. 그래도 내 마음을 가볍게 가지려고 노력을 하며 또 이렇게 글도 올리고 하니 제 상태가 좋아지는 모습을 제 스스로도 느낄 수가 있는 것 같습니다.

딸도 요즘은 너무 좋아하는 것 같답니다. 목사님, 하나님 은혜와 목사님의 은혜 너무 감사를 드립니다. 제 속에 있는 근심이 다 사라지는 것 같거든요. 남편 사업도 잘 되어가는 느낌이 든답니다. 요즘은 모든 일을 저와 잘 상의하며 일한답니다. 목사님, 열심히 노력하며 가정을 새롭게 하나님이 기뻐하시는 모습으로 변화시켜 가겠습니다.

저는 저의 중요성을 너무 몰랐습니다. 며칠 전에야 '아! 내가 이렇게 중요한 사람이었나' 절감했답니다. 환경에만 눌려서 그저 찌들게만 살아온 것 같아요. 정복하고 다스리라고 하셨는데 오히려 눌렸으니 하나님이 많이 안타까웠을 거예요. 이제는 지혜를 구하며 살아야지요. 열심히 살아보겠습니다. 좋은 일 하시는 목사님의 화이팅을 위해서도 보답하는 삶을 살아야지요. 목사님, 고맙습니다.

  상담의 글들을 보니 건강이 약하신 것 같은데 하나님께서 목사님의 사명을 위해서라도 강건함을 허락하시리라 믿습니다. 가정에도 늘 하나님의 평안과 은총이 함께 하시길……

♣**상담자**: 우는 엄마님, 자녀교육이 쉬운 것은 아닐 것입니다. 그러나, 잘하고 계신 듯합니다. 올바른 원칙 위에서 사랑 가운데 자녀를 대한다면 그러한 큰 틀 안에서 모든 것이 자리를 잡아 갈 것입니다. 때때로 책을 소개해 드리겠습니다. 지금 아이가 놀자고 보채서 긴 이야기는 못 쓰겠네요. 건강하세요.

♥**내담자**(우는 엄마): 안녕하세요? 하나님의 은혜와 목사님의 도움으로 이제 평안을 찾았습니다. 이곳을 처음 찾을 때만해도 너무 힘들어 앞이 보이지 않는 불안과 공포감까지 느끼며 살았거든요. 내 아이가 곧 어떻게라도 되는 건 아닌가 하고 겁이 났었답니다. 근데 그 모든 것이 나의 잘못이었다는 걸 알았답니다.

  그 동안 우리 아이가 이 괴팍한 엄마 때문에 얼마나 힘들었는지 이제 이해한답니다. 무조건 윽박지르고 협박하고 말을 안 들으면 곧 어떻게라도 하겠다는 듯이 겁을 주곤 했답니다. 강압적으로 양육 받은 아이가 나중에 얼마나 힘들게 삶을 살아가는지. 저는 정말 몰랐습니다. 제가 그렇게 받아보지 못했으니 아이를 사랑하는 방법을 도대체 몰랐습니다. 그저 윽박질러서라도 좋은 말만 해주면 아이가 잘 자랄 줄 알았으니. 분명 사랑하지 않아서는 아니었는데 방법이 틀리니 전달이 잘될 리가 없었던 게 당연하지요 뭐. 이제는 되도록이면 아이 편에서 생각해 주고 기다려주고 이해하도록 설득하고 그렇게 하고 있습니다.

  왜 전에는 제 마음에 이런 여유가 없었는지 제 말 한마디에 아이가 따라 주지 않으면 마음이 조급해지고 짜증스러웠거든요. 그러면 윽박지르고 소리지르고 협박하고 했답니다. 못난 엄마였지요. 손버릇이 나쁜 것도 하나님께 기도하고 맡기지 못하고 제가 그 버릇을 단숨에 고치겠다고 때리고 했답니다. 제가 얼마나 교만했는지요? 사람이 사람을 어떻게 변화시킬 수 있겠습니까? 하나님께서 그것을 깨닫게 해주셨습니다. 그저 아이를 때려서라도 고쳐 주는 것이 부모의 사랑이라고 착각을 했답니다. 저는 그것이 교만인 줄을 까맣게 몰랐습니다. 우리가 얼마나 많은 무지로 하나님을 믿는다고 생각하는지 새삼 깨달았답니다. 그러기에 하나님의 기뻐하시고 선하시고 온전하신 뜻을 깨달으라고 말씀하셨나봅니다.

요즘 우리 아이는 늘 엎드려 자던 버릇이 바뀌어 이제는 옆으로 누워 잠자고 잠이 들려고 할 때 펄쩍펄쩍 뛰던 것도 이젠 하지 않으며 약간씩만 손이 꿈적거리며 잠잔답니다. 또 아이가 더 밝아지고 얼굴에 생기가 넘친답니다. 제 자신에게 있는 어릴 적 상처들을 이젠 겁내지 않고 저도 받아들이며 그것들에 눌려있던 제 자신을 위로한답니다. 그 상처들이 지금의 내게 아무것도 영향을 줄 수 없음을 깨달으며 저도 제 아이들에게 그런 상처를 주지 않을 것을 결심했답니다. 제 부모님도 미처 모르셔서 주신 상처임을, 그분들도 나약한 한 인간임을, 이젠 인식한답니다. 여기까지 인도하신 에벤에셀 하나님께 감사 드리며 저를 어떠한 사명으로 부르셨는지 깨닫게 해주시기를 기도하고 있습니다.

목사님! 이곳을 봐주시는 목사님의 그 사역이 얼마나 귀한지 아시지요? 비록 제가 목사님을 귀찮게 해드려서 죄송한 마음도 있지만 목사님의 답글을 통해서 위로 받고 어둠 속에서 빛을 발견한 것 같은 희망을 가졌답니다. 그래서 목사님께 조금이라도 힘이 되려나 싶어서 이렇게 글을 올린답니다. 목사님, 고맙습니다. 사역에 더욱 주님의 은총이 함께 하시길……. 건강하세요.

♣**상담자**: 어머님께, 이 상담 사역을 시작한지 몇 년이 지났지만 이렇게 귀한 답장을 받아보기는 처음인 것 같습니다. 마음에 눈물이 날 정도로 하나님께 감사와 찬양을 드립니다. 저는 위의 글 중에서 아래의 대목에 큰 감동을 받았습니다: "그저 아이를 때려서라도 고쳐 주는 것이 부모의 사랑이라고 착각을 했답니다. 저는 그것이 교만인 줄을 까맣게 몰랐습니다. 우리가 얼마나 많은 무지로 하나님을 믿는다고 생각하는지 새삼 깨달았답니다."

너무나 위대한 발견입니다. 제가 특강을 자주 나가는데 이 말씀은 꼭 인용하도록 하겠습니다. 아이 문제도 다 주님께 맡기십시오. 그 아이를 위해 제가 몇 번 기도했지만 지금은 축복하고 싶은 마음입니다. 어머님의 그 마음도 주님의 은혜를 간절히 사모한 결과로 주신 것이라 생각합니다. 고맙습니다. 하나님께 감사하고 또 인터넷 상담자로서의 기쁨과 보람, 자부심을 갖게 해준 글이었습니다. 예수 찬미!!

♥**내담자**(웃는 엄마): 안녕하세요? 오랜만에 이곳에 들렀습니다. 이제는 이름도 바꿨습니다. 우는 엄마가 아니라 웃는 엄마로.

목사님, 안녕하시죠? 글은 안 올려도 올려진 글들 잘 보고 있습니다. 저는 잘 지내고 있습니다. 모든 게 하나님 은혜지요. 목사님 내신 책 속에 제가 상담한 내용이 모조리 들어 있어서 많이 당황했었습니다. 그렇지만 그 글을 보고 혹 도움이 되는 분이 있다면 그걸로 감사하기로 생각했습니다. 인터넷 안에만 글이 있을 때는 그래도 그 안에만 가둬 놓은 것 같았는데 책으로 나오니까 온 세상에 다 공개된 것 같아 처음에는 당혹스러웠습니다.

목사님, 우리 아이 요즘 잘 지내고 있습니다. 제가 가시나무였습니다. 가시나무에 와서 쉴 수 있는 게 뭐가 있겠습니까? 남편도 아이도 와서 가시에 찔리기만 했겠지요. 제가 그랬습니다. 제가 제 속의 가시는 모르고 왜 내게 와서 모두들 아프다고 엄살이냐고요. 제게만 오면 찔렸겠지요. 얼마나 아팠을까요!

제 속의 눌리고 쌓인 것들 땜에 옆을 돌아볼 수가 없었습니다. 내 것이 더 급하고 내 마음이 더 답답하니 누구를 봐줄 수가 없었지요. 며칠 전에 기도하는데 하나님께서 저를 위로해 주셨습니다. 저는 자라면서 한번도 위로를 받은 기억이 없습니다. 근데 나의 자라온 모습들을 생각하며 그것이 부족하고 정말 못난 모습이지만 전엔 그런 모습을 생각하면 내가 내게 혐오감이 들어서 정말 싫었습니다. 근데 그 모습들이 이해가 되고 그럴 수밖에 없었고 그건 내 잘못이 아니란 걸 알게 됐습니다. 그래서 내가 내게 '괜찮아, 괜찮아, 걱정하지 마, ○○야, 괜찮아.' 내가 내 이름을 부르며 나를 수도 없이 위로하고 달랬습니다. 자라면서 정말 듣고 싶었던 말이 '괜찮아. 걱정하지 마.' 그 말이었음을 알게 됐습니다. 우리 부모님은 늘 실수하면 야단치고 혼내고 그랬거든요. 내가 나를 위로하며 한 시간은 울었지 싶어요.

목사님, 그러고 나니까 마음이 얼마나 편안하고 기쁜지요. 제 속에 쌓아두었던 상처들이 다 사라진 것 같습니다. 이젠 누가 뭐라 저를 비난해도 받아 줄 수 있을 것 같아요. 전엔 조금만 비난해도 몸이 오그라드는 것 같았거든요. 저를 저희 가정의 제사장으로 세우셨으니 이젠 감당을 해야겠지요. 저는 감당하기 싫었거든요. 왜 나만 해야 되나 하는 생각에 억울했거든요. 이젠 저의 모습을 통해 식구들이 하나님을 볼 수 있도록 다 수용하고 받아주고 하나님의 모습으로 닮아 가야지요.

목사님, 얼마나 감사한지요. 여지껏 저희 가문에 대대로 내려오던 상처와 아픔들을 이젠 하나님께서 끊어 주시려나봐요. 저의 대에서 이젠 다 끊어버리고 우리 아이들은 또 그 대대로 이젠 하나님의 법 안에서 정말 자유와 기쁨을 누리며 살 수 있다면 얼마나 좋겠습니까? 물론 제가 수용과 용납이 백퍼센트로 다야 안 되겠지요. 그러면 요즘은 아이들에게 얘기합니다. 미안하다. 엄마가 마음은 그렇지 않은데 내가 내 마음대로 안 된다고, 엄마가 노력하고 있으니까 너희들이 용서해 달라고. 그러면 알았다고, 엄마 이해한다고 아이들도 얘기합니다. 이젠 가시나무의 가시를 다 뽑아버리고 누가 날아오던지 편히, 정말 편히 쉴 수 있는 그런 아름다운 편안한 나무가 되고 싶습니다.

목사님, 참으로 먼 길을 온 것 같습니다. 그 길에 목사님도 제 그늘이 되어 주신 것 아시지요? 언제나 지치고 힘든 영혼들을 돌보아 주시는 목사님, 더욱 힘내시고 목사님 땜에 얼마나 많은 영혼들이 위로받고 힘을 얻는지 아시죠? 앞으로도 귀한 사역 더욱 힘을 얻길 진심으로 바랍니다. 더욱 건강하시고요. 가정에도 늘 주님의 은총이 넘치시길.

♣**상담자**: 웃는 엄마님, 안녕하세요? 상담자들끼리 모이면 그런 말을 하곤 합니다. 내담자와의 만남도 궁합(?)이 있다는 말입니다. 그만큼 좋은 내담자를 만나면 상담자는 그로 인하여 기쁘고 감사할 수 있다는 것이지요.

웃는 엄마님은 제가 이제껏 인터넷에서 만나 뵌 내담자 중 가장 저에게 상담자로서의 보람을 느끼게 해주신 분입니다. 님의 사연을 허락없이 책에 실어 많이 죄송하지만 워낙 깨닫고 변화하시는 속도가 놀랄 만큼 빠르고 현실을 긍정하시는 모습이 마치 1:1로 만난 것처럼 변화하는 것 같은 모습을 보여주셨답니다.

사실 주위에서 그 책의 내용을 보고 은혜를 받고 교훈을 받은 이들이 결코 적지 않음을 말씀드립니다. 저도 엄마님이 자랑스럽고 님의 그런 깨달음 역시 그간 마음의 준비됨이 있었기에 가능했다고 생각합니다. 님은 앞으로도 자녀들이 존경하고 사랑할만한 훌륭한 어머니요, 남편의 사랑 받기에 충분한 아내가 되실 줄 믿습니다.

저 역시 칭찬보다는 꾸중과 비난을 들으며 자랐습니다. 님과 같은 자기 위로를 하며 많이 울고 힘들었던 과거가 있어요. 이제 자기 위로를 넘어 성령께서 들려주시는 세밀한 음성을 통해 하나님으로부터 님의 가정에 충만히 임하는 위로와 격려와 사랑과 은혜를 더하시길 바랍니다. 님은 분명 상처 입은 치유자로 이 시기에 님의 주변에 치유를 행할 수 있는 귀한 사역자라고 저는 믿습니다. 그냥 하는 말이 아닙니다. 바라기는 〈책 읽기를 통한 치유〉(홍성사)나 〈멋진 남편을 만든 아내〉(베다니), 이 두 권의 책을 통해 한번 상담자로서의 여러 가지를 생각해 보시기 바랍니다.

이대로 끝내기에는 님의 깨달음과 성실함이 아깝다는 마음이 들어요. 한번 그렇게 해보시길 바랍니다. 님의 가정과 자녀와 남편을 축복합니다. 그 사랑과 깨우침을 전하시는 웃는 엄마님이 되소서!

♥**내담자**(웃는 엄마): 목사님, 이 기쁨을 어찌 다 표현할 수 있을지요. 목사님께서 자기 위로에서 더 나아가 하나님의 세밀한 음성을 들으라고 하셨는데 목사님, 저는 제 딸과 많은 문제가 있었거든요. 제 딸은 제게 사랑 받길 원해서 늘 뽀뽀해달라 안아달라 귀 후벼달라 하는데 저는 그것을 머리로는 알아서 들어주어야 한다는 것을 아는데 가슴이 막혀서 도저히 안 될 때가 많았거든요. 그러면 저는 딸의 부탁을 "다음에 해줄게." 이러고 피하곤 했습니다. 그러면 딸은 삐쳐서 지방에 들어가 버리곤 했거든요. 그러고 나면 저는 후회를 하면서 '내가 왜 이럴까? 왜 머리는 아는데 왜 가슴이 안 될까?' 하며 또 죄책감이 들기도 하고 그랬습니다.

오늘은 도저히 그런 내가 못 참겠어서 하나님 앞에 마구 사정을 했습니다. 나 좀 도와달라고, 나 좀 살려달라고, 어떻게 엄마가 자녀를 사랑하는 건 당연한 건데 그게 왜 이리 안 되는지 울며, 울며 기도를 했습니다. 그러다가 나의 깊이 깊이 감추어진 문제를 발견했습니다.

목사님, 사람이 어찌 이리도 못날 수 있는지요. 어찌 사람이 이리도 이기적일 수 있는지요. 저는 저의 모습에 너무 기막혀 소리소리 지르며 울었습니다. 이 못난 모습이, 이렇게 이기적인 내가 도대체 이럴 수가 있는 건지요. 저는 저의 문제가 그런 것 인줄 정말 몰랐습니다. 제가요, 목사님! 딸에게까지 제가 사랑을 주는 것이 아니라 받고자 했습니다. 그것이 저의 실체였습니다. 제 사고 속에 딸은 엄마를 도와주고 엄마를 기쁘게 해드려야 한다는 생각이 있었습니다. 그런 저의 사고인데 딸이 제게 사랑을 요구하니까 저는 딸이 귀찮고 때론 화도 나고 그랬습니다.

목사님, 제 딸이 얼마나 상처가 많겠습니까? 엄마한테 요구한 사랑이 늘 거부당하니까 그 속에 분노가 많이 있겠지요. 사람은 왜 이리도 미련할까요? 아니 저는 왜 이리 어리석고 미련할까요? 딸이 받았을 상처가 너무 미안하고 가슴이 저려오네요. 18년을 제게 당했으니……, 어찌 이리 저는 강퍅했을까요. 딸아이한테 너무 미안해 수도 없이 눈물이 납니다. 그 작은 마음이 얼마나 상처받고 얼마나 주눅 들었을까 너무 너무 미안하네요. 늘 우리 엄마는 왜 저럴까 이해도 못한 채 얼마나 가슴 저렸을까요? 혼자 얼마나 울었을까요? 18년 세월을…….

목사님, 그리고 저의 엄마한테 너무 죄송해서 또 많이 울었습니다. 우리 엄마는 내게 얼마나 사랑을 원했을까, 나도 딸에게 사랑 받고 싶었는데 우리 엄마도 내게 얼마나 사랑을 원했을까? 저는 엄마가 제게 사랑을 원하는 걸 어렴풋이 짐작을 한 것 같아요.

지금 생각에 근데 그때마다 제 속에서 분노했던 것 같아요. 제가 엄마한테 사랑 받길 원하는데 도리어 엄마가 사랑을 요구하니 그게 화가 났던 것 같아요. 그래서 엄마한테 원인도 모르면서 화를 내고 불평하고 비난했던 것 같아요.

엄마의 마음이 느껴지니 얼마나 미안한지 그동안 엄마한테 했던 행동들이 떠오르고, 가슴 아팠을 엄마가 너무 미안해 당장 엄마한테 전화를 드렸습니다. "엄마, 미안해. 내가 잘못했어. 엄마의 마음도 모르고 내가 미안해. 무조건 잘못했어." 무조건 울며 사과하니까 엄마가 놀래서 무슨 일 있냐고, 니가 나한테 미안한 게 뭐 있냐고 하시길래 "엄마한테 고집 부려 미안해. 엄마 말 안 듣고 속썩인 것 미안해." 라고 했더니 부모자식간에 미안할 게 뭐가 있냐고, 내가 너 힘들 때 많이 도와주지 못해서 오히려 늘 미안하다고, 엄마가 그러셨어요. 저는 자라면서 엄마한테 뭘 요구한 적이 없었거든요. 사랑받고 싶었지만 한 번도 표현 못했거든요. 아버지 땜에 늘 힘들어하시는 엄마를 나마저 힘들게 하면 안 된다는 생각에 표현은 엄두도 못 내었나봐요. 딸은 엄마한테 도움이 되어야 한다는 그 생각이 나를 지배하니까 그렇게 하지 못하는 내게 또 분노가 나고 죄책감이 들었나봐요. 또 제 딸이 제게 사랑을 요구하니까 그것이 부담이 되고.

목사님, 이제는 누구든지 제가 먼저 사랑해야 되겠지요. 이 세상에 사랑 받고 싶어 몸부림치는 얼마나 많은 사람들이 있습니까? 세상의 모든 불의한 일들이, 세상의 모든 문제들이, 다 사랑이 부족해 생기는가 봅니다. 예수님이 그 사랑을 보여 주시려고 그 참혹한 십자가에 달려 돌아가심으로 우리에게 최고의 값진, 더 이상의 값어치를 논할 수도 없는, 생명을 바쳐서 본을 보이셨는데……. 그 본을 따라 우리도 그 사랑을 실천해야 함을 알아야 했는데, 왜 어렴풋이 표면적으로만 머리로만 지식으로만 그 사랑을 생각했는지…….

목사님, 이제는 실천만 남았지요. 제 마음속에 아직 불안감은 있습니다. 아주 조금요. 율법적인 사고의 틀 때문인지 모르겠지만요. 내가 이 사랑을 다 실천할 수 있을까 하는 두려움이요. 하지만 그것조차도 하나님께 맡길래요. 어차피 어느 것 하나 제 힘으로 할 수 있는 건 없으니까요. 필요한 만큼 하나님께서 그때그때 채워주실 줄 제가 믿으니까요. 제 딸에게 진심으로 사과를 해야지요. 아들에게도 남편에게도, 저 때문에 상처받은 모든 이들에게 사과를 해야겠습니다. 이젠 가슴에 얹혀 있던 감정들이 다 내려가고 기쁨이 출렁입니다. 앞으로도 더 많이 깨달아야 할 것들 또 있겠지요. 수도 없이……

모든 것을 인도하시고 섭리하시는 세밀하신 하나님께 다 맡기겠습니다. 목사님, 감사드립니다. 저를 지적해 주시고 가르쳐 주신 것 너무 감사 드립니다. 또 한 단계 더 인도해 주세요. 하나님과 대화해 보겠습니다.

목사님, 늘 은혜 충만, 성령 충만하시고 더욱 건강하세요. 더 많은 영혼들을 위해서. 할렐루야!

♣상담자: 웃는 엄마님, 님의 글을 보면 참 감동적입니다. 어떻게 그렇게 빨리 깨달을 수 있을까? 그렇게 깨닫는 것은 깨달을 준비를 해 왔기에 그런 것이 아니었나 하는 생각을 해봅니다. 님이야말로 "상처 입은 치유자"가 아닌가 생각해요.

저의 바램이 있다면 님이 속한 교회에서 님의 일들이 간증으로 입소문으로 전하여져서 많은 이들에게 좋은 영향을 끼쳤으면 좋겠다는 생각입니다. 지금의 아픔은 분명 더 아픈 이들을 위해 미리 경험해야 했을 아픔이라고 생각하고 해석하고 싶습니다. 그런 마음으로 살아가시길 바랍니다.

언젠가 제가 님이 살고 계신 지역으로 특강을 나갈 지도 모르니 그 때 반갑게 인사했으면 좋겠습니다. 자녀들은 너무 일찍은 아니지만 너무 좋은 엄마를 만나 행복할 것 같습니다. 축복해 드립니다. 저도 인사할까요. "할렐루야!"~

♥내담자(웃는 엄마): 안녕하세요? 더운 날씨에 어떻게 지내시는지

요. 하나님 은혜로 늘 살아가는 요즘입니다. 목사님은 지금쯤 은혜로 푹 젖어 계시겠네요. 수련회 가셨다면서요. 저도 늘 감사 가운데 살고 있습니다. 아이들이랑도 잘 지낸답니다. 우리 아이들 요즘 정말 밝아지고 활기 있게 생활하고 있습니다. 목사님, 우리가 하나님을 믿는다 하면서 하나님에 대해 얼마나 알고 있을까요. 그 넓이와 그 깊이와 그 높이를…….

오늘도 하나님 앞에 해결받은 일이 있는데 정말 놀라워서요. 저는 3남 1녀 중 둘째거든요. 어려서부터 엄마의 아들과 딸의 편애에 불만이 너무 많았거든요. 오늘도 아침에 엄마가 전화하셔서 아들에게 해준 일을 얘기하는데 왜 그렇게 화가 나는지요. 입으로는 잘했네 하면서 속으로는 또 아들만 해주고 하면서 화가 무척 많이 났습니다.

고민스러워 도대체 내가 또 뭐가 잘못되어서 마음이 이리도 불편할까, 엄마가 번 돈으로 엄마 마음대로 하는데 내가 왜 이리 속이 상할까, 교회로 갔습니다. 하나님 앞에 내가 왜 이러는지 가르쳐 달라고 기도했습니다. 근데 저는 엄마한테 섭섭한 마음을 표현 못하는 저이거든요. 불쌍한 엄마를 저마저 힘들게 하면 안 된다는 생각에 속으로만 꾹 누르고 있었는데 오늘은 엄마하고 풀어야겠다는 마음이 들어서 전화를 했습니다.

이때껏 섭섭했던 얘기 다하고 엄마 속상하게 하려고 이러는 게 아니라 정말 진심으로 엄마를 대하고 싶어서 그런다고, 이런 전화해서 미안하지만 엄마 이해해 달라고, 내 속에 엄마에 대한 섭섭한 것을 풀어야 엄마한테 진심으로 하는 것이 될 것 같다고 얘기했더니, 엄마는 놀라서 화도 냈다가 울기도 했다가 내가 자식 키우느라 희생했는데 이럴 수가 있냐고 야단도 쳤다가 그러시대요.

엄마는 아들에게는 주기만 하시고 딸에게는 바라기만 하시는 전형적인 한국의 어머니시거든요. 엄마한테 섭섭한 얘기 안하던 딸이 갑자기 터뜨렸으니 큰 충격이겠지요. 엄마가 걱정이 되긴 하지만 도저히 이젠 참고 싶지가 않아서 그렇게 했습니다. 조금 전에 다시 전화를 드렸더니 진정이 되시고 해서 제가 웃으며 이젠 엄마 속 안 썩일 거라고 이젠 다 풀렸다고 얘기했습니다.

사실 걱정이 돼서 하나님께 기도 많이 했습니다. 엄마 마음도 하나님 붙들어 주시라고. 사실 그동안 내가 이런 게 섭섭했는데 얘기하면 엄마가 "그랬나. 그게 섭섭했나. 엄마가 몰랐다" 그 소리 듣고 싶어서 얘기했는데 우리 엄마는 그런 소리 못하시겠대요. 어쨌든 제 마음을 조금은 아셨나봐요. 목사님, 저 나쁜 딸이죠. 엄마한테 병 주고 약 주고. 오늘 기도하면서 많은 걸 깨닫게 해주셨습니다.

제가 편애에 대한 상처를 치료해 달라고 기도했더니요. 하나님께서 이순신도 세종대왕도 받지 못한 구원을 내게 주셨으니 그것이 참 은혜요 참 사랑이라고, 구원받지 못한 영혼이 많은데 나는 구원받았으니 나도 하나님 앞에 편애받은 사람이라고, 그 큰 편애받은 내가 엄마가 편애하는 정도야 아무것도 아니라고, 잠시 머물 세상에서 받는 편애가 뭐 그리 대수냐고, 이 생각을 주시니까 할 말이 없었습니다.

가슴이 갑자기 시원하면서 고민 끝이라고 내 속에서 해결이 났습니다. 그리고는 아들딸을 편애하는 엄마의 그 마음은 엄마도 어쩔 수 없는 부분임을 알게 하셨습니다. 상대편의 안 되는 부분들을 내게 수용하라 하셨습니다. 나도 하나님께 모든 것을 수용받았는데 내가 의인이라 날 구원한 게 아님을 잘 알면서 내 모든 죄와 허물을 십자가에 다 감춰주시고 나를 주님의 보혈의 공로로 구원하셨음을 잘 알면서 왜 남의 허물은 용납할 수 없는지.

나를 하나님의 형상을 닮은 존재로 만드셨는데 하나님의 형상으로 지음 받은 나지만 타락한 죄의 본성을 가지고 태어남으로 하나님과 화목되지 못하고 죄의 지배를 받아 살고 있음을, 이젠 이 죄의 지배에서 벗어나 하나님의 형상으로 회복되라는 하나님의 뜻임을 알게 하셨습니다.

하나님의 형상으로 회복되는 것은 하나님의 인격과 성품을 닮아 가는 것, 모든 사람과 모든 사건을 하나님의 메시지로 듣고 모든 사람과 모든 사건을 수용하고 용납해야 한다는 것, 그 사건과 사람을 탓하면 하나님을 탓하는 것, 왜? 하나님이 허락하신 거니까, 그러므로 나는 다 수용하고 용납하고 인정할 수밖에 없는 것.

목사님, 정말 감사해요. 이 큰 은혜들을 허락하신 하나님, 이젠 그분의 영광 위해 살아야 할텐데, 목사님처럼 아프고 지친 영혼을 위해서도 도움이 되고 싶구요. 목사님! 감사합니다.

♣**상담자**: 웃는 엄마님, 안녕하세요? 웃는 엄마님의 글을 읽다보면 언제부턴가 제가 더 기뻐지고 더 큰 은혜를 받습니다.

편애에 대한 하나님의 응답은 그야말로 "정답"입니다. 님은 하나님의 은혜를 아주 직통(?)으로 받고 계신 것 같아 부럽기까지 하네요. 어머니와의 직면도 참 지혜롭게 잘하셨군요. 그런 어머니를 있는 그대로 수용하고 인정한다는 건 그야말로 "사랑"이 아니면 불가능하다는 생각이 듭니다.

이미 천국에 가셨지만, 저의 외할머님에 대해 님처럼 저의 어머님도 그런 감정을 그렇게 풀고 이해하고 수용했다면 하는 마음이 들었습니다.

님이 자랑스럽습니다. 아마 모르긴 해도 이 아침 상담이 열린 후로 가장 성장한 내담자가 아닐지 모르겠습니다. 제가 너무 띄워드린다(?)는 생각도 들지만 괜찮습니다. 님의 삶이 그런 열매를 맺고 있기에 괜찮습니다. 주님과의 신혼 생활은 언제나 달콤합니다. 어려울 때마다 그런 응답으로 받은 간증을 가끔이라도 올려주시기 바랍니다. 모처럼 내담자가 올린 글을 보고 은혜를 받아서 기분이 좋습니다. 어제 수련회의 피곤이 풀리는 듯합니다!~

♥ **내담자**(웃는 엄마): 어제 멜 드리다가 목사님 아이디에 줄을 잘못 써서 내용이 다 날아가서 헤매다가 어딘가에 있던 내용을 찾아서 프린트했다가 방금 멜 보냈습니다.

목사님! 엄마한테 잘하기가 왜 이리 힘이 드는지요. 머리엔 되는데 가슴이 왜 이런지. 어제부터 엄마가 친정에 오라고 자꾸 전화가 와서 간다고 대답은 했는데 오늘 갈려니 머리가 아프고 짜증이 올라와서 견딜 수가 없습니다.

전에도 제가 별로 가고픈 마음이 없는데 엄마가 자꾸 오라 하면 거절을 못하고 간다고 대답은 해놓고 혼자 가기 싫어 쩔쩔매곤 했습니다. 잘 생각해 보면 엄마한테 거절 못하는 나 자신한테 화가 나는 것 같습니다. 아직도 엄마한테서 벗어나지 못하는 내가 보이거든요. 엄마 앞에 선 아직도 제가 아홉살 어린아이 같이 엄마 말에 무조건 복종해야 될 것 같은 그런 강압이 느껴지거든요.

아직도 제가 다 성숙하지 못하고 몸에 밴 어린 시절을 살고 있습니다. 엄마한테 거절하면 엄마가 실망하고 속상해 할 것 같아 전전긍긍하게 됩니다. 그것이 저를 엄청 두렵게 합니다. 저도 제 아이들을 이렇게 억압하고 강압한 것이 너무 가슴아픕니다. 우리 아이들도 저처럼 엄마에게 이렇게 매여서 살게 될까봐…….

오늘은 엄마에게서 이제 벗어나야 되겠다 싶어서 오늘은 못 가고, 내일 가겠다고 겨우 하루 미뤘는데요. 내일이 또 걱정입니다. 생각만 하면 머리가 아프고 속이 미식거립니다. 어지럽기도 하구요. 사람이 사는 게 엄청 힘이 드네요. 엄마한테 정말 잘해야지 싶은데 정말 괴로워요.

목사님, 이젠 벗어나서 홀로 서기를 해야겠지요. 몸에 밴 어린 시절도 떨쳐 버려야겠지요. 왜 이리 옛사람의 사고가 끈질긴지요. 아, 주님!

♣상담자(웃는 엄마): 웃는 엄마님, 제가 보기엔 정상입니다. 갑자기 변하면 사람이 미치든지 죽거든요. 그러니 지금까지의 변화만으로도 님은 성숙한 분이라고 말씀드리고 싶습니다. 어머님께 인정받고 싶은 딸로 자랐기에 더욱 어려울 것입니다. 일종의 양가감정, 애증이라고 하죠.

분명한 것은요. 어머님은 옛날과 같다고 스스로 생각하시겠지만, 아니거든요. 날이 갈수록 어머님의 힘은 쇠약해져 가고 님은 딸이지만 점점 더 힘을 얻게 되거든요. 다시 말해 이제 어머니가 님을 통제하는 것 같지만 이젠 님이 어머님을 통제하는 단계에 이르렀다는 것입니다. 그래서 〈몸에 밴 어린 시절〉이란 책을 보셨는지 모르지만 그 책의 마지막 장에 "스스로에게 부모 되기"란 파트가 있을 겁니다. 이젠 스스로에게 새로운 부모가 되는 일이 남았습니다. 그리고 어머님 만나시면 정말 후회가 없도록 사랑으로 직면하시고 용서할 건 용서하시고 말을 하시길 바랍니다.

님과 같은 분은 어머님이 나중에라도 돌아가시면 그 돌아가심 자체가 한이 되어 마음 한 켠에 오래도록 치유가 어려운 부분이 될 수도 있기 때문입니다. 그러니 살아 계실 적에 많은 대화, 직면을 통해 나중에 생길 감정의 고통을 아름답게 매듭짓게 되길 바랍니다. 그리고 마음속에 사는 그 인정에 굶주린 아이와 스스로 대화를 해보기 바랍니다. 자신에게 하는 독백은 커다란 치유의 힘이 있습니다. 언제나 그렇듯 잘하실 줄 믿고 싶습니다.

♥내담자(웃는 엄마): 안녕하세요? 수련회에서 돌아오셨는지요. 은혜 더블 받으셨겠지요. 저도 늘 하나님 은혜 가운데 지내고 있습니다. 어제는 우리 딸이 학교에서 아주 기분좋게 돌아왔습니다. 모의고사 시험친 게 생각보다 점수가 엄청 잘 나왔나 봅니다. 가고 싶던 학교

학과에 점수가 된다면서 너무 좋아했습니다.

  목사님, 저는 그저 공부해라, 공부해라 자꾸 시키면 될 줄 알았는데 그게 아니더라구요. 강제로 되는 건 세상에 아무것도 없나봐요. 요즘은 공부에 대해선 한 마디도 안하거든요. 하고 싶으면 하고 하기 싫으면 말라고, 하나님이 너를 공부를 통해 쓰실런지 아니면 다른 길로 쓰실런지 모르는데 공부공부 할 필요가 없다고 얘기했거든요.

  근데 얘기 안해도 스스로 더 신경쓰는 것 같아요. 우리 사회 분위기가 엄마가 하지 말라 해도 어차피 공부해야 되는 것 아니냐면서 집에서 나마 풀어 주니까 마음이 좋은가 봐요. 우리 부모들이 내 자식들을 왜 그렇게 믿지 못하는지, 간섭 안 하면 그저 어찌 되는 줄 알고 이리 간섭 저리 간섭, 차라리 그냥 믿고 칭찬만 해주니까 더 잘하는 것을, 부모라는 이름을 가지면 다 그렇게 욕심쟁이들이 되나봐요. 아이의 인생을 위해서가 아니고 자식 잘되는 게 내 인생의 훈장쯤으로 생각하는 것 같아요.

  저도 그런 미련함으로 아이들을 많이 닦달했습니다. 이젠 큰 아이나 작은 아이나 닦달할 때보다 성적이 더 잘 나온답니다. 이것이 하나님의 하시는 방법이구나 그런 생각이 들며 하나님의 놀라우신 섭리를 깨닫습니다. 내가 포기하니 하나님이 하셨습니다. 내가 잔소리할 때는 아이들이 오히려 짜증내고 하지 않았거든요.

  목사님, 저는요. 얼굴이 큰 것 땜에 참 스트레스가 많았거든요. 왜 내 얼굴은 이렇게 클까 생각하며, 얼굴 큰 내가 정말 싫었거든요. 굳이 나를 위로하는 것이 시대가 대형을 추구하는 시대니까 하나님이 미리 아시고 내 얼굴도 대형으로 만드셨구나! 그렇게 위로했습니다. 누가 얼굴 이야기만 하면 저는 스스로 위축되어 열등감에 사로잡히곤 했거든요.

  이 나이까지 그저께 머리를 커트했는데 너무 짧게 된 거예요. 난생 처음 숏커트라 얼마나 어색한지요. 어제 교회를 갔는데 예쁘장한 집사님이 얼굴을 찌푸리며 머리를 왜 그렇게 잘랐냐구요. 정말 봐주기 힘들다는 듯이 불쌍한 눈으로 보는 겁니다. 근데 전에 같으면 죽을 맛이었을 건데요. 어제는 그 말을 듣는 순간부터 즐거워지기 시작하는데요. 집사님이 아무리 그래도 나는 하나님의 형상으로 지음받은 존재, 어떤 모욕과 무시를 당해도 나의 존재가치는 변하지 않아, 그런 생각이 굳세게 들며 그 집사님이 오히려 불쌍한 생각이 들데요. 하루종일 기분이 너무 좋았습니다. 지금까지도 이 모든 것들이 얼마나 감사한지요. 하나님을 몰랐으면 열등감, 자기 비하감에 빠져서 헤맬텐데요. 엄마와도 전보다 더 부드러워졌습니다. 전엔 쑥스러워 잘 못하던 말들도 이젠 더 잘 나오구요. 엄마 말씀이 "니가 이제 나한테 정말 잘하려는가보다." 그렇게 말씀하시데요.

이제 엄마가 사신들 얼마나 사시겠어요. 목사님 말씀처럼 이젠 점점 힘이 빠지실 텐데 가슴이 아프네요. 전엔 전화를 드리려면 제 속에서 하기 싫었는데 이젠 거의 매일 전화드린답니다. 제 속의 감정들을 쏟아내고 나니까 마음이 홀가분해진 것 같아요. 물론 엄마야 상처가 되었겠지만요. 이젠 다시 새롭게 엄마와의 관계를 만들어 나가야지요.

목사님, 너무 감사해요. 제 얘길 다 읽어주시고 좋은 말씀도 주시니까요. 목사님 가정도 더욱 하나님의 은혜와 평강과 축복이 넘치시길 늘 바랍니다. 강건하세요. 영육간에 다요.

♥**상담자**: 웃는 엄마님! 글 잘 읽었어요. 후후, 큰 얼굴 때문에 고민하셨다구요. 그 글을 읽고요. 웃는 엄마님이 자녀들에게 그리고 남편에게 그리고 교회에서 그리고 동네에서……

어릴 적에 호오돈이란 사람이 썼다는 〈큰바위 얼굴〉이란 글을 아시지요. 그 큰바위 얼굴이 되시길 바랍니다. 그 얼굴이 사실 제일 아름다운 얼굴이라고 생각합니다. 예쁘다는 김희선, 장나라의 얼굴사진을 1

년간 본다면 질리겠지요. 그러나, 쭈글쭈글한 테레사 수녀의 환히 웃는 얼굴을 지겹다고 떼는 사람은 없을 것입니다. 얼굴의 크기와 모양이 문제가 아니라 정말이지 마음의 영의 상태가 얼굴로 드러나는 것을 자주 느낍니다. 아름다운 어머님이 되세요!~

♣**내담자**(웃는 엄마):

주님,
나를 주님 앞에 드립니다.
나를 주님이 만드시옵소서.
나를 주님이 빚으시옵소서.
나를 주님이 깎으시옵소서.

눈에 보이지 않고
손에 만지지 않으며
분명 있지만 없는 듯한
그러나,
우리에게 꼭 필요한
공기 같은 존재로

어느 그릇에 담기든
자기를 버리고
자신을 낮추어
그릇의 모양대로 변할 줄 아는
물 같은 존재로

가물어 쩍쩍 갈라진 대지 위에

자연에 순종함으로
낮은 곳으로 내려와
목마른 대지를 목축이어
옥토로 소생시키는
단비 같은 존재로

뜨거운 한여름 뙤약볕에도
우람히 버티어 선 느티나무 아래
지친 나그네의 설움까지 쉬게 하는
그늘 같은 존재로

주님,
어떤 모습으로 빚으시든
하나님 창조하셔서
하나님 보시기에 좋았던
그 나라 그 모습 같게 만드소서.

♣**상담자**: 웃는 엄마님, 은혜로운 시 고맙습니다. 마음에 쉼을 주는군요.

♥**내담자**(웃는 엄마):

상대방이 변화되길 원하시나요?
당신이 먼저 변해 보세요.
상대방이 먼저 변화되길 원한다면
순서가 맞지 않는 거예요.
내가 먼저 변화하는 만큼

상대방도 변해 가는 거지요.
사람이 변화할 수 있는 건
훈계도 지식도 꾸지람도 아니지요.
비판과 비난은 분노만 더해요.
다만 사랑
전폭적인 칭찬 지지 격려 인정
이것들로 사람은 변화될 수 있지요.
메마른 영혼의 비~인 공간엔
사랑과 칭찬 지지 인정만이 흡수되지요.
당신은 멋진 사람이예요.
나는 당신 때문에 살아갈 힘을 얻어요.
당신 같은 사람은 이 세상에 또 없어요.
당신은 대단한 사람이예요.
오늘 하루도 수고 많으셨어요.
나는 당신 때문에 기쁘답니다.
이런 말을 듣기 싫어하는 사람이 있을까요?
상대방의 행위를 보지 마세요.
굶주린 영혼만 바라보세요.
사랑 받지 못해 허기진 영혼만 보세요.
그 비~인 영혼 속에 사랑으로 칭찬으로 채워 주세요.
당신 사랑의 말만큼
당신 칭찬의 말만큼
상대방은 분명 변해 갑니다.

제 3 부

인터넷 치유기도

여기에서는 아침영성지도연구원에서 이 땅의 상처 입은 영혼들을 돌보기 위하여 "아침돌봄기도실"에 소개된 치유기도들입니다. 그리스도교 영성의 향기가 그윽하게 와닿는 이 치유기도들을 통하여 많은 네티즌들이 따스한 도움을 받았음을 고백하고 있습니다. 치유상담이 일반상담으로 끝나지 않고 하나님 안에서 영혼의 치유를 체험하는 고독의 자리, 기도의 자리로 나아가는 데 소중한 도움이 되기를 바라는 마음 간절합니다.

하나 • 누군가가 그리울 때

사랑하는 하나님, 제가 ○○를 그리워하오니, 저희가 떨어져 있는 동안 그녀/그를 하나님의 친절하신 돌봄에 맡겨 드립니다. 저희의 이별이 하나님의 은혜로 인도되는 거룩한 기다림의 시간이 되게 해주십시오. 저희의 삶이 새로운 경험들, 다른 사람들, 그리고 간단한 변화에 접할 때, 저희 영혼의 눈이 하나님의 신실한 지혜 위에 놓일 수 있도록 해주십시오. 저희의 기다리는 시간을 위로해 주시고, 저희가 서로의 삶의 일부이기 때문에 저희 둘 안에 새벽을 넓히고 황혼을 기뻐할 수 있는 마음을 허락해 주십시오. 저희는 흥분 속에서 다시 만날 날을 고대하며, 그것이 하나님의 시간과 하나님의 계획 안에서 일어날 것을 믿습니다. 예수님의 이름으로 기도드립니다. 아멘.

둘 • 두려워질 때

주님, 주님께 간구하오니, 미래에 대한 불안에서 저를 구해 주십시오. 실패에 대한 두려움, 가난에 대한 두려움, 사랑하는 사람을 잃을지도 모른다는 두려움, 외로움에 대한 두려움, 질병에 대한 두려움, 나이 들어 가는 것에 대한 두려움, 전쟁에 대한 두려움, 사망에 대한 두려움에서 저를 구원해 주십시오. 하나님, 은혜로 저를 도우시어, 하나님만을 사랑하고 경외하게 하시며, 제 마음에 아름다운 향기와 하나님에 대한 사랑의 신뢰를 채워 주십시오. 우리 주 예수 그리스도의 이름으로 기도드립니다. 아멘.

셋 • 화가 날 때

사랑하는 주님, 제 마음이 왜 이럴까요? 이러면 안 되는데 싶으면서도 도무지 참을 수가 없습니다. 왜 저 사람이 나한테 이러는가 생각하면 할수록 괘씸해집니다. 분통이 터지고 잠도 오지 않습니다. 밥맛도 없고 도무지 일이 손에 잡히지 않습니다. 주님, 저를 굽어살펴 주십시오. 제 마음을 어루만져 주십시오. 저는 할 수 없으나 주님은 하실 수 있사오니, 부디 제가 마음의 평정을 찾게 해주십시오. 저는 분노라는 단어가 되려 나에게 상처를 입혀, 이 감정을 붙잡고 있을수록 고통스러워질 뿐임을 잘 알고 있습니다. 사랑하는 주님, 이제 그를 위해서, 그리고 나아가 저를 위해서 용서라는 단어를 떠올리게 해주십시오. 제가 남을 용서하기 전에 주님이 저를 용서하신 것을 기억하게 해주십시오. 하찮은 것들에 더 이상 맘쓰지 않게 해주십시오. 도우시어, 용서하고 잊어버리게 해주십시오. 마음이 고요해짐으로 만물이 새로와짐을 느끼게 해주십시오. 주님의 은총을 기다리며, 우리 주 예수 그리스도의 이름으로 기도드립니다. 아멘.

넷 • 기분이 몹시 언짢을 때

오 나의 주님, 우울하고, 불안하고, 화가 머리끝까지 치밀어 오르는 기분이 저를 사로잡을 때, 이렇게 묻게 해주십시오. "오 나의 영혼아, 너는 어찌하여 그리 무거우며, 너는 어찌하여 내 안에서 그리 소란스러우냐?" 대답을 주시어 내 기분의 원인을 깨닫고 그것을 쫓아내게 하시어, 제가 제 상처를 용서하고 주님만을 바라게 해주십시오. 예수 그리스도의 이름으로 기도드립니다. 아멘.

다섯 • 스트레스를 받을 때

낮이 기울어 밤이 되듯이, 종종 즐거움도 잠깐 지난 뒤, 제 마음은 기울어 우울해집니다. 모든 것이 재미없어 보이고, 모든 행동이 짐처럼 느껴집니다. 사람들이 웅성대나 듣고 싶지도 않고, 사람들이 노크

하나 들리지 않습니다. 제 마음은 부싯돌처럼 단단합니다. 그럴 때면 저는 들로 나가 명상을 하고, 성경을 읽는가 하면, 주님께 드리는 편지에 저의 심층적인 생각을 적어 봅니다. 사랑의 주님, 그러면 갑자기 주님의 은혜가, 광명 속에서 어둠을 깨트리고, 짐을 들어올리며, 긴장을 누그러뜨립니다. 곧 한숨이 변하여 눈물이 되고, 그 눈물 바다에서 하늘의 기쁨이 저를 뒤덮습니다. 할렐루야!

여섯 ● 마음에 깊은 상처를 입었을 때

오 나의 하나님, 하나님만이 저희 약함의 깊이를 살피시고, 하나님만이 저희를 치유하실 수 있습니다. 저희의 두 눈을 전지전능하신 성부 하나님께, 그리고 용기 있는 고난 속에서 저희의 모본이 되신 하나님의 성자께 돌릴 수 있도록 해주십시오. 그분께서 십자가에 못 박히셨기에, 저희는 고난이 축복으로 바뀔 수 있음을 알게 되었습니다. 주 예수 그리스도여, 주님은 살아 있는 이들을 위한 건강의 유일한 근원이십니다. 아멘.

일곱 ● 고통과 질병이 엄습해 올 때

그리스도여, 저에게 힘을 주십시오. 저의 건강이 좋지 않습니다. 고통 때문에, 주님을 찬양하던 입술도 잠잠해져 버렸고, 말문도 막혀 버렸습니다. 주님을 찬양할 수 없는 게 견딜 수 없습니다. 오, 저를 다시 건강하게 해주시고, 온전하게 하시어, 다시 주님의 위대하심을 선포하게 해주십시오. 저를 버리지 마십시오, 제발 빕니다. 이제 다시 일어나 주님을 섬기게 해주십시오. 예수님의 이름으로 기도드립니다. 아멘.

여덟 • 누군가가 아프다는 소식을 들었을 때

주님, 거룩한 성부이시오, 우주를 창조하시고, 그 운행 법칙을 만드신 이여, 주님께서는 죽은 이를 살리실 수도 있고, 아픈 이를 치유하실 수도 있습니다. 저희의 아픈 형제와 자매를 위하여 기도하오니, 아픈 곳마다 안수하시는 주님의 손길을 그들이 느끼게 하시고, 몸도 새로워지고 영혼도 새로워질 수 있도록 해주십시오. 주님께서 주님의 피조물을 붙드시는 그 사랑을 그들에게도 보여 주십시오. 특별히 죄책감의 그늘에서 신음하는 저희에게 다가오시어 저희의 고백을 들으시고 용서하시며 앞으로는 밝고 건강한 삶을 허락하여 주십시오. 예수님의 이름으로 기도드립니다. 아멘.

아홉 • 누군가가 위독할 때

오 지극히 위대하신 하나님, 자비하신 성부여, 저희가 가장 겸손한 마음으로 간청합니다. 하나님께서 기뻐하시는 일이라면, 지금 병상에 누워 있는 형제/자매와 우정을 계속 나눌 수 있도록 해주십시오. 저희 믿음의 깊이를 보시어 그가 우리 곁에 좀더 머무르게 해주십시오. 저희가 그를 상실하고, 구원의 기회마저 상실한 것은, 실로, 저희의 배은망덕 때문입니다. 저희는 이렇게 탄원할 자격마저 없지만, 하나님의 자비하심이 모든 것 위에 있습니다. 비오니, 저희의 간절하고 겸허한 열심을 헤아리시어, 하나님의 영광을 가리는 일이 아니라면, 저희의 기도를 들으시고, 그를 죽음의 문에서 되돌려 주십시오. 그가 변을 당하지 않고 살아서, 하나님께는 영광이요 저희에게는 위로가 되게 해주십시오.

주님, 저희가 이 땅에서 고통스러워하지 않고 슬퍼하지 않도록 그것들을 저희에게서 물리쳐 주십시오. 하나님께서 그에게 커다란 도움을 베푸시고, 저희 가운데 가장 좋은 것을 허락하셨습니다. 어찌 저희가 그를 상실할 리가 있겠습니까? 하나님의 기쁨을 빼앗을 자 과연 누구이겠습니까? 비오니, 그런 일이 절대 없도록 해주십시오. 비오니, 하나님께서 기뻐하실 수만 있다면, 저희의 사랑하는 형제/자매를 저희에게 다시 돌려주시고, 그에게 건강을 다시 돌려주십시오. 예수님의 이름으로 기도드립니다. 아멘.

열 • 걱정이 될 때

부활이요 생명이신 주님, 주님께서는 마음에 근심하지 말라고 하셨지요. 하나님을 믿으니 또 주님을 믿으라고 하셨지요. 주님께서 저에게 평안을 끼치시니 이 힘든 생활 속에서도 숨쉬는 순간 순간이 무척이나 행복합니다. 주님의 평안은 세상이 주는 것 같지 아니하니, 제 마음엔 근심도 없고, 두려움도 없습니다. 부디 성령 안에서 이 평안을 길이길이 누리게 해주십시오. 길이요 진리요 생명이신 주님, 주님 가신 그 길을 제가 알고 있습니다. 주님으로 말미암지 않고는 성부 하나님께로 갈 수 없음도 알고 있습니다. 저에게 담대한 믿음을 주시어, 모든 근심과 걱정을 십자가 밑에 내려놓고, 길 되신 주님만을 따르게 해주십시오. 예수 그리스도의 이름으로 기도드립니다. 아멘.

열하나 • 마음이 혼란스러울 때

존귀하신 하나님, 이 시간 제 몸을 하나님이 기뻐하시는 거룩한 산제사로 드립니다. 이는 저의 드릴 영적 예배입니다. 제가 사는 날 동안, 이 세대를 본받지 말고, 오직 마음을 새롭게 함으로 변화를 받아, 하나님의 선하시고 기뻐하시고 온전하신 뜻이 무엇인지 분별하도록 해주십시오. 예수님의 이름으로 기도드립니다. 아멘.

열둘 • 기도하고 싶은데 잘 안 될 때

전능하신 하나님, 성령을 저에게 보내 주시어, 저의 약함을 도와주시니 감사합니다. 저는 어떻게 기도해야 할 것도 알지 못하지만, 성령께서 친히 이루 다 말할 수 없는 탄식으로, 저를 대신하여 간구하여 주시니 감사합니다. 사람의 마음을 꿰뚫어 보시는 하나님, 하나님께서는 성령의 생각이 어떠한지를 아시지요? 성령께서, 하나님의 뜻을 따라, 성도를 대신하여 간구하심을 아시지요? 저는 하나님을 사랑하는 사람들, 곧 하나님의 뜻대로 부르심을 받은 사람들에게는, 모든 일이 서로 협력해서 선을 이룬다는 것을 믿습니다. 아멘.

열셋 • 피곤을 느낄 때

주님, 곤하고 지친 이 몸, 주님의 날개 아래 깃들고 싶습니다. "수고하고 무거운 짐진 이들아, 다 내게로 오라. 내가 너희를 쉬게 하리라. 나는 마음이 온유하고 겸손하니, 나의 멍에를 메고 내게 배우라. 그러면 너희 마음이 쉼을 얻으리니, 이는 내 멍에는 쉽고 내 짐은 가벼움이라." 주님, 곤하고 지친 이 몸, 주님의 품 안에 안기고 싶습니다. 우리 주 예수 그리스도의 이름으로 기도드립니다. 아멘.

열넷 • 소외를 느낄 때

하나님, 하나님이 기도 가운데 부르짖는 이들에서 멀찍이 계시는, 이방인이 결코 아니시라는 말을 수도 없이 들어온 저입니다. 하나님, 그 말이 참되다는 것을 제가 지금 삶 속에서 보고 알게 해주십시오. 제가 마음 깊은 데서, 하나님의 성자, 예수 그리스도, 저의 구세주를 인정할 수 있는 믿음과 기쁨을 주십시오. 제가 수용적이고 개방적인 사람이 되어, 아빠의 손에서 빵을 받아 떼는 아이들처럼 하나님의 나라를 받아들이게 해주십시오. 하나님의 평화 안에서, 이 세상 다하는 날까지 하나님과 함께 편히 살게 해주십시오. 그리스도이신 예수님의 이름으로 기도드립니다. 아멘.

열다섯 • 외로움을 느낄 때

좋으신 예수님, 아버지 없는 이들의 아버지가 되시며, 외로운 이들의 하나님이 되어 주시는 이여, 외로움을 통하여 주님과 함께 홀로 있을 수 있는 법을 가르쳐 주십시오. 좋으신 예수님, 은밀한 마음을 향하여 말씀하시는 이여, 외로움이 제 영혼 안에서 주님의 현존이 되게 해주십시오. 우리 주 예수 그리스도의 이름으로 기도드립니다. 아멘.

열여섯 • 우울해질 때

주님, 삶의 숨결이 소진되어 버린 것 같습니다. 몸은 천근 만근, 마음의 근심 걱정, 살맛도 없고, 기력도 없습니다. 두려움도 가라앉힐 수가 없고, 팔다리도 마비된 것 같습니다. 암울한 생각만이 머릿속을 헤집고 다니며, 그것들을 물리칠 힘마저 떨어져 버렸습니다. 귀리나무가 바람에 일격을 당했다 한들, 지금 우울의 폭풍이 제 영혼을 강타한 것과 같겠습니까? 배가 파도에 세차게 흔들거렸다 한들, 지금 제 영혼이 비참함으로 요동치는 것과 같겠습니까? 집의 기초가 무너졌다 한들, 지금 제 자신의 삶이 잿가루처럼 바스라지는 것과 같겠습니까?

친구들의 발길이 뚝 끊어진지 오래입니다. 주님께서는 제 영적 형제들마저 멀리 흩뜨려 버리셨습니다. 지금 저는 주님의 교회로부터 버림받은 몸입니다. 더 이상 꽃들은 절 위해 피지 않습니다. 더 이상 나무들은 절 위해 낙엽지지 않습니다. 더 이상 새들은 제 창문에서 노래하지 않습니다. 동료 그리스도인들은 저를 어리석은 죄인이라 경멸합니다. 주님, 제 영혼을 드높여 주시고, 제 몸을 소생시켜 주십시오. 예수 그리스도의 이름으로 기도드립니다. 아멘.

열일곱 • 자살 충동을 느낄 때

하나님, 지금 고통 중에서 하나님의 손길을 바라고 있습니다. 긍휼을 베푸시어 저의 생각과 눈물과 아픔을 헤아려 주십시오. 삶의 고단함과 의미 없음을 치료해 주십시오. 살아 있다는 생생한 느낌으로 순간에 최선을 다하는 당당한 모습을 심어 주십시오. 모든 사람이 인정하고 존경하는 아름다운 성품을 베풀어 주십시오. 삶의 용기를 지니고 오히려 약한 이웃을 섬기게 해주십시오. 길이요 진리요 생명이신 예수님의 이름으로 기도드립니다. 아멘.

열여덟 • 슬플 때

온갖 신비를 지니신 위대하신 하나님, 절대절망의 현실 속에서 저의 생각이 헛돌고 놀란 새들처럼 저의 말이 헛나올 때, 저에게 고요함을 가져다주시어 두 손을 모으고 제 마음의 슬픔을 덮을 수 있도록 해주십시오. 저에게 은혜를 주시어 하나님을 조용히 인내하며 받들 수 있도록 해주십시오.

하나님께서는 제가 아는 것보다도 더 제 가까이 계시며, 제가 상상하는 것보다도 더 가까이 계십니다. 제가 하나님을 발견할 수 없다면, 그것은 제가 아주 먼 곳에서 찾고 있기 때문입니다. 제가 아픔을 느끼기 전에 하나님께서 아파하셨고, 무거운 짐이 저를 내리누르기 전에 하나님께서 그것을 걷어치우셨으며, 슬픔으로 저의 마음이 암울해지기 전에 하나님께서는 먼저 슬퍼하셨습니다.

하나님께서는 어둠의 골짜기에서도 계시므로, 저의 선한 목자가 되시어 제가 하나님과 동행하는 동안 돌보심으로써, 제가 연약함 가운데 넘어지지 않도록 해주십시오. 비록 아픔의 자국이 깊어갈지라도, 늘 하나님께서 바라시는 길을 걷게 해주시고, 저를 이끄시어 온갖 위험을 지날 수 있도록 해주십시오. 예수 그리스도의 이름으로 기도드립니다. 아멘.

열아홉 • 죄책감에 시달릴 때

주님, 주님의 한결같은 사랑으로, 제게 자비를 베풀어 주십시오. 주님의 긍휼을 베푸시어 제 반역죄를 없애 주십시오. 제 죄악을 말끔히 씻어 주시고, 제 죄를 깨끗이 없애 주십시오. 제 반역죄를 제가 잘 알고 있으며, 제가 지은 죄가 언제나 제 앞에 있습니다. 주님께만, 오직 주님께만, 저는 죄를 지었습니다. 주님 눈 앞에서, 제가 악한 짓을 저질렀으니, 주님의 유죄 선고가 마땅할 뿐입니다. 주님의 유죄 선고는 옳습니다. 실로, 저는 태어날 때부터 죄인이었고, 어머니의 태 속에 있을 때부터 죄인이었습니다.

마음 속의 성실과 진실을 기뻐하시는 주님, 제 마음을 주님의 지혜로 가득 채워 주십시오. 우슬초로 제 죄를 정결케 해주십시오. 제가 깨끗하게 될 것입니다. 저를 씻어 주십시오. 제가 눈보다 더 희게 될 것입니다. 기쁨과 즐거움의 소리를 들려 주십시오. 비록 주님께서 저의 뼈를 꺾으셨어도, 제가 다시 기뻐하며 외치겠습니다. 주님의 눈을 제 죄에서 돌리시고, 제 모든 죄악을 없애 주십시오.

아, 하나님, 제 속에 깨끗한 마음을 새로 지어 주시고, 제 안에 정직한 새 영을 넣어 주십시오. 주님 앞에서 저를 쫓아내지 마시며, 주님의 거룩한 영을 저에게서 거두어 가지 말아 주십시오. 주님께서 베푸시는 구원의 기쁨을 제게 돌려 주시고, 너그러운 영을 보내셔서 저를 붙들어 주십시오. 주님, 제 입을 열어 주십시오. 주님을 찬양하는 노래를 제 입으로 전파하렵니다. 주님은 제물을 반기지 않으시며, 제가 번제를 드려도 기뻐하지 않으십니다. 하나님께서 원하시는 제물은 깨어진 마음임을 확신합니다. 깨어지고 짓밟힌 심령을, 하나님께서는 진멸하지 않으실 것입니다. 아멘.

스물 • 내 모습이 초라해 보일 때

주님, 제가 부유하여 자신을 잊지 않게 해주십시오. 제가 가난하여 주님을 잊지 않게 해주십시오. 희망이나 두려움, 즐거움이나 고통, 밖에서 일어나는 일이나 제 안의 연약함 때문에, 내내 의무 행하기를 게을리 하지 않게 하시며, 주님 주신 계명의 길을 벗어나지 않게 해주십시오. 오, 주님의 영이 영원히 제 안에 거하시어, 제 영혼이 의롭고 자비로워지며, 정직과 경건으로 충만하게 해주십시오. 확고하고 한결같은 거룩한 뜻을 품게 하시고, 악에게 굴하지 않게 해주십시오. 겸손하고 순종하며, 평화롭고 경건하게 해주십시오. 이웃의 행복을 질투하지 않게 해주십시오. 이웃의 멸시를 받지 않게 하시며, 멸시를 받을 때라도 온유와 사랑으로 감당하게 해주십시오. 예수 그리스도의 이름으로 기도드립니다. 아멘.

스물하나 • 열등감을 느낄 때

하늘에 계신 성부여, 저를 도우시어 제 마음이 하나님께 피하고 하나님을 파트너로 삼게 해주십시오. 제 마음에서 온갖 파괴적이고, 부정적인 생각을 제거하여 주십시오. 저에게 삶의 기쁨과 열정을 주십시오. 저를 도우시어 이 세상에서 저를 기다리고 있는 도전들을 직면하게 해주십시오. 완전한 신뢰 안에서 저의 길을 하나님께 맡기며, 우리 주 예수 그리스도의 이름으로 기도드립니다. 아멘.

스물둘 • 좌절감을 느낄 때

  자비하신 하나님, 주님만이 저의 사정을 가장 잘 아시오니, 저의 비참함을 헤아려 주십시오. 겸손히 비오니, 이 시간 저의 강한 보호막이 되어 주십시오. 견딜 수 없을 정도로 고통을 주지는 마시고, 이 지독한 비참함에서 건져 주시든지, 아니면 하나님의 무거운 손과 날카로운 교정하심을 묵묵히 참을 수 있는 은혜를 주십시오. 바로의 손아귀에서 이스라엘 백성을 구한 것도 하나님의 그 오른 손이었습니다.

  얼마나 오랫동안 침묵하시렵니까? 영원히 그러시렵니까? 주님, 주님은 은혜로우시다는 것을 잊어 버리셨습니까? 불쾌하신 나머지 사랑어린 친절을 그만 베풀기로 하셨습니까? 더 이상 탄원을 받지 않으시렵니까? 주님의 자비가 깨끗이 영원토록 사라져 버리고, 주님의 약속이 완전히 영원토록 끝장나 버린 겁니까? 어찌하여 그토록 오랫동안이나 망설이십니까? 제가 주님의 자비 때문에 절망을 해야 합니까?

  하나님, 제발 그런 일이 없도록 해주십시오. 저는 그리스도 예수 안에서 지음 받은, 하나님의 작품입니다. 그러므로 하나님이 뜻하시는 모든 일 속에서 저와 함께 해주시고, 하나님께서 뜻하시는 방식대로 고난도 달게 받게 해주십시오. 오직 비옵기는, 그 동안, 저를 하나님의 두 팔로 품어 주시어, 제가 굳건히 설 수 있도록 해주십시오. 예수님의 이름으로 기도드립니다. 아멘.

스물셋 • 참 자기를 찾고 싶을 때

  아아, 사랑의 하나님, 나의 구주여, 주님은 영원히 감미로운 매력을 가지고 계십니다. 주님은 제 마음의 갈망이시며, 제 지성의 굶주림과 목마름이십니다. 주님을 맛보면 볼수록 저의 굶주림과 목마름은 더하고, 주님의 샘에서 마시면 마실수록 제 갈증은 더욱 심합니다. 오십시오, 주 예수시여, 어서어서 오십시오! 아멘!

스물넷 • 완전주의에 사로잡혀 있을 때

주님, 우리로 하여금 너무 행복하게 만들지 마십시오. 행복을 하나님과 바꾸지 않도록 적당한 불행을 주십시오. 주님, 우리로 하여금 너무 풍요롭게 만들지 마십시오. 물질 때문에 정신이 부패하지 않도록 적당한 가난을 주십시오. 주님, 우리로 하여금 너무 권세있는 이로 만들지 마십시오. 하나님을 두려워하는 이가 되도록 적당한 좌절을 주십시오. 주님, 우리로 하여금 너무 건강하게 만들지 마십시오. 축복인 줄 모르고 퇴폐에 몸을 던지지 않도록 적당한 약함을 주십시오. 비오니, 스스로 완벽하게 살기보다 주님 뜻 안에서 고난도 달게 받게 해주십시오. 그래서 행복하거나 불행하거나, 건강하거나 병들거나, 늘 주님만을 바라보게 해주십시오. 언제나 주님만을 섬기게 해주십시오. 예수님의 이름으로 기도드립니다. 아멘.

스물다섯 • 성격의 장애를 느낄 때

오, 만물을 탐구하시되, 하나님의 깊은 것과 인간의 깊은 것까지도 속속들이 살피시는 성령이시여, 비오니, 마음의 병을 앓고 있는 이들이 지닌 성격의 근원들을 꿰뚫어 보시어, 그들을 깨끗이 하시고 치유하시며 하나되게 해주십시오. 온갖 기억을 거룩하게 하시고, 온갖 두려움을 물리치시며, 그들이 마음과 뜻을 다하여 주님을 사랑하게 하심으로써, 그들이 건강해지고, 영원히 주님께 영광을 드릴 수 있도록 해주십시오. 악한 세력을 쫓아내시고 인간의 마음을 치유하시는, 우리 주 예수 그리스도의 이름으로 기도드립니다. 아멘.

스물여섯 • 가슴에 한이 맺힐 때

주님, 제가 주님께 소리 높여 부르짖습니다. 부르짖는 이 소리를 들으시고, 저에게 귀를 기울여 주십시오. 고난 당할 때에, 저는 주님을 찾았습니다. 밤새도록 두 손 치켜들고 기도를 올리면서, 제 마음은 위로를 받기조차 마다하였습니다. 제가 하나님을 기억하면서 한숨을 짓습니다. 주님 생각에 골몰하면서, 제 기운은 쇠약하여 갑니다.

주님께서 저를 뜬눈으로 밤을 지새게 하시니, 제가 지쳐서 말할 힘도 없습니다. 제가 옛날 곧 흘러간 세월을 회상하며 밤새 부르던 제 노래를 생각하면서, 생각에 깊이 잠길 때에, 제 영혼이 속으로 묻습니다. '주님께서 나를 영원히 버리시는 것일까? 다시는, 은혜를 베풀지 않으시는 것일까? 한결같은 그분의 사랑도 이제는 끊기는 것일까? 그분의 약속도 이제는 영원히 끝나 버린 것일까? 하나님께서 은혜를 베푸시는 일을 잊으신 것일까? 그분의 노여움이 그분의 긍휼을 거두어들이신 것일까?' 그 때에 저는 또 이런 생각도 들었습니다. '가장 높으신 분께서 그 오른손을 거두시는 것, 이것이 나의 슬픔이로구나!'

주님, 주님께서 하신 일을 저는 회상하렵니다. 그 옛날에 주님께서 이루신, 놀라운 그 일들을 기억하렵니다. 주님께서 해주신 모든 일을 하나하나 되뇌고, 주님께서 이루신 그 크신 일들을 깊이깊이 되새기겠습니다. 주님, 주님의 길은 거룩합니다. 주님만큼 위대하신 신이 누구입니까? 주님은 기적을 행하시는 하나님이시니, 주님께서는 주님의 능력을 만방에 알리셨습니다. 주님의 백성을 주님의 팔로 속량하셨습니다. 주님의 백성을 양 떼처럼 이끄시는 예수 그리스도의 이름으로 기도드립니다. 아멘.

스물일곱 • 삶의 무의미함을 느낄 때

　성부이신 주님, 제 삶의 근본이 되시며 삶의 의미가 되시는 주님이시여, 주님이 아니면 저에게는 삶의 목적도 없고, 의미도 낙도 광명도 없습니다. 주님 안에 삶의 목표가 있으며, 주님이 삶의 의미가 되십니다. 주님께서 제 안에 계심으로 제가 살았습니다. 제가 주님께로 가는 것이 저의 목적이고, 주님과 같이 되는 것이 저의 희망과 즐거움입니다. 지혜 있고 훌륭한 이로 사람들에게 알려지기보다는 차라리 미련한 이가 되어 주님 안에 있게 되기를 바랍니다. 죄를 깨닫고 자복하는 이가 될까요, 주님의 사유하심을 증거하는 이가 될까요? 주님의 깊은 뜻을 조금도 모르는 제가 아닙니까? 아시다시피 사람과 가까이 함으로 얻어질 것도 없고 도리어 신앙의 동요 덕에 손상이 있을지언정 도움은 조금도 없습니다. 단지 성부께만 가까이 나아갈 때 담대함과 용기와 능력과 지혜와 덕과 완전과 영생을 얻습니다.
　주님, 저에게 회개를 주십시오. 생명 얻는 회개를 주십시오. 주님, 제 가슴에 탄식을 주십시오. 회개를 못해 탄식케 하십시오. 부끄러워할 줄 알게 하십시오. 제 죄를, 진정으로 제 어리석음을 내놓게 하십시오. 제 지혜를 버리게 하십시오. 제 주장 제 고집을 버리게 하십시오. 오직 주님 생각만 받아들이게 해주십시오. 주님만 모셔들이게 해주십시오. 주님의 주장으로 제 주장을 삼게 하시고, 주님의 뜻을 받들어 저의 뜻이 되게 하시고 주님의 지혜가 저의 지혜가 되게 하십시오. 주님의 애통이 저의 애통이 되기를 빌며, 예수님의 이름으로 기도드립니다. 아멘.

스물여덟 • 영적인 갈증을 느낄 때

　주님, 제가 깊은 구렁 속에서 주님을 불렀습니다. 주님, 제 소리를 들어 주십시오. 저의 애원하는 소리에 귀를 기울여 주십시오. 주님, 주님께서 죄를 지켜 보고 계시면, 주님 앞에 누가 감히 버티어 설 수 있겠습니까? 용서는 주님만이 하실 수 있는 것이므로, 제가 주님만을 경외합니다.

제가 주님을 기다립니다. 제 영혼이 주님을 기다리며, 제가 주님의 말씀만을 바랍니다. 제 영혼이 주님을 기다림이 파수꾼이 아침을 기다림보다 더 간절합니다. 파수꾼이 아침을 기다림보다 더 간절합니다. 주님, 주님만을 의지합니다. 주님께만 인자하심이 있고, 속량하시는 큰 능력도 주님께만 있습니다. 오직 주님만이 저를 모든 죄에서 속량하시고, 깨끗하게 낫게 해주실 것입니다. 아멘.

스물아홉 ● 어떻게 살 것인지가 불확실할 때

오 나의 하나님, 하나님은 옛적부터 계셨으나 늘 새로운 분이십니다. 하나님은 홀로 영원한 양식입니다. 저는 잠시 동안만이 아니라 영원히 살기를 원합니다. 저는 제 존재를 다스릴 수 없습니다. 제가 악한 생각으로 제 자신을 멸하고 싶어도 그리할 수 없습니다. 저는 영원히 지성과 의식을 지니고 살아가야 합니다. 하지만 하나님 없는 영원은 영원한 불행일 수밖에 없습니다. 저는 오직 하나님 안에서만 저 자신을 지탱할 수 있습니다. 하나님은 홀로 영원한 저의 양식이십니다. 하나님은 홀로 지극히 풍성하시며, 언제나 저에게 새로운 지식과 사랑의 대상을 영원히 제공하십니다. 저는 하나님의 거룩한 본질의 기본 원리를 배우기 시작하는 어린아이입니다. 대저 하나님은 모든 선(善)의 소재지요 중심이십니다. 하나님은 이 덧없는 세상에서 유일한 실체이시며, 복된 영들이 즐거이 거하는 하늘 나라이십니다. 아멘.

서른 • 인생의 본질을 묻고 싶을 때

주님, 주님은 대대로 저의 거처이셨습니다. 산들이 생기기 전에, 땅과 세계가 생기기 전에, 영원부터 영원까지, 주님은 하나님이십니다. 주님께서는 사람을 티끌로 돌아가게 하시고, "죽을 인생들아, 돌아가거라." 하십니다. 주님 앞에서는 천 년도 지나간 어제와 같고, 밤의 한 순간과도 같습니다. 주님께서 생명을 거두어 가시면, 인생은 한 순간의 꿈일 뿐, 아침에 돋는 한 포기의 꿈과 같을 따름입니다. 아침에 돋아나서 꽃을 피우다가도, 저녁에는 시들어서 말라 버립니다.

주님, 주님께서 노하시면 제 삶이 끝이 나고, 주님께서 노하시면 저는 스러지고 맙니다. 주님께서 제 죄를 주님 앞에 내놓으시니, 저의 숨은 죄가 주님 앞에 환히 드러납니다. 주님께서 노하시면 제 인생은 사그라지고, 저의 한평생은 한숨처럼 스러지고 맙니다. 인생의 연수가 칠십이요 강건하면 팔십이라도, 그 연수의 자랑은 수고와 슬픔 뿐이요, 빠르게 지나가니, 마치 날아가는 것 같습니다. 저에게 저의 날 계수함을 가르쳐 주셔서, 지혜의 마음을 얻게 해주십시오. 예수님의 이름으로 기도드립니다. 아멘.

제4부

인터넷 치유성경

여기에서는 그 동안 아침영성지도연구원에서 상처 입은 영혼들을 상담하면서 깊은 위로와 치유의 능력을 경험한 말씀들을 주제별로 하나씩만 뽑아 보았습니다. 치유의 능력이 진정 하나님의 말씀에서 나오며 그럴 때에야 비로소 우리 인간의 치유가 온전해질 수 있음을 거듭거듭 확인하였습니다. 여러분에게도 단순한 말씀의 암송이 아니라 치유의 빛을 발할 수 있는 생명의 언어가 될 수 있기를 기도드립니다. 참고로 현대를 살아가는 청소년 세대의 영성지도를 위하여 〈표준새번역〉을 참고하였습니다.

하나 • 외로울 때

요한복음 14:18

"나는 너희를 고아처럼 버려두지 않고, 너희에게 다시 오겠다."

둘 • 두려울 때

요한복음 14:27

"나는 평화를 너희에게 남겨 준다. 나는 내 평화를 너희에게 준다. 내가 주는 평화는, 세상이 주는 평화와 같은 것이 아니다. 너희는 마음에 근심하지 말고, 두려워하지도 말아라."

셋 • 화가 날 때

에베소서 4:26

"화를 내더라도 죄는 짓지 마십시오. 해가 지도록 노여움을 품고 있지 마십시오."

넷 • 좌절을 겪을 때

이사야 26:3

"주님, 주님께 의지하는 사람들은 늘 한결같은 마음을 가진 사람들이니, 그들에게 완전한 평화를 주시기 바랍니다."

다섯 • 죄책감을 느낄 때

요한복음 5:24

"내가 진정으로 진정으로 너희에게 말한다. 나의 말을 듣고 또 나를 보내신 분을 믿는 사람은 영생을 얻고, 심판을 받지 않는다. 그는 죽음에서 생명으로 옮겨 갔다."

여섯 • 하나님의 뜻을 어겼을 때

빌립보서 2:5-8

"여러분은 이런 태도를 가지십시오. 그것은 곧 그리스도 예수께서 보여 주신 태도입니다. 그분은 하나님의 모습을 지니셨으나, 하나님과 동등함을 당연하게 생각하지 않으시고, 오히려 자기를 비워서 종의 모습을 취하시고, 사람과 같이 되셨습니다. 그는 사람의 모양으로 나타나서서, 자기를 낮추시고, 죽기까지 순종하셨으니, 곧 십자가에 죽기까지 하셨습니다."

일곱 • 고난을 당할 때

고린도후서 1:5

"그리스도의 고난이 우리에게 넘친 것과 같이, 그리스도로 말미암아 받는 위로도 우리에게 넘칩니다."

여덟 • 낙담이 될 때

갈라디아서 6:9

"선한 일을 하다가, 낙심하지 맙시다. 지쳐서 넘어지지 않으면, 때가 이를 때에 거두게 될 것입니다."

아홉 • 우울할 때

시편 147:3

"마음이 상한 사람을 고치시고, 그 아픈 곳을 싸매어 주신다."

열 • 어려운 순간이 닥쳐올 때

요한복음 14:1

"너희는 마음에 근심하지 말아라. 하나님을 믿고 또 나를 믿어라."

열하나 • 필요를 느낄 때

시편 23:1

"주님은 나의 목자시니, 내게 아쉬움 없어라."

열둘 • 유혹을 받을 때

로마서 7:24-25

"아, 나는 비참한 사람입니다. 누가 이 죽음의 몸에서 나를 건져 주겠습니까? 우리 주 예수 그리스도를 통하여 나를 건져 주신 하나님께 감사를 드립니다. 그런데 내가 마음으로는 하나님의 법에 복종하고, 육신으로는 죄의 법에 복종하고 있습니다."

열셋 • 참을 수 없을 때

히브리서 6:12

"여러분은, 게으른 사람이 되지 말고, 믿음과 인내로 약속을 상속받는 사람들을 본받는 사람이 되어야 합니다."

열넷 • 병이 들었을 때

야고보서 5:14-15

"여러분 가운데 앓는 사람이 있습니까? 그런 사람은 교회의 장로들을 부르십시오. 그리고 그 장로들은 주님의 이름으로 그에게 기름을 바르고, 그를 위해 기도해 주십시오."

열다섯 • 슬플 때

마태복음 5:4

"슬퍼하는 사람은 복이 있다. 그들이 위로를 받을 것이다."

열여섯 • 누군가가 세상을 떠났을 때

데살로니가전서 4:13-14

"형제자매 여러분, 우리는 여러분이 잠든 사람들의 문제를 모르고 지내는 것을 바라지 않습니다. 이는 여러분이, 소망을 가지지 못한 다른 사람과 같이 슬퍼하지 않게 하려고 하는 것입니다."

열일곱 • 믿음과 신뢰

요한일서 5:4

"그것은 때때로 주의 천사가 못에 내려와 물을 휘저어 놓는데 물이 움직일 때에 맨 먼저 들어가는 사람은 무슨 병에 걸렸든지 낫기 때문이었다."

열여덟 • 하나님 사랑

로마서 8:28

"우리는 하나님을 사랑하는 사람들, 곧 하나님의 뜻대로 부르심을 받은 사람들에게는, 모든 일이 서로 협력해서 선을 이룬다는 것을 압니다."

열아홉 • 이웃 사랑

요한일서 4:11-12

"사랑하는 여러분, 하나님께서 이렇게까지 우리를 사랑하셨으니, 우리도 서로 사랑해야 합니다. 지금까지 하나님을 본 사람은 없습니다. 그러나 우리가 서로 사랑하면, 하나님께서 우리 가운데 계시고, 또 하나님의 사랑이 우리 가운데서 완성되는 것입니다."

스물 • 평화

빌립보서 4:6-7

"아무것도 염려하지 말고, 모든 일을 오직 기도와 간구로 하고, 여러분이 바라는 것을 감사하는 마음으로 하나님께 아뢰십시오. 그리하면 사람의 헤아림을 뛰어넘는 하나님의 평화가 여러분의 마음과 생각을 그리스도 예수 안에서 지켜 줄 것입니다."

스물하나 • 용서

마가복음 11:25

"너희가 서서 기도할 때에, 어떤 사람과 서로 등진 일이 있으면, 용서하여라. 그래야, 하늘에 계신 너희 아버지께서도 너희의 잘못을 용서해 주실 것이다."

스물둘 • 교제

요한복음 13:34-35

"이제 나는 너희에게 새 계명을 준다. 서로 사랑하여라. 내가 너희를 사랑한 것과 같이, 너희도 서로 사랑하여라. 너희가 서로 사랑하면, 모든 사람이 그것으로써 너희가 나의 제자인 줄을 알게 될 것이다."

스물셋 • 거룩

마태복음 5:8

"마음이 깨끗한 사람은 복이 있다. 그들이 하나님을 볼 것이다."

스물넷 • 죄에 대한 승리

베드로후서 2:9

"주께서는 경건한 사람을 시련에서 건져 내시고, 불의한 사람을 벌하셔서, 심판 날까지 가두어 두실 것입니다."

스물다섯 ● 그분의 뜻을 발견하기

시편 32:8

"네가 가야 할 길을 내가 너에게 지시하고 가르쳐 주마. 너를 눈여겨 보며 너의 조언자가 되어 주겠다."

스물여섯 ● 안전

요한일서 4:4

"자녀 여러분, 여러분은 하나님에게서 났고, 그들을 이겼습니다. 여러분 안에 계신 분이 세상에 있는 자보다 크시기 때문입니다."

스물일곱 ● 응답받는 기도

요한복음 14:13-14

"너희가 내 이름으로 구하는 것은, 내가 무엇이든지 다 이루어 주겠다. 이것은 아들로 말미암아 아버지께서 영광을 받으시게 하려는 것이다."

스물여덟 ● 찬양

베드로전서 2:9

"그러나 여러분은 택함을 받은 민족이요, 왕의 제사장들이요, 거룩한 국민이요, 하나님의 소유가 된 백성입니다. 그것은 여러분을 어둠에서 불러내어, 그의 놀라운 빛 가운데로 인도하신 분의 업적을, 여러분이 선포하게 하려는 것입니다."

스물아홉 ● 헌신

히브리서 6:10

"하나님께서는 불의하신 분이 아니시므로, 여러분의 행위와 여러분이 하나님의 이름을 위하여 나타낸 사랑을 잊어버리지 않으십니다. 여러분은 성도들을 섬겼으며, 또 지금도 섬기고 있습니다."

서른 ● 청지기직

고린도후서 9:6-8

"요점은 이러합니다. 적게 심는 사람은 적게 거두고, 많이 심는 사람은 많이 거둡니다. 각자 그 마음에 정한 대로 해야 하고, 아까워하면서 내거나, 마지못해서 하는 일은 없어야 합니다. 하나님께서는 기쁜 마음으로 내는 사람을 사랑하십니다. 하나님께서는 여러분에게 온갖 은혜를 넘치게 주실 수 있습니다. 그러므로 여러분은 모든 일에 여러분이 쓸 것을 언제나 넉넉하게 가지게 되어서, 온갖 선한 일을 얼마든지 할 수 있습니다."

서른하나 ● 자비

야고보서 5:11

"보십시오, 참고 견딘 사람은 복되다고 우리는 생각합니다. 여러분은 욥이 어떻게 참고 견디었는지를 들었고, 또 주께서 나중에 그에게 어떻게 하셨는지를 알고 있습니다. 주께서는 자비가 넘치시고, 긍휼이 많으십니다."

서른둘 ● 순종

요한복음 14:21

"내 계명을 받아서 지키는 사람은 나를 사랑하는 사람이요, 나를 사랑하는 사람은 내 아버지의 사랑을 받을 것이다. 그리고 나도 그 사람을 사랑하여, 그에게 나를 드러낼 것이다."

서른셋 • 기도
로마서 8:26
"이와 같이, 성령도 우리의 약함을 도와주십니다. 우리는 어떻게 기도해야 할 것도 알지 못하지만, 성령께서 친히 이루 다 말할 수 없는 탄식으로, 우리를 대신하여 간구하여 주십니다."

서른넷 • 증언
마태복음 28:18-20
"나는 하늘과 땅의 모든 권세를 받았다. 그러므로 너희는 가서, 모든 민족을 제자로 삼아서, 아버지와 아들과 성령의 이름으로 세례를 주고, 내가 너희에게 명한 모든 것을 그들에게 가르쳐 지키게 하여라. 보아라, 내가 세상 끝 날까지 항상 너희와 함께 있을 것이다."

서른다섯 • 타락
이사야 59:1-2
"주의 손이 짧아서 구원하지 못하시는 것도 아니고, 주의 귀가 어두워서 듣지 못하시는 것도 아니다. 오직, 너희 죄악이 너희와 너희의 하나님 사이를 갈라놓았고, 너희의 죄 때문에, 주께서 너희에게서 얼굴을 돌리셔서, 너희의 말을 듣지 않으실 뿐이다."

서른여섯 • 영광의 부활
요한복음 11:25-26
"나는 부활이요 생명이니, 나를 믿는 사람은 죽어도 살고, 살아서 나를 믿는 사람은 영원히 죽지 않을 것이다. 네가 이것을 믿느냐?"

서른일곱 ● 영생

요한일서 2:25
"이것은, 그분이 친히 우리에게 주신 약속인데, 곧 영원한 생명입니다."

서른여덟 ● 구원의 계획

(당신은 죄인이다)
로마서 3:10
"의인은 없다. 한 사람도 없다."

(죄에는 치러야 할 값이 있다)
로마서 3:23
"모든 사람이 죄를 범하였으므로, 하나님의 영광에 이르지 못합니다."

(회개할 필요)
마태복음 9:13
"너희는 가서 '내가 바라는 것은 자비요, 희생제물이 아니다' 하신 말씀이 무슨 뜻인지 배워라. 나는 의인을 부르러 온 것이 아니라, 죄인을 부르러 왔다."

(하나님은 당신을 사랑하신다)
요한복음 3:16
"하나님이 세상을 이처럼 사랑하셔서 독생자를 주셨으니, 누구든지 그를 믿으면 멸망하지 않고 영생을 얻을 것이다."

(그리스도는 당신을 위해 돌아가셨으며 당신이 구원받기를 바라신다)
로마서 6:23
"죄의 삯은 죽음이요, 하나님의 선물은 우리 주 예수 그리스도 안에서 누리는 영원한 생명입니다."

(그리스도께서 지금 당신을 구원하실 것이다)
로마서 10:9-10
"입으로 예수는 주님이라고 고백하고, 하나님께서 그를 죽은 사람들 가운데서 살리신 것을 마음으로 믿는 사람은 구원을 얻을 것입니다. 사람은 마음으로 믿어서 의에 이르고, 입으로 고백해서 구원에 이릅니다."

(당신은 당신이 구원받았음을 알 수 있다)
요한일서 5:10-13
"하나님의 아들을 믿는 사람은 그 증언을 자기 안에 가지고 있습니다. 하나님을 믿지 않는 사람은 하나님을 거짓말쟁이로 만들었습니다. 하나님께서 당신의 아들을 두고 증언하신 그 증언을 믿지 않았기 때문입니다. 그 증언은 하나님께서 우리에게 영원한 생명을 주셨다는 것과, 그 생명이 그 아들 안에 있다는 것입니다. 그 아들을 모신 사람은 생명을 가진 사람이고, 하나님의 아들을 모시지 않은 사람은 생명을 가지지 못한 사람입니다. 나는 하나님의 아들의 이름을 믿는 여러분에게 이 글을 씁니다. 그것은, 여러분이 영원한 생명을 가지고 있음을 알게 하려는 것입니다."

제 5 부

인터넷 치유도서

여기서는 아침치유상담실에서 수많은 내담자들과 상담을 주고받으면서 여기저기에 소개한 책들을 한 데 정리해 본 것입니다. 실제로 많은 분들이 자신의 문제를 어떻게 해석하고 어떻게 치유해야 하는지 지식이 없어서 힘들어 하시는 것을 보았습니다. 그런 분들에게 여기 소개한 치유도서들이 매우 유익한 도움과 정보를 제공해 드릴 수 있다고 확신합니다.

하나 ● 정신분석학에 관한 책

국내에 나와 있는 정신분석 관련도서들입니다. 프로이트 전집과 대상관계이론, 신(新)프로이트 계열이며 사회심리학자인 에리히 프롬 및 카렌 호르나이와 자크 라캉 등 시중에서 혹은 절판되어 대학 도서관에서 구입할 수 있는 저서들을 모았습니다. 정신분석을 공부하는 여러분들에게 작은 도움되길 바라는 마음으로.

1. 〈정신분석 인간 드라마〉(이손)
2. 〈나의 이력서〉(열린책들)
3. 〈정신분석 입문〉(열린책들)
4. 〈꿈의 해석〉(열린책들)
5. 〈새로운 정신분석 강의〉(열린책들)
6. 〈히스테리 연구〉(열린책들)
7. 〈일상생활 속의 정신병리학〉(열린책들)
8. 〈농담과 무의식의 관계〉(열린책들)
9. 〈성욕에 관한 세 편의 에세이〉(열린책들)
10. 〈꼬마 한스와 도라〉(열린책들)
11. 〈늑대 인간〉(열린책들)
12. 〈억압, 증후 그리고 불안〉(열린책들)
13. 〈무의식에 관하여〉(열린책들)
14. 〈쾌락 원칙을 넘어서〉(열린책들)
15. 〈문명 속의 불만〉(열린책들)
16. 〈종교의 기원〉(열린책들)
17. 〈예술과 정신분석〉(열린책들)
18. 〈창조적인 작가와 몽상〉(열린책들)
19. 〈정신분석 운동〉(열린책들)
20. 〈종교와 무의식〉(한국심리치료연구소)
21. 〈정신요법〉(일조각)
22. 〈프로이트〉(시공사)
23. 〈프로이트의 마음의 신비 입문〉(양서원)
24. 〈현대 정신분석 비평〉(민음사)
25. 〈정신분석학 입문〉(한신문화사)
26. 〈정신분석 이야기〉(건국대학출판부)

27. 〈정신분석의 이해〉(전남대학출판부)
28. 〈현대정신분석과 심리극〉(백의)
29. 〈정신역동적 상담〉(학지사)
30. 〈정신치료의 이론과 실제〉(고려대학출판부)
31. 〈정통 정신분석의 기법과 실제〉(하나의학사)
32. 〈정신치료 어떻게 하는 것인가〉(하나의학사)
33. 〈찰스 브레너의 정신분석학〉(하나의학사)
34. 〈이시형과 함께 읽는 프로이트 I II〉(중앙M&B)
35. 〈한 권으로 읽는 프로이트〉(푸른숲)
36. 〈정신분석학의 위협 앞에 선 기독교 신앙〉(다산글방)
37. 〈정신분석 용어해설집〉(하나의학사)
38. 〈프로이트—20세기의 해몽가〉(시공 디스커버리)
39. 〈정신분석의 기본 원리〉(솔)
40. 〈프로이트와 나눈 시간들〉(솔)
41. 〈프로이트와의 대화〉(종로서적)
42. 〈나는 얼마나 자유로운가〉(동녘)
43. 〈정신역동적 정신치료〉(하나의학사)
44. 〈프로이트와 인간의 영혼〉(하나의학사)
45. 〈정신 역동적 상담의 실제〉(이문)
46. 〈한국 전통 문화와 정신분석〉(교문사)
47. 〈현상학과 정신분석〉(철학과 현실사)
48. 〈아하 프로이트 I II〉(푸른숲)
49. 〈니체와 프로이트〉(철학과 현실사)
50. 〈성과 사랑 그리고 욕망에 관한 철학적 성찰〉(서광사)
51. 〈성, 꿈, 정신분석〉(민음사)
52. 〈성관계는 없다〉(민음사)
53. 〈광기의 사회사〉(민음사)
54. 〈정신병리학의 기초〉(민음사)
55. 〈한국의 아들과 아버지〉(황금가지)
56. 〈영한 정신치료입문〉(성원사)
57. 〈정신치료의 단기요법〉(하나의학사)
58. 〈정신분석의 발달〉(하나의학사)
59. 〈정신분석 혁명〉(문예출판사)
60. 〈여성의 심리 下〉(양서원)

61. 〈기독교와 정신분석〉(한국사회병리연구소)
62. 〈프로이드 심리학〉(문예출판사)
63. 〈위대한 7인의 정신분석가〉(백의)
64. 〈라이트의 정신분석비평〉(문예출판사)
65. 〈프로이트의 성과 권력〉(문예출판사)
66. 〈프로이트와 현대철학〉(열린책들)
67. 〈정신분석과 교육〉(제일출판사)
68. 〈스탠퍼드 클라크의 프로이드 입문〉
69. 〈프로이트를 만든 여인들〉(새로운 사람들)
70. 〈타자들〉(백의)
71. 〈자크 라캉 욕망이론〉(문예출판사)
72. 〈자크 라캉 I II〉(새물결)
73. 〈홍준기의 라캉과 현대철학〉(문학과 지성사)
74. 〈우리시대의 욕망 읽기〉(문예출판사)
75. 〈코리안 이마고 I II〉(인간사랑)
76. 〈라캉과 정신의학〉(민음사)
77. 〈라깡과 프로이드의 임상정신분석〉(하나의학사)
78. 〈안나 프로이트의 하버드 강좌〉(하나의학사)
79. 〈소설 프로이트 I II III〉(오늘)
80. 〈라켈 베이커의 프로이트의 심리학〉
81. 〈자기 분석〉(하나의학사)
82. 〈이미지〉(살림)
83. 〈심층심리학적 꿈 상징사전〉(한국심리치료연구소)
84. 〈기도의 심리학〉(은성)
85. 〈신데렐라와 그 자매들〉(한국심리치료연구소)
86. 〈치유의 상상력〉(한국심리치료연구소)
87. 〈인간의 관계 경험과 하나님 경험〉(한국심리치료연구소)
88. 〈자기의 분석〉(한국심리치료연구소)
89. 〈하인즈 코헛의 자기심리학〉(한국심리치료연구소)
90. 〈참 자기〉(한국심리치료연구소)
91. 〈유아의 심리적 탄생〉(한국심리치료연구소)
92. 〈멜라니 클라인〉(한국심리치료연구소)
93. 〈정신분석학적 대상관계이론〉(한국심리치료연구소)
94. 〈프로이트 이후〉(한국심리치료연구소)

95. 〈현대정신분석학과 종교〉(한국심리치료연구소)
96. 〈살아있는 신의 탄생〉(한국심리치료연구소)
97. 〈자폐 아동을 위한 심리치료〉(한국심리치료연구소)
98. 〈장병림의 정신분석〉(법문사)
99. 〈정신분석에로의 초대〉(이유)
100. 〈내부세계와 외부현실〉(한국심리치료연구소)
101. 〈대상관계이론과 임상적 정신분석〉(한국심리치료연구소)
102. 〈대상관계 개인치료 Ⅰ Ⅱ〉(한국심리치료연구소)
103. 〈대상관계 부부치료〉(한국심리치료연구소)
104. 〈대상관계 가족치료〉(한국심리치료연구소)
105. 〈위니캇의 피글〉(하나의학사)
106. 〈성숙과정과 촉진적 환경〉(한국심리치료연구소)
107. 〈그림놀이를 통한 어린이 심리치료〉(한국심리치료연구소)
108. 〈박탈과 비행〉(한국심리치료연구소)
109. 〈놀이와 현실〉(한국심리치료연구소)
110. 〈울타리와 공간〉(한국심리치료연구소)
111. 〈정신분석 용어사전〉(한국심리치료연구소)
112. 〈편집증과 심리치료〉(한국심리치료연구소)
113. 〈교육, 허무주의 생존〉(한국심리치료연구소)
114. 〈상한 마음의 치유〉(한국심리치료연구소)
115. 〈DSM-Ⅳ기준 정신장애 증례집〉(하나의학사)
116. 〈정신분석 용어해설집〉(하나의학사)
117. 〈히틀러의 정신분석〉(솔)
118. 〈정신역동적 정신치료〉(하나의학사)
119. 〈대인관계와 정신역동〉(이문)
120. 〈아동기와 사회〉(중앙적성출판사)
121. 〈아이덴티티〉(삼성출판사)
122. 〈나—자아의 성장과 발달〉(한림미디어)
123. 〈소집단 정신치료〉(하나의학사)
124. 〈대상관계이론과 가족치료〉(신한)
125. 〈한국인의 심리에 관한 보고서〉
126. 〈롤로 메이의 자유와 운명〉
127. 〈이극찬의 프롬의 자유사상〉
128. 〈인간과 사회와 종교의 정신분석〉

129. 〈밀실의 인간 광장의 인간〉
130. 〈에리히 프롬 소유냐 존재냐〉(전망사)
131. 〈너희도 신처럼 되리라〉(범우사)
132. 〈환상의 사슬을 넘어서〉(전망사)
133. 〈자아를 찾아서〉(전망사)
134. 〈풍요로운 삶을 위하여〉(씽크북)
135. 〈희망의 혁명〉(현대사상사)
136. 〈인간상실과 인간회복〉(현대사상사)
137. 〈현대인의 정신적 위기〉(진영사)
138. 〈프로이트 사상의 재조명〉(전망사)
139. 〈자유로부터의 도피〉(전망사)
130. 〈인간의 마음〉(문예출판사)
131. 〈잊어버린 언어〉(서음출판사)
132. 〈사랑의 기술〉(문예출판사)
133. 〈인간의 본성은 파괴적인가〉(종로서적)
134. 〈존재의 기술〉(까치)
135. 〈인간에 대한 믿음〉(자작나무)
136. 〈선과 정신분석〉(원음사)
137. 〈자기를 찾는 인간〉(종로서적)
138. 〈정신분석과 듣기 예술〉(범우사)
139. 〈인간의 마음 무엇이 문제인가 上下〉(선영사)
140. 〈칼 메닝거의 사랑과 미움〉(백조출판사)
141. 〈생명을 존중하며 삶을 사랑하는 마음〉(고려서원)
142. 〈카렌 호르나이의 정신분석의 새로운 이해〉(중앙적성출판사)
143. 〈자기 분석〉(민지사)
144. 〈문화와 신경증〉(문음사)
145. 〈갈등의 심리학〉(배영사신서)
146. 〈현대인의 이상 성격〉(배영사신서)
147. 〈만화 프로이트〉(이두)
148. 〈프로이트와 담배〉(뿌리와 이파리)
149. 〈프로이트〉(인간사랑)
150. 〈나의 이성 나의 감성〉(한국심리치료연구소)
151. 〈하룻밤의 지식 여행〉(김영사)
152. 〈정신분석과 현존재분석〉(하나의학사)

153. 〈Glen O. Gabbard의 역동정신학〉(하나의학사)

둘 ● 분석심리학에 관한 책

1. 〈융의 분석심리학에 기초한 미술치료〉(학지사)
2. 〈꿈으로 하는 정신치료〉(용인정신병원)
3. 〈꿈의 해석과 영적 세계〉(다산글방)
4. 〈융 심리학과 동양 종교〉(일조각)
5. 〈회상, 꿈 그리고 사상〉(집문당)
6. 〈무의식 분석〉(선영사)
7. 〈분석심리학〉(교육과학사)
8. 〈현대의 신화〉(삼성출판사)
9. 〈춤, 동작 치료와 심층심리학〉(물병자리)
10. 〈융 학파의 꿈 해석〉(학지사)
11. 〈정신요법의 기본문제〉(솔)
12. 〈원형과 무의식〉(솔)
13. 〈인격과 전이〉(솔)
14. 〈인간의 상과 신의 상〉(솔)
15. 〈꿈에 나타난 개성화 과정의 상징〉(솔)
16. 〈연금술에서의 구원의 관념〉(솔)
17. 〈상징과 리비도〉(솔)
18. 〈영웅과 모성 원형〉(솔)
19. 〈인간과 문화〉(솔)
20. 〈콤플렉스, 원형, 상징〉(경북대)
21. 〈남자 바로보기〉(푸른나무)
22. 〈융과 성서〉(분도)
23. 〈지중해의 회상〉(정우사)
24. 〈이부영 박사의 정신건강 이야기〉(정우사)
25. 〈잃어버린 그림자〉(정우사)
26. 〈인간과 상징〉(열린책들)
27. 〈인간과 무의식의 상징〉(집문당)
28. 〈살아있는 심혼〉(집문당)
29. 〈샌포드의 내 안에 있는 천국〉(두란노)
30. 〈꿈〉(대한기독교서회)

31. 〈하나님과 씨름했던 사람들〉(보산기획)
32. 〈만남, 대화 그리고 치유〉(하나의학사)
33. 〈하나님과 겨룬 자〉(은성)
34. 〈탈진한 목회자를 위하여〉(나단)
35. 〈이부영의 분석심리학 개정판〉(일조각)
36. 〈앤토니 스토의 융〉(시공사)
37. 〈융 심리학 입문〉(범우사)
38. 〈한국적 사고의 원형〉(한국정신문화연구원)
39. 〈한국인의 성격〉(한국정신문화연구원)
40. 〈우리 속에 있는 남신들〉(또 하나의 문화)
41. 〈우리 속에 있는 여신들〉(또 하나의 문화)
42. 〈심성 연구 I II〉(한국분석심리학회)
43. 〈이부영의 그림자〉(한길사)
44. 〈아니마와 아니무스〉(한길사)
45. 〈자기와 자기실현〉(한길사)
46. 〈한국민담의 심층구조〉(집문당)
47. 〈융의 심리학과 기독교〉(대한기독교출판사)
48. 〈한 권으로 읽는 융〉(푸른숲)
49. 〈아니무스와 아니마〉(동문선)
50. 〈자연의 해석과 정신〉(청계)
51. 〈종교학의 이해〉(분도)
52. 〈융의 심리학과 종교〉(동명사)
53. 〈분석심리학과 기독교〉(학지사)
54. 〈새도〉(대한기독교출판사)
55. 〈융 분석 비평 사전〉(동문선)
56. 〈목회와 상담 2002년 가을호 "특집:융 심리학과 목회상담"〉
57. 〈영혼의 순례자들〉(한국기독교연구소)
58. 〈한국 교회의 영적 성장을 위한 융의 분석심리학〉(쿰란)
59. 〈하룻밤의 지식 여행 융〉(김영사)
60. 〈정신건강 심리치료〉
61. 〈카를 융 생애와 사상〉(까치)
62. 〈의학개론 2〉(서울대학교출판부)
63. 〈이부영의 분석심리학 개정판〉(일조각)
64. 〈이은봉의 종교와 상징〉(세계일보사)

65. 〈융의 심리학과 기독교 영성〉(다산글방)
66. 〈연금술, 현자의 돌〉(시공사)

셋 ● 내면의 상처를 치유하는 책

1. 〈상한 감정의 치유〉(두란노서원)
2. 〈기억을 통한 정신치료〉(보이스사)
3. 〈어린아이의 일을 버리라〉(두란노)
4. 〈탓〉(두란노)
5. 〈치유하시는 은혜〉(두란노)
5. 〈아스피린과 기도〉(두란노서원)
6. 〈너 자신을 사랑하라〉(생명의 말씀사)
7. 〈아직도 아물지 않은 마음의 상처〉(두란노서원)
8. 〈내적 치유〉(은혜문화사)
9. 〈사랑하는 마음〉(은혜문화사)
10. 〈행복은 선택입니다〉(엘맨출판사)
11. 〈나누고 싶은 이야기〉(뜨인돌)
12. 〈위장된 분노의 치유〉(규장문화사)
13. 〈당신의 과거와 화해하라〉(죠이선교회)
14. 〈성인아이 치유를 위한 12단계〉(글샘출판사)
15. 〈자신의 감정에 귀를 기울여라〉(진흥출판사)
16. 〈내 마음의 벽〉(예수전도단)
17. 〈숨겨진 중독〉(참미디어)
18. 〈몸에 밴 어린 시절〉(가톨릭출판사)
19. 〈내 마음속에 울고 있는 내가 있어요〉(한국대학생선교회)
20. 〈당신은 혼자가 아닙니다〉(국민일보사)
21. 〈나를 사랑하기: 자존감 치유서〉(교육과학사)
22. 〈자기 자신 잘 대하기〉(성서와 함께)
23. 〈어린 시절 가정에서 입은 마음의 상처 이렇게 치유하라〉(아침영성지도연구원)
24. 〈내 마음의 그림자〉(아침영성지도연구원)
25. 〈네 안에서 나를 보다〉(아침영성지도연구원)

넷 ● 자기 성숙을 위한 책

1. 〈끝나지 않은 길〉(소나무)
2. 〈성숙한 크리스챤의 성격〉(성광문화사)
3. 〈마음탐구〉(두란노서원)
4. 〈삶에는 뜻이 있다〉(종로서적)
5. 〈인생의 네 계절〉(종로서적)
6. 〈내가 나답게〉(분도출판사)
7. 〈일곱 가지 여성 콤플렉스〉(현암사)
8. 〈마음을 열면 길이 보인다〉(을유문화사)

다섯 ● 자녀교육 및 부부심리이해에 관한 책

1. 〈화성에서 온 남자 금성에서 온 여자〉(친구출판사)
2. 〈후회 없는 어버이의 길〉(형설출판사)
3. 〈결혼생활의 사랑과 분노〉(기독교문서선교회)
4. 〈자녀의 인격발달과 신앙성장〉(파이디온선교회)
5. 〈축복하면서 사랑하면서〉(예찬사)
6. 〈서로 사랑한다고 말합시다〉(두란노서원)
7. 〈부부 사랑의 십계명〉(가톨릭출판사)
8. 〈상처 난 아버지와의 관계회복〉(도서출판 세복)
9. 〈바람직한 자녀와의 대화방법〉(학문사)
10. 〈우리 부부는 너무 달라요〉(네비게이토출판사)
11. 〈아름다운 가족〉(창조문화)
12. 〈그는 때리지 않았다고 한다: 가정폭력〉(그린비)
13. 〈참 부모 역할〉(학문사)
14. 〈아이들이 고민하는 101가지 콤플렉스〉(한뜻)
15. 〈부부 가족치료기법〉(하나의학사)
16. 〈기로에 선 남성〉(IVP)
17. 〈슈타이너 학교의 참교육 이야기〉(밝은누리사)
18. 〈아름다운 상처〉(권혜경음악치료센타)
19. 〈참 자기〉(한국심리치료연구소)
20. 〈거짓의 사람들: 축사와 귀신축출〉(두란노)
21. 〈미안하다고 말하기가 그렇게 어려웠나요〉(이야기)

22. 〈사람의 성격을 읽는 법: MBTI 소개〉(더난출판사)
23. 〈분노, 스스로 해결하기〉(학지사)
24. 〈중독자 회복프로그램 시리즈(1)〉(하나의학사)
25. 〈잃어버린 교육 용기〉(쉴터출판사)
26. 〈내 안에 접혀진 날개: 에니어그램 소개〉(도서출판 열린)
27. 〈가족의 사소한 일은 초연하라〉(국일미디어)
28. 〈교회에서 상처받은 영혼의 치유〉(하늘기획)
29. 〈사랑은 선택〉(열린책들)
30. 〈역기능 교회와 역기능 가정을 위한 목회와 상담〉(예인)
31. 〈생각을 바꾸면 세상이 달라진다〉(양서원)
32. 〈대인공포증〉(일조각)
33. 〈가족치료 이론〉(학지사)
34. 〈자유를 찾아서: 강박신경증의 이해〉(하나의학사)
35. 〈PK-아버지가 목사지 제가 목사가 아닙니다〉(한국목회상담연구소)
36. 〈카운슬링의 실제〉(성원사)
37. 〈위기 상담학〉(쿰란출판사)
38. 〈어떻게 들을 것인가〉(분도출판사)
39. 〈기독교 상담의 성격적 기초〉(생명의 말씀사)
40. 〈가시지 않는 상처라면〉(크리스챤 치유목회연구원)
41. 〈한국교회를 위한 목회 상담학〉(대한기독교서회)
42. 〈어린이 위기 상담과 보살핌〉(대한기독교서회)
43. 〈이젠 부모 노릇 신나게 합시다〉(명진출판)
44. 〈환자와의 대화〉(집현전)
45. 〈모든 일은 사람하기에 달렸다〉(학지사)
46. 〈놀라운 하나님의 은혜〉(IVP)
47. 〈크게 멀리보고 키워야 합니다〉(집현전)
48. 〈마음대로 되지 않는 마음의 비밀〉(살림)
49. 〈사랑만으로는 살 수 없다〉(학지사)
50. 〈울타리〉(아침영성지도연구원)
51. 〈사랑이라는 이름의 중독〉(사랑플러스)
52. 〈나는 사랑의 처형자가 되기 싫다〉(시그마프레스)
53. 〈날마다 새로워집니다〉(크리스챤 치유목회연구원)
54. 〈당신의 가정도 치유될 수 있다〉(하나)
55. 〈책읽기를 통한 치유〉(홍성사)

56. 〈중년 리모델링〉(CUP)
57. 〈완전한 결혼〉(한언)
58. 〈우리 부부 정말 괜찮은걸까〉(중앙M&B)
59. 〈왜 남과 자신을 비교하는가〉(사람과 사람)
60. 〈하나님이 쓰시는 사랑의 언어〉(예영)
61. 〈성숙한 부모 유능한 교사: 교사필독서〉(양서원)
62. 〈교육은 감동이다: 교사필독서〉(낮은울타리)
63. 〈선생님 절 좀 감동시켜 주세요〉(땅에 쓰신 글씨)
64. 〈예수님의 마음으로 생활하기〉(한국심리치료연구소)
65. 〈애견이 가르쳐 준 사랑이야기〉(베다니출판사)
66. 〈바보들은 왜 사랑에 빠질까〉(해냄)
67. 〈우리가 꿈꾸는 행복한 이혼은 없다〉(명진출판사)
68. 〈자살 예방할 수 있다〉(학지사)
69. 〈당당하게 재혼합시다〉(조선일보사)
70. 〈아름다운 노년을 위하여〉(아침나라)
71. 〈해로운 믿음: 종교 중독〉(죠이선교회)
72. 〈중독과 은혜〉(IVP)
73. 〈왜 나만 우울한 걸까〉(중앙M&B)
74. 〈가계저주론, 그 실체를 밝힌다〉(예영)
75. 〈성장한 아이에서 성숙한 부모되기〉(예수전도단)
76. 〈준비한 결혼이 행복을 약속한다〉(가족사랑)
77. 〈자폐아는 특별한 재능이 있다〉(들녘)

여섯 ● 영성수련에 관한 책

1. 〈고독의 영성〉(아침영성지도연구원)
2. 〈침묵의 영성〉(아침영성지도연구원)
3. 〈묵상의 영성〉(아침영성지도연구원)
4. 〈사막의 영성〉(아침영성지도연구원)
5. 〈위로의 영성〉(아침영성지도연구원)
6. 〈숲속의 영성〉(아침영성지도연구원)
7. 〈새벽의 영성〉(아침영성지도연구원)
8. 〈감사의 영성〉(아침영성지도연구원)
9. 〈치유의 영성〉(아침영성지도연구원)

10. 〈생명의 영성〉(아침영성지도연구원)

일곱 ● 영성지도에 관한 책

1. 〈영혼의 탄식〉(아침영성지도연구원)
2. 〈영혼의 어두운 밤〉(아침영성지도연구원)
3. 〈영혼의 친구〉(아침영성지도연구원)
4. 〈영적인 친구〉(아침영성지도연구원)
5. 〈영혼의 돌봄〉(아침영성지도연구원)
6. 〈영혼의 돌봄과 영성지도〉(아침영성지도연구원)
7. 〈영혼의 돌봄과 상담〉(아침영성지도연구원)
8. 〈거룩한 경청〉(아침영성지도연구원)
9. 〈영혼의 치유〉(아침영성지도연구원)
10. 〈영혼의 치유와 상담〉(아침영성지도연구원)

네 안에서 나를 보다

펴낸일 • 2007년 3월 20일 초판 발행
         • 2007년 4월 10일 2쇄 발행
지은이 • 변상규・신현복
펴낸곳 • 아침영성지도연구원
등록일 • 1999년 1월 7일 / 제7호
홈페이지 • www.achimhope.or.kr

총 판 • 선 교 횃 불
         전 화 : 02)2203-2739
         팩 스 : 02)2203-2738
         홈페이지 : www.ccm2u.com

• 파본은 교환해 드립니다.
• 이 출판물은 저작권법에 의해 보호를 받는 저작물이므로 무단전재와 무단복제를 금합니다.